集人文社科之思 刊 專業學術之聲

集 刊 名：中國語言學研究
主辦單位：西南民族大學中國語言文學學院

Journal of Studies on Languages in China

顧問及編委（按姓氏音序）：

白玉冬　曹志耘　程邦雄　黨懷興　鄧章應　董秀芳　董志翹　方一新

高嶋謙一　高田時雄　高　蠡　何華珍　洪　波　華學誠　黃仁瑄

黃　征　賈雯鶴　蔣冀騁　蔣宗福　雷漢卿　李無未　李運富　梁曉虹

劉　釗　劉祖國　盧烈紅　魯國堯　馬重奇　梅維恒　孟蓬生　蟲鴻音

潘悟雲　邱富元　冉啟斌　沈衛榮　孫伯君　孫宏開　孫玉文　唐賢清

汪啟明　王　丁　王　鋒　王貴元　王立軍　王啟龍　王雲路　項　楚

向　熹　邢向東　徐時儀　徐正考　楊寶忠　楊　軍　楊永龍　俞理明

喻遂生　曾　良　曾少聰　張俊之　張美蘭　張民權　張鐵山　張顯成

張小蠡　張涌泉　趙振鐸　真大成　鄭劍平　鄭賢章　周作明　竺家寧

主　編：王啟濤
編　輯（按姓氏音序）：

根呷翁姆　黃　英　石　琳　于伶俐

第一輯

集刊序列號：PIJ-2020-422
中國集刊網：www.jikan.com.cn
集刊投約稿平臺：www.iedol.cn

王啟濤 主編

中國語言學研究

Journal of Studies on
Languages in China

（第一輯）

社會科學文獻出版社
SOCIAL SCIENCES ACADEMIC PRESS (CHINA)

前　言

王啟濤*

　　在海内外師友的熱心關懷和大力支持下，《中國語言學研究》終於與大家見面了。

　　《中國語言學研究》刊載海内外學者對中國曾經使用和正在使用的語言文字以及中國語言文字在海外使用狀況的研究鴻文，具體體現在以下五個方面。

一　《中國語言學研究》刊載海内外學者 對漢語和漢字研究的文章

　　漢語言文字是中國歷代中央政權的通用語言文字，是國家統一、民族團結的象徵，具有深厚的歷史文化底蕴，具有數量衆多的使用人口，經過不斷規範化、標準化發展而來，通過字典辭書進行全民普及，通過在學校學習傳統經典文化而獲得。[①] 它在中國古代被稱爲"雅言"，《論語·述而》："子所雅言，《詩》、《書》、執禮，皆雅言也。"孔安國解釋道："雅言，正言也。"鄭玄曰："讀先王典法，必正言其音，然後義全，故不可有所諱。禮不誦，故言執也。"[②] 邢昺疏："此章記孔子正言其音，無所諱避之事。雅，正也。子所正言者，《詩》《書》《禮》也。此三者，先王典法，臨文教學，讀之必正言其音，然後義全，故不可有所諱。禮不背文誦，但記其揖讓周旋，執而

---

　*　本文承蒙業師張涌泉教授審讀一過，謹致謝忱。王啟濤，博士，西南民族大學中國語言文學學院教授，主要研究方向爲漢語言文字學、敦煌吐魯番學。

　①　參見拙文《中國歷史上的通用語言文字推廣經驗及其對鑄牢中華民族共同體意識的重要意義》，《西南民族大學學報》(人文社會科學版) 2020 年第 11 期，又見《新華文摘》2021 年第 5 期，《人大復印報刊資料·語言文字學》2021 年第 3 期。

　②　鄭玄注據吐魯番出土文獻 64TAM27：39（b）唐寫本鄭氏注《論語·述而》，圖版見唐長孺主編圖錄本《吐魯番出土文書》第肆册，文物出版社，1996，第 173 頁。有關考釋參見拙著《吐魯番文獻合集·儒家經典卷》，巴蜀書社，2017，第 473 頁。

行之，故言執也。舉此三者，則六藝可知。"清代劉寶楠爲此做了總結性的闡釋："《詩》《書》皆先王典法之所在，故讀之必正言其音。鄭以'雅'訓'正'，故僞孔本之，先從叔丹徒君《駢枝》曰：'夫子生長於魯，不能不魯語。惟誦《詩》、讀《書》、執禮必正言其音，所以重先王之訓典，謹末學之流失。'又云：'昔者，周公著《爾雅》一篇，以釋古今之異言，通方俗之殊語。劉熙《釋名》曰：'爾，昵也。昵，近也。雅，義也。義，正也。'五方之音不同，皆以近正爲主也。上古聖人，正名百物，以顯法象，別品類，統人情，壹道術，名定而實辨，官協而志通。其後事爲踵起，象數滋生，積漸增加，隨時遷變，王者就一世之所宜，而斟酌損益之，以爲憲法，所謂雅也。然而五方之俗不能强同，或意同而言異，或言同而聲異，綜集謠俗，釋以雅言，比物連類，使相附近，故曰《爾雅》。《詩》之有《風》《雅》也亦然。王都之音最正，故以《雅》名，列國之音不盡正，故以《風》名。王之所以撫邦國諸侯者，七歲屬象胥論言語，協辭命，九歲屬瞽史論書名，聽聲音，正於王朝，達於諸侯之國，是謂雅言。雅之爲言夏也。孫卿《榮辱篇》云：'越人安越，楚人安楚，君子安雅。是非知能材性然也，是注錯習俗之節異也。'又《儒效篇》云：'居楚而楚，居越而越，居夏而夏，是非天性也，積靡使然也。'然則'雅''夏'古字通。謹案：《駢枝》發明鄭義，至爲確矣。周室西都，當以西都音爲正。平王東遷，下同列國，不能以其音正乎天下，故降而稱《風》。而西都之雅音，固未盡廢也，夫子凡讀《易》《書》、執禮，皆用雅言，然後辭義明達，故鄭以爲義全也。後世人作詩用官韵，又居官臨民，必説官話，即雅言矣。"①

在先秦時代，國家就對通用語言文字進行了規範化，這就是"書同文"，它體現的是中央王朝倫理、禮樂與教化的統一與秩序。《禮記·中庸》："非天子，不議禮，不制度，不考文。今天下車同軌，書同文，行同倫。"孔穎達疏："不考文，亦不得考成文章書籍之名也。"朱熹集注："此以下，子思之言。禮，親疏貴賤相接之體也。度，品制，文，書名。'今'，子思自謂當

① （清）劉寶楠撰，高流水點校《論語正義》，中華書局，2016，第 269～270 頁。

時也。軌，轍迹之度。倫，次序之體。三者皆同，言天下一統也。"① 至遲從西周開始，天子在制定國家的禮樂大典時，就包含了以考文爲内容的語文規範制度。周王朝向全國推廣通用語言文字，《周禮·春官·外史》有載："掌達書名於四方。"漢鄭玄注："古曰名，今曰字。使四方知書之文字，得能讀之。"清孫詒讓正義："審聲正讀則謂之名，察形究義則謂之文，形聲孳乳則謂之字，通言之則三者一也。《中庸》云'書同文'，《管子·君臣篇》云'書同名'，《史記·秦始皇本紀·琅琊臺刻石》云'書同文字'，則'名'即文字，古今異稱之證也。《説文敘》云：'黄帝之史倉頡，初造書契，及宣王，大史籀著大篆十五篇，與古文或異。'明史官通職，並掌書名。以此及《大行人》二職言之，古書篇名，無勞達諭，書契之用，通於政俗。外史掌方志，並達書字，以正違誤、辨疑惑，其事相因，或説不可易也。《左傳》杜敘云：'《周禮》有史官，掌邦國四方之事，達四方之志。'孔疏謂杜即據此'達書名'爲達四方之志。案：此官雖掌方志，然與達書名不相涉，杜説非經義，不可從。云'使四方知書之文字，得能讀之'者，謂以書名之形聲，達之四方，使通其音義，即後世字書之權輿也。"② 可見在周王朝就有專人負責推廣雅言，統一文字的形音義。③

二 《中國語言學研究》刊載海内外學者對中國所有民族曾經使用和正在使用的語言文字研究文章

古往今來的中國語言學，往往是漢語言學占絶對優勢，不衹是語言文字學，冠以"中國"字樣的人文社會科學和自然科學大都如此，如中國文學、中國音樂、中國舞蹈、中國服飾、中國藝術、中國建築、中國哲學、中國法律、中國經濟、中國交通、中國醫藥、中國科技、中國飲食、中國農業、中

① 又檢《管子·君臣上》："衡石一稱，斗斛一量，丈尺一綧制，戈兵一度。書同名，車同軌，此至正也。"黎翔鳳校注："江瀚：'同名'即同文也。《周禮·大行人》'諭書名'，注曰：'書名，書文字也。古曰名。'又'外史'：'掌達書名於四方。'注曰：'古曰名，今曰字。'翔鳳案：《中庸》作'同文'，《秦刻》作'同文字'，《管》作'同名'。衡以'古曰名，今曰字'，非秦人作，漢無論矣。"參見黎翔鳳撰，梁運華整理《管子校注》，中華書局，2006，第561頁。又請比較唐張參《五經文字·序例》："王者制天下，必使車同軌，書同文。"
② （清）孫詒讓：《周禮正義》，中華書局，2000，第2139頁。
③ 何九盈：《中國古代語言學史》（新增訂本），北京大學出版社，2006，第38頁。

國商貿、中國民俗等。

但是，衆所周知，中國自古以來是一個多民族的國家，各民族共同創造了燦爛的中華文化，形成了中華民族共同體，它是中國各族人民在長期歷史發展中形成的政治上團結統一、文化上兼收並蓄、經濟上相互依存、情感上相互親近的民族共同體，是建立在共同歷史條件、共同價值追求、共同物質基礎、共同身份認同、共有精神家園基礎上的命運共同體。所以，嚴格意義上的中國語言學，應該包括中國版圖上所有民族的語言文字研究。

這一點，老一輩學者早就意識到了。1937 年，李方桂先生撰寫了《中國的語言和方言》，指出了中國語言的豐富多彩，其中的漢藏語系諸語言可分爲漢語、侗臺語族、苗瑤語族、藏緬語族四類。① 1955 年，著名語言學家楊樹達先生在《重版更名漢文文言修辭學序言》裏指出："此書重印既有日矣，余復得科學出版社書，述及中國科學院院長郭沫若先生建議此書似可改名《漢文文言修辭學》。蓋我國包含各民族，且各有其語言，而余此書僅及漢文文言，以《中國修辭學》爲名，頗嫌名大而實小。先生建議改名，較爲名實相副，故今依其議，更名爲《漢文文言修辭學》，而記其由如此云。公元一九五五年八月四日楊樹達記。"②

在中國現代語言學史上，羅常培先生是一位高瞻遠矚、開一代風氣的大師，③ 他對中國語言學進行了重新定位。羅先生指出："咱們爲什麼不能從國內少數民族的語言，尤其是材料特別豐富的西南少數民族語言，來建立中國的新語言學呢?"④ 羅先生所說的"中國的新語言學"，是指理論與實際相結合、漢語和少數民族語言相結合、有中國特色的語言學。

中國現代語言學奠基人之一王力先生撰寫的《中國語言學史》，也密切關注中國境內的少數民族語言文字研究。先生在該書中對此有專論："中國人自己所做的少數民族語言調查工作，開始於李方桂所寫的《龍州土語》（1935 年調查，1940 年出版）和《武鳴僮語》（1935 年調查，其中音系部分曾載於《歷史語言研究所集刊》第十二本，其餘部分尚未正式出版）。但是

---

① 參見李方桂《中國的語言和方言》，《中國年鑒》（英文），1937；《中國語言學報》（英文）1973 年創刊號；《民族譯叢》1980 年第 1 期（梁敏譯）。
② 楊樹達：《中國修辭學》，上海古籍出版社，2006，第 3～4 頁。
③ 照那斯圖：《新中國八思巴字學科的奠基人羅常培先生》，《中國語文》2009 年第 4 期。
④ 孫宏開：《羅常培先生對少數民族語言文字研究的貢獻》，《中國語文》2009 年第 4 期。

這兩部書都偏重於語音方面和故事方面，没有能對少數民族語言作全面的描述。他的《莫話記略》（1943 年，歷史語言研究所單刊甲種之二十，石印本）第一章是導論，第二章是音韵，第三章是故事，仍然没有涉及語法等方面。李氏在序裏説：'因爲這書主要的目的是供給材料，所以比較、歷史、文法上的各種研究都另文討論。'可見他自己也承認這還不是全面的研究。但是，李氏曾受過嚴格的語言調查的訓練，他的著作是有很大的參考價值的。關於少數民族語言的調查研究，主要是研究它們的音韵和語法，其實音韵也可以歸入語法的範圍。解放以前，依照這個原則去做的，有羅常培的《貢山俅語初探》（1942 年鉛印本），馬學良的《撒尼彝語研究》（1946 年寫成，1951 年出版），高華年的《彝語語法研究》（指納蘇語，1943 年調查，1958 年出版），金鵬的《嘉戎語研究》等（金鵬的《嘉戎語研究》是用法文寫的，原題 Etude Aur Le Jyarung，載於《漢學》雜志上）。袁家驊的《阿細民歌及其語言》（1946 年油印版，1953 年出版），雖然以民歌爲主，其中也有一個專章敘述音系與語法。"①

　　1987 年，著名語言學家趙振鐸先生也指出："中國語言學史是指研究中國語言學從古到今發生和發展的歷史。照理説，中國語言學應該包括中國境内各民族對語言的研究。因爲中國是一個多民族國家，有 56 個民族。有些民族很早就有文字，也有自己悠久的文化傳統，在語言研究方面也有自己的特色。除了漢族外，藏族的語言研究就曾經受到古印度語言學的影響，他們在語法和修辭方面吸收古印度語言研究的成果，形成了一套研究方法體系。又如 11 世紀哈剌汗王朝時期，新疆人馬赫穆德·噶什噶爾寫的《突厥阿拉伯語詞典》，直到今天，在突厥語族各語言的研究方面仍然起着重要的作用。這些都是我國語言學的寶貴財富，在語言學史上應該大書而特書，但是這些方面還發掘得很不夠。現在談中國語言學史一般都没有涉及他們，而主要是講漢語研究的歷史。"②

　　20 世紀 80 年代，周振鶴、游汝傑先生撰寫《方言與中國文化》，雖然主要探討漢語方言與漢文化，但也意識到廣泛意義上的"方言與中國文化"不

---

① 王力：《中國語言學史》，復旦大學出版社，2006，第 166~167 頁。
② 趙振鐸：《中國語言學史》，河北教育出版社，2000，第 1 頁。該書第六章第四節是"少數民族語言的調查研究"（第 512~523 頁）。

應祇局限於漢方言與漢文化。該書指出："中國境内究竟有多少種語言？目前還很難説出一個確切的數字。這是因爲我們對其中有些語言的知識還是不完備的，或者没有經過較充分的調查研究，對於劃分語言和方言的標準也不甚統一。如果把某些方言當作獨立的語言，那麼語言的總數就要增加，一般的估計是七八十種。按國内語言學界的傳統看法，這七八十種語言分屬五大語系：漢藏語系、阿爾泰語系、南亞語系、印歐語系、馬來·玻利尼西亞語系。漢藏語系不論從地理分布的遼闊或使用人口的衆多來看，都是國内最大的語系。它遍布全國，祇是在西北和内蒙的分布比較稀疏。阿爾泰語系分布於從新疆經内蒙古到東北的中國北部邊陲一帶。南亞語系分布於雲南省西南部沿邊地帶。印歐語系分布於新疆西北角。馬來·玻利尼西亞語系，又稱南島語系，分布於臺灣省，即高山族的語言。"①

　　儘管前賢時彦對中國語言學進行了科學定位，並竭力倡導對 56 個民族的所有語言或文字進行全方位的研究，但是，當今的中國語言學的實際運行狀況，依然没有完全達到他們的要求，這也導致中國本土的民族語言文字研究一度在某些方面與國際學術水準有一定的差距。所以當 21 世紀到來時，在中國民族語言學會第七届、第八届年會上，中國學者們肩負使命，提出在本世紀内要把漢藏語系和阿爾泰語系的研究重心從境外轉移到境内。

　　中國是世界上語言文字種類最豐富的國家之一。在中國境内，歷史上少數民族創造或從域外傳入的、記錄民族語言的文字蔚爲大觀。這些文字曾在特定歷史時期使用，有些因使用者群體的分化融合或語言轉用等原因而停用並逐漸消失，成爲"死文字"；有些經過改進仍被本民族使用，記錄其現代語言。中國民族古文字的産生和使用年代，最早可追溯到公元 2～3 世紀，如大約於 2 世紀傳入于闐（今新疆和田）、鄯善（今新疆若羌）一帶的佉盧文，而創制於 16 世紀的清代通用文字——滿文則一直沿用至近現代。唯有傈僳族哇忍波於 1923～1927 年創制的傈僳音節文字因形態原始，長期以來也被歸入中國民族古文字的範疇。傅懋勣先生曾統計中國古今少數民族文字共 57種，聶鴻音先生認爲加上 20 世紀以後傳教士創制的中國民族文字，以及 20世紀 40 年代以後國内創制完成但試行較短的文字，中國古往今來的民族文字當近百種，其中民族古文字近 40 種。這些文字的來源異常多樣，除了仿漢

① 周振鶴、游汝傑：《方言與中國文化》（修訂本），上海人民出版社，1998，第 6 頁。

字的方塊壯文、方塊白文，變漢字的契丹大字、契丹小字、女真文、西夏文之外，還有些出自域外非常古老的阿拉美字母，如佉盧文、焉耆—龜兹文、于闐文、粟特文。粟特文進而衍生出回鶻文、蒙古文、滿文、錫伯文等。而作爲元朝國書的八思巴字依藏文變化而成，而藏文則出自印度的婆羅米字母。這些民族古文字和漢字一起組成了中國文字的百花園。① 截至 2009 年，我國學者調查研究了我國境内 133 種少數民族語言及其方言，整理出版了"中國的語言""中國語言地圖集""中國少數民族語言簡志"叢書，已經出版了 17 種，"中國少數民族語言系列詞典"叢書已經出版 22 種，還出版了"中國民族古文字文獻"叢書等，從改革開放至此時，少數民族語言文字研究專著已經超過 1500 種。②

　　在我國的傳世和出土漢文古籍中，也一直有使用民族語言文字的具體記載。最典型的一個詞就是"胡書"③，這些胡書有的誕生自中土，有的來自域外④，廣義的"胡書"甚至包括了中亞、西亞、南亞文字⑤，它們中有不少曾經在中國版圖上使用，如《周書》卷五十《異域下·高昌》載高昌國："文字亦同華夏，兼用胡書。有《毛詩》《論語》《孝經》，置學官弟子，以相教授，雖習讀之，而皆爲胡語。"⑥《酉陽雜俎·廣知》："百體中有懸針書、垂露書、秦望書、汲冢書、金錯書、虎爪書、倒薤書、偃波書、幡信書、飛帛書、籀書、繆篆書、制書、列書、日書、月書、風書、署書、蟲食葉書、胡書、篷書、天竺書、楷書、横書、芝英隸、鐘隸、鼓隸、龍虎篆、麒麟篆、魚篆、蟲篆、鳥篆、鼠篆、牛書、兔書、草書、龍草書、狼書、犬書、雞書、震書、反左書、行押書、揖書、槁書、半草書。召奏用虎爪書，誥下用

---

① 孫伯君：《中國民族古文字的文字學意義》，《民族語文》2020 年第 2 期。
② 孫宏開：《羅常培先生對少數民族語言文字研究的貢獻》，《中國語文》2009 年第 4 期。
③ 漢文獻中的"胡"並非貶義，它實際上是國際公認的中性詞，是對等文化交流的代名詞，參見葛承雍《胡漢研究一百年》，《讀書》2019 年第 5 期。
④ "胡書"還廣泛見於傳世文獻，所指不一。又請比較《魏書》卷一百二《西域·康國》："有胡律，置於祆祠，將決罰，則取而斷之。重者族，次罪至死，賊盜截其足。人皆深目、高鼻、多髯。善商賈，諸夷交易多湊其國。有大小鼓、琵琶、五弦箜篌。婚姻喪制與突厥同。國立祖廟，以六月祭之，諸國皆助祭。奉佛，爲胡書。"釋僧祐《出三藏紀集》卷一四："以高昌沙門道普常游外國，善能胡書，解六國語。"《太平廣記》卷三二一《郭翻》（無出處）："皆横行，似胡書。"
⑤ 如胡昭書、科斗書、鮮卑文、梵文、粟特文、吐火羅文等。參見朱曉海《"大樹""胡書"解》（《文學遺產》2002 年第 1 期），任榮《庾信〈哀江南賦〉"胡書"新考》（《文學遺產》2015 年第 4 期）。
⑥ 這條史料所述史實的真實性，尤其是"胡書""胡語"在高昌國的使用情況，一直受到國內學者的質疑，但是國外學者比較審慎，我們遵循老一輩語言學家趙元任先生的治學名言"說有易，說無難"，寧信其有而不信其無。

偃波書。爲不可學，以防詐僞。謝章詔板用虳脚書。節信用鳥書。朝賀用塡書，亦施於婚姻。西域書有驢唇書、蓮葉書、節分書、大秦書、駄乘書、牸牛書、樹葉書、起屍書、右旋書、覆書、天書、龍書、鳥音書等，有六十四種。"①

　　在我國西域出土的漢文獻中，也有"胡書"的記載，指漢字以外的胡語文字，比如于闐文、粟特文。OR. 8210/斯. 5864D. V. 6. 《唐建中二年（781）二月六城傑謝百姓思略牒》（沙、吳2－313）②："阿磨支師子下胡書典高施捻，胡書典▢▢▢牒思略去年五月内與上件二人驢，准作錢六［千］▢▢▢思略放丁。經今十個月，丁不得，驢不還，伏望▢▢▢乞追徵處分。謹牒。抄口抄人▢▢▢大曆十六年二月日六城傑謝百姓［思］▢▢。"伯 D. A112 殘契③："（前缺）▢▢▢羅善提密▢▢▢▢▢西，遣奴宜同給木納寺僧▢▢等▢▢▢▢用，索名練兩匹，便立胡書契，限兩月内▢▢▢▢妻邊索得一匹，餘欠一匹。自▢▢▢（後缺）。"此件文書上下前後均缺，第1行字小，與第2行之間的行距寬，很可能是另一契的契尾。從第2行起推測是一起借奴使用契，觀其大意，似爲胡人某，遣奴宜同給木納寺僧某使用。契限兩個月，借用價格是名練二匹的契文。從"便立胡書契"看，此契應該是以胡漢兩種文字書寫的。④ 當時的行政人員還有"胡書典"，是管理、翻譯胡書的基層吏員。2006TZJI：036《唐于闐毗沙都督府案卷爲家畜事》（榮、李、孟359）⑤："百姓▢▢▢▢，百姓史▢▢▢。百姓彌悉▢年六▢▢▢▢▢被問見在百姓，今得破沙蘇越門胡書［狀］稱，☑▢▢▢▢□樹處分，其羊▢遣還褐鏺，一仰具狀，其羊▢▢▢□，爲當還褐鏺私羊，仰答。□悉曾移其▢▢▢□即▢▢▢▢眺捉馳已後，捉得馳三▢▢▢早逐將桼▢▢▢▢▢▢▢▢▢"又請比較 OR. 6405（M9A）H. 1《新疆和田策勒縣丹

---

① （唐）段成式撰，張仲裁譯注《酉陽雜俎》，中華書局，2017，第441～444頁。
② "沙、吳2－313"表明此件文書圖版見於沙知、吳芳思編《斯坦因第三次中亞考古所獲漢文文獻（非佛經部分）》第2冊，上海辭書出版社，2005，第313頁。
③ Éric Trombert, Ikeda On et Zhang Guang－da, *Les Manuscrits Chinois de Koutcha*, *Fonds Pelliot de la Bibliothèque Nationale de France*, Paris, 2000, p. 198.
④ 參見劉安志《敦煌吐魯番文書與唐代西域史研究》，商務印書館，2011，第314～315頁。
⑤ "榮、李、孟359"表明此件文獻圖版見於榮新江、李肖、孟憲實主編《新獲吐魯番出土文獻》，中華書局，2008，第359頁。

丹烏里克出土唐大曆三年（768）三月典成銑牒》（沙、吳2-331）。□□□牒
傑謝百姓並傑謝百姓狀訴雜差科等□被鎮守軍牒稱：得傑謝百姓胡書翻稱：
上件百□□□深憂養蒼生，頻年被賊損，莫知［其］計。近日蒙差使，移到
六城，去載所著差科並納［足］□□慈（?）流。今年有小小差科，放至秋
熟，依限輸納□□糧並在傑謝，未敢就取。伏望商量者。使判：一切並放
者。其人糧狀稱並傑謝，未有處□□□百姓胡書狀訴雜差科，准使判牒。所
由放其人糧，並在傑謝，欲往使人就取糧，未敢［專］擅執案，諮取處分
訖，各牒所由者。使又判：任自般運者。故牒。大曆三年三月廿三日典成銑
牒。六城質邏刺史阿摩支尉遲信。① 以上的“胡書”應該指于闐文。②

　　唐王朝在于闐的語言政策被吐蕃人所借鑒。吐蕃人在公元796年征服于
闐，但吐蕃人基本維持了原來的行政系統，官吏也未大範圍換血，並繼續用
于闐語和漢語發布命令，從這一點可以看出唐朝官僚系統是多麼深刻地影響
了于闐人以及之後的吐蕃人。有些官員繼續用單個漢字作爲簽名，起草契約
的書吏把漢語條文逐字翻譯成藏語，這些契約雖然從來沒有在藏地使用過，
卻成爲敦煌藏語契約的範本。吐蕃對于闐實行間接統治，當地的吐蕃最高長
官會向于闐官員發布命令，再由後者轉達給相應的下級官員。③ 這中間肯定
有吐蕃語與于闐語的轉換。④

　　中國古代漢文獻對於兄弟民族的語言，有時又稱之爲“蕃語”。
65TAM341：30/1（a）《唐小德辯辭爲被蕃捉去逃回事》（4-62）⑤：“審：
但小德今月二日牽車城東埇地，其日齋時，賊從東北面齊出，遂捉小德
［並］牛。至徂在葷東［食］（?）人定後即發向□□□草澤宿至［三］日

---

① 奧雷爾·斯坦因是這樣理解的：“我們讀到請願者對兩個‘胡書典’的抱怨。在A中，漢人官員提
　到他收到一份來自‘傑謝’人的用‘胡書書寫’的牒文，而且他隨後用漢文復寫了一份。”（氏著
　《古代和田——中國新疆考古發掘的詳細報告》，巫新華等譯，山東人民出版社，2009，第285頁。）
② 奧雷爾·斯坦因是這樣理解的：“請願人寧願被任命爲‘胡書典’，忠從於‘阿摩支帖子’（a-mo-chih
　shih-tzǔ）。其中一人名爲阿拖捺（A-shih-nai?），第二人的名稱已失，發請願書的年代爲大曆
　（Ta-li）十六年的第二個月，相對的公元紀年爲公元781年，它不僅因爲具有確切的年代而且有特
　殊價值，而且因爲它可與其他3個漢文文書聯繫起來。”（氏著《古代和田——中國新疆考古發掘的
　詳細報告》，巫新華等譯，第279頁。）
③ 參見〔美〕芮樂偉·韓森《絲綢之路新史》，張湛譯，北京聯合出版公司，2015，第273頁。
④ 參見拙文《試論晉唐時期絲綢之路的語言狀況與語言政策——以吐魯番出土文獻爲中心》，《絲路文
　明》第二輯，上海古籍出版社，2017。
⑤ 本件紀年已缺，另面爲唐開元五年牒，今列於後。

明，即發入突播山，▢▢▢▢□泉谷宿。至四日夜在小嶺谷宿，▢▢▢▢自解手走上山，經三日上山，▢▢▢▢投得［維］磨成烽，其賊見在小［嶺］▢▢小德少解［蕃］語，聽賊語，明□擬發向馳嶺逐草。其抄小德等來□可［有］二百騎，行至小嶺谷内，即逢。"檢姚汝能《安禄山事迹》記載安禄山："長而奸賊殘忍，多智計，善揣人情，解九蕃語，爲諸蕃互市牙郎。"

在當時中國北方和綿長的絲綢之路上，無論是漢族還是兄弟民族，能夠懂得兩種語言者司空見慣。《南齊書》卷五七《魏虜傳》："諸曹府有倉庫，悉置比官，皆使通虜漢語，以爲傳驛。"岑參《與獨孤漸道別長句兼呈嚴八侍御》詩："桂林蒲萄新吐蔓，武城刺蜜未可餐。軍中置酒夜搗鼓，錦筵紅燭月未午。花門將軍善胡歌，葉河蕃王能漢語。"① 又請比較《舊唐書》卷一八三《武延秀傳》："延秀久在蕃中，解突厥語。"《新唐書》卷八〇《太宗諸子·常山王承幹》亦言李承幹"好突厥言及所服"。又檢《全唐詩》卷三八二載張籍《隴頭行》："隴頭路斷人不行，胡騎夜入涼州城。漢兵處處格鬥死，一朝盡没隴西地。驅我邊人胡中去，散放牛羊食禾黍。去年中國養子孫，今年氈裘學胡語。誰能更使李輕車，收取涼州入漢家。"此處之"胡語"，指吐蕃語。

在廣袤的西域，考古學家們從墓葬中發掘出了不少雙語文物，1975 年，新疆博物館考古隊在哈拉和卓九十號墓發掘出了十八枚桃人木牌，正面書寫漢文"代人"，其中十七枚屬於十六國高昌郡時期，一枚屬於麴氏高昌時期，有不少反面寫有粟特文字母拼寫的漢語或突厥語，譯爲漢文也是"人""代人""人、僕人或妻子"之義。② 近一個世紀以來，在西域出土了不少民漢雙語文獻。在和田，就出土了佉盧文、于闐文、吐蕃文、猶太－波斯文等文獻。1930 年初，中瑞聯合西北科學考察團在和田徵集了一批文書，其中一組就是漢文、于闐文雙語文獻。③ 與很多西域綠洲國家一樣，古代于闐人非常善於學習語言，有些藏語文書是于闐書吏抄寫的（因爲于闐文的頁碼洩露了抄寫者的身份）。敦煌藏經洞保存有漢語－于闐語常用語手册中的幾頁，這

---

① （唐）岑參著，陳鐵民、侯忠義校注，陳鐵民修訂《岑參集校注》，上海古籍出版社，2004，第 210 頁。
② 參見庫爾班·外力《吐魯番出土公元五世紀的古突厥語木牌》，《文物》1981 年第 1 期，第 63～64 頁。
③ 詳細情況參見〔英〕奧雷爾·斯坦因《古代和田——中國新疆考古發掘的詳細報告》，巫新華等譯，第 364～390、569～641 頁。編號爲 H24 號的漢文文書有"□□午年年閏四月四日辰時典史懷僕牒"，哈隆以"典史"爲職官名，誤。"史"應該是粟特姓。

種輔助學習的書籍不用漢字，而是用婆羅米字母寫出漢語句子的讀音，然後再給出于闐語釋義。同時，還有梵語－于闐語雙語手冊。最早的丹丹烏里克文書年代爲公元 722 年，是一組木簡，在此組木簡上，有漢語和于闐語，都給出了納稅人姓名、糧食繳納量以及繳稅年份。此組木簡顯示了公元 8 世紀唐朝政府對社會的管控一直延伸到最基層，即使是繳納最小額的稅穀也要用當地人的語言——于闐語和統治者的語言——漢語做雙語記錄。與之類似，所有政府官員都有漢語和于闐語的頭銜，于闐官府雇有把于闐文書譯成漢語的專門人員，一些漢語文書提到當地人用于闐語寫了請願書，這些請願書被譯成了雙語，這樣唐朝官員才能看懂。① 在和田丹丹烏里克遺址（D. Ⅵ）出土的手稿中，第一件是由一片書頁的左邊部分組成的，上面用 7 世紀或 8 世紀的豎笈多體文字書寫，發現於殿的西南角處，它被編爲 70 號，它曾屬於一份又長又窄的貝葉經（pōthī），該貝葉經還包含了一份梵語佛教經典。在同一處，還發現了一小塊婆羅米文書（D. Ⅵ. 2），上面有漢文花押字的簽名痕迹。第三件是一窄條紙文書（D. Ⅵ. 6），其包括用草體婆羅米文字書寫的東伊朗語文書。絲綢之路西域段的語言文字豐富多彩，由此可見一斑。②

在晋唐時代，帝國官方在西域多民族地區往往推行以漢語爲主、多語並行的語言文字制度。1980 年在樓蘭古城的晋墓中出土一件絲織品，錦上織有“延年益壽大宜子孫”漢文圖案，在錦邊上用墨水寫有一行佉盧字，有十幾個字母。在樓蘭古城官署遺址邊出土過一批木簡，上有西晋泰始四年（268）紀年。在這批漢文木簡中有一枚寫有一行佉盧字，形制與同時出土的漢文木簡一樣，可能屬於同一册簿。至於著名的于闐馬錢（或稱漢佉二體錢、和田馬錢），是公元 3 世紀前後在古代于闐國鑄造的銅幣③，圓形無孔，用源自希臘的打壓法鑄造，有大錢和小錢兩種，將漢字、佉盧字融爲一體，正面周圍以漢文篆字標誌幣值，反面周圍一圈是佉盧字，書寫國王的尊號和名字。這

① 參見〔美〕芮樂偉·韓森《絲綢之路新史》，張湛譯，北京聯合出版公司，2015，第 270 ~ 271 頁。
② 〔英〕奧雷爾·斯坦因著《古代和田——中國新疆考古發掘的詳細報告》，巫新華等譯，第 287 ~ 288 頁。
③ 芮樂偉·韓森指出：“獨特的漢佉二體錢，即一面有漢字一面有佉盧文的錢幣，印證了于闐人與其鄰邦有着廣泛的接觸。于闐王結合了貴霜錢幣和漢式錢幣的特點，創造出了屬於自己的混合式錢幣。古錢幣學家還不能把這些錢幣上的王名與中文史籍中提到的國王對應起來，因此給這些錢幣準確定年比較困難，祇能説其鑄造時間大概在公元三世紀前後。”（氏著《絲綢之路新史》，張湛譯，第 258 頁。）

些古代文獻生動表明漢族與少數民族源遠流長的文化互動關係。① 還有 "漢龜二體錢"，也就是龜茲五銖，約從東漢晚期至隋唐之交（3～7 世紀）鑄行於古龜茲國的一種通用貨幣，出土地在今新疆以庫車爲中心的一片綠洲地帶，質地以紅銅爲主，銘文爲漢文和龜茲文合璧。又有 "高昌吉利"②，銘文隸體，鑄造於麴氏高昌時期。

在不同的歷史時段，古代絲綢之路西域段曾經使用過 20 多種語言文字。其中語言主要有漢語、犍陀羅語、梵語、焉耆－龜茲語、于闐塞語、粟特語、古代突厥語、回鶻語、希伯來語、波斯語、敘利亞語、古藏語、西夏語、阿拉伯語、察合臺語、蒙古語、滿語等，文字主要有漢文、梵文、佉盧文、希伯來文、焉耆－龜茲文（舊稱吐火羅文）、于闐文、古代突厥文、粟特文、回鶻文、摩尼文、敘利亞文、婆羅米文、西夏文、契丹文、察合臺文、古藏文、回鶻式蒙古文、八思巴文、滿文等古文字。③ 不同語言和文字之間往往產生接觸和借用，因此，傳世文獻和出土文獻中的一些疑難詞語，往往需要我們進行跨語言的考釋比對。75TKM90：20（a）《高昌主簿張綰等傳供帳》（1－122）："□□□［出］赤違一枚，付愛宗，與烏胡慎。□□□阿錢條用□□□六張，買沽纉（？）。□□□［疋］，付得錢，與吳兒折胡真。" 這件文書記載的是高昌國接待各國使者的具體細節，文書中的 "烏胡慎""折胡真" 殊爲難解，我們有一臆測：它倆可能是非漢語詞（鮮卑語詞），其中之 "真"，可能是個典型的鮮卑語詞後綴，相當於漢語中的 "者"，意思是 "以……爲職業的人"④，相當於現在蒙古語中的 "齊"（如 "江格爾齊"，意爲講唱江格爾史詩的人）。⑤ 我們在傳世文獻中找到了相關

---

① 參見〔美〕芮樂偉・韓森《絲綢之路新史》，張湛譯，第 270～271 頁。另外，還可以與之對比的是 "日月金光錢"，方孔圓形銅錢，正面爲漢文 "日月金光"，背面鑄有胡書文字，有人認爲是古藏文，有人認爲是粟特文或回鶻文，還有人認爲是突厥文。又有各類 "二體錢"，比如昭武九姓各國仿照唐朝開元通寶錢幣的形制，采用澆鑄技術，在中亞粟特地區鑄造的一種圓形方孔銅錢款式，其正面鑄 "開元通寶" 漢字，背面爲粟特文。參見張鐵山《新疆歷史錢幣上語言文字的交融與合璧》，《吐魯番學研究》2015 年第 1 期。

② 張鐵山認爲，"高昌吉利" 四個漢字實際上是拼讀突厥語，漢字 "高昌" 對應突厥語 "qocu"，"吉利" 對應突厥語 "ilig（王）"。高昌吉利錢是中原漢文化與新疆突厥文化相互交流融合的結果。參見張鐵山《新疆歷史錢幣上語言文字的交融與合璧》，《吐魯番學研究》2015 年第 1 期。

③ 張鐵山：《新疆歷史錢幣上語言文字的交融與合璧》，《吐魯番學研究》2015 年第 1 期，第 65～75 頁。

④ 參見繆鉞《北朝之鮮卑語》，《繆鉞全集》第一卷（上），河北教育出版社，2004，第 264～287 頁。但是繆鉞沒有做任何解釋。高昌國與北魏的關係極爲密切，在經學、官制、建築、藝術等領域受北魏的影響甚大，參見拙著《吐魯番文獻合集・儒家經典卷》，第 52～70 頁。

⑤ 范子燁：《高車、高車人與高車人的歌》，《中華讀書報》2010 年 6 月 9 日。

證據。《南齊書》卷五七《魏虜傳》："國中呼内左右爲'直真'，外左右爲
'烏矮真'，曹局文書吏爲'比德真'，檐（擔）衣人爲'樸大真'，帶仗人
爲'胡洛真'，通事人爲'乞萬真'，守門人爲'可薄真'，僞臺乘驛賤人爲
'拂竹真'，諸州乘驛人爲'咸真'，殺人者爲'契害真'，爲主出受辭人爲
'折潰真'，貴人作食人爲'附真'。三公貴人，通謂之'羊真'。"① 又："飲
食厨名'阿真厨'，在西，皇后可孫恒出此厨求食。"上揭吐魯番文獻中的
"折胡真"，或許與《南齊書》卷五七《魏虜》中的"折潰真"有關，其具
體含義正如《南齊書》所言，乃"爲主出受辭人"，是接受文書、接待使節、
傳遞信息的官員，相當於"通事令史"一類。吐魯番出土文書中的"烏胡
慎"，可能也是鮮卑語詞②，或即《南齊書》卷五七《魏虜》中的"烏胡
真"，其意思即如《南齊書》所言"外左右"，也就是"陪同出使外地或外
國、跟隨上司在其左右之人"，實際上也就是外交人員。今又檢白鳥庫吉
《東胡民族考》"烏矮真"條："托拔語謂'外左右'曰'烏矮真'，此
'真'字即彼語尾。則'烏矮'二字爲'外'之義可知也。滿洲語：謂衣服
等之表面曰'tuku'，女真語曰'禿科（t'uh－k'o）'，蒙古語謂外面曰
'deghegūr'。托拔語之'烏矮'音'wuwai'；若無誤寫，則與上述諸語毫無
類似之處。惟'烏矮'若爲'鳥矮'之誤，則與此等語言不無因緣。案
'烏'與'鳥'在字形上酷似，故中國人傳寫外國語之時，往往不免筆誤。
例如《魏志》之'鳥侯秦水'，作'烏侯秦水'，即其一例。故托拔語之
'烏矮真'，亦可視爲'鳥矮真'之誤寫也。鳥字當時音'To'，此可由蒙古
語之'Toghosun'譯爲'鳥侯秦'知之。而'矮'字之古音，亦有數樣。據
《唐韻》矮烏蟹切音'wai'，據《正韻》矮鴉蟹反音'ai'。據《康熙字典》
引王楙《野客叢談》云：'黄魯直詩"矲矮金壺肯送持"，注引《玉篇》
"矲，短也，矮不長也"，不知矲䧫二字見《周禮·春官》典同注"矲皮買
反，䧫，苦買反，方言，桂林之間謂人短爲矲䧫，䧫正作矮字呼也。"'可知
矮字亦作苦買反，音'Kai'。若'烏矮'爲'鳥矮'之誤，則當音'Tokai'

①　（南朝梁）蕭子顯：《南齊書》，中華書局，1987，第 985 頁。
②　王欣認爲此件吐魯番文書中的"若愍提懃""烏胡慎""吴兒折胡真""作都施摩何勃""禿地提懃
　　無根""阿祝至火下""處論無根""摩何□□""鍮頭□"等都是柔然人。可能是來自柔然的使者
　　和官員。參見王欣《麴氏高昌王國與北方游牧民族的關係》，《西北民族研究》1991 年第 2 期，第
　　191 頁。王欣似乎也感覺到了"烏胡慎"是典型的非漢語詞。

或'Towai'，則此語與女真語之'禿科'及滿洲語之'tuku'可以比較矣。"① 但是我們檢吐魯番出土文獻之"鳥胡慎"，"鳥"字非常明晰，或許可證《南齊書》之"鳥矮真"不誤，"鳥矮真"不能作"鳥矮真"，白鳥庫吉先生的論證可能站不住腳。

語言文字使用的背後，往往蘊含着意味深長的歷史背景。以下這件吐魯番出土文書同樣引起了我們的注意。2004TBM107：3－2漢譯粟特語《唐金滿都督府致西州都督府書》（榮、李、孟58）："此處皆無（⋯⋯）。其地遙遠，吾等不得使（之？）離去。哥邏禄（百姓⋯⋯）吾等已遣（⋯⋯）往西州。其後（當？⋯⋯）⋯⋯其人衆上來（至此），吾等若得消息，將與（汝？）相知。（於時）龍朔［三］（年）（⋯⋯）。"關於此件文書的墓葬年代和寫作背景，榮新江、李肖、孟憲實先生主編的《新獲吐魯番出土文獻》第59頁言："本件文書出自墓室填土内，上鈐印一方，爲'金滿都督府之印'（5.6cm×5.7cm），文書中提及'哥邏禄'，年代又在龍朔年間。推測和徵集文書中《唐龍朔二、三年（六六二、六六三）西州都督府案卷爲安稽哥邏禄部落事》爲同組文書。"

以上文書涉及了一段特殊的歷史背景。唐王朝在平定阿史那賀魯的過程中，開始在被征服地區設置羈縻都督府、州。唐平高昌後，於貞觀十四年（640）置庭州金滿縣，永徽五年（654）閏五月，唐帝國以處月部落置金滿洲，隸輪臺縣。州隸屬縣，顯然不是正州，而是設在部落牧地的羈縻州（處月部落可能沒有全部屬於金滿州，所以後來在顯慶二年又降於流沙道安撫大使），顯慶二年（657）春正月分葛邏禄謀落部置陰山都督府，熾俟部置大漠都督府。② 龍朔二年（662），置金滿州都督府（唐在西突厥十姓部落故地設置）。長安二年（702）年後，爲北庭都護府治所及瀚海軍駐地。2006TZJI：106《唐龍朔二、三年（662、663）西州都督府案卷爲安稽哥邏禄部落事》（一）（榮、李、孟312）："□□□［差］柳中縣丞□□□［充］使往金滿州發［遣］。"2006TZJI：147《唐龍朔二、三年（662、663）西州都督府案卷爲安稽哥邏禄部落事（三）》（榮、李、孟318）："□□□［督］府哥邏禄步失達官部落□□帳被□□□□［帖］金滿之州權［待］□□□以金滿□

① 〔日〕白鳥庫吉：《東胡民族考》，方狀猷譯，山西人民出版社，2015，第160頁。
② 王小甫：《唐、吐蕃、大食政治關係史》，北京大學出版社，1992，第5頁。

█████」"京都有鄰館 15 號《唐開元十六年（728）庭州金滿縣牒》："金滿縣。牒上孔目司。開十六稅錢，支開十七年用。合當縣管百姓、行客、興胡，惣壹阡柒伯陸拾人。應見稅錢惣計當貳佰伍拾玖阡陸佰伍拾文。捌拾伍阡陸佰伍拾文百姓稅。"① 考《舊唐書》卷四十《地理三》："金滿，流沙州北，前漢烏孫部舊地，方五千里，後漢車師後王庭。胡故庭有五城，俗號'五城之地'。貞觀十四年平高昌後，置庭州以前，故及突厥常居之。"《新唐書》卷四三下《地理七下》"右隸北庭都護府"下列有："金滿州都督府（原注：永徽五年以處月部落置爲州，隸輪臺，龍朔二年爲府）。"②

由上揭吐魯番文書中保存的"金滿都督府之印"（見圖 1 至圖 3）及文書（見圖 4）發現於西州都督府所在地吐魯番，我們推測此爲唐朝處理哥邏祿部落破散問題時金滿州都督府致西州都督府的書信。③

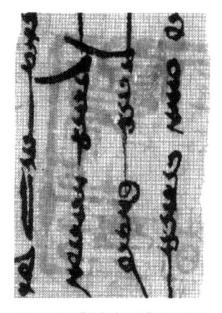

圖 1 "金滿都督府之印"印文之一

---

① 〔日〕池田温：《中國古代籍帳研究》，龔澤銑譯，中華書局，2007，第 210 頁。
② 劉俊文指出："金滿縣屬北庭，本蒲昌縣，武則天長安二年改金滿縣，其地在今烏木齊縣附近。"（《敦煌吐魯番唐代法制文書考釋》，中華書局，1989，第 558 頁）榮新江、李肖、孟憲實指出"金滿州"地域在今烏魯木齊烏拉泊古城北方（《新獲吐魯番出土文獻概説》，《吐魯番學研究》2008 年第 1 期，第 10 頁）。還可參見榮新江《新出吐魯番文書所見唐龍朔年間哥邏祿部落破散問題》（載沈衛榮主編《西域歷史語言研究所集刊》第一輯，科學出版社，2007，第 13～44 頁）。
③ 圖版引自榮新江、李肖、孟憲實主編《新獲吐魯番出土文獻》，第 57～58 頁。

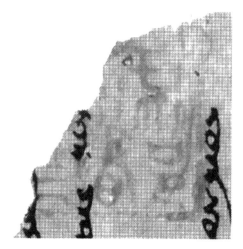

圖2 "金滿都督府之印"印文之二

圖3 "金滿都督府之印"拼合圖

現在我們不禁要問：爲什麽唐金滿都督府致西州都督府的公文（官方書信）竟然用粟特語而不用漢語？這一問題前賢時彦似乎没有深究過。我們認爲這恰好説明唐初帝國中央政權對羈縻府州的控制力是非常有限的，帝國對羈縻府州管理非常鬆散，這一點也得到了歷史學家的印證。谷川道雄先生認爲：唐帝國表面上由都督府、州這樣普遍的行政組織統一起來了，實際上内部並立着不同的兩個世界，這是胡漢共存的統治方式。[①] 唐帝國的羈縻府州設置都督、刺史、司馬、參將等職官，都督、刺史這些長官都是由本部首領

---

① 〔日〕谷川道雄：《世界帝國の形成》，（東京）講談社，1987，第210~211頁。

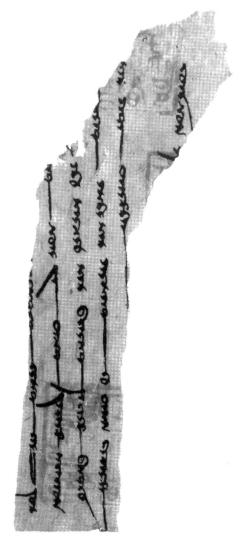

圖 4　2004TBM107∶3－2《粟特語唐金滿都督府致西洲都督府書》
資料来源：榮新江、李肖、孟憲實主編《新獲吐魯番出土文獻》，第 58 頁。

擔任，都是世襲職務，羈縻府州有無版籍不定，即使有版籍，徭賦也比齊民
百姓要輕，無版籍的多半是隨地畜牧。羈縻州府往往采用當地或附近城鎮、
部落的名稱。①

　　現在我們還要討論一下爲什麼金滿都督府使用粟特文的問題。我們前已

---

① 　王小甫：《唐、吐蕃、大食政治關係史》，北京大學出版社，1992，第 9 頁。

論及金滿都督府居住着處月等突厥部落，但需注意的是：處月部落不是東突厥，也不是西突厥本部，而是西突厥十姓部落以外的別種①，可能是因爲在金滿都督府粟特人及粟特文化的影響較大，本地行政語言都可以使用粟特語。此地雖乃突厥故地，原使用文字乃粟特文②，粟特語和粟特文已經作爲金滿都督府的行政語言文字之一，同時或許還説明此件公文的接收地——西

① 檢伯 2009《西州圖經》："右道出交河縣界，西北向處月已西諸蕃，足水草，通車馬。"《新唐書》卷四三下《地理七下》："金滿州都督府，永徽五年以處月部落置爲州，隸輪臺。"《資治通鑒》卷一百九十四"太宗貞觀九年"："處月、處密，皆西突厥之別部也。"又同書卷一百九十五"太宗貞觀十二年"："處月、處密與高昌共攻拔焉耆五城。"參見《舊唐書》卷一九四《突厥傳》；又參見岑仲勉《西突厥史料補闕及考證》，中華書局，2004，第 199～201 頁；劉俊文《敦煌吐魯番唐代法制文書考釋》，第 572 頁。又考《新唐書》卷二百一十八《沙陀傳》："沙陀，西突厥別部處月種也。始，突厥東西部分治烏孫故地，與處月、處蜜雜居。貞觀七年，太宗以鼓纛立利邲咄陸可汗，而族人步真觖望，謀並其弟彌射乃自立。彌射懼，率處月等入朝。而步真勢窮亦歸國。其留者，咄陸以射匱特勒（勤）劫越之子賀魯統之。西突厥寖强，内相攻，其大酋乙毗咄陸可汗建廷鏃曷山之西，號'北庭'，而處月等又隸屬之。處月居金娑山之陽，蒲類之東，有大磧，名沙陀，故號沙陀突厥云。咄陸寇伊州，引二部兵圍天山，安西都護郭孝恪擊走之，拔處月俟斤之城。後乙毗可汗敗，奔吐火羅。賀魯來降，詔拜瑤池都督，徙其部庭州之莫賀城。處月朱邪闕俟斤阿厥亦請内屬。永徽初，賀魯反，而朱邪孤注亦殺招慰使連和，引兵據勞山。於是射脾俟斤沙陀那速不肯從。高宗以賀魯所領授之。明年，弓月道總管梁建方、契必何力引兵斬孤注，俘九千人。又明年，廢瑤池都督府，即處月地置金滿、沙陀二洲，皆領都督。賀魯亡，安撫大使阿史那彌射次伊麗水，而處月來歸。乃置崑陵都護府，統咄陸部，以彌射爲都護。龍朔初，以處月酋沙陀金山從武衛將軍薛仁貴討鐵勒，授墨立軍討擊使。長安二年，進爲金滿洲都督，累封張掖郡公。金山死，子輔國嗣。先天初避吐蕃，徙部北庭，率其下入朝。開元二年，復領金滿州都督。"《資治通鑒》卷二百一十"玄宗先天元年—開元元年"："辛酉，沙陀金山遣使入貢。沙陀者，處月之別種也，姓朱邪氏。"胡三省注："蓋沙陀者，大磧也，在金莎山之陽，蒲類海之東，自處月以來居此磧，號沙陀突厥。"陳國燦指出："處月部落就是沙陀，所居住地域在金娑山之陽，蒲類之東，大體相當於今新疆東部天山北面的巴裏坤縣縣境，其南與唐伊州相望。到了先天年間，處月部又西徙北庭，其南正好與唐西州相鄰。可能就在東突厥攻圍北庭時，處月部落便與之相互影響，趁機反叛，這正是處月部落人在這一時段内經常南下騷擾西州的歷史背景。"（《遼寧省檔案館藏吐魯番文書考釋》，《吐魯番學研究》2001 年第 1 期，第 7～8 頁。）

② 粟特語和粟特文在突厥的影響力很大，我們注意到一件吐魯番出土文獻，66TAM61：23（a）、27/1（a）、27/2（a）《唐麟德二年（665）婢春香辯辭爲張玄逸失盜事》（3－239）載："春香等辯：被問所盜張逸［之］物夜□更共何人同盜，其物今見□□□吾□審：但春香等身是突厥□□□及今因□□□更老患，當夜並在家宿，實□□□依實謹辯。麟德二年月 日。譯語人翟浮知□E。"這件文書記載了唐西州時期的一樁盜竊案中，一名"翟"姓粟特人爲一名突厥被告擔任辯詞及其他訴訟程序翻譯，該被告是一名突厥女奴，既老且病，她被販賣到唐西州來做婢女，現在被人告發偷竊財物。這份文獻除了説明唐帝國在法律事務中爲少數民族雇請翻譯、充分保護他們的合法權益之外，還告訴我們粟特人與突厥人的密切關係，這名"翟"姓粟特語人（翻譯）爲突厥女奴進行法律語言翻譯服務，他在文書末尾有畫指"E"，以擔保翻譯無誤。（請比較《唐律疏議·詐僞》"證不言情及譯人詐僞"："諸證不言情及譯人詐僞，致罪有出入者，證人減二等，譯人與同罪。"）該粟特人肯定精通自己本民族的語言——粟特語，精通漢語，除此以外，他可能還精通突厥語。抑或還有另一種可能：由於粟特語在突厥的重要地位，因此不少突厥人本來懂得和使用粟特語，所以這名粟特人爲這名女奴擔任翻譯時，既有可能是將漢語翻譯爲突厥語，也有可能是翻譯爲粟特語即可（關於"翟"姓粟特人，參見王啟濤《"目"、"翟"二姓與粟特關係新證——以吐魯番出土文獻爲中心》，《民族研究》2017 年第 1 期）。

州都督府也有胡語閱讀的條件和能力。①

　　總之，唐初羈縻府州連官方的行政公文都可以使用自己的語言文字，而不一定使用漢語漢字，換句話說，漢語漢字在羈縻府州竟然不一定是通用語言文字，說明初唐時期中央對羈縻府州的控制有難言之隱，甚至可能是力不從心、鞭長莫及的，這一點再一次說明漢語漢字作爲國家通用語言文字不斷進行推廣的重要性。一方面，它體現了中央政權對全國的有效管理；另一方面，它會反過來促進和加強國家和民族的凝聚力與向心力，對鑄牢中華民族共同體意識極爲重要。在這一點上，古往今來，概不例外。

　　由於上揭吐魯番出土文書是平行機關之間的書信，所以述事顯得非常直接，作爲一封初唐時期羈縻府州寄出的粟特語官文書信，其撰寫程式似乎沒有受到漢書儀的明顯影響。

　　但以下這件粟特語書信就不一樣了，2004TBM247：8 漢譯粟特語《唐書信》（榮、李、孟102）：

1 [　　　　　’]（p）wr’βw δnn mz [’yx prn？

2 [　　　　wγ](š)’m rty R (B)[k’xwt’w’？

[伏惟公尊體] 動止萬 [福] ……某 [歡慶]。時 [吾公! ……]

本件文書出土於吐魯番巴達木二號臺地，屬康氏家族塋院，爲男女合葬墓。墓道填土中出土粟特語殘片。另有空白紙片一張。本件文書出自墓道填土中，因出自康氏墓葬，疑爲粟特墓主人生前之物。② 此件書信似乎受到漢書儀的影響，請比較大谷8081《唐前期書簡》斷片（《大谷》三，圖版四四)③：

（前缺）

1 將信物。　　起居幸體□□□□□□

2 特進中丞公尊體 [動] □□□□□

3 某乙所守有限，拜賀未□□□□□

---

① 這不奇怪，西州都督府所在地，即吐魯番，自古以來就是粟特人移民的重鎮，吐魯番在西域和絲路政治、經濟、商貿、宗教、文化、藝術、交通等方面的重要地位，使粟特人使用的粟特語和粟特文在這裏具有較爲廣泛和深厚的基礎，粟特語和粟特文甚至成爲絲綢之路上除了漢語漢字之外的又一國際性語言文字。

② 參見 Yutaka Yoshida（吉田豐），Sogdian Fragments Discovered from the Graveyard of Badamu，沈衛榮主編《西域歷史語言研究所集刊》第一輯，科學出版社，2007。

③ "《大谷》三，圖版四四"表明此件文書圖版見《大谷文書集成》第三卷，圖版四四，法藏館，2003。

4 伏承除殄兇醜，虜塵□□□□□□

5 ［勤?］情，但增傾注，謹奉［狀］□□□□□□

6 □倍增欣慰，某乙邊守□□□□□□

7 □別稍久，歎望，每盈□□□□□□

8 □爲昆［季］［之］情，倍增慰□□□□□

9 侍御公尊體動止萬［福］□□□□

10 □□伏［增］□□□□□

（後缺）

兩相對比，我們認爲 2004TBM247：8 漢譯粟特語《唐書信》（榮、李、孟 102）極有可能受到漢書儀的影響，這與康姓粟特人來到吐魯番後，尤其是在唐西州之後不斷華化的歷史是完全吻合的。

三　《中國語言學研究》刊載海內外學者對中國語言文字在海外使用狀況的研究文章

中國語言學的研究對象，還包括中國語言文字在國際上的傳播與使用狀況。在古代中國，特別是大唐盛世，中國文化深深地影響到周邊地區甚至更遠的地方，漢語和漢字作爲中華文化最重要的載體，傳播到域外，還形成了漢字文化圈。如今，華人已經遍布全世界，我們不禁要問：他們所使用的漢語和漢字與本土有什麼不同？與所在地區的語言文字有怎樣的接觸與影響？產生了哪些變體？這些都需要研究。中國是一個多民族的國家，不祇是漢族，其他兄弟民族的語言文字也具有跨境和跨國性質。比如，藏語就普遍分布於周圍鄰近的國家的部分區域，尤其是分布在尼泊爾、不丹、印度、巴基斯坦等國的部分區域，這些區域的藏語方言可以分爲四塊。（1）藏語西部方言。主要分布在印度西北部的拉達克、普力克，巴基斯坦的北部的巴爾底等地。西部方言中保留了較多古藏語古老的發音特徵，這些發音特徵與國內嘉戎話和道孚話較爲接近。（2）西部革新方言。主要分布在印度的西北部，包括拉胡爾、思畢緹、噶爾瓦、亞瑪、嘉德等地區的藏語方言。（3）南部方言。分布區域較廣，跨越三個國家，主要分布在我國西藏日喀則的亞東等區域，印度東北的德迴地區（原錫金），以及不丹等地。（4）中部方言。主要包括尼泊爾境内的卡噶特、洛米、幾熱爾、夏爾巴等地使用的藏語方言，以及我國境内西藏日喀則的吉隆方言和山南夏爾巴人使用的藏語方言等。① 以上都是中國語言學的研究對象。

四 《中國語言學研究》刊載海内外學者對中國語言文字學的學術史研究文章

學術史研究，是對過往研究的利弊得失進行總結，衹有不斷理性回顧與反思過去，才能科學謀篇與規劃未來。南朝劉勰提出學術史研究要做前賢的"知音"，他在《文心雕龍・知音》中還提出了系統的文學史和學術史研究標準與方法，即："凡操千曲而後曉聲，觀千劍而後識器。故圓照之象，務先博觀。閱喬嶽以形培塿，酌滄波以喻畎澮。無私於輕重，不偏於憎愛，然後能平理若衡，照辭如鏡矣。是以將閱文情，先標六觀：一觀位體，二觀置辭，三觀通變，四觀奇正，五觀事義，六觀宮商。斯術既行，則優劣見矣。"② 清代學者章學誠言："辨章學術，考鏡源流。"（《校讎通義・敘》）這些寶貴經驗，非常值得我們借鑒。我們在研究中國語言學學術史時，一定要古今貫通，中外兼容，才不會犯"褒貶任聲，抑揚過實，可謂鑒而弗精，玩而未核"（《文心雕龍・辨騷》）的失誤。

比如，從語言學學術史的角度，學者們往往感歎中國與西方的語言學之間的距離太遠③，但是，越來越多的學者發現，就對漢語言文字進行研究的歷史來看，東西方學者一直保持着相互借鑒和交流，早期西方學者在漢語漢字方面的不少精彩建樹，恰恰是借鑒中國傳統語言學優良傳統而得。1874年，法國學者羅尼（Rosny）指出研究漢語必須從古音開始；而同時，英國學者艾約瑟（Edkins）發表了漢語古音研究的論文。我們知道，從語音入手來研究漢語，這一研究理念，恰好是明清以來尤其是乾嘉諸老竭力倡導的。王念孫指出："竊以詁訓之旨，本於聲音。故有聲同字異，聲近義同，雖或類聚群分，實亦同條共貫，譬如振裘必挈其領，舉網必挈其綱，故曰'本立而道生'，知

---

① 參見根呷翁姆《藏族的方言分類及其特點》，《中國語言學研究》2021 年第 2 期（總第二輯，即將刊出）。
② 周振甫主編《文心雕龍辭典》，中華書局，2009，第 789 頁。
③ 《王士元語言學論文集》，商務印書館，2002，第 1 頁。

天下之至賾而不可亂也。"（《廣雅疏證序》）王念孫又言："訓詁聲音明而小學明，小學明而經學明。"（《説文解字注序》）。又比如：德國語言學家甲柏連孜撰《漢文經緯》，其漢語語法學學術思想之根其實還是在中國，他強調漢語中實詞與虛詞之別，強調傳統小學與文法學的結合，正是他這樣的西方語言學家完成了中國傳統"小學（語文學）"面向西方的"映射"，又與文法學結合而終成正果，再向東方橫向回歸"輻射"，從而完成東西方漢語研究有效的迴圈。① 他的著作對日本和中國東亞漢語文言語法研究發揮了"映射"和"輻射"的作用。梅祖麟先生指出，李方桂先生在《中國的語言和方言》中對漢藏語系的分類，就受到了甲柏連孜（Georg von Gabelentz）②、康拉迪（Conrady，August）的影響。③ 這些西方學者不僅對中國學者影響不小，對日本學者如 20 世紀初日本後藤朝太郎《現代支那語學》（1908）有關中國境内語言與方言分類，尤其是漢語藏語同源關係研究影響也不小，對豬狩幸之助《漢文典》（1898）、兒島獻吉郎《漢文典》（1903）以及中國學者來裕恂《漢文典》（1906）有關漢語語法理論體系建構也發揮了重要作用。日本學者廣池千九郎《應用支那文典》（1909）反思中日兩國學者一直沒有跳出甲柏連孜《漢文經緯》等歐洲學者著作學術範式現象，思考漢語文言語法學研究理論與方法如何創新的問題，由此成爲現代東亞漢語文言語法學理論意識覺醒的開端，爲 20 世紀二三十年代中日學者研究漢語文言語法走上創新之路提供了思考前提。④

---

① 參見李無未《從德國甲柏連孜〈漢文經緯〉（1881）到清末中日〈漢文典〉——近代東西方漢語語法學史"映射"之鏡像》，《中國語文》2017 年第 5 期，第 621～637 頁。這種現象在文化史上並不罕見。如中印文化交流史上佛教的倒流即爲一例。季羨林先生指出："佛教是從印度傳到中國來的，中國人接受了這一個外來的宗教以後，並不是墨守成規、原封不動地把它保留了下來，而是加以改造和提高，加以發揚光大，在傳播流通過程中，形成了許多宗派。總起來看，在律的方面——僧伽組織方面的改變，比起在教義方面的改變與發展，要少一些，要不太引人注目一些。在佛教義理方面，中國高僧在幾百年上千年的鑽研與學習中，有了很多新的發展，有的又'倒向'印度，形成了我們所説的佛教的倒流。"氏著《朗潤瑣言》，上海文藝出版社，1997，第 184～185 頁。
② 詳見〔德〕甲柏連孜（Georg von Gabelentz）《漢文經緯》（Chinesische Grammatik）（魏格爾出版社，1881），姚小平譯，外語教學與研究出版社，2015。
③ 梅祖麟：《康拉迪（1864—1925）與漢藏語系的建立》，《漢藏語學報》2010 年第 4 期，商務印書館，2010。
④ 關於早期西方學者對漢語語音、詞彙、語法的研究，可以參見姚小平《西方語言學史》，外語教學與研究出版社，2011，第 135～151 頁。

五 《中國語言學研究》刊載海內外學者將中國語言文字與中華文化進行比較互證的文章

語言文字是文化最重要的載體，所以語言文字與文化完全可以進行比較互證。德國學者格林有一句家喻戶曉的名言：“我們的語言就是我們的歷史。”現代語言學之父索緒爾（Ferdinand de Saussure）指出：“語言學和其他科學有極其密切的關係。它們有時從它借用資料，有時向它提供資料。其間的界限並不總是很清楚的。”① 德國哲學家海德格爾也說：“唯當表示物的詞語已被發現之際，物才是一物。唯有這樣物才存在（ist），所以我們必須強調說：詞語也即名稱缺失處，無物存在，唯詞語才使物獲得存在。”② 1936 年 4 月 18 日，陳寅恪先生在寫給沈兼士先生的信中指出：“依照今日訓詁學之標準，凡解釋一字即是作一部文化史。”③ 羅常培先生強調從六個方面研究語言與文化的關係，這六個方面就是：第一，從詞語的語源和演變推溯過去文化的遺迹；第二，從造詞心理看民族的文化程度；第三，從借字看文化的接觸；第四，從地名看民族遷徙的蹤迹；第五，從姓氏和別號看民族來源和宗教信仰；第六，從親屬稱謂看婚姻制度。④ 近年來，學者們強調西域歷史語言研究對西域歷史與文化研究的重要性，提出“回歸語文學”的口號⑤，也是將語言與文化進行比較互證的具體行動。

研究中華文化與歷史，必須通過中國語言文字；而研究中國語言文字，必須通曉中國文化與歷史。早在西漢時代，揚雄在《法言·問神》裏就說：“言，心聲也；書，心畫也；聲畫形，而君子小人見矣。”在中國文化體系中，傳統的“小學”即語言文字學，一直是爲經學服務的，是經學的基礎性學科，清代張之洞《書目答問》有言：“小學，此類各書爲讀一切經史子集之鈐鍵。”《爾雅》是一部讀經必備的語言文字學典籍，更是被直接列入儒家

① 〔瑞士〕費爾迪南·德·索緒爾著，沙·巴厘、阿·薛施藹、阿·里德林格合作編印《普通語言學教程》，高名凱譯，岑麒祥、葉蜚聲校注，商務印書館，2003，第 26 頁。
② 〔德〕海德格爾：《在通向語言的途中》，孫周興譯，商務印書館，1999，第 132 頁。
③ 《陳寅恪集·書信集》，生活·讀書·新知三聯書店，2001，第 172 頁。
④ 羅常培：《語言與文化》，北京出版社，2004，第 2 頁。
⑤ 詳見沈衛榮《編輯緣起》，載《西域歷史語言研究叢書》，中國人民大學出版社，2010。又參見沈衛榮《回歸語文學》，上海古籍出版社，2019。

"十三經"中，充分體現了其經學應用價值。① 所以我們認爲，在新的時代，語言文字學與其他學科的交叉與融合非常重要，語言文字學除了需要與聲學、醫學、計算機科學等自然科學緊密結合外，還需要與歷史學、考古學等相鄰學科進行密切合作。在我們看來，語言學家能把問題講准，歷史學家能把問題講透②，考古學家能把問題講實，這三方仿佛是三套馬車，又仿佛是公檢法的關係。考古學家好比警官，語言學家好比檢察官，歷史學家好比法官。考古學家尋找資料，他們從大漠戈壁、從深山老林、從各類遺址和古墓中發掘文獻，送到語言學家的案桌上，這些文獻經過語言學家字斟句酌的精心辨識，然後交到了歷史學家的工作室，由歷史學家仰觀天文、俯察地理，解釋其然和所以然，唯有考古學、語言學、歷史學三方攜手，才能共同完成古代文獻的整理與研究。當然，任何比喻都是蹩腳的，以上三家中的任何一家，其實都必須要有收集、整理和研究古文獻語言文字的基本功，祇不過有所側重而已。

由於語言文字是文化最重要的載體，由於語言文字學是人文社會科學中最基礎性的學科，所以在中國歷史上，語言文字學的革新往往帶來人文社會科學衆多領域的革命，比如漢代的古文經學、魏晋的玄學、清代的考據學，都是以語言文字學的革新導乎先路，然後影響到其他人文社會科學領域，這一點在西方也不例外。以前，我們更多的是談語言文字學對其他學科的重要性，現在我們不妨反過來，強調精通其他學科對語言文字學也非常重要。漢代的許慎爲什麼能夠在語言文字學史上留下《説文解字》那樣的曠世名著？也許恰恰是因爲"五經無雙許叔重"吧！他在經學、哲學上的深厚素養，使《説文解字》一書具有嚴密的系統性。而東漢的鄭玄之所以能夠取得那樣偉大的訓詁成就，也許同樣與他的經學成就尤其是禮學成就密不可分吧！

---

① 西方學術亦如此。索緒爾指出："語文學首先要確定、解釋和評注各種文獻，這頭一項任務還引導它去從事文學史、風俗和制度等的研究，到處運用它自己的方法，即考訂。"（〔瑞士〕費爾迪南·德·索緒爾著，沙·巴厘、阿·薛施藹、阿·里德林格合作編印《普通語言學教程》，高名凱譯，岑麒祥、葉蜚聲校注，第18頁。）

② 《清史稿》卷四八一《錢大昭傳》："嘗謂注史與注經不同。注經以明理爲宗，理寓於訓詁，訓詁明而理自見。注史以達事爲主，事不明，訓詁雖精無益也。每怪服虔、應劭之於《漢書》，裴駰、徐廣之於《史記》，其時去古未遠，稗官、載記、碑刻尚多，不能會而通之，考異質疑，徒戔戔於訓詁。乃著《兩漢書辨疑》四十卷，於地理、官制皆有所得。"

絮語至此，貽笑大方，在此謹祝願我們的這份學術輯刊，一步一個腳印地走下去，走向美好燦爛的明天，爲建設具有中國特色、中國風格、中國氣派的哲學社會科學，爲構建我國哲學社會科學學科體系、學術體系、話語體系，貢獻一份自己的力量，謝謝大家。

目 録

同源語素與音變鏈

潘悟雲[*]

摘　要　語言演化的最小單位就是同源語素，歷史比較法的核心内容就是同源詞或者同源語素。許多語言學家通過語音和語義的相似來確認語言的同源，但是歷史比較法認爲，只有語音對應關係才能確認同源關係。本文强調回歸歷史比較法，特別是以自然音變爲依據的語音對應關係，同時提出一種新的同源語素的分析方法。

關鍵詞　同源語素切分　諾蘇語　音變鏈

語言中最小的音義結合體就是語素。原始的語言中，詞通常就是語素，而且是單音節的語素。上古漢語中絶大部分的詞是單音節的，所以也就是語素，即通常所説的"字"。一字一音節一語素就成了上古漢語的最基本特徵，也是古代漢藏語的基本特徵。最原始的語言中祇有語素，後來通過語素和語素的結合構成詞，纔有了詞法。詞和詞的結合構成短語、句子，纔有了句法。所以，語素是語言中最原始的基本單位。例如，北京讀 tɕia55 的一個音，意義上表示有血緣、婚姻關係，生活在一起的人群單位。上海話的 ko42 也有同樣的語義。我們的共同祖先生活在黄河中上游，他們組成一個個家庭的時候，産生一個詞，讀作 kʰa。人群不斷地向外遷徙，有的遷徙到北京，有的遷徙到上海。語言不斷地演化，這個原本讀 kʰa 的語素，在北京演變爲現代的 tɕia55，在上海演變爲 ko42。這些地方的這種語素是從原始的語言中演化過來的，叫作同源語素。

語言的語素研究，包括共時的研究，也包括歷時的研究。

語素歷時研究中最重要的一項就是同源語素的演化研究。原始語言演變爲各種不同的親屬語言，原始語演變爲不同的親屬語。同一個語素從原始的語言向不同的親屬語演變，就是同源語素的演化關係。

不同語言中的同源語素有不同的讀音，北京的"家"讀作 tɕia55，上海

---

* 潘悟雲，復旦大學東亞語言研究中心教授，主要研究方向爲演化語言學。

讀作 ko42，這些不同的讀音叫作同源語素值。同源語素，在不同親屬語中雖然有不同的讀音，但是都歸爲同一個類，叫作同源語素類，北京的 tɕia55 與上海的 ko42 有相同的同源語素類。同源語素類，實際上就是原始語素的類。原始語素的讀音已經不知道了，但是通過許多親屬語言的同源語素值的歷史比較，可以得到近似的讀音，叫作構擬。

爲了同源研究的方便起見，我們把同源語素、同源語素類、同源語素值簡稱爲語素、語素類、語素值。

原始語素或同源語素，就是馬提索夫所説的 etymon。語言演化研究最基本的方法，就是同源語素類的研究。它們與基因在生命體中的演化是相似的。

語素是最小的音義結合體，光是語義和語音還不能算是語言，兩者結合起來才算是語言，所以語素才是語言中最小的單位。如果把語言和生命體相提並論，語素就是語言中的基因。

基因和語素的基本特點都是物質和信息的結合。基因中的核糖核酸和城基都是物質，城基有 C、T、G、A 四種，它們的核糖核酸上的序列，攜帶着遺傳信息。與此相似，語素有不同的輔音和母音等等，它們都是語言中的物質形式。不同音素的不同序列跟語義的結合，攜帶着語言的信息。基因信息與語言信息，是生命演化與語言演化的基礎。我們把基因與語素做以下的對比（見表1）。

表1　基因與語素的比較

基因	最小的遺傳單位	遺傳與變異	生命演化	載體：DNA	信息：基因序列
語素	最小的語言單位	起源與接觸	語言演化	載體：語音	信息：同源序列與音變序列

生命的演化通過遺傳信息進行，語言的演化通過語言信息進行。對於生命演化，最基本的研究就是基因序列的測定。而對於語言演化，最基本的研究就是同源語素的建構。

因爲語素是音義的結合體，同源語素向親屬語演化的時候，音義之間會有一定的聯繫，通過音義之間的相似，就容易確定語素之間的同源關係。但是，有些語言的語音變化很大，並不能夠通過音義之間的相似確定同源關係。如果沒有相同字形"家"，從北京話的 tɕia55 與上海的 ko42 的讀音上很難認爲它們來自於同一個語素。

但是，更多的人祇是用語音和語義的相似性來猜測語素的同源關係。相似性便是模糊性，兩個語素之間，有的人會認爲很相似，另一些人會認爲不相似。科學的基本特徵，必須要有明確的界定。語言學的研究，有許多明確的界定方法，其中的一條方法就是形式的管控。例如歸納同一個音位有兩個重要的方法，一是對立互補原則，一是讀音相似原則。第一條是形式方面的，可以管控。第二條就有點模糊。北京話 i 和 ʅ 的聲母之間對立、互補，但是有的人認爲兩者讀音很相似，另外的人認爲讀音很相近。所以，有的人把它們歸爲一個音位，有的人則不同意。我們如果把這條相似原則改爲互換原則：在母語人聽來，兩個讀音如果能夠互換，才能歸爲一個音位。如將"皮"的讀音 pʰi35 換爲 pʰʅ35，北京人是不接受的，所以這兩個音不能歸納爲同一個音位。這種方法就是形式上的管控。

親屬語言中音和義的相似度也具有模糊性，以此來擬測的同源語素就具有一定的主觀性。爲此，我們需要有一種形式的管控方法，就是語音對應關係。造成人類語音變化的有許多因素，最重要的因素是人類的發音器官和聽覺器官。人類的語音器官古今中外基本不變，所以人類的語音變化規則是基本不變的，這就是語言演化中的自然音變，是可以由發音和感知原理進行解釋的逐漸變化的音變。音變的其他因素，如發音習慣、詞彙頻率、社會因素等等，都會影響到音變，但是自然音變是決定性的因素，這是決定性的力量。

一種語言分化爲兩種語言，爲什麼會有語音對應關係呢？以 L 語言的分化爲例：

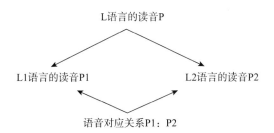

語音的演變是有規則的，當 L 語言的讀音 P 演變爲 L1 語言的時候，在語音規則的驅動下演變爲另一種讀音 P1。在 L2 語言中則會演變爲讀音 P2。這就是兩種語言的讀音 P1 跟 P2 之間發生語音對應關係。

反過來，兩種語言之間如果有語音對應關係，一定會有同源關係。我們可以用數學的方法來做模型推導。

　　我們不妨挑選 1000 個基本詞作爲漢語與藏語比較的基礎。在 1000 個基本詞中，我們發現了 23 個帶韵母 a 的同源詞，還有一些其他同源詞有待進一步確定，尚未列入，設其爲 x 個，其總數爲（$23+x$）個。

　　上古漢語有韵母 60 個，藏文有韵母 90 個。漢語與藏語同源的那個年代的韵母數也許並不完全相同，但是從上古漢語與藏文時代的音系來看，兩者與此相差當不會太遠，所以我們在研究中就采用了這些數字。這些韵母在語言中出現的概率如果均等，當爲 1/60 與 1/90。但是各種語言中韵母 a 的出現概率通常都是較高的，所以我們不妨乘以加權數 y，於是韵母 a 在漢語與藏語中出現的概率分別定爲 $y/60$ 與 $y/90$。

　　某個詞在漢語中采用韵母 a 的事件爲 A，在藏文中采用韵母 a 的事件爲 B，假設漢語與藏語没有發生學上的關係，那麼 A 與 B 都分別爲獨立事件，它的概率就一定符合以下的公式：

$$P(AB) = P(A)P(B) = (y/60)(y/90) = y^2/5400 \qquad (1)$$

　　P（AB）就是同時出現 A 與 B 的事件概率。1000 個基本詞中，漢藏間同時帶有韵母 a 的概率爲（$23+x$）/1000，把它代入公式（1），就得到：

$$(23+x)/1000 = y^2/5400$$
$$y^2 = 23 \times 5400/1000 + 54x/1000$$
$$y^2 > 23 \times 5400/1000 = 124.2$$
$$y > 11$$

　　從上古漢語與藏文中韵母 a 所占比例的加權數來看，y 絶對不能大於 11。據上古漢語爲例，本人所作的《漢語古音手册》中上古漢語用字 1500 多個，魚部（a）的字 600 多個，根據上面的公式，其中的 y 爲 2.5，遠遠小於 11。由此可見，公式（1）不可能成立，這就反證了我們的假設前提不成立，也就是説一個詞在藏文與上古漢語中同時采用韵母 a 的事件不可能是獨立事件。既然不可能是獨立事件，它們之間就存在着某種依存關係，這衹有兩種可能，要麼是有發生學上的關係，要麼是系統地借用。漢藏語之間在歷史上並没有系統的借用，所以可能是發生學的關係。

　　語音和語義的相似，衹是在一定程度上有同源的可能，但不可能有精確的檢驗。歷史比較告訴我們，同源語素之間有語音對應關係，反過來，根據語音對應關係可以確定語素之間的同源關係。語音對應關係就是語素同源的管控形式。

舉一個例子，緬甸文的"馬"mraŋ、"驢"mraṇ，語音和語義都非常地接近，所以 STEDT 歸爲一個同源語素。但是緬甸文的 aŋ 對應於彝語的 u，緬甸文的 aṇ 對應於彝語的 i。語音不對應，説明它們之間不可能有同源關係。許多的材料還證明，緬甸文的 aṇ 來自於原始緬甸語的 in。這就否定了"馬"和"驢"的同源性。

漢語的語素絕大部分是以音節爲單位的，所以語音對應關係也就是音節的語音對應關係。我們分別以 M 代表語素，S 代表音節，↔代表語音的對應：

$$M_1 ↔ M_2 ↔ M_3 \cdots M_n$$
$$S_1 ↔ S_2 ↔ S_3 \cdots S_n$$

音節可以由聲 I、韵 F、調 T 構成：

$$I_1 V_1 T_1 ↔ I_2 V_2 T_2 ↔ I_3 V_3 T_3 \cdots I_n V_n T_n$$

於是音節之間的對應關係，也就細分爲聲、韵、調之間的語音對應關係：

$$I_1 ↔ I_2 ↔ I_3 \cdots I_n 、$$
$$F_1 ↔ F_2 ↔ F_3 \cdots F_n$$
$$T_1 ↔ T_2 ↔ T_3 \cdots T_n$$

北京話的語素"家、加、嘉、葭"與上海話同源，它們之間的語音也有對應關係：tɕia55↔ko42。其聲、韵、調之間也分別有語音對應關係：tɕ↔k，ia↔o，55↔42。

如果我們只考慮聲韵之間的對應關係，相對應的同源語素就有更大的覆蓋面，如北京與上海之間有聲韵之間的語音對應關係 tɕia↔ko，下面的語素有語音對應"家↔嘉↔假↔價"。北京與上海的聲母有對應關係 tɕ↔k，其聲母對應的同源語素就會擴展到更多，如"家↔嘉↔假↔價↔間↔交↔江↔介"。

舉冕寧跟米易彝語爲例。冕寧的語素 na 跟米易的 na 對應例：

冕寧	米易	詞義	冕寧	米易	詞義
na31bi55	na31bi55	鼻子	na31po33	na31po33	耳孔

na31bi55	na31bi55	鼻孔	na31po31	na31po33	耳屎
na31bi55	na31bi55	鼻涕	na33po31	na31po33	耳
na31tʂʰo55	na31tʂʰo55	槍			

下面是冕寧的韵母 i 對應于米易的韵母 i。

冕寧	米易	詞義	冕寧	米易	詞義
tɕʰi31bu33	tɕi31ko33	蛋殼	ndi55	ndi55	穿（鞋）
si33tʂʰʅ33	si33tʂʰu33	半夜	li33bi33	li33bi33	大脖子
mi31	mi31	熟（肉）	ʐi33ka33	ʐi33kua33	房屋
ȵi33	ȵi33	坐	dʐi31vʅ33	dʐi31zʅ31	蜂刺
ni31	ȵi33	聞（鼻）	di31ko31	di31bu33	田埂

在做同源語素分析的時候，最麻煩的問題是並不知道多音節詞中每個語素的語義，例如不知道藏語"太陽" ȵi-ma 中的 ȵi 與 ma 是什麼意義。幸好在做語音對應關係的時候，是可以跟語義脫鈎的。"太陽"一詞可以按照語義把這兩個語素叫作"日"與"名詞後綴"。但是也可以籠統地叫作"太陽₁"與"太陽₂"，表示爲"太陽第一個語素"和"太陽第二個語素"，"太陽₁"與"日"都祇是 ȵi 的語素名稱，它們用來分析語音對應關係的時候，其作用是一樣的。如果多音節詞都要先按照語義來確定語素的名稱，這項工作就會非常麻煩。我們把詞中的各音節編號作爲語素的名稱，同樣可以做語音對應關係的分析。這種編號式的語素名稱彙集在一起，很容易轉換爲語義式的語素名稱。

下面帶編號 1 的詞，説明是詞中的第一個語素，其讀音都爲 ȵi。比較這些詞的語義，ȵi 的語義顯然都是"日"：

日光₁	ȵi-gʐor	日暈₁	ȵi-tshod
白晝₁	ȵi-btɕas	日出₁	ȵi-ﬁtɕhar
日落₁	ȵi-nub-pa	傍晚₁	ȵi-rgas

　　所以，這些語素的代號"日光₁、白晝₁、日落₁、日曇₁、日出₁、傍晚₁，"都可以轉換爲語素名稱"日"。

　　用編號語素的方法，在冕寧彝語中有以下同源語素名稱：

猴子₁	a33ȵu55	老鼠₁	a33he33
狐狸₁	a33dʐu33	烏鴉₁	a33dʑi33
喜鵲₁	a33tʂa55	貓₁	a44ȵe33
兔子₁	a3ɬɯ33		

　　這些詞的第一個語素都有同樣的讀音 a，從它們的語義比較上看，這些語素都有相同的同源語素"動物前綴"。

　　諾蘇彝語中有以下詞語（見表2）。

表2　諾蘇彝語同源詞表

詞	冕寧核桃村	普格洛久村	米易照壁村	金陽洛覺村	雷波田壩村	甘洛沙哈村
天	mo³³mu³³	mu³³bo³³	mu³³vo⁵⁵	mu³³vu⁵⁵	mo³³o³⁵	ma⁵⁵mo³³
天空	mu44ndʐʅ³³	mu³³bu³³	mu³³vo⁵⁵	—	mo³³o³⁵ko³³	mo³¹mu³³
太陽	ho³³bu³³	ȵe³³dʐʅ³³	ȵe³³dʐʅ³³	hi³³tʂʅ³³	ho³³bu³³	hi³³bu³³
陽光	gɯ³³çʅ³³	ȵe³³dʐʅ³³ʂʅ³³	dʐʅ³³ʂʅ³³	hi³³tʂʅ³³ʂʅ³³	ho³³bu³³çʅ³³	bu44çi³¹tu³³
月亮	ɬo³¹bo³¹	ɬo³¹bo³¹	ɬo³¹bo³¹	ɬo³¹bo³¹	ɬo³⁵bo³³	ɬo³¹bo³¹
虹	si³³si³³	si³³si³³	a³³si³³si³³	sʅ³³se³³	zʅ³³si³³	si³³si³³zʅ³³du³³

　　我們用上面的方法，做成諾蘇語的語素（見表3）。

表3　諾蘇彝語同源語素表

詞素	冕寧核桃村	普格洛久村	米易照壁村	金陽洛覺村	雷波田壩村	甘洛沙哈村
天 1	mo 33	mu 33	mu 33	mu 33	mo 33	ma 55
天 2	mu 33	bo 33	vo 55	vu 55	o 35	mo 33
天空 A1	mu 44	mu 33	mu 33	mu 33	mo 33	mo 31
天空 A2	ndʐʅ 33	bu 33	vo 55	vu 55	o 35	mu 33
天空 A3	ndʐʅ 33	bu 33	vo 55	vu 55	ko 33	mu 33

续表

词素	冕寧核桃村	普格洛久村	米易照壁村	金陽洛覺村	雷波田壩村	甘洛沙哈村
天空 B1	mu 44	mu 33	mu 33	mu 33	mo 33	ko 55
天空 B2	ndzʅ 33	bu 33	vo 55	vu 55	o 35	ɬə 55
天空 B3	ndzʅ 33	bu 33	vo 55	vu 55	ko 33	ɬə 55
太陽 1	ho 33	ŋe 33	ŋe 33	hi 33	ho 33	hi 33
太陽 2	bu 33	dzʅ 33	dzʅ 33	tʂʅ 33	bu 33	bu 33
陽光 1	gɯ 33	ŋe 33	dzʅ 33	hi 33	ho 33	bu 44
陽光 2	çʅ 33	dzʅ 33	ʂʅ 33	tʂʅ 33	bu 33	çi 31
陽光 3	çʅ 33	ʂʅ 33	ʂʅ 33	ʂʅ 33	çʅ 33	tu 33
月亮 1	ɬo 31	ɬo 31	ɬo 31	ɬo 31	ɬo 35	ɬo 31
月亮 2	bo 31	bo 31	bo 31	bo 31	bo 33	bo 31
虹 1	si 33	si 33	a 33	sʅ 33	zʅ 33	si 33
虹 2	si 33	si 33	si 33	se 33	si 33	si 33

　　有了這種編號方式的語素名稱，可以做成語音對應關係表（見表4），按它們的語義做成語素類，同時把按編號方式的語素名稱，轉換成按語義的語素名稱。

表 4　語音對應關係表

	語音對應	冕寧語素音	冕寧詞音	米易語素音	米易詞音	按編號的語素名稱	按語義的語素名稱
1	a－a	ŋa 55	zo 31 ŋa 55	na 55	zo 31 na 55	閹公綿羊 2	
2	a－a	ŋa 31	ŋa 31 bi 55	na 31	na 31 bi 55	鼻子 1	鼻
3	a－a	ŋa 31	ŋa 31 bi 55	na 31	na 31 bi 55	鼻孔 A1	鼻
4	a－a	ŋa 33	ŋa 33 ko 33	na 33	na 33 du 55	鼻梁 A1	鼻
5	a－a	ŋa 33	ŋa 33 po 31	na 31	na 31 po 33	耳 1	耳
6	a－a	ŋa 31	ŋa 31 po 33	na 31	na 31 po 33	耳孔 A1	耳
7	a－a	ŋa 31	ŋa 31 po 31	na 31	na 31 po 33	耳屎 A1	耳
8	a－a	ŋa 31	ŋa 31 bi 55	na 31	na 31 bi 55	鼻涕 1	鼻
9	a－a	ŋa 31	ŋa 31 tsʰo 55	na 31	na 31 tsʰo 55	槍 1	
10	a－a	ŋa 33	ŋa 33	na 33	na 33	問	問
11	a－a	ŋa 55	ŋa 55	na 55	na 55	哄（小孩）	哄
12	a－a	ŋa 55	a 33 ŋa 55	na 55	a 33 na 55	最（好）A2	最

续表

	語音對應	冕寧語素音	冕寧詞音	米易語素音	米易詞音	按編號的語素名稱	按語義的語素名稱
13	a－a	ʂa 33	ku 31kɔ 33 ʂa	xa 33	tʰɯ 33xa 33	丟掉 B3	
14	a－a	m̥a 55	m̥a 55mo 31	ma 55	ma 55mo 31	老師 1	教

　　早期歷史比較的音變，與現代的自然音變理論不可同日而語。因爲有現代實驗語音學，才能通過發音與感知的實驗，做自然音變的解釋。

　　所以，我們所説的語音對應關係，就是以自然音變爲依據的語音對應關係。有了語音對應關係，同源語素的確定才有了依據。反過來，有了語言間同源語素值的比較，才有語音對應關係和語言間的自然音變鏈。

Etymons and Shift Chains

Pan Wuyun

Abstract：The smallest unit of language evolution is cognate morpheme, and the core content of historical comparative method is cognate word or cognate morpheme. Many linguists confirm the homologyof languages through phonetic and semantic similarity, but historical comparison holds that only phonetic correspondence can confirm homology. This paper emphasizes the regression of historical comparison, especially the phonological correspondence based on natural sound changes, and proposes a new method for the analysis of homologous morphemes.

　　Keywords：Etymons；Shift chains；Nuosu Languages

關於漢語常用虛詞更替演變研究的思考[*]

董志翹　孫咏芳[**]

提　要　常用詞更替演變研究是近三十年來詞彙史研究的熱點之一，但當前的常用詞更替演變研究基本上以實詞爲主，虛詞的更替演變研究明顯滯後。相對於印歐語系來説，漢語虛詞系統更加豐富，承擔著更加重要的語法作用，常用虛詞更替演變研究對於漢語史分期研究具有獨特的價值，對於語文工具書的修訂和補正、出土文獻的整理、古文獻的語言性質和成書年代的判定具有較大的實用價值。在研究過程中，儘管常用虛詞更替演變研究可以在研究方法上借鑒當前比較豐富的實詞更替演變研究經驗，但在研究對象和更替標準的確定方面有自身獨特的要求。在研究理論方面，常用虛詞更替演變研究也要有更開闊的眼光，一方面要參考借鑒語法化、歷史語法演變、類型學等相關領域的成果來進行研究，另一方面也要在眾多詳細的虛詞更替演變個案描寫過程中揭示演變動機、歸納演變規律，從而爲漢語史研究甚至類型學理論的發展做出貢獻。

關鍵詞　常用詞　虛詞　更替演變

一　引言

漢語史的研究包括漢語語音史、詞彙史、語法史的研究。在詞彙史方面，張永言、汪維輝二位先生對當時的研究現狀做了精闢的總結。[①]

在漢語史諸部門中，詞彙史向來比較落後，而中古（東漢—隋）時期漢語詞彙史的研究尤爲薄弱。近二十年來，經過郭在貽等先生的大力提倡和身

[*]　本文爲國家社科基金重點項目"中古漢語虛詞研究及中古漢語虛詞詞典編撰"（項目編號：18AYY020）的階段性成果。

[**]　董志翹，文學博士，北京語言大學文獻語言學研究所、北京文獻語言與文化傳承研究基地特聘教授，南京師範大學漢語言文字學專業博士生導師，主要研究方向爲漢語史、訓詁學、古典文獻學。孫咏芳，南京師範大學文學院漢語言文字學專業博士研究生，主要研究方向爲漢語史。

[①]　張永言、汪維輝：《關於漢語詞彙史研究的一點思考》，《中國語文》1995 年第 6 期。

體力行，中古詞彙研究已經由冷落而繁榮，取得了一批重要成果。但是，這些論著大多偏重疑難詞語的考釋，也就是說，主要還是訓詁學的研究，是傳統訓詁學的延伸和擴展。至於作爲語言詞彙核心的“常語”，向來是訓詁學者認爲可以存而不論或者無煩深究的。然而，要探明詞彙發展的軌迹，特別是從上古漢語到近代漢語詞彙的基本格局的過渡，即後者逐步形成的漸變過程，則常用詞的演變遞嬗更值得我們下功夫進行探討。

針對這一情況，汪維輝等率先對常用詞的演變進行了研究，先後出版了專著《東漢—隋常用詞演變研究》[1] 和《漢語核心詞的歷史與現狀研究》[2]。前一部著作對 41 組常用詞的更替演變做了深入的考察；而後一部著作則根據漢語實際，對斯瓦迪士（M. Swadeshi）的 100 核心詞表稍做調整，對漢語核心詞的演變進行了深入探討。在過去的二十多年中，還有許多學者投入常用詞演變研究領域，並不斷擴展漢語常用詞演變研究的範圍，取得了豐碩成果，極大地促進了漢語詞彙史的研究。

張永言、汪維輝先生在 20 世紀 90 年代之所以提倡漢語常用詞演變研究，其目的之一是爲漢語史的斷代提供依據，因爲此前爲漢語史劃分階段大多依據文體、語音、語法，而很少有語言三要素中的詞彙介入。[3] 隨着常用詞演變研究的展開，詞彙的發展演變研究成果在漢語史分期中的作用也得到了證明。如，方一新補充了一些將東漢至隋劃分爲中古漢語時期的詞彙方面的證據，提出此期基本詞彙開始產生變化，許多新詞開始與舊詞並存，並呈現出“萌芽—並存—取代”的發展軌迹。[4]

語言的一個基本結構特徵是它具有兩個子系統，可分別稱爲語法子系統和詞彙子系統。其中，詞彙子系統爲認知表徵（cognitive representation）提供概念内容，它是開放類（open-class），語素數量龐大，易於增加；語法子系統爲認知表徵構建概念框架，它是封閉類（closed-class），語素數量較少，相對固定，包括屈折形式、派生形式等顯性黏着形式和介詞、連詞、副詞等顯性自由形式。[5] 從類型學上説，漢語屬於分析—孤立型語言，“在

---

① 汪維輝：《東漢—隋常用詞演變研究》（修訂本），商務印書館，2017。
② 汪維輝：《漢語核心詞的歷史與現狀研究》，商務印書館，2018。
③ 董志翹：《漢語史的分期與 20 世紀前的中古漢語詞彙研究》，《合肥師範學院學報》2011 年第 1 期。
④ 方一新：《從中古詞彙的特點看漢語史的分期》，《漢語史學報》第 4 輯，上海教育出版社，2004。
⑤ Talmy, Leonard, *Concept Structuring Systems*（*Toward a Cognitive Semantics*, Vol. 1），London：The MIT Press, 2000，pp. 21 – 23.

這樣的語言裏語法化不可能造成屈折形態成分的産生"①。因此，漢語不像印歐語那樣有豐富的屈折形式等顯性黏着形式或嚴格意義的形態變化，而主要通過詞序和虛詞，即副詞、介詞、連詞、助詞等顯性自由形式表達語法關係，形成了一套極爲豐富的虛詞系統。相對於俄語、法語、英語等具有屈折變化的語言，或日語、朝鮮語等有黏附形式的語言來説，"虛詞在漢語中擔負着更爲繁重的語法任務，起着更爲重要的語法作用"②。而這也是漢語涪法研究歷來以虛詞爲重要内容的原因，從漢代的《爾雅》《説文解字》，到20世紀初的傳統小學著作，其中都有解釋虛詞的專條。③ 從詞語的使用頻率來看，根據《現代漢語頻率詞典》的統計，漢語中使用度④最高的前100個詞中約有46個是虛詞，這也可體現虛詞在漢語中的重要地位。因此，考察漢語史的發展演變、考慮漢語史的分期問題，不應該也不可能把虛詞排除在外。

但是，到目前爲止，學界對常用詞演變的研究，主要集中在實詞領域，許多實詞，尤其是動詞和名詞的更替情況得到了比較扎實的考察，而常用虛詞更替演變研究則相對較少。儘管虛詞更替演變研究的萌芽時期和真正的個案研究開始得並不比實詞晚，但常用詞演變研究領域總體上對虛詞的更替演變研究較爲冷落，這與現代漢語語法研究、中古近代漢語研究中對虛詞的高度關注形成鮮明對比。漢語常用詞演變研究的這種現狀，無論是對於漢語史分期研究來説，還是對於歷史詞彙學、歷史語法學研究來説，都是不全面的，加強對漢語常用虛詞更替演變的研究，是常用詞演變研究、漢語史研究領域亟待突破的環節。

---

① Traugott, Elizabeth C. and Bernd Heine, "*Introduction*" In Traugott, Elizabeth C. and Heine. Bernd (eds.) *Approaches to Grammaticalization*, Vol. 1, Amsterdam: Benjamins, 1991.
② 陸儉明：《關於漢語虛詞教學》，《語言教學與研究》1980年第4期。
③ 太田辰夫提出："虛詞隨着時代發生了很顯著的變化，如果不正確地把握虛詞的意義和功能，對於古代漢語的理解只能停留在極其概略的地步。在漢語的文法研究中虛詞成爲中心，漢語史的研究事實上也必須以虛詞爲中心。"（〔日〕太田辰夫《漢語史通考》，江藍生、白維國譯，重慶出版社，1991，第1~2頁。）
④ 在《現代漢語頻率詞典》中，使用度是按一定公式計算出的壓縮了的詞次，比頻率更能看出該詞在語料中的使用程度和散布情況。

二 漢語常用虛詞更替演變研究的價值

（一）對於漢語史分期研究的價值

漢語史分期的觀點，目前有兩分説①、三分説②、四分説③、五分説④等。其中，四分説是當前學界接受較多的觀點，但在具體劃分時，對各時期的上下限仍存在分歧，爭議點主要集中在三個時期的歸屬問題：東漢屬於上古漢語還是中古漢語，唐五代、宋代屬於中古漢語還是近代漢語，清代屬於近代漢語還是現代漢語。

漢語史的分期問題之所以歷來衆説紛紜，主要是由於"語音、語法、詞彙諸因素發展演變的快慢有異，學者們所站的立場、偏重的材料不同"⑤。比如，當前各家在劃分上古漢語和中古漢語的界限時，采用的標準主要有以下三種。語法標準：如判斷句中係詞是否成爲必需的句子成分、疑問句中代詞賓語是否前置、處置式中"將"字句和"把"字句是否産生、被動句中是否出現"被"字式。語音標準：包括聲母的變化，如向熹的標準是輕唇音、舌上音是否産生；聲調的變化，如去聲字是否産生。⑥ 詞彙標準：主要是中古漢語中一批詞綴的産生和使用，潘允中還提及詞類有無互相區別開來的語法標誌⑦，向熹提及單音詞和複音詞情況。⑧ 吕叔湘和向熹的標準還包括文體，即是否出現文言和白話兩種書面語言。

王力在談到漢語史分期的依據時説："從語音、語法、詞彙三方面來看，是哪一方面的大轉變可以認爲語言發展的關鍵呢？我們認爲應該以語法作爲主

① 參見吕叔湘著，江藍生補《近代漢語指代詞》，學林出版社，1985，"序"。
② 參見蔣紹愚《近代漢語研究概況》，北京大學出版社，1994，第3頁；黃典誠《漢語語音史》，安徽教育出版社，1993。
③ 參見王力《漢語史稿》（第3版），中華書局，2015，第35頁；潘允中《漢語語法史概要》，中州書畫社，1982，第10~18頁；蔣冀騁《論近代漢語的上限（上）》，《古漢語研究》1990年第4期；向熹《簡明漢語史》（修訂本），商務印書館，2010，第41~43頁；周祖謨《漢語發展的歷史》，《周祖謨語言文史論集》，浙江古籍出版社，1988，第1~18頁。
④ 參見〔瑞典〕高本漢《中國音韻學研究》，趙元任、羅常培、李方桂譯，商務印書館，2003，第20~21頁；〔日〕太田辰夫《漢語史通考》，江藍生、白維國譯，重慶出版社，1991，第2頁。
⑤ 董志翹：《漢語史的分期與20世紀前的中古漢語研究》，《合肥師範學院學報》2011年第1期。
⑥ 向熹：《簡明漢語史》（修訂本），商務印書館，2010，第41~43頁。
⑦ 潘允中：《漢語語法史概要》，中州書畫社，1982，第10~18頁。
⑧ 向熹：《簡明漢語史》（修訂本），商務印書館，2010，第41~43頁。

要的根據。語法結構和基本詞彙是語言的基礎，是語言特點的本質。而語法結構比基本詞彙變化得更慢。如果語法結構發生了顯著的變化，就可以證明語言的質變了。"①同是采用語法標準的，大多學者采用的是句法標準，如王力所采用的語法依據主要有判斷句中使用係詞與否，疑問句的相關特點，處置式、被動式等句式的產生或普及，詞尾"了、着"的產生，等等。但是，也有些學者注意到不同歷史時期虛詞系統的差別，如蔣紹愚提出，代詞和語氣詞系統的更替是從文言到白話這樣一個十分明顯的變化。② 蔣冀騁討論近代漢語的上限時提到的詞彙標準也包括了"者（這）、爲復、什没"等虛詞的大量出現。③ 袁賓提到的近代漢語劃分標準之一就是虛詞的使用。④ 柳士鎮將魏晋南北朝劃分爲中古漢語時期的主體時的語法根據包括"新興的人稱代詞、指示代詞、疑問代詞、副詞、連詞、介詞以及先秦兩漢固有的這些類詞的語法功能的演變"⑤。志村良治在其專著中把魏晋至唐末五代稱爲"中世漢語的時期"，或稱"中古漢語"，他劃分的主要依據是詞彙和語法，而語法部分又包括了代詞、副詞、連詞、助詞等的產生和使用。⑥

在漢語使用度排名前 100 的詞語中，有 46 個是虛詞。其中，不少虛詞的產生或發展對於漢語歷史發展具有跨時代的重要意義。如："了、着"涉及漢語體貌系統的變化，這是許多學者劃分上古漢語和中古漢語界限的重要標準之一；"的、地"的產生和使用涉及構詞法的變化，這是學界劃分中古和近代界限的標準之一；"不"既涉及對虛詞"非"的更替，也涉及漢語否定句的演變問題；介詞"把"涉及處置式的產生；等等。此外，現代漢語中使用頻率高的大多數虛詞，如介詞"從、對"，代詞"我、他、這、什麼、幾"，副詞"也、都、很、没、祇"，連詞"和、如果"，助動詞"要、會、能"，等等，都與古漢語中使用的詞不同，在漢語歷史上發生過更替，有些詞還發生過不止一次更替，從古至今没被替換掉的虛詞較少。也就是說，現代漢語的常用虛詞與古漢語的面貌相差極大，漢語不同時期常用虛詞的使用面貌也很不一樣，這些都是不同時期漢語的重要特點，在進行漢語史

---

① 王力：《漢語史稿》（第 3 版），中華書局，2015，第 34 頁。
② 蔣紹愚：《近代漢語研究概述》，《古漢語研究》1990 年第 2 期。
③ 蔣冀騁：《論近代漢語的上限（下）》，《古漢語研究》1991 年第 2 期。
④ 袁賓：《近代漢語概論》，上海教育出版社，1992。
⑤ 柳士鎮：《魏晋南北朝歷史語法》（修訂本），南京大學出版社，2019，緒言。
⑥ 〔日〕志村良治：《中國中世語法史研究》，江藍生、白維國譯，中華書局，1995，第 3 頁。

分期時也應將這些特點作爲參考標準之一，這樣才能得出更貼近語言實際的結論。

當然，漢語史分期研究中對虛詞標準的忽略，有很大一部分原因是過去常用虛詞更替演變研究成果比較薄弱，僅有少數常用虛詞的更替演變得到了比較清楚的揭示，其中有不少尚存探討的空間。如，胡明揚劃分近代漢語上限爲隋末唐初時，提及的語法標準中包括"的、了、哩/呢"的出現和全面替代舊的助詞系統，"這那"替代"彼此"，"我你他"出現並全面替代"吾爾其"等人稱代詞。① 但蔣冀騁根據"了、呢"產生時代晚於隋末唐初、"這"在此期未完全取代"此"等情況，對將近代漢語上限定在隋末唐初的説法提出質疑。② 總之，常用虛詞的更替演變對於漢語史分期研究的進一步深入是有積極意義的，但很多常用虛詞更替演變研究工作有待全面、深入地展開。

（二）對於漢語詞彙語法化研究的價值

語法化的研究成果表明，虛詞往往來源於實詞，並且許多虛詞也會往更虛的功能發展。在考察常用虛詞更替演變過程、探究虛詞更替演變動因的過程中，我們發現，許多虛詞在來源及其語法化路徑上具有共性。如，表隱秘的描狀副詞主要來源於在認知上有［－覺知］特點的形容詞和動詞，如"昏暗"義的"陰、暗"，"安静"義的"密、悄、默"，"偷竊"義的"偷、盜、竊"，等等；假設連詞來源較多，但也有類型化的特點，如來源於"如同"義動詞的"如、若"，來源於使令動詞的"使、令"，來源於"借、憑藉"義動詞的"假、借、藉"；方向介詞主要來源於"往、趨向、接近"義動詞（如"於、往、即、從、就、奔"）、"朝向、面對"義動詞（如"當、對、向、朝"）等，它們都是在連動結構"$V_1 + NP + V_2$"中 V_1 的位置，由於語義重心漸漸落到 V_2 上，從而導致 V_1 發生語義弱化，語法化爲介詞。這種來源和語法化路徑上的共性，是導致許多具有同一語法功能的虛詞産生、形成競爭的重要原因。

---

① 胡明揚：《近代漢語的上下限和分期問題》，胡竹安、楊耐思、蔣紹愚編《近代漢語研究》，商務印書館，1992，第 3 ~ 12 頁。
② 蔣冀騁：《論近代漢語的上限（上）》，《古漢語研究》1990 年第 4 期。

許多虛詞在產生相同功能之後，繼續語法化的路徑也相似，其中有些成員繼續語法化後的功能成爲它的主要功能，原先的功能反而漸漸衰退了，這也是虛詞更替的常見動因。如，疑問代詞"何、安、焉、惡、那"等都發展出了表反詰語氣的功能，在戰國晚期、東漢時的許多語料中，"安、焉、惡"表反詰的用例超過了作處所疑問代詞的用例，這或許是它們在中古時期被"何"系疑問代詞取代的重要原因之一。

總之，常用虛詞更替演變由於涉及具有相同語法功能的衆多虛詞成員，綜合起來考察它們的語法化，具有比考察單個詞的語法化更廣闊、深遠的視角，也更具有系統性，對於漢語詞彙語法化研究大有裨益。

（三）對於方言研究的價值

現代漢語來源於古代漢語，對漢語常用虛詞的更替演變進行研究，有助於瞭解現代漢語詞彙和語法面貌的形成，更深刻地理解現代漢語中的一些詞彙、語法現象。共時地域方言的差異，往往能反映歷時變化的情況，方言分區中有古今比較判斷法，是從歷史來源的角度區分方言的方法，但當前這種方法主要以漢語語音史爲依據。① 實際上，常用詞歷時演變研究的成果也能爲方言學的研究提供重要參考。目前，實詞方面已經有不少結合常用詞的更替演變研究成果來考察現代方言分區問題的實踐。如汪維輝在常用詞更替研究的基礎上，考察了共時的方言分布情況，並對共時的方言差異及其各自的歷史來源層次進行解釋，其中就有六組代詞和兩組副詞。②

（四）應用價值

研究常用虛詞更替演變，也有其應用價值。

常用虛詞更替演變研究有助於語文工具書的編纂與修訂。考察虛詞的更替，勢必要對該虛詞的產生時代和產生機制進行考察，在這個過程中可能會對一些有分歧的問題進行探討，從而對語文工具書中可能存在的問題進行重新考慮，如對虛詞義項的排列、例句的選擇等。例如，學界對"將要"類時間副詞"當、欲、要"等詞的產生時代均存在爭議。《漢語大字典》所舉的

① 游汝傑：《漢語方言學導論》（修訂本），上海教育出版社，2018，第44~46頁。
② 汪維輝：《漢語核心詞的歷史與現狀研究》，商務印書館，2018。

"要"作表將要、將會的副詞的例子爲漢代的"人生要死，何爲苦心?"（《漢書·廣陵厲王劉胥傳》）楊伯峻、何樂士所舉之例爲南北朝時期的"卿試擲地，要作金石聲"（《世説新語·文學》）①。然而，太田辰夫認爲，"要"表將來的用法從宋元開始出現。② 如果"要"在宋元才開始出現，《漢語大字典》和楊伯峻、何樂士所舉之例則值得再斟酌。這樣的問題，在虛詞更替演變研究中會涉及不少，對這些問題進行再探討，是進行虛詞更替演變研究工作的必要一環，同時也將爲語文工具書和語法通論等著作提供一定的參考。

常用虛詞更替演變研究有助於古籍的鑒定與整理。胡敕瑞提出："在文獻、文化、語言三種鑒別方法中，語言鑒別是一種更爲有效的方法。因爲，雖然造假者有心作僞，可以避免在一些文化常識上露馬脚，但是他畢竟不是語言專家，在遣詞造句的時候難免不露蛛絲馬迹。"③ 在語言證據中，更有效的應該是普遍性好、規律性强的材料，而語法的變化速度、變化數量、變化規律的强度均介於語音和詞彙之間，普遍性比語音好，規律性比詞彙强，作爲鑒別語料的證據質量高、有效性突出。

顧炎武很早就注意到虛詞的更替與文獻時代的早晚之間的聯繫，他在《日知録》卷六"檀弓"條説："《論語》之言'斯'者七十，而不言'此'。《檀弓》之言'斯'者五十有三，而言'此'者一而已。《大學》成書於曾氏之門人，而一卷之中言'此'者十有九。語音輕重之間，而世代之別，從可知已。"④ 儘管楊伯峻、何樂士對"斯""此"的具體問題提出質疑，但通過虛詞使用情況的差異來鑒別文獻時代的方法在近幾十年得到了很多實踐。⑤ 曹廣順、遇笑容用來判定譯經翻譯年代的語言標準，包括處置式和被動式中的介詞，根據《舊雜譬喻經》祇有用"以"構成的廣義處置式，沒有用"將"構成的處置式，判定它屬於翻譯時期較早的譯經，再結合被動句的使用情況，與《撰集百緣經》和《六度集經》對比，得出《舊雜譬喻經》是三國

---

① 楊伯峻、何樂士：《古漢語語法及其發展》（修訂本），語文出版社，2001，第239頁。
② 〔日〕太田辰夫：《中國語歷史文法》，蔣紹愚、徐昌華譯，北京大學出版社，2003，第188~189頁。
③ 胡敕瑞：《中古語料鑒別述要》，《漢語史學報》第5輯，上海教育出版社，2005。
④ （清）顧炎武著，黄汝成集釋《日知録集釋》（全校本），欒保群、吕宗力點校，上海古籍出版社，2013，第349頁。
⑤ 楊伯峻、何樂士：《古漢語語法及其發展》（修訂本），語文出版社，2001，第148頁。

前後的作品的結論。①

虛詞的更替演變研究也有助於出土文獻的鑒定與整理。董志翹、洪曉婷根據學界對傳世文獻與出土文獻中介詞"于"和"於"的研究，總結出"戰國中晚期以後，'於'字基本上取代了'于'"，再將文中統計的《清華大學藏戰國竹簡（壹）》和《清華大學藏戰國竹簡（貳）》中介詞"于、於"的使用情況與學界的研究結論對照，證明"清華簡"中"于、於"的使用完全符合它們在先秦時期的發展趨勢和分布規律，從而得出了"清華簡並非今人作偽"的結論，爲"清華簡"的真偽判定提供了一個堅實可靠的語言學支撐。②

三　漢語常用虛詞更替演變研究的現狀

傳統語文學時期，在對古代典籍的注疏、訓釋中，常常用當時的常用詞、通語來解釋對於當時來説已經不大使用的舊詞，如："交被天和，食於地德。"（《淮南子·俶真訓》）高誘注："交，俱也。"這些關於虛詞的訓釋體現了古人對虛詞更替的認識，也是考察虛詞更替演變的重要證據。最早的用現代語言研究方法進行常用詞演變研究的兩部著作，分別是李宗江的《漢語常用詞演變研究》和汪維輝的《東漢—隋常用詞演變研究》。《漢語常用詞演變研究》在討論常用詞的定義時，把虛詞納入常用詞的範圍，在個案研究中也有若干虛詞更替演變個案考察。汪維輝在《東漢—隋常用詞演變研究》中，初步調查了東漢至隋代"有過程度不等的變化或更替"的詞，提及了十幾組虛詞，但沒有進行詳細考察。在《漢語核心詞的歷史與現狀研究》中，汪維輝考察了五組代詞和兩組副詞的更替演變和共時分布。總的來説，當前常用詞演變研究的重心是在實詞方面，而對虛詞關注較少。已有的與常用虛詞更替演變研究相關的成果主要集中在以下幾個方面。

第一，漢語史通論中提及虛詞更替演變現象。不少漢語史通論在對詞彙或語法發展現象進行討論時，會提及虛詞更替演變問題，但這些討論多是概

---

① 曹廣順、遇笑容:《從語言的角度看某些早期譯經的翻譯年代問題——以〈舊雜譬喻經〉爲例》，《漢語史研究集刊》第 3 輯，巴蜀書社，2000。
② 董志翹、洪曉婷:《〈清華大學藏戰國竹簡（壹、貳）〉中的介詞"于"和"於"——兼談清華簡的真偽問題》，《語言研究》2015 年第 3 期。

述性的，僅零星地、簡單地提及一些個案，沒有具體的描寫。如，王力提及一些虛詞更替問題："到了宋代，由於'他'在口語裏的更普遍的應用，'伊''渠'已經很少見了。""在現代漢語裏，'和'代替了'與'。"①向熹對上古、中古、近代漢語時期各類虛詞的使用情況進行了描寫，談及許多虛詞更替現象。如，提出甲骨文中的承接連詞"乍"在東周以後爲"則"所代替。②

第二，斷代與專書虛詞研究中提及虛詞更替演變現象。斷代虛詞研究中涉及演變問題的論著很多，如呂叔湘考察了近代漢語中代詞的來源及發展歷程；③ 曹廣順分類考察了近代漢語助詞的來源及發展，發現"近代漢語中揚棄了古漢語助詞'者、之'，而代之以新的結構助詞'底、地'和'個'"④。楊榮祥對近代漢語副詞的來源進行了考察，並對關於副詞形成的若干理論進行思考，如直接虛化與間接虛化、副詞形成的條件、漸變與殘存問題；⑤ 葛佳才從聚合群的角度考察了東漢副詞的演變和使用，並總結其規律；⑥ 席嘉在考察近代漢語連詞的使用情況時，也注意到許多產生於先秦、中古時期的連詞在近代漢語時期逐漸衰微、發生興替的現象，如並列連詞"和"對"與"的更替，副詞性關聯組合對"而、且"表並列功能的更替；⑦ 李明曉等在對戰國秦漢簡牘中的虛詞進行描寫之後，對每一類虛詞在各個時期的新興情況、對上一時期虛詞的承繼情況進行了概括分析；⑧ 吳福祥對助動詞、介詞、連詞、助詞、代詞、副詞等在唐五代、宋、元明、清四個時期的使用情況分別進行了描寫，並提出其中存在歷史興替現象，如"和、同、跟"等對"與"的替代，"把"對"將"的替代，等等；⑨ 姚振武描寫了殷商、西周、東周到東漢等幾個時期的介詞和語氣詞系統，其中提及不少虛詞的承繼和新興現象；⑩ 楚豔芳描寫了"底"替換"者"的過程，考察了"耶"取代

① 王力：《漢語史稿》（第3版），中華書局，2015，第263、330頁。
② 向熹：《簡明漢語史》（修訂本），商務印書館，2010，第99頁。
③ 呂叔湘著，江藍生補《近代漢語指代詞》，學林出版社，1985。
④ 曹廣順：《近代漢語助詞》，商務印書館，2014。
⑤ 楊榮祥：《近代漢語副詞研究》，商務印書館，2005。
⑥ 葛佳才：《東漢副詞系統研究》，嶽麓書社，2005。
⑦ 席嘉：《近代漢語連詞》，中國社會科學出版社，2010，第28頁。
⑧ 李明曉、胡波、張國豔：《戰國秦漢簡牘虛詞研究》，四川大學出版社，2011。
⑨ 吳福祥主編《近代漢語語法》，中國社會科學出版社，2015。
⑩ 姚振武：《上古漢語語法史》，上海古籍出版社，2015。

"邪"的優勢地位的原因。①

　　許多對專書或專類體裁文獻虛詞演變研究的論著也注意到了虛詞更替現象。如，胡敕瑞提到的"《論衡》用舊詞，佛典用新詞"中有不少是虛詞。如：亟、數/頻，仍、猶、尚/續、還，及、與/並，悉、皆/都，訖、已、畢/了，尤、甚/特、徒、空/唐。② 張振羽在窮盡性考察的基礎上，把《三言》各類副詞分爲來自上古、中古和近代新產生的兩大類，並考察了不成/難道、動/動輒/動不動、凡/共/通共/總共、好生/好不/好好、偏/偏偏/偏生、尤/尤其等詞的更替演變。③

　　這些對斷代、專書或專類體裁虛詞演變研究的成果，爲我們進行虛詞更替演變研究打下了非常好的基礎。

　　第三，語法研究論著中提及虛詞更替演變現象。20 世紀上半葉，學者們就對虛詞的演變有所關注，王力、呂叔湘、太田辰夫等學者的漢語語法著作中涉及了不少虛詞演變的問題。如：王力在《中國語法理論》中討論漢語虛詞問題時，粗略論述了一些虛詞的來源問題；呂叔湘在《中國文法要略》中對一些虛詞進行了文言文和白話文的對比。漢語史上不少虛詞的產生或發展涉及句法變化問題，有些乍看是同一個位置上換了一個虛詞的問題，其實涉及了漢語句法的發展。如：近代漢語介詞"把"的產生，陳初生等認爲是"把"對"以"的替換④，但更多學者則持其他意見；時間副詞的更替可能涉及漢語時體表達系統的發展，如上古漢語中主要用副詞"既、已"來表過去，但中古時期用將"完結"義動詞"畢、竟、訖、已、了"置於謂語動詞之後充任補語來表示⑤；程度副詞的發展可能涉及漢語述補結構的發展；等等。因此，一些語法問題研究也會涉及虛詞的競爭、衰亡、興替問題。如，龔千炎提到，"方、欲"至遲在漢代產生表示將來的用法，之後，在表示將來這一功能方面與"將"競爭失敗；近代漢語中的"將次"和"將待"則被"將要"取代。⑥ 劉丹青也對表程度很高的副詞的更替（文中稱爲"更

① 楚豔芳：《中古漢語助詞研究》，中華書局，2017，第 53、87 頁。
② 胡敕瑞：《〈論衡〉與東漢佛典詞語比較研究》，巴蜀書社，2002。
③ 張振羽：《〈三言〉副詞研究》，博士學位論文，湖南師範大學，2010。
④ 陳初生：《早期處置式略論》，《中國語文》1983 年第 3 期。
⑤ 柳士鎮：《試論中古語法的歷史地位》，《南京大學學報》（哲學·人文科學·社會科學版）2001 年第 5 期。
⑥ 龔千炎：《漢語的時相時制時態》，商務印書館，1995。

新")做出解釋，認爲新奇性動因是這組詞發生頻繁更替的重要原因；介詞"於"的各功能被諸多新生的介詞分別替代，則是由於"於"發生了語法化耗損。① 蔣紹愚提出，從漢代到魏晉南北朝，新興的介詞"在、從、到"等逐漸發展，代替了原來的介詞"於"。②

專門考察虛詞歷時發展演變的論著也有不少，其中也有一些虛詞更替演變個案研究。如李小軍分別對西漢以前、東漢、唐五代的語氣詞進行了描寫和詞頻統計，其中也提及一些語氣詞地位更替的現象，如南北朝時期"耶、乎"地位互換等。③ 李明對從甲骨文到現代漢語之間的各個時期的助動詞進行了細緻的描繪，考察了它們的產生、在各個時期的用法、消亡的過程，並且總結了助動詞之間的競爭規律。④ 張家合分五個類別對不同時期程度副詞的面貌進行了描寫，並總結了各時期程度副詞的特點。⑤

總的來説，這類成果側重於從宏觀上對各時期虛詞的承繼和新興情況進行描寫，而較少對具體的表達某一功能的詞的更替進行微觀的考察；在談及各時期主導詞的更替時也多表層的描寫，而較少對其更替演變的動因和機制深入考察。

第四，考察虛詞更替演變的個案研究。"也"和"亦"的更替問題是20世紀90年代討論較多的問題。李宗江考察了"也"的來源及其對"亦"的歷時替換，提出："到了金代，在實際的口語中，'也'對'亦'的歷時替換已基本完成。到了元明時代，'亦'已較爲少見。"⑥陳寶勤也認爲，"元末明初副詞'也'在口語中已經完全取代了副詞'亦'"⑦。蕭紅通過比較"亦"和"也"各自所在句子的形式及其謂語結構類型的歷史發展狀況，對"也"能替換"亦"的原因進行探究，提出：表層語法形式的精密是"也"最終取代"亦"的根本原因，隨着白話勢力的強大，書面語漸漸由文言文變成白話文，"亦"也漸漸失去了地位。⑧ 楊榮祥對這種更替發生的原因做出的

① 劉丹青：《語法化中的更新、强化與疊加》，《語言研究》2001年第2期。
② 蔣紹愚：《抽象原則和臨摹原則在漢語語法史中的體現》，《古漢語研究》1999年第4期。
③ 李小軍：《先秦至唐五代語氣詞的衍生與演變》，北京師範大學出版社，2013。
④ 李明：《漢語助動詞的歷史演變研究》，商務印書館，2016。
⑤ 張家合：《漢語程度副詞歷史演變的多角度研究》，中國社會科學出版社，2017。
⑥ 李宗江：《漢語常用詞演變研究》（第2版），上海教育出版社，2016，第156頁。
⑦ 陳寶勤：《"也""亦"興亡探析》，《學術研究》1998年第4期。
⑧ 蕭紅：《再論"也"對"亦"歷時替換的原因》，《湖北大學學報》（哲學社會科學版）1999年第1期。

解釋是："'也'更能適應新的漢語語法系統。"①

　　副詞的數量龐大，已有的更替個案相對其他詞類來説較多。程度副詞方面，楊振華描寫了表比較的程度副詞的歷時使用情況，即上古漢語時期主要用"愈、益"，中古漢語時期主要用"益"，近代漢語時期主要用"更、越"，並揭示了發生歷時更替的動因，即語法化程度的高低、遵循"語音象似性"規律的傾向和語言系統的自我更新與調整②；湯傳揚考察了近代漢語中"很"對"甚"替代的過程和機制。③ 否定副詞方面，王進發現，禁止副詞"勿、莫、休、別"產生的時間早晚不同，元代"勿"見於書面色彩較強的語體和固定格式中，數量很少，"莫"開始逐漸衰落，"休"則居於優勢地位，"別"在元代還没有出現，直到明代，"別"才開始產生並被大量使用④；王紹玉、魏小紅考察了"没有"對"無有"的替代。⑤ 範圍副詞方面，楊榮祥提出，總括副詞"都"在六朝產生，近代漢語中，"都"的興盛，使得漢語中原來很常用的總括副詞"皆、咸、悉"等逐漸被淘汰⑥；喬玉雪考察了"衹、止、只"的歷史替換⑦；李宗江也考察了總括副詞和限制副詞的演變問題⑧；魏兆惠提出，"净""盡""竟"這三個範圍副詞，在不同歷史時期的使用比例有所不同，在現代北京話口語中，"净"成爲最具優勢的範圍副詞表達法。⑨ 語氣副詞方面，蔣遐考察了近現代北京話中"敢是、敢情、敢則、敢怕、敢只、敢仔、敢自"等語氣副詞從互相競爭到"敢情"取得優勢地位的過程。⑩

　　代詞方面，貝羅貝、吴福祥提出，上古漢語疑問代詞發展與演變的主要

① 楊榮祥：《近代漢語中類同副詞"亦"的衰落與"也"的興起》，《中國語文》2000 年第 1 期。
② 楊振華：《漢語史中"更"類程度副詞歷時更替的原因分析》，《山西大同大學學報》（社會科學版）2019 年第 2 期。
③ 湯傳揚：《近代漢語程度副詞"很"的興起與"甚"的衰落》，《南京師範大學文學院學報》2019 年第 3 期。
④ 王進：《元代禁止副詞"勿""莫""休"——兼論禁止副詞"別"》，《漢語學報》2014 年第 2 期。
⑤ 王紹玉、魏小紅：《從歷時的角度看"没有"對"無有"的替代》，《宿州學院學報》2017 年第 5 期。
⑥ 楊榮祥：《總括副詞"都"的歷史演變》，費振剛、温儒敏主編《北大中文研究》（創刊號），北京大學出版社，1998。
⑦ 喬玉雪：《"衹"、"止"、"只"的歷史替換及相關問題研究》，碩士學位論文，河南大學，2004。
⑧ 李宗江：《漢語常用詞演變研究》（第 2 版），上海教育出版社，2016。
⑨ 魏兆惠：《早期北京話範圍副詞"净""盡"和"竟"》，《廊坊師範學院學報》（社會科學版）2014 年第 1 期。
⑩ 蔣遐：《清中葉以來北京話"敢 X"類語氣副詞的更替》，《國際漢語學報》2013 年第 2 期。

表現之一，就是詞項的頻率變化、功能發展以及詞彙興替①；盧烈紅描寫了佛教文獻中"何"系疑問代詞的興替演變過程②；還有徐曼曼的《近指代詞"茲"、"此"、"這"歷時更替考》③；等等。介詞方面，于江補充和修正了已有的關於"共、連、和、同、跟"產生年代問題的討論，並提及這組詞的更替年代④；郭家翔對清代形成更替的"等"與"俟、待"、"叫、給、讓"與"吃、教"、"和、同、跟"與"共"、"比"與"似、如"、"離"與"去"、"趁"與"乘"等六組介詞的更替過程進行了描寫。⑤ 助詞方面，有楊榮祥的《"者"衰"底（的）"興及二者之間的關係》⑥。助動詞方面，盧卓群考察了"要"代替"當、須"和"欲"的過程⑦；張海媚考察了"合"對"當、應"的歷時替換過程及其原因。⑧

總的來説，目前爲止，國内外對虛詞更替演變的研究有以下特點。

第一，較多對各時期虛詞系統的描寫，而對虛詞更替個案的考察較少、較零散，虛詞更替的研究相對於實詞的更替研究來説非常薄弱。

第二，從研究的具體内容看，當前的研究多側重於描寫更替過程，而對具體的更替原因、動機的深入挖掘較少。相對來説，近年來的虛詞更替個案越來越重視更替機制的探究，而不再滿足於描寫更替過程，這也是當前和今後常用詞更替演變研究的要求和趨勢。

四 常用虛詞更替演變研究應注意的幾個問題

在張永言、汪維輝⑨之後，學界陸續有一些關於常用詞演變研究的思考。如，王雲路、方一新⑩對汪維輝⑪關於"常用詞"的界定標準提出疑問，指

---

① 〔法〕貝羅貝、吳福祥：《上古漢語疑問代詞的發展與演變》，《中國語文》2000 年第 4 期。
② 盧烈紅：《佛教文獻中"何"系疑問代詞的興替演變》，《語言學論叢》第 31 輯，商務印書館，2005。
③ 徐曼曼：《近指代詞"茲"、"此"、"這"歷時更替考》，《西南大學學報》（社會科學版）2012 年第 1 期。
④ 于江：《近代漢語"和"類虛詞的歷史考察》，《中國語文》1996 年第 6 期。
⑤ 郭家翔：《略論清代介詞系統成員的更替（一）》，《湖北第二師範學院學報》2014 年第 5 期。
⑥ 楊榮祥：《"者"衰"底（的）"興及二者之間的關係》，《語文研究》2014 年第 3 期。
⑦ 盧卓群：《助動詞"要"漢代起源説》，《古漢語研究》1997 年第 3 期。
⑧ 張海媚：《常用詞"合"對"當、應"的歷時替換及其消退考》，《語言研究》2015 年第 2 期。
⑨ 張永言、汪維輝：《關於漢語詞彙史研究的一點思考》，《中國語文》1995 年第 6 期。
⑩ 王雲路、方一新：《漢語史研究領域的新拓展——評汪維輝〈東漢—隋常用詞演變研究〉》，《中國語文》2002 年第 2 期。
⑪ 汪維輝：《東漢—隋常用詞演變研究》（修訂本），商務印書館，2017。

出其中存在對出土文獻利用不足問題；張美蘭①提出要注意常用詞的書寫形式問題；等等。語料對於常用詞演變研究來説是至關重要的，因此相關的討論也較多。如，汪維輝提出，要注意常用詞演變個案研究中語料的全面性、文獻語言的非同質性②；真大成也着重談了當前漢語常用詞演變研究中存在的語料問題③；張美蘭則在常用詞演變研究中積極嘗試個性化語料，如《訓世評話》文白對照、《官話指南》及其滬語粵語改寫本等。④

這些對常用詞演變研究問題的思考，對於常用虛詞更替演變研究來説，是非常有價值的。但是，虛詞的更替演變具有不同於實詞的特點，在研究過程中還應注意一些問題。

（一）明確研究對象和研究目標

從學科歸屬來看，常用詞更替演變研究屬於歷史詞彙學的範疇，"以詞彙演變爲研究對象，研究人類語言裏詞彙的符意學演變和定名學演變，尤其聚焦於詞彙的產生、消亡、更替以及詞彙系統和詞庫結構的重組和變遷"⑤。常用虛詞更替演變研究既是歷史詞彙學研究的内容，也和歷史語法學息息相關。這項研究的具體任務，就是在篩選出歷史上發生過更替的常用虛詞的基礎上，對每一組虛詞的產生時間和更替演變過程進行描寫分析，探究各組虛詞更替的原因和機制，並在此基礎上總結漢語虛詞更替演變的規律，探討這種發展演變對漢語發展的影響。也就是説，這項研究就是要回答以下問題：漢語中有哪些虛詞在不同時期發生過更替？每組常用虛詞的更替演變從何時開始、何時結束？促成這種演變的動機是什麼？漢語常用虛詞的更替演變有何規律？對漢語發展有何影響？具體地説，這項工作包括如下四個部分。

第一，篩選典型的發生過更替演變的常用虛詞。不少學者對常用詞的概

① 張美蘭：《常用詞演變研究中詞的外在書寫形式及其相關問題》，《歷史語言學研究》第十三輯，商務印書館，2019。
② 汪維輝：《漢語常用詞演變研究的若干問題》，《南開語言學刊》2007 年第 1 期。
③ 真大成：《談當前漢語常用詞演變研究的四個問題》，《中國語文》2018 年第 5 期。
④ 張美蘭：《從〈訓世評話〉文白對照看明初漢語常用動詞的興替變化》，《南京師範大學文學院學報》2012 年第 4 期；張美蘭：《常用詞的歷時演變在共時層面的不平衡對應分布——以〈官話指南〉及其滬語粵語改寫本爲例》，《清華大學學報》（哲學社會科學版）2016 年第 6 期。
⑤ 吳福祥：《語義演變與詞彙演變》，《古漢語研究》2019 年第 4 期。

念進行過討論。如李宗江提出，常用詞"首先是作爲訓詁學研究對象的疑難詞語的對立面提出來的；這個概念的第二方面的含義是指對研究詞彙演變有重要價值，具體說是指那些代表詞彙的核心而其發展變化可以決定詞彙發展面貌的詞"①。王雲路將常用詞的特點概括爲：義項豐富、使用頻率高、構詞能力强、字面普通、含義相對穩定。② 徐時儀也提出："常用詞不是以詞頻統計爲依據而確定，而是指語言中一些與人類自身以及生產生活關係密切的詞。"③與實詞的開放性相比，虛詞屬於封閉類，成員有限，它決定語言這個認知系統的概念結構，是"詞彙所表達的概念材料的骨架或脚手架"④，而不是無窮的概念内容，因此虛詞子系統在語言中本身就是常用的，不少學者已經把虛詞納入常用詞的範圍。

因此，"常用虛詞"的篩選工作，跟實詞的常用詞選擇工作略有不同。實詞在一個時期一般由一至兩個詞來表達，而某一語法功能在一個時期則可能由多個虛詞來承擔。因此，首先需要確定表達某一語法功能的虛詞在各個時期都有哪些成員，再通過統計詞頻、考察功能分布等確定其中的常用成員。

這項工作的困難之處在於，古漢語中許多虛詞並不像現代漢語那樣研究得那麽透徹，而且，虛詞往往是通過實詞或其他虛詞語法化而來的，並且它們的語法化進程通常不會就此停止，而是繼續發展出其他的語法功能，這些功能與我們所要考察的語法功能之間的界限有時難以區分，給我們進行數據統計帶來干擾。此外，並不是同一句型中同一位置的虛詞都是發生過更替的詞，有些涉及句法演變的虛詞就不是簡單的詞彙替代，如處置式中的"把"與"將"等等，均須謹慎對待。⑤

第二，描寫各組常用虛詞更替演變的過程。描寫各組常用虛詞更替的過程，就是討論不同時期各組詞詞彙成員的新增舊減以及新舊詞語的歷史交

---

① 李宗江：《漢語常用詞演變研究》（第 2 版），上海教育出版社，2016，第 4 頁。
② 王雲路：《中古常用詞研究漫談》，《詞彙訓詁論稿》，北京語言文化大學出版社，2002，第 234 頁。
③ 徐時儀：《漢語白話史》（第二版），北京大學出版社，2015，第 343 – 344 頁。
④ Talmy, Leonard, *Concept Structuring Systems（Toward a Cognitive Semantics*, Vol. 1）, London：The MIT Press, 2000, p. 21.
⑤ 類似的例子還有很多，比如，王力提出："於"字用於表示行爲發生的處所的時候，在現代口語裏一般說成"在"字，但是"於"和"在"的詞性並不相同。"於"是純粹的介詞，"在"字是動詞。（參見王力《漢語史稿（第 3 版）》，中華書局，2015，第 326 頁。）

替。目前，大多數虛詞更替演變研究考察的是在一定階段內發生過更替的詞。如，關於表承接功能的詞，李思明以《水滸傳》《金瓶梅》《紅樓夢》爲語料，通過數據統計，發現"從《金》到《紅》，則是'便'由口語詞降爲書面語詞、'就'由充當口語詞的一員升爲接近獨占口語詞的質變時代"①。李宗江隨後上溯一段時期，發現"即"與"便"、"便"與"就"分別爲歷時替換關係。② 但是，正如李文所説，該功能的"即"在先秦使用也不多，在"即"之前有没有比"即"常用的成員呢？ 也就是説，"即"又替換了哪個詞？ 目前尚未見交代。當前對於程度副詞更替的關注也集中在近代漢語時期"很"對"甚"的替換，上古、中古時期這組詞的更替演變情況則不甚清晰。因此，這種集中考察兩個詞的更替過程的研究能集中解決一些關鍵問題，對於瞭解該組虛詞在歷史上完整的更替演變脈絡有重要的促進作用。不過，隨着研究的推進，我們也要進行通史性的虛詞更替演變研究，儘可能地把每組虛詞從古至今的更替演變過程交代清楚。要做好這個工作，需要我們分階段對這些虛詞的使用情況進行描寫，如使用頻率、文獻分布、功能分布等等，進而觀察這一功能的諸多成員的此消彼長、功能變化、使用地域範圍的變化等各方面的情況。具體來説，就是要回答這些問題：各時期表達這一功能的常用虛詞有哪些？ 不同時期常用虛詞在用法、分布、詞彙地位方面發生了什麼演變？ 每一組常用虛詞的更替演變是從何時開始、何時結束的？ 祇有回答了這些問題，我們才能弄清楚各組常用虛詞更替演變的脈絡，並在此基礎上深入挖掘常用虛詞更替演變的動因。因此，描寫各組常用虛詞更替演變的過程是常用詞更替演變研究的重要工作，也是探究更替演變發生動因的基礎。

　　第三，探究各組常用虛詞更替演變的動因。虛詞的語法化存在"擇一原則"，即能表達同一語法功能的多種並存形式經過篩選和淘汰，最後縮減到一兩種。③ 那麼，是什麼原因使得某一形式在表達同一語法功能的多種並存形式中通過篩選保留下來，其他形式則被淘汰呢？ 可以考慮的原因是多方面的，如語言的自我更新機制、經濟原則的作用、組合能力等等。

---

① 李思明：《〈水滸〉、〈金瓶梅〉、〈紅樓夢〉副詞"便"、"就"的考察》，《語言研究》1990 年第 2 期。
② 李宗江：《漢語常用詞演變研究》（第 2 版），上海教育出版社，2016，第 132～133 頁。
③ 沈家煊：《"語法化"研究綜觀》，《外語教學與研究》1994 年第 4 期。

語言的自我更新機制。語言之所以演變是因為說話者想改變它們，因為他們不想用與過去同樣的表達方式。① 汪維輝認為，實詞中舊詞被新的同義詞所取代的現象，可能跟語言使用者的喜新厭舊心理有關。② 劉丹青認為，實詞的更新和虛詞的更新本質上是相通的，語法化中的更新現象的動因之一，是語言使用者傾向於選擇富有表達力和創造力的新形式。③ 一些研究者在考察虛詞的更替演變動機時也從這個角度去思考，有時能得到一些啟發。如，張海媚研究助動詞"合"對"當、應"的歷時替換④，田春來研究介詞的更替⑤，等等，均注意到語言的自我更新作用。

語言的經濟原則的作用。某一語法功能可以由很多語法形式表達，經濟原則使得這些語法形式進行了自然選擇，優勝劣汰，由此系統大大簡化。已有的研究成果表明，漢語中虛詞發展的總體趨勢就是簡化。⑥ 如，柳士鎮考察發現，中古副詞較之上古呈簡化、規範的趨勢，作用相同的副詞形式大幅減少，介詞的新舊形式的更迭現象也比較突出，在出現了一些新興的介詞同時，也淘汰了一些意義與作用重複的介詞。⑦ 據楊榮祥考察，近代漢語副詞中也存在同義副詞間相互排擠的現象，從而保持了副詞體系的相對封閉性，使副詞的總數總是控制在一定的限度。⑧

組合能力的大小。汪維輝考察的實詞中，在競爭中取得勝利的詞往往是在競爭時期組合能力強的詞，如"眼"戰勝"目"的最顯著的特徵之一就是"眼"具有"目"所沒有的強大的構詞能力。⑨ 李宗江考察發現，與"來、去"用作趨向補語這種新興的語法形式結合的能力是"入、進"興衰的關鍵。⑩ 虛詞的語法功能是否靈活、跟新興的語言成分相結合的能力，既是虛詞詞彙地位的重要體現，也是決定一個虛詞能否在競爭中取得優勢的關鍵。

---

① Lehmann，Christian，"Grammaticalization：Synchronic Variation and Diachronic Change," *Lingua E Stile* 20（3），1985，pp. 308 – 318.
② 汪維輝：《東漢—隋常用詞演變研究》（修訂本），商務印書館，2017，第 419 頁。
③ 劉丹青：《語法化中的更新、強化與疊加》，《語言研究》2001 年第 2 期。
④ 張海媚：《常用詞"合"對"當、應"的歷時替換及其消退考》，《語言研究》2015 年第 2 期。
⑤ 田春來：《同功能介詞在歷時中的競爭與更替》，《歷史語言學研究》第 9 輯，商務印書館，2015。
⑥ 徐正考、史維國：《語言的經濟原則在漢語語法歷時發展中的表現》，《語文研究》2008 年第 1 期。
⑦ 柳士鎮：《試論中古語法的歷史地位》，《南京大學學報》（哲學·人文科學·社會科學版）2001 年第 5 期。
⑧ 楊榮祥：《近代漢語副詞研究》，商務印書館，2005，第 394 頁。
⑨ 汪維輝：《東漢—隋常用詞演變研究》（修訂本），商務印書館，2017。
⑩ 李宗江：《漢語常用詞演變研究》（第 2 版），上海教育出版社，2016，第 141 ~ 144 頁。

比如，在一組具有同義關係的副詞中，凡組合能力強的副詞，必定會將組合能力相對弱一些的副詞排擠掉。① 田春來發現，如果某個介詞的組合能力較強，在歷史競爭中也會處於強勢②；湯傳揚發現，元代以後"很"在語料中的組合情況呈現比"甚"更多元的態勢。③ 席嘉考察近代漢語諸連詞的使用情況時，發現連詞功能的成熟、在表達該功能的詞彙中的地位，也與其用法的多樣性具有密切關係。如，並列連詞"並"連接的成分起初多作句子的主語、賓語，當其連接功能發展成熟以後，也經常作定語、介詞賓語了；"和"是近代漢語後期最重要的並列連詞，連接的成分還可以作表語、兼語。④

此外，還有諸如使用頻率、虛化程度、語源義等因素，這些因素在常用虛詞的更替演變過程中的作用大小、發揮作用的條件等具體情況和規律，則有待更多個案考察結果的揭示。

第四，總結漢語常用虛詞更替演變的規律。虛詞更替演變研究屬於歷史詞彙學研究範疇，在大量微觀個案考察的基礎上，討論漢語虛詞更替演變的模式、機制、共性和制約因素，是歷史詞彙學研究的內在要求。同時，虛詞也是漢語中的重要語法形式，大量的虛詞更替演變也必將對漢語的發展產生影響，如朱冠明考察過代詞"之"的刪除對狹義處置式、隔開式述補結構以及受事主語句的影響，以及助詞"之"被"的"替代後對動態助詞"將"和"數量名"結構的産生、"被 NV"式被動句及無標記關係小句的影響。⑤通過大量虛詞更替個案的研究，總結漢語虛詞更替演變的規律，並進一步探究漢語虛詞更替演變與漢語構詞法、句法等發展演變的互動關係，對於漢語詞彙史、語法史、漢語史分期研究均有裨益。

（二）注意演變類型的多樣化及更替標準的多元化

1. 漢語虛詞更替演變類型的多樣化

漢語虛詞的更替演變大致有更替、轉類、轉義、轉用、轉音、轉序等六類。

---

① 楊榮祥：《近代漢語副詞研究》，商務印書館，2005，第 395 頁。
② 田春來：《同功能介詞在歷時中的競爭與更替》，《歷史語言學研究》第 9 輯，商務印書館，2015。
③ 湯傳揚：《近代漢語程度副詞"很"的興起與"甚"的衰落》，《南京師範大學文學院學報》2019 年第 3 期。
④ 席嘉：《近代漢語連詞》，中國社會科學出版社，2010，第 32 ~ 33 頁。
⑤ 朱冠明：《"之"的衰落及其對句法的影響》，《語言科學》2015 年第 3 期。

（1）更替。如，介詞"從、在、到"分別在表所自、表所在、表至到等功能上更替了"於"；在表憑據的功能上，"用、因、依、緣"更替了"以"。

（2）轉類。如，"但"由限制副詞轉爲轉折連詞、語氣助詞。

（3）轉義。如，疑問代詞"何處"，由詢問地點（相當於"何地"），轉而詢問時間、事物、行爲方法，表示對情狀的否定，分別相當於"何時、甚麼、怎麼、何曾"。

（4）轉用。如，"都"作爲"總共"義的總括副詞，由總括賓語轉爲總括主語等。

（5）轉音。如，時間副詞"驀地"與"陌地"、語氣副詞"争那"與"争奈"等，都是由於語音因素而產生的更替演變。

（6）轉序。如，時間副詞"乃便"與"便乃"、承順連詞"雖然"與"然雖"、並列連詞"以及"與"及以"等，都是同義並列時由於詞素的轉序產生的詞形演變。

虛詞更替演變的結果，一般有以下幾種。

（1）從混沌到分析。古漢語中許多虛詞往往兼有多種用法，隨着語言表達精確化的需要，不同的用法分別產生了專職的虛詞來表達，在不同的功能上分別替代了原來身兼多職的虛詞。如：古漢語中的"於"表所自的功能被"自、從"更替，表所在的功能被"在"更替，表所至的功能被"到"更替，表方向的功能被"向、往、朝"等詞更替，表對象的功能被"對、向、給"更替，等等；"以"介引工具的功能被"用"替代，介引原因的功能被"因、由、緣"等詞更替，介引處置對象的功能被"把、拿"等詞代替；"而"具有表並列、表承接、表轉折、表遞進、表修飾等功能，後來"並、及、和"等詞替代了其表並列的功能，"但、但是、然而"等詞替代了其表轉折的功能。

（2）從各別到統一。漢語史上，更常見的情況是原本由多個詞來表達的功能，經過競爭和淘汰，最後其中一個詞取得了競爭的勝利。如，表總括的副詞在漢語史上很多，有"僉、皆、悉、總、盡、都"等，發展到現代漢語中主要由"都"來表達；引介處置對象的詞曾有"以、把、將、捉、拿"等詞，在現代漢語中主要用"把"。

（3）從單音到複音。複音化是漢語詞彙發展的大趨勢，許多虛詞在發展演變過程中也順應了這種趨勢，上古漢語時期主要用單音節詞來表達的功能，在中古和近代漢語時期發展出了雙音形式（甚至三音形式）。這些複音形式，主要通過四種方式構成：第一，並列（同義複合），如"皆、並"構成"並皆、皆並"，"因、緣、依"構成"因緣、因依"，"及、與、以、並"構成"及與、及以、並及"，等等；第二，重疊，如"頻"構成"頻頻"，"稍、漸、轉"構成雙音形式"稍稍、漸漸、轉轉"，還構成三音節形式"稍稍漸、稍稍轉"；第三，加綴，如"忽"構成"忽而、忽若、忽爾、忽然"；第四，跨層結構凝固成詞，如"然則、然而、於是、既然、果然"。其中，許多複音形式把更早産生的單音形式淘汰了，成爲現代漢語中表達該語義功能的主要形式。

（4）從此類到彼類。語法化斜坡（cline）理論認爲，虛詞是從實詞發展而來的，並且會從一個語法範疇發展到語法性更明確的另一語法範疇。① 在漢語中，則表現爲從實詞到虛詞再到功能更虛的詞類的發展演變。如"共、和"都經歷了從動詞到對象介詞再到並列連詞的發展演變過程，"乎"從介詞發展爲語氣詞，等等。

（5）從此地到彼地。有一些虛詞，原本是某一地域的方言詞，之後漸漸流傳到其他地域，擴大了分布範圍，甚至在多個虛詞的競爭中成爲表達該功能的主導詞。如，據真大成考察，"你"是"爾"由於讀音分化在北朝形成的，在唐代它的使用範圍擴大，與"汝"競争，最終發展爲漢語第二人稱代詞的唯一形式。②

2. 漢語虛詞更替標準的多元化

詞彙的更替演變最直觀的表現是使用頻率的變化，因此當前常用詞更替演變研究中應用得最多的標準就是通過數據統計對比使用頻率。然而，一些學者也認識到簡單的數據統計帶來的弊病。比如汪維輝、胡波提出，在進行數據統計前，應對所統計的語料和數據進行分析，注意語料的同質性、典型性，而不是采用"一鍋煮"的統計法或祇看大量的數據統計結果。③ 對所統計的數據進行分析，涉及所考察對象的分布範圍，以及其所出現的語料的口

---

① Hopper, Paul and Elizabeth Traugott, *Grammaticalization*（*Second Edition*），New York：Cambridge University Press，2003，pp. 6 - 7.

② 真大成：《"你"字前夜的"爾"與"汝"——兼談"你"的"北朝出口"假説》，《辭書研究》2020 年第 5 期。

③ 汪維輝、胡波：《漢語史研究中的語料使用問題——兼論係詞"是"發展成熟的時代》，《中國語文》2013 年第 4 期。

語性情況、文體、內容類別、人物身份或使用場合（典雅或俚俗）。此外，有時數據表現出來的僅僅是假象。比如，有時舊詞雖然使用頻率高，但大多是承用前代的一些固定搭配，甚至已經成詞，新詞雖然絕對頻率較低，但自由度高，表現出更強的生命力。

常用詞的搭配情況及其語法功能，與詞的頻率往往呈正比例關係，是考察詞彙發展和歷時替換的重要指標。對一組詞的更替情況進行描寫的過程，也是對其更替原因深入考察的過程。綜合多個標準進行分析，而不是采用單一標準，才能更準確地描寫一組詞的更替過程，並在此基礎上挖掘其更替的原因，從而得出有參考價值的規律。

（三）注意方法和理論的創新

1. 方法的創新

常用詞演變研究需要共時與歷時相結合的視角，以及全面調查和抽樣調查結合、定性分析和定量分析結合、描寫和解釋結合等方法。董志翹提倡在漢語史研究中使用三重證據法[1]，唐賢清等提倡在漢語歷史語法研究中使用"普方古民外"立體研究法[2]，這些方法對於常用虛詞更替演變研究來説也是具有參考價值的。

出土文獻在常用詞更替演變研究中的價值毋庸置疑，趙巖的《簡帛文獻詞語歷時演變專題研究》是運用出土文獻考察常用詞更替演變研究的一種有效探索，但該著作討論的主要是實詞的更替。虛詞方面，除李明曉等的專著[3]外，還有一些論文。如，大西克也通過考察睡虎地秦簡和包山楚簡中並列連詞"及、與"的分布，證明秦簡用"及"而楚簡用"與"，是兩地方言語法特徵的反映，而不是簡單的時代歧異。[4] 周守晉通過戰國早期和戰國中後期出土文獻中"已、既"的功能對比，發現在時代較早的材料裏面"已、既"是分工關係，但在後期的出土文獻中，表完結的動詞和表已然的時間副

---

[1] 董志翹：《淺談漢語史研究中三重證據法之運用——以馬王堆漢墓出土簡帛醫方中的"冶""䐉"研究爲例》，《蘇州大學學報》（哲學社會科學版）2017年第1期。

[2] 唐賢清、姜禮立、王巧明：《漢語歷史語法的"普方古民外"立體研究法》，《古漢語研究》2018年第4期。

[3] 李明曉、胡波、張國豔：《戰國秦漢簡牘虛詞研究》，四川大學出版社，2011。

[4] 〔日〕大西克也：《並列連詞"及""與"在出土文獻中的分布及上古漢語方言語法》，載郭錫良主編《古漢語語法論集》，語文出版社，1998。

詞幾乎都用"已"，從而發現"已、既"更替的原因之一是"隨着表示完結的'既'的消退，'已'發展出了完結用法，進而在表示已然的副詞功能上開始替換'既'"①。張玉金將傳世本《老子》與出土文獻《老子》對比，發現了一些虛詞被替換的過程。② 徐丹利用出土文獻考察了上古漢語後期否定詞"無"和"亡"的歷時替代關係。③ 不過，由於出土文獻的複雜性，在使用過程中也應謹慎，黃德寬關於漢語史研究中利用出土文獻的問題的討論值得關注。④

方言是歷史的産物，静態的方言現狀實際上蘊含着歷史脈動的軌迹。⑤方言參證法在虛詞發展演變過程中的運用由來已久，因爲不同的共時文獻中使用的虛詞有時就是不同地域的差別。如，馮春田發現，結構助詞"哩"跟語氣助詞"哩"同形，音[li]，它是"的、地、得"共同詞音形式的方言變體。其中，有些虛詞可能由方言進入共同語，甚至變成常用的主導詞，有些虛詞則可能在共同語中衰弱之後在某些地域中保留，而在不同歷史層次的方言中的保留又可能爲虛詞的興衰提供活的見證。⑥

這種參證現代方言的方法，在虛詞的更替演變研究中也應參考借鑒，現代漢語方言詞彙地圖、方言詞典等方言調查成果，是我們瞭解虛詞的共時分布狀態的重要參考資料。近年來，方言研究學者對方言中的虛詞有較多的關注，這些成果也應加以充分利用。不過，在運用古漢語語料的時候，也要注意語料的地域性，這或許能够爲我們更準確地解釋虛詞更替演變的過程和原因提供幫助。正如吳福祥提出的，"語法演變中的地域因素常常跟標準語基礎方言的轉換密切相關"，比如，"許、底、伊、渠"等很多習見於南北朝時期的語法成分，入唐以後在多數文獻中不再使用，而代之以新的語法成分"那、甚、甚麼、他"，至今卻仍用於南方的吳方言、閩方言、客方言、贛方言，這就説明這些詞的更替原因其實與標準語基礎方言的轉換有關。⑦

---

① 周守晉：《戰國、秦漢表示完結的"已"補正》，《語言學論叢》第二十七輯，商務印書館，2003。
② 張玉金：《談〈老子〉中被替換的虛詞》，《中國語文》2013 年第 3 期。
③ 徐丹：《上古漢語後期否定詞"無"代替"亡"》，《漢語史學報》第 5 輯，上海教育出版社，2005。
④ 黃德寬：《漢語史研究運用出土文獻資料的幾個問題》，《語言科學》2018 年第 3 期。
⑤ 張光宇：《漢語方言發展的不平衡性》，《中國語文》1991 年第 6 期。
⑥ 馮春田：《〈歧路燈〉結構助詞"哩"的用法及其形成》，《語言科學》2004 年第 4 期。
⑦ 吳福祥：《漢語歷史語法研究的檢討與反思》，《著名中年語言學家自選集·吳福祥卷》，上海教育出版社，2011，第 38~40 頁。

2. 理論的創新

研究常用虛詞的更替演變，首先要弄清楚這個虛詞的來源、産生時代，這不僅是描寫其更替演變過程的需要，有時也是找出一個詞興衰原因的重要依據，因爲虛詞功能的發展情況往往與其源詞密切相關。虛詞多是通過語法化來的，近代則多雙音虛詞，因此，借鑒語法化、詞彙化研究的成果對於研究常用虛詞的更替演變至關重要。

具有某一功能的虛詞往往有多個，沈家煊稱爲“並存原則”[①]，它們産生的時代不同，但常有並存階段，而且在來源上常常具有共性，正如藍鷹所説的，虛詞嬗變中存在同一現象，“意義（此指詞彙意義）相同或相近的詞先天具備同一發展的條件，如果它們能夠進入相同的語境，就必然有同一的發展”[②]。類型學的研究常常表明，表達某一語義功能的多個形式，在來源上具有跨語言的共性，這對於解釋多詞並存、虛詞的不斷“新陳代謝”現象具有啟發意義。

研究漢語常用虛詞更替演變，在采用新理論來進行研究的同時，另一方面也要求在衆多詳細的個案描寫過程中揭示演變動機、歸納演變規律，從而爲歷史詞彙學、歷史語法學，甚至類型學理論的發展做出貢獻。正如吳福祥提出的，以往的漢語歷史語法研究通常是在漢語史框架下進行的，而很少將其置於人類語言演變的範圍内來考察。[③] 因此，在當前和未來漢語歷史語法研究中，應多去思考漢語歷史語法演變中所體現的跨語言演變的特性與共性。

此外，部分常用虛詞的更替演變與漢語句法的發展關係密切，在深入探究更替演變的原因和機制的時候，應關注虛詞的發展與相關句法的互動關係，如時間副詞的更替演變與體助詞“了、着、過”的産生與發展等等。蔣紹愚提出，應該把對虛詞和句法的研究結合起來，因爲虛詞是表現語法關係的，而以往的虛詞研究往往和句法研究相脱離。[④] 在進行常用虛詞更替演變研究的過程中，應盡可能地瞭解相關的前沿動態、吸收漢語句法研究的成

---

① 沈家煊：《“語法化”研究綜觀》，《外語教學與研究》1994 年第 4 期。
② 藍鷹：《古漢語虛詞嬗變散論》，《人大複印資料》（語言文字學）1993 年第 12 期。
③ 吳福祥：《漢語歷史語法研究的檢討與反思》，《著名中年語言學家自選集·吳福祥卷》，上海教育出版社，2001，第 44 頁。
④ 蔣紹愚：《近十年間近代漢語研究的回顧與前瞻》，《古漢語研究》1998 年第 4 期。

果，同時，研究虛詞更替演變也將促進漢語歷史句法理論的發展。

　　虛詞具有獨特的詞彙和語法雙重屬性，隨着專書和斷代語言研究的蓬勃展開，加上詞彙化、語法化理論的發展，詞彙演變、語義演變研究和類型學研究方興未艾，漢語虛詞的研究成果斐然，爲虛詞更替演變研究提供了助力。以個案演變研究爲基礎，在細緻描寫的基礎上，揭示更替演變的動因、規律，是常用虛詞更替演變研究在當前和今後一段時間需要扎實做好的工作。在研究的過程中，要科學地利用當前的研究成果、語料庫等便利的手段，同時也要把握好更替的標準，注意方法和理論的創新，從而爲歷史詞彙學、歷史語法學，甚至是類型學的發展做出貢獻。

參考文獻

北京語言學院語言教學研究所編《現代漢語頻率詞典》，北京語言學院出版社，1986。

劉丹青：《語言類型學與漢語研究》，《世界漢語教學》2003 年第 4 期。

張赬：《明清時期完成體否定副詞的歷時演變和共時差異》，《中國語文》2016 年第 5 期。

Reflections on the Study of the Replacement and Evolution of Chinese Function Words

Dong Zhiqiao　Sun Yongfang

Abstract：The research on the change and evolution of common words is one of the hot topics in the study of the history of vocabulary in the past 30 years. However, the current research mainly focuses on notional words, while the research on the replacement and evolution of function words is obviously lagging behind. Compared with the Indo-European languages, the Chinese function word system is more abundant and plays a more important role in grammar. Thus the research on the replacement and evolution of commonly used function words has a unique value for the study of Chinese history such as the division of Chinese history, the revision and correction of Chinese reference books, the collation of unearthed documents, and the determination of the language nature of ancient documents and the completion date. Although we can learn from the current rich experience in the research methods, we have our own unique requirements in the determination of research objects and replacement standards. In terms of research theory, the research on the replacement and evolution of common function words should have a broader perspective. On the one hand, we should refer to the achievements of grammaticalization, historical grammar evolution, typology and other related fields for research. On the other hand, we should also reveal the evolution motivation and summarize the evolution rules in the process of many detailed case descriptions of function word replacement and evolution, so as to promote the study on Chinese history and even the development of typology theory.

Keywords: Common Words; Function Words; Replacement and Evolution

《說文解字》研究史略（上）*

蔣冀騁**

摘　要　本文介紹了《説文解字》面世後在當時學術界的影響以及對後世字典編纂所起的典範性作用，運用形音義互相求，尤其是形義匹配、音義匹配的方法對歷代《説文解字》的研究情況進行評述，概括出各家在《説文解字》研究中所取得的成就，指出其取得成就的原因，並論其不足，指出其錯訛産生的原因以及對後人治學的啟示。我們認爲一代有一代的學術，不能苛求前人，也不能自愧於前人。學術的進步，有賴於新方法的發明和采用，也有賴於新材料的發現和使用，新方法、新材料會推動一代學術的發展。

關鍵詞　《説文解字》　校勘　注釋

　　東漢許慎於公元 100 年撰寫完成①、於公元 121 年由其子許冲上獻朝廷的《説文解字》（以下簡稱《説文》），是我國第一部以六書分析字形、以字形説解字義、以字的聲符或讀若等方式標明聲讀的篆書字典，在中國語言學史上具有崇高的地位，稱其爲字典之祖，應無問題。

---

* 本文是國家社科基金重大招標課題"中國古代語文辭書注音釋義綜合研究"（項目編號：12&ZD184）的階段性成果。
** 蔣冀騁（1958～　），湖南祁東人，湖南師範大學文學院教授，主要研究方向爲漢語史。
① 研究者或認爲許慎撰《説文解字》始於永元十二年，段玉裁《説文解字述》注云："《後漢書》：'賈逵於和帝永元十三年卒，時年七十二。'然則許之譔《説文解字》，先逵卒一年用工伊始，蓋恐失隊所聞也。自永元庚子至建光辛酉，凡歷二十二年，而其子冲獻之。""用工伊始"就是開始著述，此説得到不少學者的認可，如今人陸宗達、張舜徽皆持此説。實際上段玉裁在其注中有不同的説法，認爲"永元十二年"是成書之年。如"隆"字下注："此蓋殤帝在位時所改，而書成於和帝永元十二年以前，未及諱，至安帝建光元年許冲《上書》時不追改，故不云上諱。""淇"字下也有相同的注語。是段氏前後的意見未曾統一。嚴可均《許君事迹考》云："十二年正月艸《説文》竟，《後述》云'粵在永元困頓之年'，蓋屬艸畢，故作《後述》也。"馬叔倫《説文解字六書疏證》（卷29，第92頁）、姚孝遂《許慎與説文解字》（中華書局，1983，第9頁）從之。筆者認爲，段玉裁"隆""淇"字下注語與嚴可均的説法是對的。按，許慎《説文解字述》的"永元困頓之年"（永元十二年），是始撰之年，還是完成之年，沒有明説。從許冲《上説文解字表》來看，應該是完成之年。許冲云："慎博問通人，考之於逵，作《説文解字》。"據《後漢書》36 卷《賈逵列傳》：逵"永元十三年卒，時年七十二。"如果許慎著書始於永元十二年，則其始撰之時僅早於賈逵去世一年，如此，則不可能"考之於逵"，故永元十二年是成書之年。

歷來對《説文》的使用和研究可分兩個方面進行討論，即引用與繼承，整理和研究。

一 《説文解字》的影響和地位

影響主要體現在同時代和後世學者在注釋和進行字典編撰時對《説文》的引用，地位主要體現在後世字典編撰時對《説文》體例和方式的繼承和發展。

（一）引用

引用既有同時代的，也有後世的；既有注釋的引用，也有字、韵書編纂的引用。

1. 同時代的引用

《説文》成書不久，即爲同時代的注釋家所重視，並在注釋中被引用以解釋詞義。黄侃《論自漢迄宋爲〈説文〉之學者》云："鄭康成注經，即援以爲證次則應劭《風俗通義》、晋灼《漢書集注》，亦間有稱引。"①今謂鄭玄注經和晋灼注《漢書》引《説文》，確有其事，今經注、書注尚存，可爲證明。② 鄭玄所引，與今本《説文》相同，而晋灼所引，則略有出入。晋灼注祇稱許慎，而未稱《説文》，或許是以人代書，或許是所引未必皆出於《説文》。若是前者而引文與今本《説文》異者，可能是所據版本有異，或晋灼根據自己的記憶未參閱原書；若是後者，則某些解釋出於許氏所著《五經異義》。這或許是晋氏所引與今本《説文》有所出入的原因。③ 至於《風俗通

---

① 張舜徽：《説文解字約注》附録，華中師範大學出版社，2009，第3742頁。
② 《周禮·考工記·冶氏》："重三鋝。"鄭玄注："玄謂許叔重《説文解字》：'鋝，鍰也。今東萊稱或以大半兩爲鈞，十鈞爲環，環重六兩大半兩，鍰鋝似同矣。則三鋝爲一斤四兩。'"今傳大徐本作"十銖、二十五分之十三也。從金寽聲。《周禮》曰：'重三鋝。'北方二十四爲鋝"，没有"鍰也"二字，鋝所表示的具體數量也不相同。從字典釋義的角度看，應該有"鋝，鍰也"，今傳本《説文》脱落。《儀禮·既夕禮》："既正柩，賓出，遂匠納車於階間。"鄭玄注："許叔重説：'有輻曰輪，無輻曰輇'。"雖則未出現《説文解字》四字，但今傳大徐本《説文》車部："輇，有輻曰輪，無輻曰輇。"與鄭玄所引同，知許氏所引許叔重説即是《説文解字》。
③ 晋灼注《漢書》引許慎説共11條，或與今本相同相近，或不同。相同相近者多，不同者少。例如，《高帝紀》："亡可蹻足待也。"蹻字晋灼注："許慎云：'蹻，舉足小高也。'""小高"於義不通，應是"行"字之誤。今本《説文》正作"舉足行高也。"《武帝紀》："立皇子髆爲昌邑王。"髆字晋灼注："許慎以爲肩髆字。"今本《説文》："髆，肩甲也。"《宣帝紀》："欲其毋侵漁百姓。"漁字晋灼注："許慎云：捕魚之字也。"今本《説文》："灙，捕魚也。"《元帝紀》："嚴籞池田。"嚴字晋灼注："許慎曰：'嚴，弋射者所蔽也。'"今本《説文》作"籞，雉射所蔽者也"。（轉下頁注）

義》，其論述有與《說文》的解釋相同、相近者，由於未明言引自《說文》，也未指出引自許慎，是否出於《說文》，需要證明，部分論述或本之《說文》而未加稱引，部分論述或另有所本。① 雖則應劭所著書在許氏之後，但不排除許氏、應氏皆有引自同一本著作的可能。由於有較高的相似性而認定應氏的論述引自《說文》，證據不足。黃氏之說不可全信。

2. 後世的引用

隋唐之間的文獻學家、注釋家、字樣書和韵書的編撰者在其著作中引用《說文》相當普遍，似乎不引《說文》不能顯示其注釋和書的權威性。據統計，類書《北堂書鈔》引《說文》68 字次，《藝文類聚》引《說文》154 字次，《初學記》引《說文》259 字次，《白氏六帖》引《說文》29 字次，② 陸德明《經典釋文》引《說文》535 字次，③《史記》三家注引《說文》139 字次（其中裴駰 3 字次，司馬貞 108 字次，張守節 28 字次），④顏師古注《漢書》引《說文》10 字次，李善《文選注》引《說文》共 1330 字次。儘管有些字重復，但引用字數已相當可觀。《慧琳音義》引《說文》14314 字次，張

（接上頁注③）《異姓諸侯王表》："箭語燒書。"箭字晉灼注："許慎云：'箭，籬也。'"今本《說文》作"箭，籬也"。籬應是箭字之形誤。由下文顏師古注："籬音躡"可知。《文三王傳》："李太后與爭門，揩指。"揩字晉灼注："許慎云：'揩，置。'"今本《說文》同。此相同相近者。《高惠高后文功臣表》："遨東布章。"遨字晉灼注："許慎云：'遨，難行也。'"今本《說文》作"遨，行難也"。按，行難，重在難，難行，重在行。晉灼誤倒。《季布欒布田叔傳》："其畫無俚之至耳。"俚字晉灼注："許慎曰：'賴也。'"今本《說文》作"俚，聊也"。《萬石衛直周張傳》："僮僕訢訢如也。"訢字晉灼注："許慎云古欣字也。"今本《說文》"訢""欣"兩收。《王莽傳中》："天重以三能文馬。"文字晉灼注："許慎說，文馬縞身金精，周成王時犬戎獻之。"此字今本《說文》作"駮"，云："馬赤鬣縞身，目若黄金，名曰駮。古皇之乘，周文王時，犬戎獻之。"《高帝紀》："始大人常以臣亡賴。"晉灼注："許慎曰：'賴，利也。'"今本《說文》作："賴，贏也。"

① 《風俗通義》卷一"皇霸"："王者，往也，爲天下所歸往也。"今本《說文》："王，天下所歸往也。"而此前的典籍也有相近內容，如《穀梁傳・莊公三年》："其曰王者，民之所歸往也。"《韓詩外傳》卷五："王者，往也，天下往之謂王。"《白虎通・號篇》："王者，往也，天下所歸往也。"無法確定《風俗通義》引自《說文》。卷六"聲音"："鼓者，郭也，春分之音也。萬物郭皮甲而出，故謂之鼓。《周禮》六鼓，雷鼓八面，路鼓四面，鼖鼓、晉鼓皆二面。"今傳大徐本"鼓"字的解釋是："郭也。春分之音，萬物郭皮甲而出，故謂之鼓。從壴，支象其手擊之也。《周禮》六鼓：靁鼓八面，靈鼓六面，路鼓四面，鼖鼓、皋鼓、晉鼓皆兩面。凡鼓之屬皆從鼓。"兩相比較，除缺"靈鼓""皋鼓"外，餘皆同。知應氏之說本諸《說文》。《說文》所言六鼓，與《周禮》六鼓之數同，《風俗通義》祇有四，數目不對，應書文字或有脫落，或是節引許書。

② 數據引自杜麗榮《隋唐四大類書引〈說文〉研究》，博士學位論文，山東大學，2015。

③ 數據引自馬紅範《〈經典釋文〉引〈說文〉考》，碩士學位論文，河南大學，2009。

④ 數據引自馮玉濤《〈史記〉三家注引〈說文〉校補"大徐"》，《寧夏大學學報》（人文社會科學版）2002 年第 5 期。

參《五經文字》引《説文》204 字次，唐元度《新加九經字樣》① 引《説文》133 字次，唐五代韵書引《説文》共 769 字，851 次。② 其引用的目的或以釋義，或以説音，或以析形，或以説用字的正俗，或以説用字的通假，可見當時學術界對它的重視。這些引用皆據隋唐時期的舊本，其内容或與後世流傳本有異，研究者多據以校勘《説文》，有很高的文獻學價值。

應該指出，唐人或誤以他書爲《説文》，故唐人引《説文》，不可全信。若據以校勘《説文》，須有其他佐證，僅憑唐人個別作者所引，尚不能成爲校勘依據。晋代字書《字林》的偏旁部居皆依《説文》，在唐代影響很大，故唐人或以《字林》爲《説文》，如《詩經·伐檀》："彼君子兮，不素飧兮。"孔氏《正義》："《説文》云：'飧，水澆飯也。從夕食。'"③ 大徐本《説文》："飧，餔也。从夕、食。"孔氏所引與大徐本迥然有異，考陸德明《經典釋文》飧字下云："飧，素門反，《字林》云：'水澆飯也。'"此孔氏以《字林》爲《説文》之證。若據以校改，則誤。

《玉篇》也依《説文》之法，以部首統攝漢字，在唐代影響很大，故也有誤引《玉篇》作《説文》者。如劉孝標《廣絶交論》："夫寒暑遞進，盛衰相襲。"李善注："《説文》：'襲，因也。'"④ 按，"襲"字從衣，其本義應與衣有關，《説文》以字的本義爲訓，不可能訓爲"因"。考大徐本《説文》："襲，左衽袍。从衣，䨲省聲。"故李善所引並非出於《説文》，《玉篇》衣部："襲，似立切。左衽袍也，入也，重衣也，因也，還也，掩其不備也。"是"因也"之訓或取諸《玉篇》。《篆隸萬象名義》："襲，辭音（立）反。曰、掩、合、還。"將"因"義作爲首義，應是據原本《玉篇》。今傳《大宋廣益玉篇》將"左衽袍也"作爲首義，應是孫强輩修訂時所改。如果原本《玉篇》將"因"作爲首義，則李善所引應出於《玉篇》。又，《禮記·表記》："卜筮不相襲也。"鄭玄注："襲，因也。"李善將鄭玄注誤爲《説文》，也有可能。無論如何解釋，李善將他書誤爲《説文》，則是可以

---

① 顔師古、李善、慧琳、張參、唐元度所著書引《説文》的數據爲筆者統計。《文選》據中華書局 1977 年版，《慧琳音義》據臺灣省中華電子佛典協會 2010 年版，《五經文字》《新加九經字樣》據叢書集成本。
② 唐五代韵書引《説文》的數據引自趙曉飛的《唐五代韵書引〈説文〉考》，碩士學位論文，河南大學，2011。
③ 阮元校刻《十三經注疏》，中華書局，1980，第 359 頁。
④ 蕭統編，李善注《文選》，上海古籍出版社，1986，第 2376 頁。

肯定的。錢大昕説："唐人引《説文》不皆可信。"① 很有道理。

有宋以降直至明清的字、韵書皆引用《説文》，將其作爲字義解釋的重要依據。現代的《漢語大字典》更是將《説文》的解釋作爲首義，可見《説文》在字書編撰中的地位。

應該指出，宋代大徐本盛行，宋代字書的編撰者引用《説文》，皆據大徐本，雖與今傳本稍有異同，但區別不大，故其文獻學意義略有降低。元代的《韵會》引用《説文》係據小徐本，與大徐本略有不同，故有較高的文獻價值。小徐本宋時即已殘缺不全，僅存鈔本，一般學者難以寓目，故其所引對校勘大徐本有一定的價值，段玉裁《説文解字注》屢屢引用《韵會》所引小徐本以校理《説文》，取得了較大的成績，可爲證明。

（二）繼承與發展

《説文》爲中國字典之祖，後世的字典編撰，無論是體例還是内容，大多依據《説文》，這種依據可看作繼承，但這種繼承並不是依樣畫葫蘆，而是繼承中有發展。

1. 最早的繼承之作——隸書字典《字林》

晋吕忱編的《字林》，其偏旁部次皆依《説文》，所不同者，收字多於《説文》，且不録篆文，僅列隸書，是一部以隸書爲字頭的字典。其釋義不以解釋本義爲目的，而是解釋當時的常用義，其注音方式也有異。《説文》以聲符和讀若表音，《字林》以直音和反切注音。這些都是《字林》的創新。

後魏江式《表》云："晋世義陽王典祠令任城吕忱，表上《字林》六卷。尋其況趣，附託許慎《説文》，而按偶章句，隱别古籀奇惑之字，文得正隸，不差篆意也。"②《五經文字·序例》："後有吕忱，又集《説文》之所遺略，著《字林》五篇以補之。"③ 李燾《説文解字五音韵譜序》："晋東萊縣令吕忱繼作《字林》五卷，以補叔重所闕遺者，於叔重部敍，初無移徙。忱書甚簡，顧爲他説揉亂，且傳寫訛脱，學者鮮通。今往往附見《説文》，蓋莫知自誰氏始。"④

---

① （清）錢大昕：《十駕齋養新録》卷四，上海書店，1983，第66頁。
② （唐）李延壽：《北史·江式列傳》，中華書局，1983，第1280頁。
③ （唐）張參：《五經文字》，叢書集成初編本，商務印書館，1936，第3頁。
④ （元）馬端臨：《文獻通考·經籍考·小學·説文解字繫傳》，華東師範大學出版社，1985，第398頁。

　　據此，則《字林》本爲六卷，應包括序文一卷，後爲五卷，則未計序文。而其部居，則與《說文》同，其所收字，則爲《說文》所未收，所謂"《說文》之所遺略"。而封演《封氏聞見記》卷二"文字"云："晋有吕忱，更案群典，搜求異字，復撰《字林》七卷，亦五百四十部，凡萬二千八百二十四字。諸部皆依《說文》，《說文》所無者，是忱所益。"據此，《字林》則爲 7 卷，莫非將目録也別作 1 卷？然其部居，與《說文》同，而字數則多出《說文》3000 餘字，並非"補叔重所闕遺"，而是在《說文》的基礎上，增收了《說文》未收之字。可惜此書宋元間已佚，清代乾隆年間任大椿有《字林考逸》8 卷，共輯 1502 條。光緒間陶方琦又有《字林考逸補》。由此可窺其原貌於一二，彌足珍貴。舉例如下。

　　《字林》："祧，祇敬也。"（《大菩薩藏卷七音義》所引）《說文》無此字，《說文新附》："祧，遷廟也。从示，兆聲。"（第 9 頁）

　　《字林》："祈，求福也。"（《瑜珈師地論卷七音義》所引）《說文》："祈，求福也。"（第 8 頁）

　　《字林》："禎，祥也。福也。"（《藝文類聚》卷九十八所引）《說文》："禎，祥也。"（第 7 頁）

　　《字林》："禨，祅祥也。居衣切。"（《文選·辯亡論》李善注所引）《說文》無此字。

　　《字林》："珩，珮玉，所以節行。"（《文選·思玄賦》李善注所引）《說文》："佩上玉也。所以節行止也。"（第 11 頁）

　　《字林》："璣，小珠也。"（《大智度論卷三十二音義》所引）《說文》："璣，珠不圜也。"（第 13 頁）

　　有與《說文》同者，有與《說文》不同者，也有《說文》未收者。

2. 踵事增華的楷書字典《玉篇》

　　梁陳間的顧野王襲《說文》體例編《玉篇》，成爲中國歷史上第一部楷書字典。據封演《封氏聞見記》，原書 30 卷，分 542 個部首，比《說文》多出 2 部，相同的部首 529 個，不相同者僅 13 個；其編排次第亦有同異，始一終亥，是其同，其他的部首大多以詞義相近爲類，如卷四的部首爲"頁、頻、百、首、県、面、色、囟、臣、兂、鼻、自、目、盾、眊、夐、見、覞、耳"，幾乎都與面目有關，但並未一以貫之。如卷二的部首屬"土、垚、堇、里、田、畾、黃、北、京、门、章、邑、士"，大多與土地城邑有關，但

"司、士"二部跟土地城邑没有關係。全書共收 16917 字，比《説文》多出 7564 字，比《字林》多出 4000 餘字。其釋義或引《説文》，或未明引《説文》，而實本諸《説文》，如："理，治玉也；儈，合市也；極，棟也。"但大多數解釋的是字的引申義或後出義。《玉篇》不以字形分析爲字義解釋的依據，不以字的本義爲字義解釋的目的，不以聲符和讀若作爲注音的手段，且很多字義注釋下都有文獻例證和前人的注釋，儘管《説文》引經也有證明字義的作用，但許書的引經證義是偶一爲之，尚未成爲規則，而《玉篇》所引例證遠超《説文》。字典有例證，才有血有肉，有筋有骨（骨是部首，筋是字頭，血是釋義注音，肉是例證）。這些皆是《玉篇》改進《説文》之處，可視爲創新。

原本《玉篇》今已亡佚，今本《玉篇》是宋時陳彭年等修正的結果，清末在日本發現了《玉篇零卷》，大多數學者認識是《玉篇》原本，但也有研究者通過對漢字形體特點和各殘卷注文體例的對比及對其他文獻材料的分析，認爲《玉篇零卷》各殘卷並非同一時期的産物，時間上有先後之分。最早的有可能是南北朝顧野王的原本，其餘則爲唐寫本。① 儘管如此，我們仍可以通過《玉篇零卷》窺測《玉篇》的原貌。

《玉篇零卷》："悬，古顔反。《説文》：古文姦字也。姦私也。邪也。爲也。賊在外也。在女部。"（第 241 頁）②

《玉篇零卷》："蕭，是闡反。《尚書》：'作善，降之百祥。'野王案：《説文》：'善，吉也。'故曰吉人爲善，惟日不足也。又曰截截善諞言。野王案：善，巧也。《老子》：'善行，行者無遠近，悶者無開鍵之。'《毛詩》：'覆背善詈。'《笺》云：'善，大也。'《蒼頡篇》：'工也。往也。'篆文爲善字，在言部。《聲類》或爲善字，在口部。"（第 245 頁）

《玉篇零卷》："覮，渠慶反。《毛詩》：'秉心無覮。'《傳》曰：'覮，强也。'《左氏傳》：'有職覮焉。'杜預曰：'覮，遽也。'又曰：'師覮已甚。'杜預曰：'覮，爭覮也。'《説文》：'强語也。一曰逐也。'《廣雅》：'覮，高也。'《聲類》：'古文爲倞字，在人部。或爲競字，在言部。'"（第 245 頁）

《玉篇零卷》："讎，視周反。《毛詩》：'無言不讎。'《傳》曰：'讎，用

① 陳燕、劉洁：《〈玉篇零卷〉年代釋疑》，《天津師大學報》（社會科學版）1999 年第 3 期。
② 頁碼據（南朝梁）顧野王編撰《原本玉篇殘卷》，中華書局，1985。

也。’《左氏傳》：‘憂必讎焉。’杜預曰：‘讎，對也。’《爾雅》：‘近也。’郭璞曰：‘讎猶疇也。’《漢書》：‘酒輒讎數倍。’《音義》曰：‘讎亦美也。’又曰：‘以考星度，未能讎也。’鄭衆曰：‘相應爲售。’劉向《别録》：‘讎授（校，原書作[illegible]，似授字，但據顧野王按語，則應是校字）中[illegible]（外?）。’① 野王案：謂考校之也。《説文》：‘讎猶應也。’《廣雅》：‘讎，輩也。’《詩》：‘不我能畜，反以我爲讎。’《箋》云：‘憎我惡也。’野王案：‘讎猶惡憾也。’《尚書》：‘撫我則后，虐我則讎’是也。《礼記》：‘父讎不與共戴天，兄弟之讎不反兵，交游之讎不同國。’野王案：‘讎亦仇也。’”（第254～255頁）

《玉篇零卷》：“歠，昌悦反。《國語》：‘無不歠也。’野王案：《説文》：‘歠，飲也。’《禮記》：‘無流歠’是也。《蒼頡篇》：‘啐也。’或爲吷字在口部也。”（第340頁）

從《字林》《玉篇》的編纂可看出，後世已將《説文》奉爲字典編寫的圭臬。宋代的《類篇》，明代的《字彙》，清代的《康熙字典》，現代的《漢語大字典》《漢語大詞典》，在編排體例上都依據《説文》，部首或有所增減，但其大略未變。從《字彙》開始，部首減至214部，與楷書字形更加密合，奠定了後世字典部首的新框架，其排列次序也不再是“始一終亥”，而是按部首筆畫數的多少，依十二地支的順序排列，以便檢字。這些成爲後代字典編撰所遵循的新的歸字法。但究其源，皆來自《説文》。

二　《説文解字》的整理和研究

就現有文獻而言，對《説文》的整理和研究，始於唐宋，興於元明，盛於有清，精於今。

唐末戰亂頻仍，很多典籍因兵燹而毁損，故整理典籍使其能夠流傳是當時文獻研究的重中之重。唐代整理《説文》影響最大並有作品流傳者當推李陽冰，五代整理和研究《説文》有較大貢獻者當推徐鍇，宋代對《説文》的

---

① 冀騁按，劉向《管子書録》：“護左都水使者光禄大夫臣向言，所校讎中《管子書》三百八十九篇，大中大夫卜圭書二十七篇，臣富參書四十一篇，射聲校尉立書十一篇，太史書九十六篇，凡中外書五百六十四篇，以校除復重四百八十四篇，定著八十六篇，殺青而書可繕寫也。”内有“校讎”“中外”字樣。古人引書，或節録其大意，未必與原文全合，參以字形，故定此四字爲“讎校中外”。

整理和研究有重大貢獻者當推徐鉉，等等。我們介紹如次。

（一）唐代的《説文》整理和研究

從現有資料來看，唐代對《説文》進行整理並取得重大成就的，當數李陽冰。李氏工篆書，自云："志在古篆，殆三十年，……得篆籀之宗旨……誠願刻石作篆，備書六經，立於明堂，爲不刊之典……使百代之後，無所損益。"① 李氏對自己的篆書非常自信，故刊定《説文》爲三十卷（據《崇文總目》），自爲篆書，並對《説文》字義進行了新的解説，但臆説杜撰，亦復不少。徐鍇《説文解字繫傳·祛妄篇·序》已給予駁斥，徐氏在"弎、毒、折、路、迆、皮、佑、竹、血"等字下皆有駁正。徐氏《祛妄》篇共列 56 條，除第一條槀字外，餘下的 55 條皆祛李陽冰之妄（徐氏的批駁大多有理，但也有以不妄爲妄者。如龠字下，陽冰曰："從亼冊，亼古集字，品象衆竅，蓋集衆管象冊之形，而置竅爾。"徐氏以爲妄，則未必。陽冰所説，有一定的合理部分），看來李氏對《説文》的整理，錯訛較多，故後人或斥之爲"竄改"。實際上這些錯訛，集中表現爲李陽冰所説的"新義"和"自爲臆説"的"師心之見"（徐鉉《進説文解字表》語），而其他部分，則應依據《説文》，這從徐氏《祛妄篇》所引李陽冰説可以看出。凡引李陽冰説者，皆是李氏的按語，按語外，應有《説文》的正文，故我們認爲李陽冰刊定《説文》，並非"竄改"。"竄改"之評，有失公允。儘管李氏刊定《説文》，有不少"自爲臆説"的"師心之見"，但他整理和提倡之功不可泯滅。徐鉉《進説文解字表》謂其刊定《説文》是"篆籀中興"，樓鑰《復古篇·序》謂"李陽冰中興斯文（按，指《説文》）於唐"，是有道理的。可惜李氏所刊定的《説文》已佚，我們僅從小徐《祛妄篇》、大徐本《説文》釋語和戴侗《六書故》的注語所引得以見其大概。李家浩認爲唐寫本《説文》木部殘卷爲李陽冰刊定本，② 若此説能夠成立，我們又多一李陽冰所刊定的《説文解字》的材料。

（二）五代和宋朝的《説文》整理和研究

五代和宋朝在整理、研究方面做出了重大貢獻的當推徐鉉、徐鍇，二位

---

① 李陽冰：《上李大夫論古篆書》，《全唐文》第 437 卷，中華書局，1983，第 4459～4460 頁。
② 黄德寬主編《安徽大學漢語言文字研究叢書·李家浩卷》，安徽大學出版社，2013，第 355～363 頁。

是兄弟，世稱大小徐。

　　就成就和創造而言，徐鍇所著《説文解字繫傳》應超過大徐整理的《説文解字》，其面世時間也早於大徐所作，但其影響不如大徐。陳振孫《直齋書録題解》：“鍇與兄鉉齊名，或且過之，而鉉歸朝通顯，故名出鍇上。”[①]大徐聲名赫赫，而小徐不爲一般讀者所知，除陳振孫所説的“歸朝通顯”外，當與大徐書爲奉詔之作、小徐書係私家所爲有重要關係。大徐之書借官方之力推轂，故流傳甚廣，而小徐之書習讀較稀，以致宋時原書即已殘缺，[②]從而導致很多讀書人祗知有大徐之書，而不知有小徐之作，除非對《説文解字》有專門的研究。由於小徐的書先出，且大徐等人整理《説文》時引用和參考過小徐的著作，故我們先介紹小徐。

1. 徐鍇的《説文》整理和研究

　　徐鍇整理和研究《説文》的成果是《説文解字繫傳》。此書共四十卷，前三十卷爲“通釋”，對許書所有篆文及解釋逐一詮釋，或抉發六書之旨，或闡明古訓之秘，或校正文字，或發明音韵，或引經傳以證許義，或説音義以探語源，皆博洽有據。卷三十一至四十爲“部敘”（分二卷）、“通論”（分三卷）、“祛妄”、“類聚”、“錯綜”、“疑義”、“系述”，是作者研究《説文》的成果，爲後人所注重。“部敘”説明《説文》部首排列次序的意義和依據；“通論”對“説文”中難以理解的字義、六書之旨進行詮解，每字的詮解相當於一篇小論文，可與“通釋”相參照；“祛妄”駁斥學者對説文的誤解，主要是祛李陽冰之妄；“類聚”將字義相類者聚在一起，加以詮釋；“錯綜”推述六書本旨，闡明文字與人事的關係；“疑義”舉《説文》偏旁有而篆文缺其字以及篆體筆畫相承小異、所謂“書闕簡脱，傳者異詞，述者不明，後人洞疑”者[③]，加以辨析；“系述”爲作者自言著書之意、各篇之旨。徐鉉説此書“考先賢之微言，暢許氏之玄旨，正陽冰之新義，折流俗之

---

① （南唐）徐鍇：《説文解字繫傳·附録》，《叢書集成·初編》第 1096 册，商務印書館，1936，第13 頁。
② 四庫全書研究所整理《欽定四庫全書總目》：“《繫傳》在宋時已殘缺不完矣。今相傳僅有鈔本，錢曾《讀書敏求記》至詫爲驚人祕笈，然脱誤特甚。卷末有熙寧中蘇頌跋云：‘舊缺二十五、三十共二卷，俟别求補寫。此本卷三十不缺，或續得之以補入，卷二十五則直録其兄鉉所檢之本而去其新附之字，殆後人求其原書不獲，因摭鉉書以補足之。’”（中華書局，1997，第 537 頁）
③ （南唐）徐鍇：《説文解字繫傳》，《叢書集成·初編》第 1096 册，商務印書館，1936，第 934 頁。

異端，文字之學，善矣盡矣"①，雖爲兄弟互相推轂之言，卻也實事求是。王應麟《玉海》說："近世言小學，惟鍇名家。"② 可見人們對他的推崇。

徐鍇研究《説文》有如下特點。

（1）注重解釋許書義例。③ 就現存文獻而言，解釋許書義例者，徐鍇爲《説文》研究史上第一人。清代段玉裁、王筠對許書體例的抉發，或受其啓發。徐鍇對《説文》體例的抉發和解釋，表現在以下幾個方面。

①闕文例的解釋。如《説文》："旁，溥也。从二，闕；方聲。"徐鍇云："按，許慎《解·敘》云：'其於所不知，蓋闕如也。'此旁字雖知從上，不知其所以從，不得師授，故云闕若，言以俟知音也。"（第2頁）④

《説文》："單，大也。从吅甲，吅亦聲。闕。"徐鍇云："許慎闕義，至今未有知之者也。"（第30頁）

《説文》："邍，高平之野，人所登。从辵、备、录。闕。"徐鍇云："許慎闕之義不盡知。臣鍇以爲，人所登，故從辵。登而上，故從夂，夂，止也。《春秋左傳》曰：'原田每每。'《詩》曰：'周原膴膴。'故從田。未知何故從录也。"（第35頁）

《説文》："厈，拖持也。从反廾。闕。"徐鍇云："許慎傳其義，不憭（音了），故闕疑也。"（第56頁）

《説文》："鬲，宮不見也。闕。"徐鍇云："慎不聞於師，故闕之。邁字從此。"（第66頁）

應該指出，徐鍇並不在每一個《説文》注以"闕"的下面加以解釋，如"齒""爪""段""帀"等字下的"闕"就沒有解釋。

還有一種情況，大徐本有"闕"字，小徐本沒有，小徐認爲能用六書加以解釋，不存在"闕"的問題。如："諡"字下大徐本有"闕"字，小徐本無，釋語也不相同，大徐本作"从言、兮、皿，闕"，小徐本作"从言、兮，皿聲"，並云："臣以爲皿非聲，兮聲也。疑脱誤。"（第49頁）按，段玉裁認爲，諡即謚之譌，删部末"諡"字"笑皃"之釋語，並删"諡"篆，以

① （宋）徐鉉：《説文解字韻譜·序》，《宋史》第37册，中華書局，1977，第13048頁。
② （南唐）徐鍇：《説文解字繫傳·附錄》，《叢書集成·初編》第1096册，商務印書館，1936，第14頁。
③ 參見古敬恒《徐鍇〈説文繫傳〉研究》，重慶大學出版社，1995，第8~13頁。本文此目下多所采納，特此致謝。
④ （南唐）徐鍇：《説文解字繫傳》，中華書局，1987。下引同。

"諡" 字之釋語 "行之迹也" 隸於 "諡" 字下，很好地解決了大徐本 "闕" 的問題，甚是。

"叟" 字下大徐本有 "闕" 字，小徐本無（第 56 頁）。段玉裁説："此有義有音，則闕者謂從又灾之意不傳也。" 王筠《説文解字句讀》："闕者不可強解也。元應曰：'老人寸口脈衰，故從又從灾。' 牽率支離，不可以説許書。" 朱駿聲《説文通訓定聲》認爲 "叟" 即 "搜" 之本字，釋爲 "从又持火，屋下索物也"，如此，則無 "闕" 矣。

②亦聲字的解釋。《説文》會意字的分析中有不少的 "亦聲"，就許氏的本意來説，應是以會意爲主，即以會意爲基礎，由於另一構件與字的讀音相同或相近，故進而以 "亦聲" 説之。徐鍇對亦聲的解釋，趨向於會意，與許慎的本意相同或相近。王筠《説文釋例》説："亦聲必兼意，省聲及但言聲者，亦多兼意。"① 前者説出了 "亦聲" 的本質或特點，後者有兼意者，但並非多兼意。徐鍇是《説文》研究史上第一個揭示 "亦聲" 字特點的學者。

《説文》："吏，治人者也。从一从史，史亦聲。" 徐鍇云："凡言亦聲，備言之耳，義不主於聲，會意。"（第 1 頁）按，"備言之" 就是 "全面地説" 的意思，即會意之字兼表聲，所以後面説 "義不主於聲，會意"。

《説文》："瑁，諸侯執圭朝天子，天子執玉以冒之，似犁冠。《周禮》曰：'天子執瑁四寸。' 从玉、冒，冒亦聲。" 徐鍇云："圭上有物冒之也……本取於上冒之，故曰亦聲。"（第 7 頁）

應該指出，大徐本的某些 "亦聲" 字，小徐認爲祗是會意，構件中没有表音的成分，故祗作會意字處理。如：《説文》："禬，會福祭也。从示从會，會亦聲。《周禮》曰：'禬之祝號。'" 小徐本没有 "會亦聲" 三字。（第 4 頁）

《説文》："琥，發兵瑞玉，爲虎文。从玉从虎，虎亦聲。《春秋傳》曰：'賜子家雙琥。'" 小徐本没有 "虎亦聲" 三字。下文 "瓏" 字亦然。（第 6 頁）

③古今字、俗字的解釋。

首先是古今字的解釋。

《説文》："眂，眂兒。从目氏聲。" 按，釋語 "眂兒" 之 "眂" 與字頭 "眂" 重複，且此字上下篆或訓 "目視兒"（睍），或訓 "衺視也"（睊）、"低目視也"（睯），皆作 "視" 字，故此處也應作 "視兒"，小徐本正作

---

① （清）王筠：《説文釋例》，中華書局，1987，第 50 頁。

"視兒也"，可證。徐鍇於此字下云："此又古文視字。凡文有古今異者，若示，古爲神祇，今則直爲示字。歷，古爲厤字，今别爲字，其類多矣。"此直言古今者，還有些祇説今作×，實際上也是説古今字，即《説文》的字是古字，徐氏指出的當時用字爲今字。如：

《説文》："述，斂聚也。从辵求聲。《虞書》曰：'旁述屡功。'又曰：'怨匹曰述。'"徐鍇云："怨偶曰述，今人作仇。又《詩》云：'君子好述。'亦當作此字。"（第35頁）

《説文》："彴，行示也。从彳勺聲。"徐鍇云："今人作徇。"（第37頁）

《説文》："榒，木也。从木黏聲。"徐鍇曰："即今書杉字。"（第107頁）

今按，古今字是從歷史的角度説的，通假字是從語音的角度説的，異體字是在字音字義相同的前提下，從形體構造的角度説的，觀察的角度不同，劃分的標準也不一樣，要將它們區別開來，實在是强人所難，也没有必要。如述與仇，從語音的角度而言，是通假字，從用字的時間而言，是古今字。王筠説的"累增字"和"分别文"有時代的先後，應是古今字。它們語音相同，並不存在通假問題，如"説"與"悦"。如果爲了教學上的便於理解，將它們看作通假字，也未嘗不可。異體字也有個時代先後的問題，從這個角度講，所有的異體字都是古今字。

其次是俗字的解釋。

俗字指書寫變異字和民間習俗相因的新造字。[1] 徐鍇常在按語中用"俗作×""今俗訛作×"的方式指明俗字，以便讀者。

《説文》："蕡，大薊也。从艸賓聲。"徐鍇云："俗作蘋。"（第12頁）

《説文》："嚣，呼也。从皕莧聲。讀若讙。"徐鍇云："今俗作喧字。"（第42頁）按，《説文》："吅，驚嘑也。从二口。凡吅之屬皆从吅。讀若讙。"大徐在"吅"字云："或通用讙，今俗别作喧，非是。"《玉篇》："嚣，荒貫切，呼也，與唤同。"《段注》："《説文》無唤字，然則嚣唤古今字也。"承培元《説文解字繫傳校勘記》："喧當作唤，《玉篇》可證，吅乃喧之俗字。"今謂"吅""嚣"二字都讀若讙，古音應相近，唐宋反切"吅"音況袁、"嚣"音呼官，聲母皆在曉母，韵有一、三等之别，應是語音發展的結果。就語義而言，驚嘑與呼也有相同之處，故《集韵》云："吅，《説文》：

---

① 蔣冀騁：《近代漢語詞彙研究》（增訂本），商務印書館，2019，第568頁。

'驚嘑也。' 亦作讙喧，通作誼，與喧同。" 則 "吅" 與 "喧" 爲一字，大徐本 "今俗別作喧" 也有道理，"吅、嚚" 可看作一字，一爲會意字，一爲形聲字。如此，二徐皆有依據。

《説文》："鞻，革生鞻也。从革奚聲。" 徐鍇云："今俗作鞋。"（第53頁）

《説文》："胆，蠅乳肉中也。从肉且聲。" 徐鍇云："今俗作蛆。"（第82頁）

《説文》："黱，畫眉也。从黑朕聲。" 徐鍇云："今俗作黛字。"（第202頁）

從數量而言，小徐揭櫫的俗字没有大徐多，僅84組，[1] 但也爲俗字研究者提供了五代以前的部分俗字資料，很有研究價值，也爲讀《説文》者提供了理解認識《説文》中文字的捷徑，通過俗字與正字的關係認識正字，如不認識 "胆" 字，通過對應的俗字 "蛆" 就能正確認識和理解此字。

④無字部首的解釋。

《説文》有些部首没有隸屬的文字，如凵（口飯切）、く、久、才、乇、巫、克、录、丂、耑、𠦪、兒、易、率、莧、能、𠙴（去魚切）、燕、它、幵、三、四、五、六、七、甲、乙、丙、丁、庚、壬、癸、寅、卯、未、戌、亥，而許氏何以立此部，徐鍇或用 "××從此" 加以解釋，但也有不解釋者，數目字、天干地支字皆不解釋，其他的字有解釋者，也有不解釋者，以不解釋者居多。隨性而釋，似乎没有一定之規。

《説文》："才，艸木之初也。从丨上貫一，將生枝葉。一，地也。凡才之屬皆从才。" 徐鍇曰："丨，艸木也。上一，初生歧枝也。下一，地也……此一部内無字，而云凡才之屬者，爲有材、財及㦰从才，在他部也。"（第121頁）

《説文》："久，以後灸之，象人兩脛後有距也。《周禮》曰：'久諸牆以觀其橈。' 凡久之屬皆从久。" 徐鍇曰："灸疚疚從此。"（第105頁）

《説文》："乇，艸葉也。从垂穗，上貫一，下有根。象形。凡乇之屬皆从乇。" 徐鍇曰："宅託亳從此也。"（第123頁）

《説文》："录，刻木录录也。象形。凡录之屬皆从录。" 徐鍇曰："禄淥盝録菉從此。"（第140頁）

《説文》："耑，物初生之題也。上象生形，下象其根也。凡耑之屬皆从耑。" 徐鍇曰："端湍瑞遄從此。"（第147頁）

（2）注重引古書以證古義。小徐於大多數字下均引古書爲證，使《説

---

① 參見朱生玉《〈説文解字〉大小徐所注 "俗字" 研究》，《語言研究》2017年第2期。

文》成爲有血有肉有骨有筋的字典。《説文》一書，少數字目下有引經、引律法、引通人説，用以證明字形、字義、字音，但大多數字目下没有書證。如果没有書證，所説詞義仍存於後世者，人們當然樂於信從；所説詞義不存於後世者，如無後人疏證，人們就不一定相信。小徐補以書證，等於爲《説文》附上了血肉，使《説文》變成了有生命的軀體，其功不當泯滅。

《説文》："叔，又卑也。从又虘聲。"按，"又卑"無義，小徐本作"叉取"，桂馥、王筠、朱駿聲皆從之，是。徐鍇云："任昉《彈劉整》文曰：'舉手查范臂。'當作此叔字。"（第 57 頁）今謂徐鍇説是。字又作攄，從手與從又無別，應是一字。《釋名·釋姿容》："攄，叉也。五指俱往叉取也。""叉取"之釋應無問題。叔、攄或許就是後世的"抓取"之"抓"，至少與"抓"有同源關係。

《説文》："糕，早取穀也。从米焦聲。一曰小。"徐鍇云："張衡《南都賦》曰：'冬稌夏糕，隨時代熟。'是糕爲早也。"（第 144 頁）

《説文》："康，屋康良也。从宀康聲。"徐鍇云："《長門賦》曰：'委參差以康良。'良，屋虚大也。"（第 149 頁）

《説文》："痦，久病也。从疒古聲。"徐鍇云："劉楨詩曰：'余嬰沈痦疾，竄身清漳濱，自夏及徂秋，曠爾十餘旬'是也。"（第 154 頁）按，雖未指出痦即後世之痼字，但引詩既證明了字義，又説明了痦即痼。

《説文》："罳，捕鳥网也。从网叜聲。"徐鍇云："禮曰：'鷹祭鳥然後設罳羅。'"（第 156 頁）

《説文》："騂，馬突也。从馬旱聲。"徐鍇云："馳突也。《漢書刑法志》曰：'以羈鞚御騂馬。'"（第 195 頁）

（3）注重詞義的辨析。

漢語的同義詞非常豐富，爲人們使用語言描寫世界、表達思想和情感提供便利，同時，同義詞的形成，使人們的思維更加縝密。因此，研究同義詞，既可提高人們的觀察能力、思維能力和認識能力，又可爲語言使用者提供選擇，是語言研究的基礎性工作。中國早期的語言研究，很早就有同義詞的研究傳統。有搜集整理者，如《爾雅》《廣雅》《埤雅》，可看作同義詞的資料彙編，但也有詞義辨析，儘管較少。有在行文中闡明者，如《左傳·宣公七年》："凡師出，與謀曰'及'，不與謀曰'會'。"《宣公十五年》："凡火，人火曰火，天火曰灾。"《宣公十八年》："凡自内虐其君曰弑，自外曰戕。"有在注釋中闡明者，如《周禮·大司徒》："辨其山林、川澤、丘陵、墳衍、原隰之名物。"鄭玄注："土高曰丘，大阜曰陵。"又："五曰聯朋友。"鄭玄注："同師曰朋，同志曰友。"《説文》的詞義釋語中也有同義詞辨析，如："脂，戴角者脂，無角者膏。"又："膌，牛羊曰肥，豕曰膌。"是其例。

研究《説文》同義詞者，就傳世文獻而言，徐鍇應爲第一人。古敬恒研究徐鍇所揭櫫的《説文》同義詞，取得了很好的成績，讀者可以參閱其書。①下面是古氏著作所舉的例證，本文引用時做了選擇並核對了原文。

《説文》："薄，林薄也。一曰蠶薄。从艸溥聲。"徐鍇云："木曰林，艸曰薄，故云叢薄。"（第 20 頁）

《説文》："爨，齊謂之炊爨。臼象持甑，冖爲竈口，廾推林内火。凡爨之屬皆从爨。"徐鍇云："取其進火謂之爨，取其气上謂之炊。"（第 53 頁）

《説文》："皮，剝取獸革者謂之皮。从又，爲省聲。凡皮之屬皆从皮。"徐鍇云："生曰皮，理之曰革，柔之曰韋。"（第 60 頁）

《説文》："臛，肉羹也。从肉寉聲。"徐鍇云："鍇以爲臛以肉爲主，羹以菜爲主，肉爲汁也。"（第 81 頁）

《説文》："邑，國也。从囗，先王之制，尊卑有大小，从卪。凡邑之屬皆从邑。"徐鍇云："有宗廟先君之主曰都，無曰邑。邑曰築，築曰城，囗其城，郭也。"（第 127 頁）

《説文》："褞，襗也。从衣昷聲。《論語》曰：'衣弊緼袍。'"徐鍇云："蠶絲曰絮，枲曰緼。"（第 169 頁）

（4）注重以今言和俗語解釋《説文》。

文獻中的古代語詞有不少仍保留在人們的口頭俗語中，以人們的俗語解釋古代詞語，給人焕然冰釋之感，有醍醐灌頂之效。徐鍇常用今言和俗語解釋《説文》，如：

《説文》："胘，牛百葉也。从肉，弦省聲。"徐鍇云："今俗言肚胘也。"（第 81 頁）

按，今俗語有牛百葉之名，指牛的胃，且流行地域甚廣，而肚胘之名，流行地域反而不廣。可能是某一區域的方言。《廣韵》："胘，肚胘，牛百葉

---

① 參見古敬恒《徐鍇〈説文繫傳〉研究》，重慶大學出版社，1995，第 150～164 頁。

也。"《古今韻會舉要》："胘，《説文》：'牛百葉也。'服虔曰：'有角曰胘，無角曰肚。'一曰胃之厚肉，今俗言肚胘。"《齊民要術》卷九"牛胘炙"："老牛胘厚而脆。"今謂牛有四個胃，百葉是其一，學名重瓣胃，此胃不厚，如果牛胘比較厚的話，則不是百葉，故許慎的解釋有問題。百葉較薄，民間用來涮火鍋，厚的應該是瘤胃，民間用來炒菜。《説文》又有"膍"字，也釋爲"牛百葉"，我們認爲膍者，比也，密也。牛百葉的形狀是一葉葉層層疊疊，上面還分布着圓圓的絨毛，得音義於比或密，故"膍"才是牛百葉。許慎釋"胘"爲牛百葉，不準確，徐鍇用俗語"肚胘"釋"胘"，比許慎的準確。王筠《説文解字句讀》"胘"下云："《五經文字》云：'字書無此字，見《春秋傳》。'則知此爲後人所增也，故不與膍轉注。《公羊傳》曰：'自左髀達于右胘。'《廣雅》：'胃謂之胘。'果爾，則非百葉矣。百葉與胃固是兩物。"《説文釋例》"膍"字下："牛羊食艸入胃，復吐而嚼之，再咽則由胃而入百葉，百葉生胃之後，短腸連之，其外光滑，其内遍生肉刺，纖如鍼，比如櫛，其狀摺疊如梵夾，故以百葉名，至今沿之不改也。其糞由是而下，或即以百葉爲胃之別名，亦誣也。胃大於百葉，内亦有刺，但差疏闊耳。"王氏以瘤胃爲牛胃，以瓣胃爲百葉，甚是。

《説文》："籍，陳留謂飯帚曰籍。从竹捎聲。一曰飯器，容五升。一曰宋魏謂箸筲爲籍。"徐鍇云："今言籍箕，箸，匕箸也。"（第87頁）

《説文》："筓，栖筓也。从竹各聲。"徐鍇云："筓亦籠，筓，絡也，猶今人言籬。"（第87頁）

《説文》："笔，篅也。从竹屯聲。"徐鍇云："今俗言倉笔。"（第87頁）按，《急就篇》："笔篅篴筥籔筭籌。"顏師古注："笔、篅，皆所以盛米穀也。以竹木簟席若泥塗之則爲笔，笔之言屯也，物所屯聚也。織草而爲之，則曰篅，取其圓團之然也。"①

《説文》："櫺，楯閒子也。从木霝聲。"徐鍇云："即今人闌楯下爲橫櫺也……以版爲之曰軒，通名曰檻，今人言窗櫺亦是也。"（第113頁）

《説文》："賒，貰買也。从貝，佘聲。"徐鍇云："今人謂遲緩爲賒也。"（第126頁）

---

① 張元濟等輯《急就篇》，四部叢刊續編本，第36頁。

（5）注意因聲求義，揭示語源。

《説文》："禄，福也。从示彔聲。"徐鍇云："禄之言録也，若言省録之也。"（第 3 頁）按，徐説甚是。省録則爲官吏，則有供奉，故禄由省録而爲俸禄。《白虎通義・封公侯》："禄者，録也。上以收録接下，下以名録謹以事上。"《禮記・王制》："王者之制禄爵。"鄭注："禄，所受食。"

《説文》："祉，福也。从示止聲。"徐鍇云："祉之言止也。福所止不移也。"（第 3 頁）

《説文》："祕，神也。从示必聲。"徐鍇云："祕不可宣也，祕之言閉也。"（第 3 頁）按，《太玄・衆》："豹騰其祕否。"范望注："祕，閉也。"《文選・顔延之〈宋文皇帝元皇后哀策文〉》："祕儀景胄。"李周翰注："祕，閉也。"閉則不通，不公開，故又有密義。《廣韻・至韻》："祕，密也。"《史記・陳丞相世家》："高帝既出，其計祕，世莫得聞。"

《説文》："雞，知時畜也。从隹奚聲。"徐鍇云："鍇以爲雞，稽也，能考時也。"（第 69 頁）

《説文》："標，木杪末也。从木喿聲。"徐鍇云："人多言標置，言若樹杪之高置也，標之言表也。"（第 111 頁）

《説文》："楹，柱也。从木盈聲。《春秋傳》曰：'丹桓宮楹。'"徐鍇云："楹之言盈，盈盈，對立之狀。"（第 112 頁）

《説文》："柤，木閑。从木且聲。"徐鍇云："閑，闌也。柤之言阻也。"（第 113 頁）

《説文》："尼，從後近之。从尸匕聲。"徐鍇云："尼猶昵也。"（第 172 頁）按，此處徐氏沒有"之言"的術語，而是用"猶"來表示同源。《書・高宗肜日》："典祀無豐於昵。"孔穎達《疏》："尼與昵音義同。"《爾雅・釋詁下》："尼，定也。"郝懿行《義疏》："尼與昵通。"

徐鍇所説不一定都正確，但這種探索是可貴的。

2. 徐鉉等的《説文》整理和研究

徐鉉與句中正、葛湍、王惟恭等奉詔同校《説文》，據徐氏《上説文表》，他們以朝廷之力，集中了當時能搜尋到的各種版本，"考遺編于魯壁，緝蠹簡於羽陵"，從而欲達到"以垂程式"的目的。① 今所傳通行本《説

---

① （宋）徐鉉：《進説文解字表》，《説文解字》，中華書局，1963，第 322 頁。

文》，即徐氏所校，世稱大徐本。

大徐整理《説文》做了如下工作。

（1）重新分卷。原書14篇，加上敘目1篇，共15篇。許冲上書時以1篇爲1卷，故爲15卷。徐氏以其篇帙繁重，將每卷分爲二，雖則仍爲15卷，實則爲30卷。文字的説解分上下卷，不影響書的脈絡，沒有問題，但其《敘目》一卷既有文字敘述，以説明著書的目的和體例，又有《説文》的部首目録，本是一個不可分割的整體，徐氏強行分爲上下二卷，有割斷文脈之嫌。

（2）加注反切。大徐在每篆下都根據孫愐《唐韵》加注反切，以便學者。徐鉉説："《説文》之時，未有反切，後人附益，互有異同。孫愐《唐韵》，行之已久，今並以孫愐音切爲定，庶乎學者有所適從。"但也有個别字沒有注反切或不用反切而注直音者，如"軌"字下未注反切，可能是傳刻過程中漏録，"範"字下大徐云"音犯"，沒有反切。應該指出，給《説文》加注反切，並非從大徐開始，小徐的《説文解字繫傳》也加注了反切，如"一"字注伊質反，"元"字注宜袁反。此外，小徐以前的唐寫本《説文》，也注有反切，如《唐寫本木部殘卷》："㰣，子廉"，"牀，仕莊"，"枕，之甚"，"桯，他形"，"櫝，大木"。所不同的是，大徐注音皆依據唐韵，而其他的注音則未説明所本，或自製反切，或另有所據，而未言所出。

（3）補苴脱漏。古籍在流傳過程中難免有所脱漏，徐鉉等人對《説文》的整理，離不開補苴脱漏。

補苴脱漏，主要體現在大徐的402個新附字中。大徐《上説文表》云："蓋篆書堙替，爲日已久。凡傳寫《説文》者，皆非其人，故錯亂遺脱，不可盡究。今以集書正副本及群臣家藏者，備加詳考。有許慎注義序例中所載而諸部不見者，審知漏落，悉從補録，復有經典相承傳寫及時俗要用而《説文》不載者，承詔皆附益之，以廣篆籀之路，亦皆形聲相從，不違六書之義者。"據此，大徐本的新附字約分三類。

①《説文》注語和序例偏旁中出現而不見收録者，共19字，即"詔、志、件、借、雖、綦、剔、羼、醨、趄、顬、璊、𪒟、樴、緻、笑、迓、皖、峯"，徐氏稱爲"新修字義"。據我們考察，這類情況實際上不止19字，應還有44字，爲何徐氏在"新修字義"中未曾列出，不得而知。如貓、勢、劯、蠵、售、獟、琁、眹、伺、緰、嬌、墊、昂、棟、皱、彩、幢、櫂、

逼、蔬、辦、僧、嬋、倒、劇、貽、蓉、鰈、蠖、阡、塗、境、犍、蹙、墜、侶、屢、粮、潔、幟、犧、低、芙、藏。① 加在一起，共 63 字。

②見於經典要籍而許氏失收者。如：

禰，親廟也。从示，爾聲。一本云古文禷也。泥米切。（第 9 頁，《左傳·襄公十二年》："同族於禰廟。"）

祧，遷廟也。从示，兆聲。他彫切。（第 9 頁，《周禮·春官·小宗伯》："辨廟祧之昭穆。"）

祚，福也。从示，乍聲。臣鉉等曰：凡祭必受胙，胙即福也。此字後人所加。徂故切。（第 9 頁，《國語·周語》："永錫祚胤。"）

珈，婦人首飾。从玉，加聲。《詩》曰："副筓六珈。"古牙切。（第 14 頁，《詩·鄘風·君子偕老》："君子偕老，副筓六珈。"）

璩，環屬。从玉，虡聲。見《山海經》。彊魚切。（第 14 頁，《山海經·中山經》："穿耳以鐻。"按，今本《山海經》作鐻，大徐所見本作璩。）

琖，玉爵也。夏曰琖，殷曰斝，周曰爵。从玉，戔聲。或从皿。阻限切。（第 14 頁，《禮記·明堂位》："夏后氏以琖。"）

琛，寶也。从玉，深省聲。丑林切。（第 14 頁，《詩·魯頌·泮水》："來獻其琛。"）

瑺，華飾也。从玉，當聲。都郎切。（第 14 頁，班固《西都賦》："裁金璧以飾瑺。"）

藏，匿也。臣鉉等案：《漢書》通用臧字。从艸，後人所加。昨郎切。（第 27 頁，《詩·小雅·十月之交》："宣侯多藏。"）

蔵，《左氏傳》："以蔵陳事。"杜預注云：蔵，敕也。从艸未詳。丑善切。（第 27 頁，《左傳·文公十七年》："寡君又朝，以蔵陳事。"）

③六朝隋唐以來已廣爲流行的"不違六書之義"的日常用字。如：

祆，胡神也。从示，天聲。火千切。（第 9 頁，慧琳《一切經音義》卷 37"祆神"條："上顯堅反，《考聲》云：'胡謂神爲天，今開中人謂天神爲祆也'。"同上，卷 36"祆祠"條："上顯堅反，本無此字，胡人謂神明曰天，語轉呼天爲祆，前賢隨音書出此字，從示從天以別之。"）

琲，珠五百枚也。从玉，非聲。普乃切。（第 14 頁，左思《吳都賦》：

---

① 據何瑞《宋本〈玉篇〉與〈説文解字〉新附字比較》，《平頂山學院學報》2007 年第 6 期。

“珠琲闌干。”）

珂，玉也。从玉，可聲。苦何切。（第14頁，左思《吳都賦》：“致遠流離與珂玤。”）

哦，吟也。从口，我聲。五何切。（第35頁，劉宋求那跋陀羅譯《鸚鵡經》卷1：“不須作是聲，汝本吟哦。”王建《早秋過龍武李將軍書齋》：“吟哦野客任狂疏。”《玉篇》：“哦，吾哥切，吟哦也。”按，據原本《玉篇》編寫的《篆隸萬象名義》衹有“誐”字，没有“哦”字。王仁昫《刊謬補缺切韵》（敦煌本、宋跋本、項跋本）有“哦”字，訓爲“吟哦”（宋本《玉篇》的“哦”應是孫强輩所增補）。

呀，張口兒。从口，牙聲。許加切。（第35頁，梁諸大法師集撰《慈悲道場懺法》卷1：“睞睛呀口以向於帝。”按，班固《西都賦》有“呀”字，但訓“大空貌”不訓“張口貌”，與大徐所附不是同一字。）

透，跳也，過也。从辵，秀聲。他候切。（第42頁，王羲之《用筆賦》：“透嵩華兮不高，逾懸壑兮非越。”）

迢，迢遰也。从辵，召聲。徒聊切。（第42頁，謝朓《郡内高齋閒坐答呂法曹》：“結構何迢遰。”）

蹭，蹭蹬，失道也。从足，曾聲。七鄧切。（第48頁，木華《海賦》：“或乃蹭蹬窮波，陸死鹽田。”）

謎，隱語也。从言迷，迷亦聲。莫計切。（第58頁，劉宋鮑照《字謎》詩，梁殷鈞《屢謎諭孫廉》詩。）

鞲，馬鞁具也。从革薦聲。則前切。（第62頁，《魏書·段承根傳》：“暉置金於馬鞲中，不欲逃走，何由爾也？”）

鬧，不静也。从市鬥。奴教切。（第64頁，晋瞿曇僧伽提婆譯《中阿含經》卷6：“晝不喧鬧，夜則寂静。”）

除去見於《説文》注語和序例偏旁中的63字外，餘下的339字爲經籍相承和日常用字，其中經籍相承較多，日常用字較少。實際上經籍相承的字與日常用字難以截然區分，二者有較多的包含關係。如“藏”字，至今都是日常用字，而在先秦經典《詩經》和《論語》中都有用例，我們將其歸於經籍相承類，是因爲它確實在上古經典中出現過，若將它歸於日常用字也無不可。這種分類法本身存在着邏輯問題，用以分類，是没有辦法的辦法。

（4）校正譌誤。校正譌誤須通過與別的版本的比較才能發現。現代所發現的《説文》最早的版本爲唐寫本，有木部殘卷和口部殘葉。口部殘葉有兩個傳本。一個爲《平子尚氏藏本》，僅存 6 字；一個爲《西川寧氏藏本》，存12 字。由於字數太少，雖有比較的意義，但與大徐本的差別不大。木部殘卷存 188 字，無論是字形還是説釋，抑或是注音，都與大徐本有區別，皆可比較（由於注音用的是反切，與《説文》本身無關，故不討論）。此外，唐代的注釋所引《説文》，有與大徐本不同者，也可比較。

①與口部殘葉的比較。①

字形方面主要是篆書的風格有所不同，構件没有區別，故不討論。説釋和列字次第方面的不同，討論如次。

《平子尚氏藏本》存 6 字，分別爲“叱、噴、吒、嘀、嘮、唪”，其中“吒、唪”二字祇存篆文，没有説解。可供比較者祇有 4 字。

就排字次第而言，大徐本“嘮”與“呶”相次，並列在“叱”字之上，即“嘮、呶、叱、噴、吒、嘀、唪”，與平子尚氏藏本不同，今謂“嘮呶”是連綿字，按《説文》體例，應排在一起，不能將“嘮”“呶”分開排列。大徐不分開，是正確的。就詞義而言，“嘮呶”是“讙聲”，置於訓“危”的“嘀”與訓“驚”的“唪”之間，不合以義相從之理。徐氏將“嘮呶”二字置於“叱”字前，“嘮呶”是“讙聲”，讙聲必高，而“叱”訓“訶”，叱訶之聲也必高，二者有相似之處，故可相次。故徐氏的排列是糾正唐本的譌誤。諸學的詞義訓釋與字形分析與大徐本全同，可不論。

《西川寧氏藏本》存有 12 字，分別是“唁、哀、𣤶、咼、嘆、昏、喉、吠、噭、獆、哮、喔”，其中“獆”是“噭”的重文，實際上只 11 字。

首先是字次排列的比較。大徐本“唁、哀”下是“㖑、𣤶、咼、呶、嘆、昏”，殘葉無“㖑、呶”二字；大徐本“吠”“噭”之間有“咆”字，殘葉無；大徐本“噭”“哮”之間有“喈”字，殘葉無。《西川寧氏藏本》的原本《説文》可能將這些字置於口部別處，從而與大徐的排列次序不同。我們認爲，《説文》排字次第多以類相從，“唁”必哀痛，故繼之以“哀”，哀的表現形式是哭號，故繼之以“㖑”，㖑，號也。《説文》如果有“㖑”字，置於此處應是合適的。“咆”與“噭”同義，要麼置於“噭”前，要麼置於“噭”後，置於別處不妥。“喈”是鳥鳴，與“哮（豕驚聲）、喔（雞

---

① 李宗焜編著《唐寫本〈説文解字〉輯存》，中西書局，2015。

鳴聲）"同類，置於"哮"前也合適。尤其是"哾"字，不應該與"嘆"字分開，因爲按《説文》體例，連綿詞不會分開，當上下相續排列。據此，我們認爲，大徐在字的次序排列上經過自己的校正，故與唐本不同。

其次是釋語的比較。就釋語而言，不同者有兩種情況。

一爲不傷大雅者。如"唁"字，殘葉釋爲"弔生"，大徐本"弔生"下有"也"字；"詩云"，大徐本作"詩曰"；"殼"字，殘葉釋語"歐兒也"，大徐本無"也"字。

一爲區別較大者。如：

"咼"字，殘葉釋爲"口戾也"，大徐本爲"口戾不正也"，多"不正"二字。按，"口戾"就是口不正，"不正"二字疑是後人所加。《慧琳音義》卷15"喎戾"條："《説文》正體作咼，口戾也，從口從冎聲。"卷24、卷27"咼斜"條："《説文》：'咼，口戾也。'"卷62"咼褒"條："《説文》云：'咼，口戾也。'"卷66"咼張"條："《説文》亦口戾也。'"據此，則殘葉是。如果大徐本確有"不正"二字，則其整理未必有理。查小徐本亦如此，則"不正"二字不是大徐本在流傳過程中被後人所加，而是大小二徐所據本如此。

"嘆"字，殘葉釋語爲"宗也"，大徐本爲"哾嘆也"。哾嘆爲連綿詞，依《説文》體例，應釋爲"哾嘆也"。如果唐本《説文》皆如此，大徐本的解釋應是經過校勘，擇善而定的。

"昏"，殘葉解釋字形云："氏，古文厥。"大徐本無"氏，古文厥"數字，而有"昏，古文，從甘"。小徐本有"氐，古文厥字"，與殘葉同。大徐本於"氒省聲"下有"氒音厥"，可能不認爲氒是厥的古文，而衹與厥同音，故注語作"氒音厥"，而不作"氒，古文厥字"。大小徐的書，小徐的先成，大徐應見過小徐的書，不采用小徐的意見，是經過自己的考慮的。嚴可均《説文校議》認爲是校語，甚是。

"嗾"字，殘葉釋語作"使犬也"，大徐本作"使犬聲"。按，《左傳宣公二年》："公嗾夫獒焉。"《經典釋文》："《説文》：'使犬也。'"《方言》卷7："秦晋之西鄙自冀隴而西（冀縣，今在天水），使犬曰哨（音騷）。""嗾"釋爲"使犬也"應有根據，但釋爲"使犬聲"也不誤。湖南祁東使犬的聲音就是［ʃuo］［ʃuo］，與"嗾"的聲音相近。使犬除了手勢外，還得用聲音，這個聲音就是"嗾"，故大徐的本子不誤。一個强調動作，一個强調聲音，皆有根據。"公嗾夫獒焉" 須有聲音，如果祇有動作，没有聲音，則獒無法得到指令。大徐本的釋語是經過校勘，擇善而定的。

"哮" 字，殘葉釋語爲 "豕驚也"，大徐本作 "豕驚聲也"，多一 "聲" 字。《慧琳音義》引《説文》"哮" 釋語或作 "虎鳴也"，或作 "豕驚散聲"。如卷 47 "哮㗻" 條："《説文》：'虎鳴也。大怒聲也。'" 卷 48 "哮吼" 條："《説文》：'虎鳴也。一曰師子大怒聲也。'" 卷 74 "咆哮" 條："《説文》：'咆，嘷也。哮，驚也。亦大怒也。'" 卷 76 "虓吽" 條："《説文》云：'虎鳴也。從虎九聲' ……經文作 '哮吼'，俗用非也。" 卷 77 "哮呼" 條："《説文》云：'豕驚散聲也。從口，孝聲。'" 而卷 66、卷 69 "哮吼" 條兩引《古今正字》云："豕驚聲也。從口孝聲也。" 我們認爲，引作 "虎鳴" 者，是 "虓" 字的釋語，慧琳認爲經文用俗字哮代替虓，甚是。據慧琳所引 "豕驚散聲也" 和《古今正字》的 "豕驚聲也"，而字又從口，口爲發聲之器，若解釋字的本義，應該有 "聲" 字，大徐作 "豕驚聲也" 是經過校勘，擇善而定的。

②與唐寫本木部殘卷的比較。①

首先是列字次第的比較。

殘卷 "柭" 字在 "杷" "樆" 二字之間，柭訓棓（棒），杷訓收麥器，樆訓斫（斫謂之樆），義不相類，不合字次以類相從之例。大徐本 "柭" 字列於 "杖" "棓" 之間，杖訓持，其名詞義爲木杖，與棓義相類，符合以類相從之旨。大徐本如此排列是其校勘的結果。又，"杖" 字排在 "檵" "柭" 二字之間，檵訓弋，是名詞，柭訓棓，也是名詞，故 "杖" 字也應是名詞，今二徐本和殘卷本皆訓持，是動詞，不合以類相從之例。今考《慧琳音義》卷 4 "杖塊" 條："《説文》：'手持木也。從木丈聲。'" 是慧琳所據本作名詞。又《説文》的釋語大多將杖用作名詞，如木部上文："根，杖也。" 下文："梲，木杖也（殘卷作大杖）。""欑，積竹杖也。""枹，擊鼓杖也。""父，矩也。家長率教者。從又舉杖。""嶅，杖岸角也。""槲，木，可爲杖。""枚，榦也。可爲杖。""捶，以杖擊也。" 祇有 "據，杖持也"，杖可看作動詞，但段注云："謂依杖而持之也。" 似乎可看作名詞作狀語。還有 "戉"，《説文》引《司馬法》曰："周左杖黄戉，右秉白髦。" 這才是真正的

---

① 參見（清）莫友芝原著，梁光華注評《唐寫本説文解字木部箋異注評》，貴州人民出版社，1998。

動詞用法，但是出於引文，不代表許慎的用字習慣。儘管文獻中杖的動詞用法很多，但溯其源，仍是引申義。

殘卷"棧"在"椪""極"二字之間，大徐本在"棚"字之後。按，椪訓椪柸，極訓驢上負，棧訓棚，按以類相從的原則，不應該將"棧"字排在"椪""極"二字之間。大徐本排在棚字後，體現了排字次第以類相從的原則，甚是。這應是徐氏校勘後的結果，當然，也可能徐氏所據本即如此，但徐氏在諸多傳本中擇善而從，也是一種校勘。

其次是釋語的比較。

殘卷："柵，編豎木也。从木，删省聲。"大徐本："柵，編樹木也。从木从册，册亦聲。"按，豎木與樹木同音同義，但漢人用字多用樹作豎立之義，而豎作豎子之義，如《史記》《漢書》，詳見本書正文"柵"字條，故大徐作"樹木"，是校勘後選擇的結果。而殘卷的"删省聲"與"柵"的楚革切（殘卷作叉白切）不合。柵在初母，麥（陌）韵，而删在山母，删韵，無論是聲還是韵，都相隔。而册音楚革切，與柵同音。又《廣韵》柵又音所晏切，訓離柵，如果取此音，則殘卷也有依據。然而"編樹木"之義，《廣韵》音楚革切和測戟切，根據音義匹配原則，則楚革爲正，大徐不作删省聲，是校勘擇善的結果。

殘卷："枕，卧頭薦也。"大徐本："卧所薦首者。"按，從語法的角度說，大徐本更爲順暢，殘卷本顯得彆扭。今考《慧琳音義》卷74"爲枕"條："《説文》：'枕，卧時頭薦也。'"卷75"作枕"條："《説文》：'卧頭篤也。从木尤聲。'"卷75"作枕"條："顧野王云：'卧以頭有所薦也。'《説文》義同，从木尤聲。"卷89"相枕"條："顧野王云：'枕，卧頭有所薦也。'《説文》云：'从木尤聲。'"據此，則"卧"後應有別的文字，不能直接綴以"頭"字。雖則卷75"作枕"條引作"卧頭篤也"，與殘卷全同，但參以其他條所引，"卧"與"頭"之間或"頭"與"薦"之間應該有脫字，這個脫字或爲"時"，或爲"以"，或爲"所"。《太平御覽》卷707服用部引《説文》："卧爲所薦首者也。"其釋語與大徐本相近。大小徐本采用"卧所薦首者"的釋語應該經過了自己的判斷或校勘。

殘卷："相，舌也。从木目聲。一曰从士華，齊語也。讀若駿。"大徐本："舌也。从木目聲。一曰从土華，齊人語也。"按，从士應是从土之形誤，如果大徐所見本也同殘卷，則今本應是大徐校勘的結果。又，大小徐本皆無“讀若駭”三字，今謂“駭”“相”古音皆在之部，二字疊韵。就聲母而言，相从目聲而讀詳里切（喻四變爲邪），與讀若駭而讀詳里切（匣變爲邪）没有區别。匣是濁擦音，邪也是濁擦音，發音方法相同，發音部位有所改變而已。匣變爲邪不比喻四變爲邪復雜。《説文》諧聲字中既有喻四與邪互諧之例，也有匣母與邪互諧之例。前者如：隨，羊捶切（喻四），聲符隨（隨省聲），旬爲切，邪母；像，象聲，讀若養，喻四，象，徐兩切，邪母；熠，羊入切，喻四，聲符習，似入切，邪母；似，詳里切，邪母，聲符以，喻四。後者如：慧，胡桂切，匣母，聲符彗，祥歲切，邪母。漢字又音反映匣邪互通的現象較多。《集韵》：“總，胡桂切，疏布；旋芮切，細疏布也。”“儇，胡涓切，慧也；旬宣切，姓也，黄帝之後。”“徇，徐閏切，《説文》：疾也。熒絹切，《廣雅》：迷也。”“酅，玄圭切，《説文》：東海之邑，一曰阪險名。詳究切，地名。”“絢，松倫切，《説文》：圜采也，一曰條也。熒絹切，采成文也。”“還，胡關切，《説文》：復也。旬宣切，復返也。”“荼，徐嗟切，蓲薞茅蔍。後五切，茅莠。”“韢，徐醉切，橐紐也。一曰盛虎頭囊。胡計切，《説文》：橐紐也，一曰盛鹹囊。”“姰，松倫切，《博雅》：狂也。熒絹切，《博雅》：狂也。”皆其證。《方言》卷五“舌”下云：“東齊謂之梩。”郭璞注：“梩，音駭。”“梩”爲“相”之重文，郭氏音駭或據《説文》讀若。大小徐本皆無“讀若駭”，應該是校勘時將其删除。當時學術界的古音學水平不高，大小徐也不懂古音，認爲“讀若駭”於字音不合，故有此舉。這也是一種正誤，不過是以不誤爲誤。

残卷：“㮰，種㮰也。一曰燒麥枔㮰。”大徐本：“㮰，樏樓也。一曰燒麥枔㮰。”小徐本同残卷，大徐見過小徐之作，至於爲什麼不采納，應該有所考慮，應是其通過校勘後擇善的結果。樓與㮰字形不近，音亦相遠，不可能是流傳中的譌誤。段注：“樏者今之種字，樓者今之耬字。《廣韵》曰：‘耬，種具也。’今北方謂所以耩者曰耬。耩者，種也。小徐本樓作㮰。”按，《集韵》兩引《説文》，昔韵下作“樏樓也”，錫韵下作“種㮰也”，看來《集韵》編撰者將大小徐兩個不同的解釋都收入書中。“樏樓也”的㮰字音營隻切，與大小徐的與辟切音值相同，“種㮰也”下的㮰字音刑狄切，與大小徐的與辟切音值不同，以母變成了匣母，昔韵變成了錫韵。我們認爲，整理者不知“樓”即“耬”字，不明白此處“樓”的詞義，故改“樓”爲“㮰”。《篆隸萬象名義》木部“㮰，種樓，燒麥令㮰也”，除枔作令、種作穅外，餘皆與大徐本同，看來《篆隸萬象名義》所據應是《説文》，這也可爲大徐本佐證。

殘卷："杵，舂柄也。"大徐本："杵，舂杵也。"按，舂杵指用來舂之杵，舂是動詞，作定語。舂不是名詞，也就不存在柄的問題。殘卷的解釋有問題。段注："舂，擣粟也，其器曰杵。""其器曰杵"即用來擣粟的器叫作杵，與我們的理解相同。《繫辭》曰："斷木爲杵，掘地爲臼。"實際上舂的動作的完成，既要有杵，又要有臼，還要有人手的加入。故字從午從臼從廾，午就是杵。《説文》："舂，擣粟也。从廾持杵臨臼上。午，杵省也。"其始是斷木爲杵，掘地爲臼，後世以兩頭大中間細的木爲杵（兩頭皆可用來舂，以提高使用率），用石頭鑿成坎形爲臼，20 世紀 60 年代碾米機未出現之前湖南祁東農村尚以此舂米，本人曾做過用杵臼舂米之事。《集韵》語韵、《類篇》木部"杵，《説文》舂杵也"，與大徐同。《玉篇》："杵，舂杵也。"當本《説文》。《篆隸萬象名義》："杵，舂柄也。"與殘卷同，亦誤。其致誤之由，可能是擔心"舂杵"的釋語包含了被釋字，從而導致讀者不明白"杵"爲何物，實際上杵是古代居家常用之物，對常用之物的解釋，古人認爲字典的釋語無須規避，故許氏《説文》的釋語常出現被釋字，後人或將其改正，故有此誤。在諸版本的《説文》中，采用"舂杵"，經過了徐氏的校勘。

殘卷："榫，擊也。齊謂之終葵。从木隼聲。"大徐本："椎，擊也。齊謂之終葵。从木隹聲。"按，殘卷音丈追切，大徐音直追切，則此字不得从隼聲，隼音思尹切，不能與椎字諧聲，隼聲是隹聲之誤。

③與唐代注釋所引《説文》的比較。

唐代的注家很多，我們衹選幾家較爲出名的注家來比較，如《經典釋文》、《文選》李善注、《慧琳音義》等。這種比較衹能比較釋語，無法比較列字次第。

《經典釋文·毛詩音義》下"如惔"條："音談，燎也。《説文》云：'炎，燎也。'徐音炎。"（第 98 頁）①

大徐本《説文》："炎，火光上也。从重火。凡炎之屬皆从炎。""惔，憂也。从心炎聲。《詩》曰：'憂心如惔。'"按，陸氏的字頭是"惔"，所引

---

① （唐）陸德明：《經典釋文》，中華書局，1983。

《説文》的字頭是"炎"，無論是惔還是炎，都與大徐本不合。今考小徐本《説文》："炎，燎也。"則陸氏所引與小徐合，大徐見過小徐之書，而不采用小徐的本子，應該經過大徐的校勘。《玄應音義》卷 23"炎燎"條："炎，亦燒也。《説文》：'炎，火光上也。燎，放火也，火田爲燎也。'"《慧琳音義》卷 47"炎燎"條所引同，云："炎，亦燒也。《説文》：'炎，火光上也。燎，放火燒田爲燎也。'"係轉録《玄應音義》而略有更改，但"炎"字所引則完全相同。我們認爲，炎與燎詞義並不等同，饒炯《説文部首訂》云："火光上者，謂火飛揚之光上出，與焱同字。即其下所説火華也……蓋炎爲火飛揚之光，猶陽爲日散出之光。曰火華、曰火盛，皆是也。"就字形而言，炎爲重火，乃火光上騰之象，故許訓"火光上"。《説文》："燎，放火也。"徐灝《説文段注箋》："尞、燎實一字，相承增火旁……玄應引《説文》'火田爲燎'，蓋即此篆本解。今云'放火'者，後人改之。燎之本義爲燒艸木，故火田爲燎。圜丘祭天必先除其艸薉，故有柴燎之名，又以爲庭燎之稱。庭燎以薪蒸爲之，亦燒艸木也。"徐灝説很有道理，但"放火"未必是後人所改，火田是放火，燒原上艸木也是放火。"火田"外延太窄，不如"放火"外延寬，"火田"是"燎"，但"燎"未必都是"火田"。故"燎"與"炎"不是同義詞，不能用燎釋炎，大徐本是。

《詩經正義·行葦》："敦弓既句，既挾四鍭。""句"即《説文》之"彀"。孔穎達《正義》："《説文》云：'彀，張弓也。'"[1] 大徐本《説文》："彀，張弩也。"按，此字排在"弩"字下"彉"字上，"彉"訓"弩滿也"，根據以類相從的原則，則"彀"應訓"張弩也"而不是"張弓也"，如果訓"張弓也"則應與"彎"（持弓關矢也）、"引"（開弓也）、"弙"（滿弓有所鄉也）相類。段注："《射雉賦》注引作'張弓弩也'，《詩·釋文》《正義》作'張弓'，皆非。《孟子》趙注亦但云'張弩'。蓋本謂弩，引申移之弓耳。《射雉賦》：'捧黃間以密彀。'亦謂弩也。"王筠《説文句讀》云："一引作張弓弩也，一引作張弓曰彀。案，彀自兼弓弩，然非許君例也。本部弓弩彈三物分三節，弢以上皆弓事，彉以上皆弩事，彈，躲也。矢部躲下兼言弓弩，故以彈雙承之。彈不用矢，故最後。弙是躲官，故結部尾。惟發不繼彈，似後人亂之。小徐本在弙下尤非，此大徐移置而失其部位耳。且漢以前

---

① （清）阮元校刻《十三經注疏》，中華書局，1980，第 535 頁。

皆言轂弩，不言轂弓也。”大徐采用“張弩”的解釋，一則有版本可據，一則經過自己的校勘。

《文選·張協〈雜詩〉》：“荒庭寂以閑，幽岫峭且深。”李善注：“《説文》曰：‘山有穴曰岫。’”① 大徐本《説文》：“岫，山穴也。”按，山穴的中心詞是穴，山有穴的中心詞是山，二者的意義不同。此字的籀文從穴作宙，則其本義應是指山中之穴。段注本改爲“山有穴也”，云：“有字各本奪，今依《文選》張景陽襍詩注補。有穴之山謂之岫，非山穴謂之岫也。《東京賦》：‘王鮪岫居。’薛解云：‘山有穴曰岫。’然則岫居，言居有穴之山。”按，岫居即穴居，居於山穴也。段氏謂有穴之山謂之岫，恐誤。王筠《句讀》云：“《釋山》：‘山有穴爲岫。’郭注：‘謂岩穴。’許君之意，蓋恐人誤讀《爾雅》，謂有穴之山名曰岫也，故節其詞曰山穴，謂山之穴也。《七啓》：‘出山岫之潛穴。’陶淵明文：‘雲無心以出岫。’皆其明證。《抱朴子》曰：‘藏夜光于嵩岫。’尤不能呼嵩山爲岫山矣。至如陸士衡詩：‘王鮪懷河岫。’則又借爲地中孔穴之名矣。”王氏的理解甚是。大徐釋爲“山穴”，而不作“山有穴”，是其精加校勘的結果。

《慧琳音義》卷80“玼瓅”條：“《説文》云：‘新色鮮也。從玉從此聲。’”大徐本《説文》：“玉色鮮也。从玉此聲。《詩》曰：‘新臺有玼。’”按，字从玉，當訓“玉色鮮”，方合《説文》以形釋字之本義的體例，“新色鮮”應是因《詩》“新臺有玼”而誤。儘管《經典釋文》在《詩經·新臺》“泚”字下、《君子偕老》“玼”字下引《説文》皆作“新色鮮也”，與《慧琳音義》所引同，似乎《慧琳音義》所引可信。我們認爲這種引文，或爲隨文作釋，或爲另有所本，不可盡信。今謂“鮮”有“新”義，不應再加“新”字。徐氏所依版本，應是經過自己的選擇和校勘。

（5）對原書的釋語加以注解。

《説文》一書，釋語簡約，加以時代久遠，當時的熟語至唐宋間已不被人所知，故需要解釋。而《説文》用字，無論是篆文還是釋語，很多是古字，唐宋間已不使用，如不注解，人們即使面對日常用字也不認識，故也需要解釋。《説文》釋語中，常引經、引通人説以釋詞義，有些引文不好理解，故也需要解釋。《説文》的注音，或用聲符表音，或用讀若表音，年代久遠，

---

① （南朝梁）蕭統編《文選》第3冊，上海古籍出版社，1986，第1383頁。

語音發展，聲符和讀若與字的本音不太契合，故須爲之注音。儘管魏晋之間，給《説文》注音者不在少數，但由於語音演變，其音注與唐宋間的實際讀音已有差别，故須根據當時流傳較廣的韵書爲之重新注音，故徐氏據《唐韵》爲《説文》的每個字注上反切。

①解釋詞義者。

《説文》："祜，上諱。"臣鉉等曰："此漢安帝名也。福也，當从示古聲。"（第 7 頁）此解釋"上諱"，並補出"祜"的詞義。《詩・信南山》："受天之祜。"鄭玄箋："祜，福也。"《爾雅・釋詁下》："祜，福也。"此爲徐氏補釋的依據。

《説文》："菐，瀆菐也。从丵从廾，廾亦聲。凡菐之屬皆从菐。"臣鉉等曰："瀆，讀爲煩瀆之瀆。一本注云：丵，衆多也。兩手奉之，是煩瀆也。"（第 58 頁）按，徐氏"讀爲煩瀆之瀆"是解釋詞義，後引别本，既解釋詞義，又解釋字形。又，此字《説文》以廾爲聲，而廾與菐，既不雙聲，也不疊韵，恐非是。此字要麼如别本所云"兩手奉之"，是會意字，要麼如徐灝所云"丵聲"。菐與丵疊韵，以之爲聲，很有可能。我們認爲此字應如孔廣居《説文疑疑》所説"廾亦聲乃菐亦聲之誤"，可釋爲"从菐，从廾，菐亦聲"。此字以部首字作爲亦聲，《説文》多有此例。如"莽"在茻部，釋爲"从犬从茻，茻亦聲"；"仌"在八部，釋爲"从重八；八，别也。亦聲"；"胖"在半部，釋爲"从半从肉，半亦聲"；"單"在吅部，釋爲"从吅甲，吅亦聲"；"延"在辵部，釋爲"从辵，辵亦聲。囟象延形"；"延"在辵部，釋爲"从夂从辵，辵亦聲"；"拘"在句部，釋爲"从句从手，句亦聲"，"笱""鉤"二字亦然；"𦱶"在丩部，釋爲"从茻从丩，丩亦聲"；"奭"在皕部，釋爲"从大从皕，皕亦聲"。儘管這種字形分析，不一定都正確，如"單""奭"等，但《説文》確有其例。

《説文》："雁，鳥也。从隹从人，厂聲。讀若鴈。"臣鉉等曰："雁，知時鳥。大夫以爲摯，昏禮用之。故从人。"（第 76 頁）按，此處既解釋詞義，即是什麼鳥，又説明從人之意。

《説文》："雚，繳雚也。从隹椒聲。一曰飛雚也。"臣鉉等曰："繳，之若切。罾繳以取鳥也。"（第 77 頁）按，這是解釋詞義訓釋中繳字之義。段注："繳雚者，謂縷繫矰矢放散之加於飛鳥也。"桂馥《説文解字義證》云："繳雚也者，當爲繳椒，謂繳既射高，椒開以網鳥。"今謂這兩種解釋都比較勉强。繳是繫於箭矢上的生絲繩，這裏用作動詞，是繳射的意思，那麼，後面的歐，要麼是繳的賓語，要麼是動詞，與繳並列。歐者，散也。繳射與散開不太好並列，故並列結構難以成立。祇有用作名詞，指飛散的鳥，才構成動賓結構。繳歐，即繳射飛散的鳥。甲骨文有𧏮字，李孝定《甲骨文字集釋》云："㮯文从隹从支，當是歐之初文。字實从支鳥會意，鳥遇支則飛歐。許君歐下説解'一曰飛歐也'，當是初誼。'繳歐也'之誼當是其引申誼。"① 飛歐，可以是飛歐的動作，也可以是飛歐之物。所以，繳歐就是繳射飛歐之鳥。徐氏的"矕繳以取鳥也"應爲"矕繳以取歐鳥也"。

《説文》："躷，鋪豉也。从鳥失聲。"臣鉉等曰："鋪豉，鳥名。"按，《爾雅》："躷，鋪䜴。"郭璞注："未詳。"段注："此必鳥聲如云鋪豉。"朱駿聲《説文通訓定聲》："與鋪穀即布穀不同，鋪豉以狀其聲也。"高翔麟《説文字通》引《通雅》云："夫布、鋪鼓、布穀一鳥也。"今謂如果豉是鼓字之譌，則《爾雅》不會譌爲䜴，因爲䜴鼓二字形音皆不類。還是徐鉉的鳥名之釋更合理。至於是否狀其聲，現難以指實。不過很多的鳥名皆因其鳴聲，應該有一定的可信度。

②解釋字形者。

《説文》："屮，艸木初生也。象丨出形，有枝莖也。古文或以爲艸字。讀若徹。凡屮之屬皆从屮。尹彤説。"臣鉉等曰："丨，上下通也，象艸木萌芽，通徹地上也。"（第15頁）此解釋屮字中一豎的含義。實際上屮象艸初生莖葉之形，丨象艸之莖，冒地而生，下爲根，上爲莖，左右本爲艸籽之瓣，後變爲枝葉。

《説文》："路，道也。从足从各。"臣鉉等曰："言道路人各有適也。"（第48頁）按，"路"字應分析爲從足各聲，小徐本即如此，徐鉉不懂古音，故删聲字，而以會意字釋之，雖則不合實際，但也是對字形的解釋。

《説文》："古，故也。从十口，識前言者也。凡古之屬皆从古。"臣鉉等曰："十口所傳是前言也。"（第50頁）按，古字甲骨文作𠖠、𠖝等形，金文作𠦝（盂鼎）、𠙻（師旂鼎）、𠦝（中山王壺）、𠙷（孚尊）、𠮷（彔尊）、𠙵（古伯尊）等形，② 初形並不從十口，許氏以篆文立説，誤。這是時代的局限，

---

① 李圃主編《古文字詁林》（第四册），上海教育出版社，2001，第123頁。
② 李圃主編《古文字詁林》（第二册），上海教育出版社，2000，第683~684頁。

無須苛求前人。徐氏爲許説解釋，在未見甲骨文的情況下，祇能如此解釋。

《説文》："奐，取奐也。一曰大也。从廾，夐省。"臣鉉等曰："夐，營求也。取之義也。"（第 59 頁）按，這是對從夐省的解釋。小徐本作"夐省聲"。大徐因爲"奐"訓"取奐"，含有取義，故用夐的營求義解釋字義。錢坫《説文斠詮》："取奐義與換字同。"如果此説不誤，則取奐即換取，字從廾，與取、奉等義相關。但取奐是不是換取，現有文獻未見用例，故段玉裁説："未聞。"馬敍倫《説文解字六書疏證》説："取奐也當作取也，奐字蓋隸書復舉字也，譌乙於下耳。"① 如果訓取，則部件廾可以表意，無須夐的參與。夐，《廣韵》音許縣切，與大徐的呼貫切相近，縣作懸掛解，則皆爲合口呼，聲母相同，韵母相近，唯有平去之別，夐省聲似乎更合適。徐鉉不明古音，故删夐省聲的聲字。儘管這種解釋不一定合乎實際，但也是徐氏的一種理解，徐鉉不采用其弟的省聲説，是其對字形有不同的理解所致。

《説文》："爕，和也。从言从又、炎。籀文爕从羊。羊，音飪。讀若溼。"臣鉉等案："爕字義大孰也。从炎从又。即孰物可持也。此爕蓋从夐省。言語以和之也。二字義相出入故也。"（第 64 頁）按，籀文爕小徐本作爕，從上下文看，作爕是，否則"从羊。羊，音飪"没有着落。戴侗云："爕、爕、爕實一字。羊之譌爲辛，辛之譌爲言也。"徐灝《説文段注箋》云："蓋爕爲烹飪孰物之偁，从又持二火會意，羊聲。引申爲調和之義。"今謂徐氏的解釋很有道理，據徐氏所云，則爕、爕爲食物之和，爕爲言語之和。如果三字本爲一字，則用於食物爲食物之和，用於言語爲言語之和，其爲和則一也。

③注明俗字者。

《説文》："苣，束葦燒。从艸巨聲。"臣鉉等曰："今俗别作炬，非是。"（第 25 頁）

《説文》："草，草斗，櫟實也。一曰象斗子。从艸早聲。"臣鉉等曰："今俗以此爲艸木之艸，别作皁字，爲黑色之皁。案：櫟實可以染帛，爲黑色，故曰草。通用爲草棧字。今俗書皁，或从白从十，或从白从七，皆無意義，無以下筆。"（第 27 頁）

《説文》："吝，恨惜也。从口文聲。《易》曰：'以往吝。'"臣鉉等曰："今俗别作悋，非是。"（第 34 頁）

---

① 李圃主編《古文字詁林》（第三册），上海教育出版社，2001，第 189 頁。

《説文》："叩，驚嘑也。从二口。凡叩之屬皆从叩。讀若讙。"臣鉉等曰："或通用讙，今俗別作喧，非是。"（第35頁）

《説文》："赴，趨也。从走，仆省聲。"臣鉉等曰："《春秋傳》赴告用此字。今俗作訃，非是。"（第35頁）

按，文字的演變大多是通過正字和俗字在使用過程中的相互競爭完成的，大徐不明此理，指斥俗字爲"非是"，誤。但他所揭櫫的俗字對理解《説文》很有意義，也爲漢字發展史的研究提供了不少的俗字資料。

④説明聲符者。

《説文》："訴，告也。从言，厈省聲。《論語》曰：'訴子路於季孫。'"臣鉉等曰："厈非聲。蓋古之字音多與今異。如皂亦音香、釁亦音門、乃亦音仍，他皆放此。古今失傳，不可詳究。"（第56頁）按，小徐篆文作諦，從言庶聲，而庶從芦聲，芦古音在鐸韵，與訴疊韵。《説文》："庶，卻屋也。从广芦聲。"① 此字隸變爲厈，訓爲卻，是其引申義。《漢書·曹參傳》："輒厈去之。"顏師古注："厈，卻也。"《揚雄傳下》："厈芬芳而不御。"顏師古注："厈，卻也。"是知厈即庶之隸變。"厈"古音也在鐸部，諧音"訴"没有問題。徐鉉不明古音，故有此注。但他提出的"古之字音多與今異"是有意義的，而"古今失傳，不可詳究"則未必。

《説文》："鳶，鷙鳥也。从鳥芦聲。"臣鉉等曰："芦非聲。一本从丫，疑从萑省。今俗別作鳶，非是。"（第81頁）

《説文》："緣，未練治緣也。从麻後聲。"臣鉉等曰："後非聲，疑復字譌，當从復省乃得聲。"（第149頁）

《説文》："代，更也。从人弋聲。"臣鉉等曰："弋非聲。《説文》忒字與此義訓同，疑兼有忒音。"（第165頁）

《説文》："兌，説也。从儿㕣聲。"臣鉉等曰："㕣，古文充字，非聲。當从口从八，象气之分散。《易》曰：'兌，爲巫爲口。'"（第166頁）

按，這些説明，是徐鉉對某些字的聲符的認識，有些解釋是由於徐氏古音學水平的局限，如代从弋聲，因爲不知道古聲母喻四歸定，故以"疑兼有

---

① 按，"卻屋"大徐本作"卻屋"。今謂"卻屋"無義，此據小徐本作"卻屋"。段玉裁、桂馥、朱駿聲所據本皆作"卻屋"，嚴可均《説文校議》云："此作卻，乃卻之誤。漢《東方朔傳》《揚雄傳》師古皆云'卻也'。"

弍音”解釋之，這是當時學術水平的限制的結果。

⑤加注未詳者。徐鉉治學嚴謹，於所不知，皆注以“未詳”，體現了實事求是的治學態度。這種情況大致分如下幾類。

因説明聲符而注的未詳者。如：“菣，艸也。从艸臤聲。”臣鉉等案：“《説文》無臤字，當是叙字之省，而聲不相近。未詳。”（第19頁）又如：“棣，及也。从隶枲聲。《詩》曰：‘棣天之未陰雨。’”臣鉉等曰：“枲非聲。未詳。”（第65頁）

因説明形符而注的未詳者。如：“弄，持弩拊。从廾、肉。讀若逵。”臣鉉等曰：“从肉，未詳。”（第59頁）又如：“豙，豕怒毛豎。一曰殘艾也。从豕、辛。”臣鉉等曰：“从辛，未詳。”（第197頁）

因不知古語而注的未詳者。如：“禜，數祭也。从示麤聲。讀若春麥爲禜之禜。”臣鉉等曰：“春麥爲禜。今無此語，且非異文，所未詳也。”（第8頁）又如：“逴，遠也，从辵卓聲。一曰蹇也。讀若棹苕之棹。”臣鉉等案：“棹苕，今無此語，未詳。”（第42頁）

因不知字形結構而注的未詳者。如：“戹，柔皮也。从申尸之後。尸或从又。”臣鉉等曰：“注似闕脱，未詳。”（第174頁）

因不知按語而注的未詳者。如：“豕，彘也。竭其尾，故謂之豕。象毛足而後有尾。讀與豨同。桉：今世字，誤以豕爲彘，以彘爲豕。何以明之？爲啄琢从豕，蠡从彘。皆取其聲，以是明之。臣鉉等曰：此語未詳，或後人所加。”（第196頁）按，徐稱“後人所加”，是對的，《説文》全書沒有加按語的體例，且其按語“蠡从彘”與字形不合。《説文》也沒有“蠡”字，衹有“蠡”字。

因不知古文來源而注的未詳者。如：“隸，附箸也。从隶柰聲。隸，篆文隸，从古文之體。”“臣鉉等未詳古文所出。”（第65頁）

應該指出，對聲符加注未詳者最多，占整個“未詳”的半數以上。其原因在於聲符與反切之間的矛盾由於年代久遠、語音變化而更加突出，而其他方面的矛盾在徐氏看來不太突出，故徐氏注未詳的重點放在聲符上，這不難理解。

總之，大徐對《説文》的校定之功不可磨滅。如果沒有徐氏的校正，沒有宋皇朝的雕版刊行，我們今天能否看到如此完備的《説文》，尚不可知。

宋代研究《説文》的還有李燾、李行中、錢承德等，李燾著有《説文解

字五音韵譜》，李行中著有《説文引經字源》，錢氏著有《説文正隸》，分別
從字體、引經等角度整理研究《説文》，也有一定的參考價值，而李燾的
《説文解字五音韵譜》按韵書的韵目歸字，將《説文》的篆字及解説重新排
列，有利於熟悉韵書的讀者檢索。此書曾風靡一時，差點導致大徐本亡佚。
顧炎武《日知録》曰："《説文》原本次第不可見。今以四聲列者，徐鉉等
所定也。"按，徐鉉没有此類著作，其弟徐鍇有《説文解字韵譜》，但是書已
亡佚，顧氏以燾之所編歸徐鉉，誤。

（三）元明的《説文》整理和研究

元代《説文》整理與研究的成果有戴侗的《六書故》、周伯琦的《六書
正譌》《説文字原》、楊桓的《六書統》、包希魯的《説文解字補義》、趙古
則的《六書本義》等，除《六書故》外，學術價值都不高，故我們衹介紹
《六書故》。

1. 戴侗《六書故》對《説文》整理研究的借鑒作用

《六書故》旨在以"六書明字義，字義明則貫通群籍，理無不明"①，全
書分爲九部，即"數、天文、地理、人、動物、植物、工事、雜、疑"，徹
底打亂《説文》部次，重新排列，但對《説文》本身並未進行深入的研究。
此書使用大量的鐘鼎文以説明字形，引用金文以解釋字形實從戴氏始。書中
引用唐本《説文》多達 50 餘次②，具有一定的版本學意義，對《説文》的
整理研究有所助益。此外，戴氏還對《説文》的説釋進行了批評，對《説
文》的整理和研究也有一定的借鑒作用。③

（1）引用唐本《説文》對《説文》整理的助益作用。

《説文》："爓，火門也。从火閻聲。"《六書故》卷三云："徐本《説文》
曰：'火門也。'不可曉。唐本《説文》曰：'火爓爓也。'"④ 按，"火門"
於義無取，段玉裁説："各本作火門也。門乃爓之壞字耳，今正。《文選·蜀
都賦》：'高爓飛煽於天垂。'善引《説文》：'爓，火焰也，音豔。'焰即爓

---

① 四庫全書研究所整理《欽定四庫全書總目》"《六書故》提要"，中華書局，1997。
② 參見黨懷興《〈六書故〉所引唐本〈説文解字〉考》，《陝西師範大學學報》（哲學社會科學版）
　 1999 年第 4 期。
③ 參見黨懷興《〈六書故〉所引唐本〈説文解字〉考》，《陝西師範大學學報》（哲學社會科學版）
　 1999 年第 4 期。
④ （宋）戴侗：《六書故》，黨懷興、劉斌點校，中華書局，2012，第 26 頁。

之省。《六書故》引唐本《説文》：'火爓爛也。'較李善所據多一爛字。今人云光燄者，作此字爲正。"

顑，《六書故》卷十："《説文》曰：'頭佳皃。'唐本作'頭住'，誤。"①今按，大徐本無此篆，小徐《説文解字繫傳》有，云："顑，頭佳皃。從頁，斤聲。讀又若鬢。"《段注》從之，云："顑篆并解各本奪，今依小徐本及《集韵》《類篇》《韵會》所引訂補。"《集韵》《類篇》引《説文》皆作"頭佳皃。一曰長皃"，多"一曰"之訓。如果《集韵》《類篇》所引《説文》依據的是大徐本，則大徐本應有"顑"篆，今本脱奪。段氏增此篆，甚是。

《説文》："謚，行之迹也。從言兮皿闕。""謚，笑皃。從言益聲。"《六書故》卷十一云："唐本《説文》無謚，但有謚，行之迹也。"② 按，段玉裁删謚篆和謚下"笑貌"的釋語，保留謚篆，並將謚下釋語"行之迹也"附於"謚"下，共舉了四條證據，其中之一就是《六書故》所引唐本《説文》。

《説文》："讕，語相反讕也。從言還聲。"《六書故》卷十一云："唐本《説文》曰：'言語相及也。'今俗語有讕問之説。"③ 按，唐本是。"及"與"反"字形相似，故誤作"反"。《説文》"讕"字下是"諸"字，云："讕諸也。""讕諸"爲連綿字，依《説文》連綿字訓釋之例，"讕"字釋語當爲"讕諸，語相及也"。今本《玉篇》釋語即如此，當是依據《説文》。《段注》本依《玉篇》訂爲："讕，讕諸，語相及也。"甚是。就語源而言，《説文》："罬，目相及也。""還，迨也。"《方言》卷三："迨、還、及也。東齊曰迨，關之東西曰還，或曰及。"讕、還、罬同源，還、罬皆有及義，則讕也有及義，故應依唐本《説文》訓"語相及"。

《説文》："揆，葵也。"《六書故》卷十四："唐本：'度也。'"④ 清代《説文》四大家除王筠外，皆從戴氏所引，改爲"度也"。王筠《句讀》云："揆字熟，故以本字之借字説之，且爲葵字廣一義。戴侗引唐本作度也，非也。《釋言》：'葵，揆也。揆，度也。'郭引《詩》'天子揆之'，《詩》固作葵。又《板》篇：'則莫我敢葵'。"今謂王説非是。文獻中有"葵"訓"揆"者，係假借，但未見"揆"訓"葵"者。就語源而言，《説文》："葵，

① （宋）戴侗：《六書故》，黨懷興、劉斌點校，中華書局，1980，第203頁。
② （宋）戴侗：《六書故》，黨懷興、劉斌點校，中華書局，1980，第234頁。
③ （宋）戴侗：《六書故》，黨懷興、劉斌點校，中華書局，1980，第243頁。
④ （宋）戴侗：《六書故》，黨懷興、劉斌點校，中華書局，1980，第309頁。

冬時，水土平，可揆度也。""楑，度也。"《爾雅·釋言》："揆，度也。"《說文》"揆"字下爲"擬"，"擬，度也"。按照以類相從的排字原則，"揆"也應該訓"度"，方合許書編排之旨。

《說文》："衛，宿衛也。从韋、帀，从行。行列衛也。"《六書故》卷十六："唐本從行從韋。"① 今按，唐本是。構件帀在會意中没有意義，是字形訛變後的結果。《慧琳音義》卷6"擁衛"條："衛，護也。《說文》：'宿衛也。從行，行，列也，從韋從帀，守禦也。'"卷41"翼衛"條云："《說文》：'宿衛也。從韋，從帀，從行，行列周帀曰衛。今從省作衛也。'"這種解釋建立在訛變的字形上，不合原初字形所蘊含的意義。金文衛字作🔲、🔲、🔲等形，中間是方形和圓形，表示被守護者，四面的腳板，表示衆多的守護者，這應該是此字的較原初的形態。後來爲了便於書寫，字形發生變化，左右的腳變成"行"，上下的腳形線條化，變成🔲和🔲，此🔲形之所由來。受書寫工具的影響，寫方容易畫圓難，故"韋"字中間的構件🔲成爲主體構形元素，由於🔲讀若方，故中間的🔲形用漢字🔲代替，此字形🔲之所由來。在字形結構中，"韋"字下部構件🔲的一豎獨立無助，顯得單薄，故在一豎的兩邊加上飾筆，成爲與小字相同的形狀，從而變成🔲（《古陶文字徵》），在此基礎上，將左右飾筆連接起來，就成爲🔲（《石刻篆文編》）②，此"衛"形所來。據此，我們認爲，唐本所據字形更符合"衛"字的原初形態，是正確的。從帀之説，於會意之旨不合。

《說文》："騳，牡馬也。从馬且聲。一曰馬蹲騳也。"《六書故》卷十七云："唐本云：'奘馬也。'"③ 段玉裁據《六書故》所引唐本《說文》和李善注所引説文，改"牡馬"爲"壯馬"，二者字形相近，壯者大也，與義亦合。《六書故》所引爲段氏提供了證據。

《說文》："獂，逸也。从豕，原聲。《周書》曰：'獂有爪而不敢以撅。'讀若桓。"《六書故》卷十七："唐本《說文》曰：'豕屬也。'"④ 就許書所引《周書》的用例而言，"獂"應是名詞而不是動詞，大徐本訓"逸也"，係動詞，與經文的用法不合，故"逸也"之訓非是。《玉篇》豕部："獂，豕屬。"

---

① （宋）戴侗：《六書故》，黨懷興、劉斌點校，第369頁。
② 上引古文字皆據李圃主編《古文字詁林》，上海教育出版社，1999，第550頁。
③ （宋）戴侗：《六書故》，黨懷興、劉斌點校，第382頁。
④ （宋）戴侗：《六書故》，黨懷興、劉斌點校，第389頁。

當是據《説文》。《篆隸萬象名義》《廣韵》的釋語同，皆可佐證。《説文》“貗”字上是“狙”字，訓爲“豕屬”，“貗”訓“豕屬”，係以類相從。

《説文》：“默，犬暫逐人也。从犬，黑聲。讀若墨。”《六書故》卷十七：“《説文》唐本曰：‘犬潛逐人也。’”① 按，《説文》：“暫，不久也。”着重點在時間，故引申爲“倉促”，爲“須臾”。“默”引申義有“寂”，有“静”，其本義當是從聲音的角度取象，故“默”的本義應是“犬潛逐人”，而不是“暫逐人”。“潛”的聲符與“暫”字相似，故訛爲“暫”。《説文解字繫傳》的釋語與大徐本同，但小徐的解釋是：“犬默無聲逐人。”用的是“潛”字詞義，“暫”没有“默無聲”之義。沈濤《説文古本考》：“今本暫字乃潛字之誤。……此與下猝字注‘犬从艸暴出逐人’正相對。以其暴出，故假借爲凡猝乍之稱，若作暫字，則與猝乍義無别矣。”沈説是。

《説文》：“龕，龍皃。从龍合聲。”《六書故》卷十八字頭作“龕”，云：“龕，口含切。《説文》曰：‘龍皃也。’徐本合聲，唐本今聲。鼂氏曰：‘从今乃得聲。’”② 沈濤《説文古本考》云：“濤案，《六書故》云：‘唐本今聲。鼂氏曰：从今乃得聲也。’是古本不从含聲，《九經字樣》曰：‘龕从龍从今聲，作龕誤。’是古本有从合者。宋小字本亦从合者，皆非。《玉篇》字亦非龕。”《段注》：“各本作合聲，篆體亦誤。今依《九經字樣》正。”桂馥、朱駿聲諸家皆以今聲爲是。今謂金文有字，从龍今聲。③ 可爲證明。④

《説文》：“䦌，登也。从門二。二，古文下字。讀若軍敶之敶。”徐鉉云：“臣鉉等曰：下言自下而登上也。故从下。”《六書故》卷二十五：“徐本从下，唐本从上。”⑤ 嚴可均《説文校議》云：“䦌篆體當作䦌，説解當作从門二……桉，偏旁在門上，知非下字。隹部闔從䦌省聲，籀文作䦌，徐本尚從二，則門部蟲部從二者誤也。”沈濤《説文古本考》云：“濤案，《六書故》云：‘唐本从上。’則是古本篆體作䦌不作䦌矣。字既訓登，自以从上爲是。臣鉉等曰：下言自下而登上也。故从下。亦知从下之不可通，而强爲曲説耳。”《段注》改下爲上，但未引戴氏所引唐本。朱駿聲支持戴所引唐本

① （宋）戴侗：《六書故》，黨懷興、劉斌點校，第392頁。
② （宋）戴侗：《六書故》，黨懷興、劉斌點校，第396頁。
③ 李圃主編《古文字詁林》（第九册），上海教育出版社，2004，第429頁。
④ 以上三條黨懷興君《六書故·前言》（中華書局，2012，第31~32頁）曾論及，可以參閲。
⑤ （宋）戴侗：《六書故》，黨懷興、劉斌點校，第592頁。

《説文》。今謂就詞義而言，當以唐本《説文》爲是。

應該指出，戴氏所引唐本《説文》，有勝過徐本者，也有不如徐本者，徐本集諸本以校勘，自有其善處，故戴氏所引唐本，不一定每條都勝於徐本，當根據實際情況加以選擇。如：

《六書故》卷二："昏，呼昆切，日入向晦也。唐本《説文》從民省，徐本從氏省，晁説之曰：'因唐諱，民改爲氏也。'晁説得之。"① 今按，《説文》："日冥也。從日氏省。氏者，下也。一曰民聲。"《段注》認爲"一曰民聲"爲淺人所增，桂馥《説文解字義證》支持民聲："馥謂氏省，氏者下也。一曰八字後人加之，當爲民聲。本書暋從民猶存原文。"丁福保《説文解字詁林》所加按語也讚同民聲。徐灝、王筠則認爲另有昏篆。我們認爲，主張民聲者儘管有唐本《説文》和唐代避諱的解釋爲證，但甲骨文昏字作𣇄，並不從民。唐本《説文》不可盡信，大徐本以昏爲正體，是綜合諸傳世唐本校勘後的選擇，並非毫無依據的率性而爲。

《説文》："𡜍，背呂也。象脅肋也。凡𡜍之屬皆從𡜍。"《六書故》卷十二云："唐本作㚦，從大。"② 今謂"𡜍"字整體象背脊之形，並非從大，唐本非是。即使是戴氏，也未采用唐本之説。戴氏云："𡜍脊實一字，中象脊骨，𠈌象兩旁肉，𡜍貫肉中也。"徐灝《説文段注箋》："戴氏侗引唐本《説文》作㚦，即隸楷所由變也。"説明其訛變之由，甚是。

《説文》："撢，探也。從手覃聲。"《六書故》卷十四："唐本曰：'掬也。'"③ 今按，掬爲探之訛，唐本《説文》未必是。掬字楷書或作㪺④，其右旁與探字楷體形近，歐陽詢、顏真卿的探字寫作探、探，其右旁與㪺形相近，故或誤認。尤其是草書，二者幾乎没有區别，如掬字和探字，宋高宗趙構分别寫作掬和探，二字没有區别。⑤ 被人誤認，可以理解。就《説文》的排字次第而言，"撢"的上字是"探"，探是"遠取之"。掬爲匊的後起字，《説文》："匊，在手曰匊，從勹、米。"《段注》："米至椒，兩手兜之而聚……俗作掬。"其義爲兩手捧物，與取義有隔。若釋爲掬，與《説文》排字以類

① （宋）戴侗：《六書故》，黨懷興、劉斌點校，第 12 頁。
② （宋）戴侗：《六書故》，黨懷興、劉斌點校，第 260 頁。
③ （宋）戴侗：《六書故》，黨懷興、劉斌點校，第 305 頁。
④ 秦公輯《碑别字新編》，文物出版社，1985，第 162 頁。
⑤ 見"書法大師網"掬字和探字下。

相從的體例不合。《周禮·夏官·序官》："撢人，中士四人。"陸德明《釋文》："撢，他南反，與探同。"張揖《上廣雅表》："擇撢群藝。"擇撢連文，義應相近。擇，取也，則撢也當訓取。此經典訓撢爲探者。就語源而論，撢從覃聲，撢訓爲探，聲中有義。《説文》："覃，長味也。"《詩經·生民》："實覃實訏。"毛傳："覃，長也。"長與遠義相成。因爲是遠取，所以從覃聲。若訓掬，則失去撢字聲符聲中有義之旨。

《説文》："末，木上曰末。从木，一在其上。"《六書故》卷二十一："唐本《説文》曰：'本，从木从下。末，从木从上。'郭忠恕同。以朱例之，此説似是而實不然。"[1] 段玉裁改此字的字形分析爲"从木，从上"，云："此篆各本作末。解云从木，一在其上。今依《六書故》所引唐本正。"段氏注意到戴氏所引唐本，但未注意戴氏按語，戴氏認爲"以朱例之，此説似是而實不然"，並不認同唐本的字形分析，段氏僅據戴氏所引唐本改《説文》字形及釋語，誤。徐鍇《説文解字繫傳》云："一，記其處也，本末朱皆同義。"小徐看作指事字，甚是。

《説文》："箇，竹枚也。从竹固聲。"《六書故》卷二十三："个，古賀切，竹一竿也。亦作箇，《説文》唐本曰：'箇，竹枚也。今或作个，半竹也。'徐氏闕个字，曰：'个不見義，無從下筆。名堂ナ又（冀騁按：即左右）个者，名堂旁室也。当作介。'晁説之曰：'《大射儀》：搢三挟一个者，矢也。亦可易爲介乎？'魯次公曰：'竹生非一，故兼个，猶艸兼中，林兼木，秝兼禾也。'説之據籀文，亦有个字。"[2] 段玉裁據此補个篆，云："箇或作个。半竹也。"注云："各本無，見於《六書故》所引唐本。按並則爲艸，單則爲个。艸字象林立之形，一莖則一个也。《史記》：'木千章，竹竿萬个。'《正義》引《釋名》：'竹曰个，木曰枚。'今《釋名》佚此語。經傳多言个，《大射》《士虞禮》《特牲饋食禮》注皆云：个猶枚也。今俗或名枚曰個，音相近。又云：今俗言物數有云若干個者，此讀然。經傳个多與介通用。左氏或云一个行李，或云一介行李。是一介猶一个也。介者，分也。分則有間，間一而已。故以爲一枚之偁。《方言》曰：'介，特也。'是也。間之外必兩分，故曰介居二大國之間，《月令》左介右介，是其義也。○又按

① （宋）戴侗：《六書故》，黨懷興、劉斌點校，第 472 頁。
② （宋）戴侗：《六書故》，黨懷興、劉斌點校，第 527 頁。

支下云：'从手持半竹。'即个爲半竹之證。半者，物中分也。半竹者，一竹兩分之也。各分其半，故引伸之曰左个右个。竹从二个者，謂竹易分也。分曰个，因之楣者亦曰个。"

今謂段補誤。王引之、王筠、王紹蘭等已紏其謬，説見《經義述聞》《説文釋例》《説文段注訂補》，今撮其要如下。

從形體變化考察。个乃隸書介字之訛，隸書介作亽，省丿則爲个。

從《説文》的説解文例考察。《六書故》云："今或作個。"今者，是時也。顯係後人私記之語。《説文》全書重文均云："某或作某，篆文作某，古、籀文作某，俗或作某。"無言"今或作某"者，因此，"今或作个"四字斷非許書原文。

從《説文》部首排列之次來考察。凡《説文》迭字，一定是迭字在後，用來構成迭字的字在前，如中在前，艸在後。絕無例外。若个爲半竹，則當先个後竹，不應將"个"列爲竹部箇之重文。

從文字構形的角度考察。全體象形字不能分割，如羽，象形，不能分出习字，同樣，竹字象形，不能分出个字。

證據確鑿，皆可紏段氏之失。今更爲補二證如次。其一，段補説解與箇字義訓矛盾。《説文》："箇，竹枚也。"即竹一枚爲箇。若个爲箇之重文，則不當説解爲半竹。半竹者，非一竹也，安得與箇同字？其二，《唐韻》箇韻："箇，箇數。又作介，古賀反。"是箇可寫作介，而不寫作个之明證。①

（2）對許書批評的借鑒作用。

《六書故》："処，昌與切，居也。《説文》曰：'从夊得几而止。'許氏之説鑿而迂，夊乃聲也。"② 按，戴説不一定正確，但也算提供了一種思路。實際上夊音陟侈切，聲母爲知，古音知母歸端，則與昌與切有隔，儘管有照三歸端説，但仍有端與透的區別。就韻母而言，也有脂部與魚部的區別，戴氏不明古音，故有此説。就古文字而言，甲骨文処字作𠂆、𧰟等形，字從止從几，《説文》的字形分析和解釋没有問題。

《六書故》："竊，千結切，穿穴爲盗也。《説文》曰：'竊，盗自中出曰竊。从穴，从米，离、廿皆聲。廿，古文疾，离，古文偰。'按，《説文》之

---

① 參見蔣冀騁《説文段注改篆評議》，湖南教育出版社，1993，第127頁。
② （宋）戴侗：《六書故》，黨懷興、劉斌點校，第631頁。

説牽强不通，乃从穊聲，萬之首譌爲廿也。"① 按，一字兩個聲符，不可盡信。故戴氏對許氏的分析持懷疑態度。嚴可均《説文校議》云："离、廿皆聲與竊字次朿皆聲同例。"今謂一字兩聲是在對某些漢字的形體結構無法解釋的情況下做出的無奈解釋，應不足信。《説文》有兩個聲符的字除"竊"字外，還有"癃"字，然僅此二例。從理論上説，這種可能性是存在的。由於時代的原因，聲符不能表音，再在原來的聲符上補加一個聲符，與形符不顯，再加一個形符同理。如"奉"字下從手，由於隸書將"手"寫成兩橫一豎，"手"的形符不顯，故另加個形符"手"，變成"捧"。故"癃"字有可能首先是從癃聲，由於"癃"不是常用字，一般人不識，故加"次"字表聲。但"竊"字情況與此不同，聲符"廿"（古文疾）與"竊"古音韵部有質與月的區別，聲母有從與清的區別，若僅就韵部或聲母某一方面而言，或可相用。但聲韵俱隔，用"廿"做"竊"的聲符，總覺不妥。另一聲符"离"在月部，與"竊"疊韵，雖聲母有清心之隔，但也可相通，似乎能較好地表"竊"字之音。由於"离"不是常用字，用來表音，意義不大。徐灝云："此一字而兼离、廿二聲，六書少有。戴氏侗謂从穴穊聲，萬之首譌爲廿，似是也。"馬敘倫云："戴説是也。晉人書帖中竊字正作穴下穊，陸柬之書《文賦》亦然，穊从萬得聲，萬蠆一字，蠆竊聲同脂類也。"按，馬氏的説法可爲戴説補證，但舉晉代書帖文字爲證，或許不當。書法取姿，會簡省某些部件，故不能作爲確證，若作爲佐證應該可以。"竊"字魏孝文帝《吊比干文》作竊，《魏江陽王元乂墓志》作竊，《魏任城宣王太妃馮氏墓志》作竊，② 似乎也有道理。

《六書故》："家，古胡古牙二切，人所合也。从㐱，三人聚宀下，家之義也。㐱之譌爲豕，《説文》不得其説，謂从豭省聲，牽强甚矣。"③ 按，戴氏的這種解釋似乎很有道理，但甲骨文中家字作豕，下部所從爲有勢的豕，即豭字，《説文》的分析應有所承，是對的。

從上引諸例可以看出，戴氏字形解釋方面對《説文》的質疑，很多是錯的，但其懷疑精神，仍值得敬重。

① （宋）戴侗：《六書故》，黨懷興、劉斌點校，第587頁。
② 秦公輯《碑別字新編》，文物出版社，1985，第463頁。
③ （宋）戴侗：《六書故》，黨懷興、劉斌點校，第584頁。

2. 趙宧光的《說文》整理和研究

明代研究《說文》而有較高成就的當推趙宧光。趙氏著有《說文長箋》，明清之際，影響很大。全書分"本、述、作、體、用"諸部。根據"長箋總目"，我們知道本部有一百二十卷，述部二十四卷，作部分前四十六卷，後一十六卷，體部一十八卷，用部四卷，末部四卷。全書應爲二百三十二卷。今存"本部其餘諸部皆已亡佚"。本部對《說文》釋語加以批注，疑惑之處，進行論辨，批注取名"長語"（竊以爲"長"取"身無長物"之"長"的意思，"長語"就是"多餘的話"），如"東上平第一部（《說文》二百單七部，《玉篇》百五十六部），《釋名》：'東者，動（秦作勭，《說文》闕）也（古用殿，改用也，並借此涴便，與趟从竊切同義。）'"括号裹的字（原書用小一號的字，表示與正文的區別，今改爲括號）即爲長語。論辨稱爲"箋文"，即"東"字下"訓動何"以下的四十行釋語。就對《說文》本身的研究而言，他的主要成就反映在"本部"，就文字學、語言學研究而言，"作部"似乎更有價值。惜乎"作部"已亡佚，不能窺其全豹。我們從"解題"中得知，"作部"有《諧聲韵表》二卷。"解題"中提出的"諧其聲即同某韵"的觀點，與段玉裁的"同聲必同部"的觀點相同，段氏或許受其影響，至少可以說趙氏是段氏這一理論的先驅者。所提出的"參之三百篇而協"的觀點，對段玉裁《六書音韵表》的製作在方法上應有所啟迪。

全書的篆文次第依照李燾《說文解字五音韵譜》（下文簡稱《五音韵譜》），將部首字按"始東終甲"排列，以部首統領各部字。有明一代的學者均未見大徐本《說文》，將《五音韵譜》作爲許書原本，故趙氏依李書列字，可以理解。從書中可以看出，趙氏《說文長箋》參考了徐鍇的《繫傳》，《繫傳》的排列是"始一終亥"，爲什麽趙氏不依《繫傳》？可能的原因是他將《五音韵譜》看作許氏正本，而將徐鍇本看作另本。

由於依據《五音韵譜》，故其正文說解與今流傳大小徐本略有不同。如：東，大徐本作"動也。从木，官溥說：从日在木中。凡東之屬皆从東"，小徐本無"从木，官溥說"五字，《說文長箋》作："《釋名》：'東者，動也。𢊏木，官溥說：从日在木中。會意亦橡形。凡東之屬皆从東。"（第172頁）① 加圈的字表示是衍文，應是采用小徐本的結果。但"釋名""者"，

大小徐本均無，依據的應是《五音韵譜》，而"會意亦襐形"五字的方框，則是趙氏所加。

又如：棘，大徐本作"二束，曹從此。闕"，小徐本同，《説文長箋》作："二束，曹從此。闕。帀一匊也。同體會意。"與二徐比，多"帀一匊也。同體會意"八字，"同體會意"四字加了方框，表示是趙氏所加，而"帀一匊也"可能來自《五音韵譜》。

又如：弓，大徐本作："以近窮遠。象形。古者揮作弓。《周禮》六弓：王弓、弧弓以射甲革甚質；夾弓、庾弓以射干侯鳥獸；唐弓、大弓以授學射者。凡弓之屬皆從弓。"小徐本"遠"下多"也"字，餘同。《説文長箋》作："以近窮遠之器。象形。《釋名》：'恭殹。擧二而升，二而歙所以爲恭殹。'古者揮作弓。《周禮》六弓：王弓、弧弓以射甲革甚質；夾弓、庾弓以射干侯鳥獸；唐弓、大弓以授學射者。凡弓之屬皆從弓。"（第185頁）與大徐本比，多"之器釋名恭殹擧二而升二而歙所以爲恭殹"十八字。這十八字加了方框，顯然是趙氏所加。

他的"篆文"歷來被後學者詬病，被認爲學術價值不高。顧炎武《日知錄》卷二十一"《説文長箋》條"說："將自古相傳之五經肆意刊改，好行小慧，以求異於先儒。乃以'青青子衿'爲淫奔之詩，而謂'衿'即'衾'字。（《詩》中元有'衾'字，'抱衾與裯'、'錦衾爛兮'。）如此類者非一。其實《四書》尚未能成誦，而引《論語》'虎兕出於柙'，誤作《孟子》'虎豹出於山'。（'兕'下。）然其於六書之指不無管窺，而適當喜新尚異之時，此書乃盛行於世，及今不辯，恐他日習非勝是，爲後學之害不淺矣。"[1] 評價很低，但就當時的流行程度而言，如此低劣的著作，不可能得到學界的認可，並"盛行於世"，雖則當時"喜新尚異"，但應有其學術底線，顧氏之評，並非公允。顧氏舉十六例以證明，但如此巨著，不能因十餘例錯誤而一概抹殺。尤其是將趙氏的"未詳"作爲訛誤，[2] 更是求之過苛。"未詳"之語，正說明趙氏的實事求是和"闕如"的治學態度。可以批評趙氏閱讀不廣，但不能批其訛誤。"耗"字下云"字不見經"，據顧氏所考，此字確不見

---

① （清）顧炎武：《日知錄》，《顧炎武全集》第19冊，上海古籍出版社，2011，第822頁。
② （清）顧炎武：《日知錄》"鵲鶪醜，其脾麥"下，《顧炎武全集》第19冊，上海古籍出版社，2011，第824頁。

於經，而見於史傳，故顧氏説"不見經"不算錯誤。如果將此類也歸於錯
訛，則有吹毛求疵之嫌。

其實趙氏的箋文有不少精彩的地方，不衹是"不無管窺"。如：

工字下："有形可橡作橡形，無形可見作指事。工巧無形，當是指事。"
（第173頁）趙氏將"有形可橡"和"無形可見"作爲象形與指事的區別標
誌，是對徐鍇"虛實説"的發展。徐氏云："凡六書之中，象形指事相類，
象形實而指事虛。"① 趙氏將其具體化，是一種進步。

巨字下："巨榘同字，規榘巨細並世所通用，規巨榘細，俗多不解矣。
巨爲借嫥，習與不習尒。其箕正字見母，通轉讀群，箕領本訓，其爲借敆，
故巨榘雙音（見群二母），與土（它魯切），它字託何切，並透佗同類。土字
透轉定，佗字定轉透。余則以爲凡有雙聲，不應取切，《説文》切腳，曼用
雙聲，頗不知避忌，方音遂涸，讀者須隨在取裁，古俗參酌，庶幾得之。"
（第174頁）趙氏通過"巨榘"同字而後世讀音有異的情況，説明字音清濁
之間的轉換，並舉"其、箕"同字而清濁有異爲證，其原因在於"其"借爲
代詞，而"其"的本義用"箕"字，爲了區別，將"其"讀濁音，而"箕"
讀本音，保留清音。他如"土""佗"二字有清濁二讀（土，《廣韵》一音
他魯切，一音徒古切；佗，一音託何切，一音徒河切），情況相似。這些意
見對語音演變的研究有一定借鑒作用。

巧字下："渠綺（冀騁按，釋語'技'字的注音）苦浩胡老切（冀騁
按，聲符丂字的注音）正四聲殹。技浩二字並系濁音，凡濁音字北人讀作去
聲，南人四聲甚清，憭無難讀。而等韵反作歌訣，以誤南言，大可恨殹。"
（第175頁）趙氏在這裏指出了全濁上聲在北音中讀作去聲，而南方則仍讀
上聲。儘管《中原音韵》已經將全濁上聲歸於去聲，趙氏在《説文》注音的
解釋中指出這一現象仍有意義，至少有利於讀者對《説文》注音的理解。②

鍊字下："又煉，又漱，當即一字。鍊訓治金，鍛訓小治……按，鍊煉
鍛鋏鎔五字並訓治，而冶字訓銷，疑陶冶亦當用治爲義近，但鑄字亦訓銷
金，乃銷治成器殹，簡其詞尒。"（第641頁）按，大徐本《説文》："鍊，冶

---

① 徐鍇《説文解字繫傳》"上"字下，中華書局，1987，第2頁。
② 以上三字參考了張超遠《趙宧光〈説文長箋〉字義説解研究》，碩士學位論文，蘇州大學，2017，
第27~29頁。

金也。从金束聲。"小徐本同。鈕樹玉《説文解字校録》："《繫傳》《五音韵譜》及《集韵》《一切經音義》卷十八引並作'治金也'，《玉篇》注亦作'治金'，則治字不誤。"《段注》："治，大徐本譌作冶，今正。湅，治絲也；練，治繒也；鍊，治金也。皆謂瀝湅欲其精，非第冶之而已。冶者，銷也。引申之，凡治之使精曰鍊。"今按，趙氏主張"治金"之訓，雖則本於《五音韵譜》，但他的解釋爲"治金"説提供了依據。所説"陶冶"當作"陶治"，也很有道理。"冶"，《説文》訓"銷"，銷者，熔化也。做陶器不需要熔化，故以"治"字爲是。"治"與"冶"形近，故訛。

鍑字下："鍑，釜大口者。从金复。"趙氏釋曰："副逼鍑（去聲）三聲互異，當有一誤。《博古圖》鍑似二甌俯仰敧器，甌邊相著，上有小口，故從复，猶言二殳。此訓大字，當是小字。誤殹。鈷用鍑訓，又富，吳氏以富爲鍑，形近之。按古器，極似缶形，但音聲小異，疑即一字。"（第642頁）按，大徐本《説文》："鍑，釜大口者。从金复聲。"趙氏據《博古圖》鍑上有小口，與《説文》異，爲《説文》的詞義訓釋提供了一種新的説法。《玄應音義》卷2"釜鍑"條下引《三蒼》云："鍑，小釜也。"《急就篇》："鐵鈇鑽錐釜鍑鍪。"顏師古注："大者曰釜，小者曰鍑。"似乎也有依據。今謂小釜就整個釜的形狀而言，小釜不排除有大口，大口的釜也有可能是小釜。二者應該没有矛盾。但趙氏云《博古圖》鍑上有小口，則應指小口釜。又，戴侗認爲，富即鍑字。馬敘倫《説文解字六書疏證》、楊樹達《文字形義學》從之。甲骨文有⬇字，諸家釋爲畐，其形象小口之器。但這種形狀的器皿多爲長頸的酒器或盛水之器，不是缶。據考古發現，缶的形狀如圖1，口是寬的，不存在如釜大口的問題，正因爲是小口，才特地指出，如釜而小口，趙氏的説法是對的。

圖1　青瓷三足缶

資料来源：張敏等《無錫鴻山越國貴族墓發掘簡報》，《文物》2006年第1期，第15頁。

　　總之，趙氏的《説文長箋》不能一概否定。它在《説文》的研究中上承晚唐、宋的大小徐，下啟清代的段桂王朱四大家，占有重要的地位。至於顧炎武所指出的錯訛，有些是趙氏本身學術不夠精深所致，有些是時代的局限所致，縱使是後世的段玉裁，其《注》中也有不少錯訛。當然，趙氏棄常用字而好用古、奇字，如將"也"寫作"殹"，"注"作"丶"，"好"作"敄"，"象"作"豫"，"方"作"匚"，有故作高深之嫌，不可取。

　　此外，明代對《説文》進行研究的尚有魏校的《六書精藴》、吳元滿的《六書正義》《六書總要》、胡正言的《千文六書統要》、閔齊伋的《六書通》，雖有一定的學術價值，但與趙氏的書相比，則等而下之，不足爲道。

參考文獻

容庚編著《金文編》，中華書局，1985。

徐中舒主編《甲骨文字典》，四川辭書出版社，1989。

于省吾主編《甲骨文字詁林》，中華書局，1999。

李圃主編《古文字詁林》，上海教育出版社，1999。

（宋）戴侗：《六書故》，黨懷興、劉斌點校，中華書局，2012。

（清）錢大昕：《潛研堂集》，上海古籍出版社，2009。

王國維：《觀堂集林》，中華書局，1959。

丁福保編纂《説文解字詁林》，中華書局，1988。

馬敘倫：《説文解字六書疏證》，上海書店，1985。

章太炎：《文始》，株式會社中文出版社，1970。

楊樹達：《積微居小學述林》，中華書局，1983。

The History of the Study of the *Shuowenjiezi*（Part Ⅰ）

Jiang Jicheng

Abstract：This paper introduces the influence of *Shuowenjiezi*（《説文解字》）in academic circles at that time and its exemplary role in dictionary compilation of later generations，and reviews the reserach situation of *Shuowenjiezi*（《説文

解字》）in past dynasties by means of mutual seeking of form，sound and meaning，especially matching of form and meaning，sound and meaning，summarizes the achievements made by each scholar in the research of *Shuowenjiezi*（説文解字），points out the reasons for its achievements，discusses its shortcomings，and points out the causes of its errors and its treatment for future generations. We hold that one generation has one generation of academics，and we can't be harsh on our predecessors，and we can't be ashamed of our predecessors. Academic progress depends not only on the invention and adoption of mew methods，but also on the discovery and use of new materials，which will promote the development of a generation of academics.

Keywords：*Shuowenjiezi*（《説文解字》）；Collation；Annotate

從古文字角度談"臭""畜""天""東"的上古音問題[*]

孫玉文[**]

摘　要　文本根據古文字材料、緊密結合傳世文獻,分析出"臭、畜、天、東"的本義,探討如何利用古文字及傳世文獻材料研究上古音。其中"臭、畜"二字通過音義匹配分離出它們的原始詞和滋生詞,進而分離出其異讀的相對時間層次;"天"字通過詞義引申的分析,揭示《釋名》聲訓跟"天"字詞義引申的看法存在内在矛盾;"東"字的本義分析提出了跟舊説不同的意見。本文針對當今利用古文字材料研究上古音時存在的問題,通過對上述四字的具體分析,提出了具體的改進意見。

關鍵詞　古文字　傳世文獻　上古音

絶大多數漢字的讀音相通符合古今字音演變的一般規則,但有極少數的字,其字音相通不合一般規則,屬於特殊的讀音相通。近幾十年來,上古音研究有一個很大的偏差,就是忽視對符合一般規則的相通現象的研究,多關注特殊相通。我們説,特殊相通值得研究,但千萬不能忽視一般相通。祇有研究好一般相通,才能研究好特殊相通。我們認爲,形成這種研究偏差的原因是多方面的。其中之一,可能是因爲有人認爲,人們已經對一般相通的規律研究得差不多了,難以深入,因此放棄這項研究;更有一種可能性,就是研究一般相通,需要占有的材料太多,研究工作太繁難,於是避重就輕,采

* 本文是作者於 2017 年 10 月 23 日在復旦大學"復旦中文百年講壇"的演講稿。今逢王啓濤教授爲《中國語言學研究》(第一輯)約稿,謹以此文附驥。演講稿講到甲金文的"東"字是"重"字的古字。演講會上,有一位不知姓名的同道告訴我:張富海先生在 2017 年 7 月出版的《中國文字學報》(第七輯)發表的文章中也持跟我相同的看法。雷瑭洵同志幫我找到富海先生的文章——《説字二則》,第一個字正是討論"東"字,富海先生跟我的結論完全一致,然可互相補充。拜讀此文後,一方面爲自己原來没有見到富海先生文而感到遺憾;另一方面,我很高興,我們的結論如此一致,更使我堅定了甲金文的"東"就是"重"字的古字的信心。王司琦同志幫我將題目、摘要、關鍵詞翻譯成英文。謹向張富海、雷瑭洵、金琪然、王司琦,以及那位提供張文線索的先生等同道、好友表示由衷的感謝。
** 孫玉文,博士,北京大學中文系教授,主要研究方向爲漢語史。

取取巧的辦法構建體系。

欲速則不達。事實上,一般相通背後潛藏着相當多的規律,我們没有揭示出來,有些問題甚至還没有提出來。不踏踏實實地研究一般相通背後的規律,舉幾個令人振奮的特例,匆匆忙忙上升爲一般規律,構擬爲早期的一個音類,這在研究方法和程序上是不可取的;在强調進行科學的系統研究的今天,還熱衷於這種零敲碎打的研究,奢想建立體系,這種研究模式是不符合時代潮流的,因此也是我們不提倡的做法。

研究特殊的讀音相通,首先要區分兩個概念:一是事實上的特殊相通,一是人們認定的特殊相通。這兩個概念不能畫等號。事實上的特殊相通,並没有先驗地存在於那裏,而是通過人們的認定得出來的。人們認定的特殊相通,有可能揭示了真理,從而成爲事實上的特殊相通,也就是成爲已知;也有的經過實踐檢驗,證明人們所認定的特殊相通歪曲了事實,成爲虛假的特殊相通。祇有事實上的特殊相通,才能成爲古音研究的已知條件,用來作爲古音構擬的基礎。

漢字中的特殊相通,成因不一,非常複雜。既往的一些研究,有一個明顯的偏差,就是將它們作爲上古的一個已消失的音類在中古音中的折射,從而爲上古音構擬一套新的音類,結果弄得上古音構擬支離破碎,難以成爲一個聲韵調配合的嚴密系統。這些研究嚴重忽視了另外一種更大的可能性,那就是:它們本來不是上古某一個到中古消失的音類的殘餘物,而是某種並没有消失的音類的讀音例外。由於没有重視後一種可能性,因此這種構擬難以說是根據以已知求未知的原則得出來的上古新音類。

下面舉出四個字進行探討,意在强調材料的分析和鑒別對於上古音構擬工作的基礎性作用。從事上古音研究,一方面必須要重視上古的内證材料,另一方面必須分析和鑒別這些材料,如此才能使上古音研究建立在穩固的基礎上。

壹　臭

一

漢語音變構詞中,"畜"和"臭"這兩個字的兩個讀音,其聲母相差很遠。先説"臭"字。在漢語音義著作、古代注釋以及中古韻書中，它作"氣味"講是尺救切，作"聞氣味"講是許救切。尺救切的"臭"，由作"氣味"講的意義引申出"氣味難聞"的意思，也就是香臭的"臭"，這本來是詞義構詞。明清時期，讀古書的風氣很盛，儒家經典中有"其臭如蘭"之類的説法，這裏的"臭"指的是氣味，蘭草的氣味是芬芳的，所以"其臭如蘭"的"臭"具體指的是香味。而"氣味難聞"一義是個褻詞，大約爲了跟這個意義的"臭"區分開，人們又將"氣味"義的"臭"改讀爲許救切，跟嗅覺的"嗅"同音了。①

有些書，特別是一些工具書，將"氣味"一義放到《集韻》的"許救切"下面，例如《辭源》（第三版），這是不合乎中古以前的音義配合關係的。要做到"古今貫通"，就應該顯示它在古代讀尺救切，今天讀xiù。有人可能會辯護説，那樣處理太麻煩了，不夠方便實用。我的看法是，實用性必須建立在科學性的基礎上，離開科學性，片面強調實用性，不可能做到精確。我們必須將科學性和實用性有機結合起來，在符合科學性的原則下，重視實用性。爲了省幾個字，將科學性犧牲掉，那是得不償失的。

二

"臭"字在甲骨文中已經出現了：𤡅（鐵一九六·三）、𤡅（前五·四七·四）。但是沒有用作它的本義。《説文》犬部曰："臭，禽走臭而知其迹者犬也。从犬，从自。"其中"禽走臭而知其迹者犬也"不好懂。按段玉裁《説文解字注》的理解，這句話相當於"禽之走臭而知其迹者犬也"。"禽"仍然指犬；"走臭"是一個動賓結構，意思是"逐氣"；"其迹"的"其"指的是前面的犬："走臭，猶言逐氣。犬能行路，蹤迹前犬之所至，於其氣知之也，故其字从犬、自。自者鼻也。引伸假借爲凡氣息芳臭之稱。"可見段氏認爲"臭"的本義是用鼻子辨別氣味。他的這種斷句是有問題的，清代徐灝《説文注箋》、桂馥《説文義證》等都不采取這種斷句。例如王筠《説文釋例》："'臭'下云'禽走'者，謂田獵所逐之禽已逃走也；'臭而知其迹'者，謂犬臭地而知禽所往之蹤迹也。"按王氏理解，"禽走臭而知其迹者犬也"相當於"禽走，臭而知其迹者犬也"，"禽"指此犬之外的走獸，"其"

---

① 參見張忠堂《漢語變聲構詞研究》，中國書籍出版社，2013，第181～185頁。

跟"禽"所指相同。對比起來，王筠等人的解釋更好，《玉篇》的解釋跟他們的理解一致。

"臭"的本義到底是什麼呢？《説文》的解釋比較含糊。更早的學者認爲它的本義是氣味，這從早期的注音中可以看出。大徐本注："臣鉉等曰：自，古'鼻'字。犬走，以鼻知臭，故从自。尺救切。"小徐本注音："赤狩反。"《玉篇》犬部："臭，尺又切，香臭之總稱也。犬逐獸，走而知其迹，故字從犬。"《集韻》也將《説文》的解釋放到"尺救切"之下。既然早期的注音都將《説文》的釋義注釋爲"尺救切"，讀昌母，説明那時的學者都將"氣味"一義作爲《説文》的本義。段玉裁《説文解字注》、徐灝《説文注箋》等都認爲是用鼻子辨別氣味。段玉裁一方面采用"尺救切"，又將"用鼻子辨別氣味"作爲本義，音義不匹配。如果沒有充分的理由，我們自當采用早期的理解。

從古書用例看，在《詩經》《周易》等書中，"臭"有作"氣味"講的用例，沒有作"用鼻子辨別氣味"講的用例。如《詩·大雅·文王》："上天之載，無聲無臭。"《周易·繫辭上》："同心之言，其臭如蘭。""臭"字作"用鼻子辨別氣味"講見於戰國文獻。例如《荀子·禮論》："利爵之不醮也，成事之俎不嘗也，三臭之不食也，一也。"楊倞注："臭，謂歆其氣。""齅"字最早見於漢代文獻。"嗅"字見於《論語·鄉黨》："子路共之，三嗅而作。"但是有的本子作"臭"，因此此例不典型。真正典型的例子也最早見於戰國文獻。《莊子·人間世》："嗅之，則使人狂酲，三日而不已。"《韓非子·外儲説左下》："食之則甘，嗅之則香。"

儘管甲骨文中"臭"可能只用作人名，但有理由相信，商代口語中"臭"已經有"氣味"義。《書·盤庚中》："若乘舟，汝弗濟，臭厥載。"《漢語大字典》説這個"臭"是"腐敗，朽壞"的意思，有其道理。舊題孔傳："言不徙之害，如舟在水中流，不渡，臭敗其所載物。"孔疏："臭是氣之別名，古者香氣、穢氣皆名爲臭……下文覆述此意云'無起穢以自臭'，則此臭謂穢氣也。肉敗則臭，故以臭爲敗。"這個"臭"可能仍然是"氣味"的意思，在上下文中用作動詞，"使産生氣味"（這裏是穢氣）。即使理解爲"腐敗，朽壞"也沒有問題，這個意義只能是"氣味"義，不可能是"用鼻子辨別氣味"義發展而來的。由此可以推知，商代"臭"已有"氣味"義。這也説明"氣味"義早於"用鼻子辨別氣味"義。

因此，"臭"的"氣味"義早於"用鼻子辨別氣味"義，將它視爲本義是有道理的。就構詞的觀點看，"尺救切"的上古讀音是原始詞，"許救切"是滋生詞。如此，"尺救切"的來源早於"許救切"。

三

"臭"的兩個聲母，上古一個是昌母，一個是曉母，相差很遠。本來，變聲構詞的聲母可以遠一點，這個問題還需要再研究。從目前的研究來看，我們可以假定：一般的音變構詞聲母沒有相差這麼遠的，因此"臭"的音變構詞值得重視，需要做出解釋。如果我們假定原來的聲母相同或相近，那麼就有兩個問題需要回答：第一，它們是何時一讀爲舌音，一讀爲喉音的；第二，爲什麼它們的讀音變遠。

"臭"原來當讀舌音。傳世文獻由於缺乏跟"臭"的這個讀音相通的作爲系聯基礎的上古其他漢字，因此要證明這個意義的"臭"上古讀舌音，就顯得很難。不過，舌音和曉母相通的不是"臭"一例，如果其他的例字表明上古有舌音讀法，"臭"上古也應該有舌音讀法。這是系統性使然。出土文獻能很好地解決這一問題。鄭妞博士論文《上古牙喉音特殊諧聲關係研究》注意到一則出土材料。馬王堆帛書《老子》甲本卷後古佚書《五行》："耳目也者，説（悦）聲色也。鼻口者，説（悦）犨味者也。"這裏的"犨"可能是"臭"的假借字。"犨"從"讎"得聲，從"讎"得聲的字都是舌音，則作"氣味"講的"臭"是舌音字，也就是讀昌母。

"臭"作"用鼻子辨別氣味"講讀曉母，上古材料可以爲證。《説文》鼻部："齅，以鼻就臭也。从鼻，从臭，臭亦聲。讀若畜牲之畜。"這透露出東漢時"臭"有辨義的異讀，昌母是常音，曉母沒有昌母常用。這裏畜牲之畜還是未知，因此"齅"的聲母歸屬還不能斷定。但是玉部："珛，朽玉也。从玉，有聲。讀若畜牧之畜。"這裏"珛"只能是喉音字，"有"也是喉音字。"有"從"又"聲，從"又"聲的字，《廣韻聲系》中有40多個，全部是喉牙音，絕非偶然。"珛"是曉母之部，"朽"是曉母幽部，它們應該是同源詞。因此，畜牧的"畜"至晚漢代已經是曉母字了，不是昌母字。由此可以推知，畜牲的"畜"也是曉母字。"齅"是"臭"的"用鼻子辨別氣味"義的後起分化字，它讀曉母，由此可知，跟它同詞的"臭"也是曉母字。

如果我們假定"臭"的兩讀原來的聲母是相同或相近的，那麼，它的原始詞可能在商代或商代以前就有了；滋生詞的產生可能是在春秋戰國時期，或者略早一點。也就是說，在春秋戰國時期，或者略早一些時候，"臭"的兩讀可能都是舌音字或跟舌音部位相近的音。其後，最晚到東漢，它的滋生詞讀法已經是喉音字的曉母讀法了。如果我們想將這個時代搞得更精確一些，看來得寄希望於未來的出土文獻了。

四

我們假定"臭"字曉母的讀法原來是舌音字，可能也是昌母讀法。這個假定有點根據。《說文》牛部有個"犚"字，"牛羊無子也。從牛，胬聲。讀若糗糧之糗"。這個字，大徐本反切是"徒刀切"，查一查《廣韵聲系》，從胬聲的字，從上古到中古，到《廣韵》寫作時，有 50 來個，聲母不出端透定知澄穿禪這些來自上古的舌音字，這也絕非偶然，說明它們從上古到中古都不跟喉音發生關係。因此，"犚"字在上古是個舌音字，應該是定母字。但糗糧的"糗"是個喉音字。從"犚"字看，這個"糗"原來應該也是讀舌音字。可能"糗"在漢代有不同的分化，許慎采用的"糗"是讀定母的音，跟《廣韵》去久切的來源不同。"糗"從"臭"得聲，而且是從中古讀許救切的那個"臭"字的上古音得聲。不然的話，就不好解釋它中古爲什麼讀去久切。如果是這樣，那麼，嗅覺的"臭"原來不就是讀舌音嗎？

於是，問題就來了："尺救切"和"許救切"的上古音原來是同音字嗎？不能這樣設想。這樣設想，就不能講出分化的條件。我們可以在韵母的區別上想辦法。我在《上古漢語韵重現象研究》一文中論證上古漢語唇齒牙喉音都各有兩類三等韵，可以用來解釋"臭"的兩讀的區別和分化條件。我在上述文中假定：上古一類三等韵的介音是前高不圓唇元音 -i-，一類是央高不圓唇元音 -ɨ-。讀曉母的"臭"也許是以後者爲介音，由於昌母的送氣成分增強，幽部主元音和韵尾都是央、後元音，引起這個昌母發音部位後移，變成一個跟韵尾 -u- 同部位的擦音 -x-。也就是說，"臭"的兩讀原來可能是變韵構詞，後來隨着上古漢語內部開始的三等韵的簡化，兩類三等韵逐步混同，但是通過聲母的區別仍然將讀音的不同維持了下來。

貳　畜

一

再説"畜"字。"畜"字作"儲存，積蓄"講和作"蓄養"講，在中古的音義配合關係是："儲存、積蓄"義的"畜"讀丑六切，"蓄養"義的"畜"讀許竹切。這個跟今天的讀法很不一樣。今天"畜"有"禽獸"的意思，多指家畜，讀 chù，這個讀音跟丑六切有對應關係。禽獸義的"畜"是從"畜養動物"的意思發展來的，而"畜養動物"義又是"蓄養"義的特指，按道理應該來自許竹切。今天"儲存，積蓄"義的"畜"統一爲"蓄"字，讀作 xù，這個讀音跟許竹切有對應關係。如果根據古今音的對應關係，"儲存，積蓄"義的"畜（蓄）"應該讀 chù。古今的變化似乎是換了個兒了。錢大昕《十駕齋養新録》卷一"畜"字條敏鋭地注意到這種現象：

> 經典"畜"字有三音：讀敕六切者，訓積，訓聚；讀許六切者，訓養；讀許救切者，訓六畜，此字《説文》作"嘼"。今人讀"六畜"爲敕六切，"蓄聚"爲許六切，皆非古音。

錢大昕的説法很對。① 考察"畜"音義配合形成的古今調個兒現象的原因，可能跟後代的避諱有關。五代時後唐莊宗叫李存勖，有個"勖"字。"勖"，《廣韻》許玉切，曉母燭韵合口三等；蓄養的"畜"許六切，曉母屋韵合口三等。我們知道，初唐和中唐韵文中，屋沃燭大量合用，皮日休（約838 ~ 約883）《奉和魯望疊韵雙聲二首·疊韵山中吟》："穿煙泉潺湲，觸竹犢觳觫。荒篁香墻匡，熟鹿伏屋曲。"其中，觸、曲，燭韵；竹、犢、觳、觫、熟、鹿、伏、屋，屋韵。李涪《刊誤》卷二《切韵》批評《切韵》："法言……入聲以屋燭非韵，以屋宿爲切。"宿，屋韵合口三等。按李氏所用音系，屋燭一部，不能分開。劉燕文《敦煌寫本〈字寶〉、〈開蒙要訓〉、〈千字文〉的直音、反切和異文》："屋一等與沃相混，屋三等與濁相混，

---

① 參看張忠堂《漢語變聲構詞研究》，第 185 ~ 191 頁。

《字寶》的注音有三例。"可見當時屋沃燭合流了。這樣,"勖"和蓄養的"畜"就同音了,需要避諱。

宋代,宋神宗叫趙頊,在位 11 年。他的這個"頊"字避得很嚴,歷史上有記載。"頊"在《廣韵》中也是許玉切,跟"勖"同音,此時也跟"蓄養"的"畜"同音。宋王偁《東都事略》卷八十:"陳升之,字暘叔,建州建陽人也……初,升之母竇娠,至季秋爲彌月,父儼善推策,得九日吉,而升之以是日生,故名從九從日,字升之。至神宗立,乃以字爲名云。"沈括《夢溪筆談》卷三《辨證一》説:"余家有閻博陵畫唐秦府十八學士,各有真贊,亦唐人書,多與舊史不同……蘇典籤名從日從九,《唐書》乃從日從勖。"這是因爲"旭、勖、頊"同音,所以將"旭"和"勖"字拆開。卷四:"謂山薦(阮)咸爲吏部郎,三上,武帝不用。後爲孫勖一擠,遂出史平。"按:孫勖,即荀勖,"勖"跟"頊"同音,改爲同義詞"勉"。王存《元豐九域志》卷七:"治平四年,改旭川縣爲榮德。"按:旭川、榮德,即今四川榮縣。清周廣業《經史避名匯考》卷二十:"米芾《書史》云:'張伯高,名犯廟諱字。余從《釋皎然集》中得之。'案伯高,唐人。《釋皎然集》曾於都門得之,未知所犯爲何帝諱。然總在北宋,故附於此,俟再考。"張伯高即張旭,跟"頊"同音,因此稱其字。可見,宋神宗時,對他的名諱的回避是很嚴格的。

大概是避諱的原因,日常常用的牲畜的"畜"讀成了敕六切。由於避諱,引起了"畜"音義配合關係的紊亂,人們後來矯枉過正,將"儲存,蓄聚"義的"畜"也改讀成了許六切,造成顛倒的現象。

今天的一些古漢語語文工具書,例如《辭源》(第三版),也沒有將這裏的音義源流反映清楚,是需要加以改進的。爲什麽呢?因爲它們是爲閱讀古書服務的,不把音義源流弄清楚,能達到這個目的嗎?最明顯的後果就是,古人對古書上下文的注音,以及這種注音背後反映出來的對字義的理解就沒有辦法弄得水落石出。

二

"畜"字在甲金文中就已經出現了:🔹(粹一五五一)、🔹(秦公簋)、🔹(秦公鎛)、🔹(欒書缶)。因此知道,"畜"的上部原來沒有寫作"兹"字,而是寫作"玄"字。"畜"上部的"玄"字不可能是"兹"字的省略。因此，要索解"畜"爲什麽從"玄"，不能認爲它是"兹"的省形。

我們通過古文字來分析字的本義，必須以《説文》爲基礎，不能忽視它，不能輕易否定它。《説文》講得不對的地方，一定要拿出鐵證證明它不對。在我看來，《説文》講"畜"字的言論很值得重視。《説文》田部："畜，田畜也。《淮南子》曰：玄田爲畜。𤲞，魯郊禮'畜'从田、从兹。兹，益也。"大徐本注音："丑六切。"小徐本注音："敕六反。"可見，大小徐都認爲"畜"的本義是積蓄、儲存。《集韻》收了"畜"字的四個讀音，它將《説文》的釋義放到了敕六切，跟大小徐的處理一致。《玉篇》《廣韻》將《説文》對"畜"字的釋義分別放到了許六切、許竹切，這是認爲"蓄養"義爲本義，跟大小徐和《集韻》的意見不同，可能反映了宋代以來"蓄養"義和"蓄積"義開始混淆的現象。清代桂馥《説文解字義證》已經將這兩個詞義混在一起解釋"畜"的本義。

段玉裁《説文解字注》："'田畜'，謂力田之蓄積也。"所謂"力田之蓄積"，意思是通過努力耕種而儲存的財物。《漢語大詞典》給"田畜"列了兩個義項：一是耕種與畜牧，舉例爲《史記·貨殖列傳》；一是指畜牧，舉例爲《漢書·西域傳上·尉頭國》。這兩個例子我們下面要討論。《漢語大詞典》的前一個釋義實際上采用了桂馥《説文解字義證》的正確見解。桂馥説得很好："按古人言井牧，猶漢人言田畜也。上古畜而不田，中古田畜兼之，故言井牧。知田而不知畜，故騎者乏馬，耕者乏牛，學者亦不知其説。"後面"學者"云云，可能就是批評段玉裁。關於"田畜"的結構和詞義，必須弄清楚，才能對《説文》的釋義做精確的理解。

爲什麽桂馥的意見是對的呢？下面談談這個問題。王筠《説文解字句讀》已經注意到"田畜"是漢代"恒言"。我注意到，《史記》中"田畜"出現了6次。

1. 《平準書》："初，卜式者，河南人也，以田畜爲事。親死，式有少弟，弟壯，式脱身出，獨取畜羊百餘，田宅財物盡予弟。式入山牧十余年，羊至千餘頭，買田宅。"

2. 《廉頗藺相如列傳》："歲餘，匈奴每來，出戰。出戰，數不利，失亡多，邊不得田畜。"

3. 《貨殖列傳》："燕、代田畜而事蠶。"

4. 《貨殖列傳》："宣曲任氏之先，爲督道倉吏。秦之敗也，豪傑皆争取金玉，而任氏獨窖倉粟。楚漢相距滎陽也，民不得耕種，米石至萬，而豪傑金玉盡歸任氏，任氏以此起富。富人爭奢侈，而任氏折節爲儉，力田畜。田畜人爭取賤賈，任氏獨取貴善，富者數世。然任公家約，非田畜所出弗衣食，公事不畢則身不得飲酒食肉。"

看這幾例，可知所謂"田畜"是一個動詞性的並列結構，不是定中結構，當如《漢語大詞典》所說，它包括耕種和畜牧等，不僅是指"力田之蓄積"。例1中，卜式從事"田畜"，裏面有"畜羊"；例2，"田畜"爲動詞，《正義》注"畜"爲"許六反"，可見這是取"畜牧"義，不是取"蓄積"義；例3，"田畜"是明顯的動詞，不是指"力田之蓄積"，"力田之蓄積"是名詞性結構；例4，任氏"田畜"所得有"衣食、酒、肉"。因此，田畜的意思，還不僅僅包括耕種和畜牧，它的詞義已經泛化，指從事農桑和畜牧等積聚生活資糧的勞動。

《漢書》中"田畜"出現了5次，其中跟《史記》相同的例子我就不舉了。

1.《西域傳上》："西域諸國大率土著，有城郭，田畜，與匈奴、烏孫異俗，故皆役屬匈奴。"中華書局標點本標點爲"有城郭田畜"，將"城郭"和"田畜"處理爲名詞性的並列結構，恐未安。

2.《西域傳上·尉頭國》："田畜隨水草，衣服類烏孫。"按，此例作爲"田畜"例不典型，"田"有可能是"因"的訛字，《西域傳》上文《休循國》有："民俗衣服類烏孫，因畜隨水草，本故塞種也。"大概尉頭國是游牧部落，不種田，所以《漢語大詞典》專門爲這一例設立"畜牧"的義項。看來，原文可能是"因畜隨水草"，指隨着放牧的需要逐水草而行；"田畜"仍然是指從事農桑和畜牧等積聚生活資糧的勞動。

此外，《鹽鐵論·園池》："今不減除其本而欲贍其末，設機利，造田畜，與百姓爭薦草，與商賈爭市利。"這裏"機利"和"田畜"都是並列結構，"田畜"用作名詞性結構，指田畜之所。《救匱》："不恥爲利者滿朝市，列田畜者彌郡國。"《西域》："先帝推讓斥奪廣饒之地，建張掖以西，隔絕羌、胡，瓜分其援。是以西域之國，皆內拒匈奴，斷其右臂，曳劍而走，故募人田畜以廣用，長城以南，濱塞之郡，馬牛放縱，蓄積布野。"《後漢書》有二例，作動詞。《西羌傳》："河湟間少五谷，多禽獸，以射獵爲事，爰劍教之田畜。"《烏桓鮮卑傳》："種衆日多，田畜射獵不足給食，檀石槐乃自徇行，見烏侯秦水廣從數百里，水停不流，其中有魚，不能得之。聞倭人善網捕，於是東擊倭人國，得千餘家，徙置秦水上，令捕魚以助糧食。"這裏顯然包括耕種和畜牧等，不是指"力田之蓄積"。

《大唐西域記》卷一《序論》："雖戎人同貫，而族類群分。畫界封疆，大率土著。建城廓，務殖田畜。性重財賄，俗輕仁義。"季羨林等校注本："《石本》、《中本》、《明南本》、《徑山本》、《金陵本》皆無殖字。"按：原文應作"務田畜"。"田畜"是作"務"的謂詞賓語。"建城郭"和"務田畜"都是三字排比結構；"田畜"是耕種和畜牧，不能作"殖"的賓語。《郡齋讀書志》卷七《西域志》載《序》有"務田畜，重財賄"，亦可爲一證。《全唐文》卷六六九白居易《禮部試策五道》第一道："《周禮》云：'不畜無牲，不田無盛，不蠶不帛，不績不縷。'蓋勸厚生之道也……夫田畜蠶績四者，土之所宜者多，人之所務者衆，故《周禮》舉而爲條目，且使居之者無游惰、無墮業焉。其餘非四者，雖不具舉，則隨土物生業而勸導之可知矣。"白居易顯然是將"田畜"理解爲並列結構，"田畜蠶績"是四件事。（按：《周禮・地官・閭師》："凡庶民不畜者祭無牲，不耕者祭無盛，不樹者無椁，不蠶者不帛，不績者不衰。"白居易是撮其大意。）

因此，《説文》"田畜"的"畜"要讀許六切，被釋字"畜"要讀敕六切。兩個"畜"的詞義不同。"田畜"的"畜"是"畜牧"的意思，被釋字"畜"是"儲存，積聚"的意思。《説文》認爲"畜"的本義是儲存，積聚財物。

三

我們看《書・禹貢》，裏面兼載山脈、河流、土壤、田地、物產、道路等，折射出當時農業生產的發達程度。商代，農業已是最重要的社會生活的來源。卜辭中，有一個"疇"字，作🔲（前七・三八・二）、🔲（甲二六四七）等，儘管沒有從田，但是它畫的是田疇的形狀，可證商代有農田。"田"字作"田獵"講居多，但也有一些指農田。當時已經有"畯"字，作🔲（后下・四・七）、🔲（前四・二八・五），周代以後一脈相承，如🔲（盂鼎）、🔲（秦公鐘），從田爲意符。"畯"是農官，它所從的田，不可能是田獵的田，而是農田的田。再如"男"字，甲骨文作🔲（京津二一二二）、🔲（前八・七・一）等形，其中的"田"無疑也是農田的"田"字，不是田獵的"田"字。

這也説明商代或以前農業生産已經是主要的生活來源了，甲骨文時代的 "田" 肯定有 "農田" 的意思。

農田的 "田" 和田獵的 "田"，詞義上應該是引申關係。例如 "苗" 指還没有抽穗揚花的莊稼，當然是長在田地裏的植物，跟 "田" 有關。它又可以指夏季的田獵。《左傳·隱公五年》"夏苗" 杜預注："苗，爲苗除害也。"《爾雅·釋天》"夏獵爲苗" 郭璞注："苗，爲苗稼除害也。" 説 "田獵" 義和 "農田" 義有關，不僅有古書反映二者之間關係的材料可以爲證，也可以從 "苗" 這些相關的字相類似的引申關係中得到證實。狩獵時代早於農耕時代，那時候可能已經有了專指田獵的詞，從詞義的發展來説，可以將 "田獵" 義看作本義，"農田" 義是它引申出來的。詞義引申是世界語言的普遍規律，所以在漢字初創之前，漢語必然有一詞多義現象。漢語在漢字初創時早已存在，據迄今爲止的考古發掘，多地發現龍、北斗、八卦等圖。龍、北斗、八卦都是漢族先民獨創的文化，這些圖案有的距今 9000 年左右，説明漢語在 9000 年以前就已經獨立成語言，當時有龍、北斗、八卦等概念和語詞。漢字初創無疑遠在漢語獨立成語言之後，所以人們造字時，語言中的詞早已存在一詞多義現象，一詞多義現象應該是大量出現的。人們往往選擇詞的本義來造字，但是個別時候不是這樣子的。"田" 的 "田獵" 義没有 "農田" 義好造字，於是就選擇 "農田" 義的 "田" 來造字。就詞義引申來説，"田獵" 義是本義。因此，"畜" 從田好理解。

關鍵是上面的這個 "玄" 字。上部的這個 δ（粹八一六）、δ（父癸爵）、δ（頌鼎）、δ（師奎父鼎），在早期的古文字中應該記録了多個詞，它是個同形字。其中之一是 "幺" 字，是畫的一束絲的形狀，表 "細小" 之意；另一個是 "玄"，卜辭中有 "玄圭"（《花東》二八六），因爲蠶絲可以不斷地延伸，所以可以象征玄遠。王筠《説文解字句讀補正》："'幺''玄' 二字古文本同體，特兩音兩義耳。小篆始加入以别之。" 我們應該相信《説文》的字形分析，上面的確是個 "玄" 字，不必另尋出路。我拜讀了對 "畜" 字字形進行分析的一些文章，但我認爲它們並没有駁倒《説文》。

"畜" 中的 "玄" 指什麽意思？段玉裁《説文解字注》以爲，從玄實爲從兹省，這當然不合古文字的事實。但他注釋《説文》所引《淮南子》"玄田爲畜" 説："'玄田' 猶 '畇畇原隰'。" 所引見於《詩·小雅·信南山》，畇畇，指田地墾辟貌。如此，"玄" 的構意指田地土壤黑而肥沃，利於莊稼生長。"玄"有"黑色"的意思，《書·禹貢》："徐州……厥篚玄纖縞。"舊題孔傳："玄，黑繒。"田地呈黑色，就意味着肥沃，這是積聚糧食的要件。

魯國人在舉行郊禮的場合用"𤲅"字，上部改"玄"字爲"兹"字，取的是"滋長，滋益"的意思，跟從"玄"的構意是相通的，但是更爲顯豁。這是後起字，不是"畜"的前身。

四

現在我來論證"畜"的透曉兩讀上古很早就分化了。

儲存、積蓄義的"畜"在上古的材料中讀透母。傳世文獻中，"畜"在上古讀舌音的材料很難發現秦代以前的力證，我們可以證明，漢代這個"畜"有透母讀法。例如《説文》彳部："亍，步止也。从反彳。讀若畜。"彳亍是雙聲聯緜詞，跟"踟躕，跼躇，躊躇，首鼠，猶豫"等是同源詞。因此，"彳亍"一定是舌音，由此可證"畜"也是舌音。出土文獻更可以證明，儲存、積蓄義的"畜"確如古人所説，是讀透母，這個讀法秦代以前已然。

《周易》六十四卦中有《小畜》《大畜》這兩個卦，其中的"畜"是"積貯，蓄積"的意思。"小畜"是乾下巽上，"大畜"是乾下艮上。王弼注"小畜，亨"："不能畜大，止健剛志，故行是以亨。"《釋文》："小畜，本又作蓄，同，敕六反，積也，聚也。卦内同。鄭許六反，養也。巽宮一世卦。"孔穎達疏："正義曰：但小有所畜，唯'畜'九三而已。初九、九二，猶剛健得行，是以剛志上得亨通，故云'小畜，亨'也。若大畜，乾在於下，艮在於上。艮是陽卦，又能止物，能止此乾之剛健，所畜者大，故稱'大畜'。此卦則巽在於上，乾在於下。巽是陰，柔性，又和順，不能止畜在下之乾，唯能畜止九三，所畜狹小，故名'小畜'。"

近幾十年來，在我國多地出土了不少《周易》的異本，或者跟《周易》有關的文獻，也記載了卦名。其中《小畜》《大畜》的"畜"，有的不作"畜"字，而是假借其他一些字來記録。帛書《周易》"畜"作"毒"。馬國翰《玉函山房輯佚書》輯《歸藏》中，《周易》的"小畜、大畜"分別作"小毒畜、大毒畜"。據王寧2002年10月12日發布於簡帛研究網站的《對秦簡〈歸藏〉幾個卦名的再認識》一文，1993年出土於江陵王家臺15號秦墓中的秦簡《歸藏》，"小畜"的"畜"作"督"，"小毒畜、大毒畜"的"畜"是後人注釋的文字闌入了正文，李學勤也有類似的看法。

"督"屬端母覺部,它從"叔"聲,"叔"從"尗"聲。我查了《廣韵聲系》,從"尗"聲的字,從上古到《廣韵》編寫的時代,有50來個字,聲母没有讀喉牙音的,分别見於端定泥、徹、章昌書禪、精清從心、莊初山。從"督"得聲的字有"襡",跟"督"同音,見於《廣韵》,是"裻"的後起異體字。"裻"見於《國語》等書,《説文》也收録了,另一個異體字"襡"《方言》已經收録了。在上古,"督"可以假借爲篤,"篤"從"竹"聲,"竺"也從"竹"聲,郭店楚簡《老子》甲組中,將"孰"字記録爲"竺"字。這些字都可以證明爲舌音字,"督"上古無疑是舌音。"毒"屬定母覺部,它在上古可以通"督"、通"熟",跟作"儲存,積蓄"的"畜"(屬透母覺部)音值十分相近。

蓄養義的"畜"上古已經讀作曉母了。"畜"和"好"音近,《詩·小雅·蓼莪》:"拊我畜我,長我育我。"《孟子·梁惠王下》:"其詩曰:'畜君何憂?'畜君者,好君也。"《吕氏春秋·適威》:"民善之則畜也。"高誘注:"畜,好。""畜"和"孝"音近,《禮記·孔子閒居》:"以畜萬邦。"鄭玄注:"畜,孝也。"《坊記》:"以畜寡人。"鄭玄注:"畜,孝也。""畜"和"勖"音近,《坊記》:"以畜寡人。"《釋文》:"畜,《毛詩》作勖。"這裏"好、孝、勖"都是曉母字,不跟透母字相通,可證"畜"在先秦時已有曉母讀法。

"畜"上古有舌音和喉音的異讀,這種現象給我們以啓發:如同韵部方面,有些不符合一般相通規則的字,上古早就分化了,"存、顓"等字即如此;在聲母方面,像"畜、臭"的兩讀,它們的聲母上古已經分化爲相差甚遠的讀音了。以前研究上古音不太注意上古的異讀,其實有一些異讀來自更古的時代,到了上古,音值就變遠了。

五

我們可以假定"畜"的透曉二母的異讀原來都是讀透母,它們的區分是在介音上。透母的介音是前高不圓唇元音 $-i-$,曉母的介音是央高不圓唇元音 $-ɨ-$。讀曉母的"畜"由於透母的送氣成分增強,覺部主元音和韵尾都是央、後元音,引起這個透母發音部位後移,變成一個跟韵尾 $-u-$ 同部位的擦音 $-x-$。這跟"臭"的特殊音變有類同之處:"畜"的兩讀原來可能是變韵構詞,後來隨着上古漢語内部開始的三等韵的簡化,兩類三等韵逐步混同,但是通過聲母的區别仍然將讀音的不同維持了下來。

叁　天

一

《釋名·釋天》："天，豫司兗冀以舌腹言之；天，顯也，在上高顯也。青徐以舌頭言之；天，坦也，坦然高而遠也。"

這是一則不太成功的語源探討的案例。按照這個說法，"天"有兩個來源：在"豫司兗冀"等地讀成"顯"，因此它就取"在上高顯"的意思，來自"顯"；在"青徐"等地讀成"坦"，因此它就來源於"坦然高而遠"的意思。今天我們一般接受的觀點是：天空的"天"來自指"頭額"的"天"。這幾種說法不能並存。

《釋名》中，這種一詞多來源的說法還有一些，反映出早期語源探討在理論、觀念上的萌芽狀態。例如《釋天》："風，兗豫司橫口合唇言之；風，犯也，其氣博犯而動物也；青徐言風，蹙口開唇推氣言之；風，放也，氣放散也。"《釋地》："地者，底也，其體底下，載萬物也；亦言諦也，五土所生，莫不信諦也。"《釋水》："海中可居者曰島。島，到也，人所奔到也；亦言鳥也，物所赴，如鳥之下也。"一個詞不可能有這樣毫不相干的兩個來源，"天"字就是這樣。

二

我們可以相信劉熙的話，表示"天"，豫司兗冀一帶叫作"顯"，青徐一帶叫作"坦"。問題是：劉熙是怎麼知道豫司兗冀一帶的這個"顯"，就是這些方言區域"天"字的一種讀法？怎麼知道青徐一帶的這個"坦"，就是這些方言區域"天"字的一種讀法？

從理論上說，這個現象實際上可以做兩種可能的解釋。第一種是劉熙確實知道，表示"天"的意思，豫司兗冀一帶讀作"顯"，青徐一帶讀作"坦"，但是具體理由他沒有說。這裏的問題是："天"本是透母真部，中古是透母先韵開口四等平聲；"顯"本是曉母元部，中古是曉母銑韵開口四等上聲。這裏面不僅僅是聲母有別，而且聲調也有平上之異，豫司兗冀一帶跟劉熙所采用的基礎音系是否系統對應？如果是系統對應，就應該有其他平行的對應現象。問題又來了：劉熙分明是將"天"和"顯"看成不同的詞，不是"天"這個詞的方言讀法，所以才通過"顯"字來講"天"的得名之由。因此，"天、顯"很難説是一個詞的不同方言讀法。如果不是系統對應，那麼它們的讀音就不同，劉熙就很難斷定，這些方言的"顯"字就是基礎音系的"天"字的同源形式。

"坦"是透母元部，中古是透母旱韻開口一等上聲。它和"天"的關係問題，跟"天"和"顯"是一樣的。"天"和"坦"不僅僅是韻母等第有別，而且聲調也有平上之異，青徐一帶跟劉熙所採用的基礎音系也不是系統對應。如果不是系統對應，其讀音也不同，那麼劉熙就很難斷定，這些方言的"坦"字就是基礎音系的"天"字。

三

因此，就有第二種解釋："天、顯、坦"指天，是三個不同的詞，不是一個詞在不同方言中的不同讀音，三個詞的來源本來不同，劉熙認爲是同源詞，是失於考證。《釋名》中失於考證的地方多着呢，將這三個字錯誤地看作有相同的來源，是可以理解的。

"天"跟"地"相對，是比較後起的概念。大家現在都承認，"天"本義是人的頭額，甲金文中已出現，作 🧍（甲三六九〇）、🧍（天鼎）、🧍（大豐鼎）等形。古文字和古書用例，以及它的同源詞"顛"等均可爲證。引申指額頭上方的天，跟"地"相對。這個詞義《詩經》中已經有不少用例了。由此我們知道，"天"不可能來自"顯"或"坦"，這是可以肯定下來的。

那麼，"顯"或者"坦"是不是"天"的分化詞呢？如果是由"天"分化而形成的詞，那麼劉熙的那些解釋，所謂"在上高顯"，所謂"坦然高而遠"，就很難成立了。

"顯"在金文中已經出現，作 🪙（盂鼎）、🪙（史獸盤）、🪙（克鼎）等，它的本義，根據《説文》，指人頭上的那些光亮的飾物，即"頭明飾也"。在金文中右邊是個"頁"字，左邊是"㬎"字。《説文》日部："㬎，衆微杪也。从日中視絲。古文以爲顯字。"這個字形，出土文獻中有，作 🪙（侯馬盟書字表六七：三六 四例）、🪙（同上，六七：三 五例）。"顯"的本義可能就是指"光明，明顯"。這個字義在《詩經》中不乏用例。在我看來，如果豫司兗冀一帶指"天"的"顯"不是"天"滋生出來的話，它完全可以從

"光明，明顯"的詞義中引申出來。

"坦"見於《説文》小篆，作𡍩，它的本義，《説文》説是"安也"。這個字既然從土，旦聲，那麼我們可以將本義看作平坦。《易·履》説："履道坦坦，幽人貞吉。"其中的"坦坦"就是這個意思，也可見"坦"字出現得很早。這個意義的"坦"今天還在用。"坦"由此發展出一個詞義，意思是"光明，坦露"。《禮記·祭義》"燔柴於泰壇"鄭玄注："壇之言坦也。坦，明貌也。"《後漢書·儒林傳·孔僖》："至如孝武皇帝，政之美惡，顯在漢史，坦如日月。"既然"顯"可以從"光明，明顯"的意思發展出天地的"天"，"坦"也可以這樣發展。將"顯"和"坦"的詞義引申擺在一起看，它們不正好是平行的引申嗎？

因此，"顯"和"坦"都不可能是"天"的同源詞，它們都可以從自己詞義系統本身發展出天地的"天"的意思。如果是這樣的話，那麼可以做如下的理解：同樣指天空，"天、顯、坦"的來歷各不相同。

四

我並不認爲我的意見最正確。我的意見是説，"天""顯""坦"的關係還有另外的解釋，《釋名》的解釋不是定論。我們利用古代的材料研究上古音，對於材料本身應該去僞存真，去粗取精，要求真辨僞。對於《釋名》的聲訓材料，我們必須經過這樣的手續，使它成爲已知，才好作爲進一步推論的基礎。

《釋名》的"顯"，既然不一定來自"天"，或者"天"不一定來自"顯"，那麼，這樣的材料是不能作爲已知條件、作爲透母變曉母的證據去推論上古音的。漢語確實有透母變曉母的，但是《釋名》的這則例子不是。近幾十年來，有一些研究上古音構擬的文章，在這方面存在很大的問題，這是應該引起重視的，也是應該堅決摒棄的不科學的做法。

肆　東

一

《説文》東部："𣎳，動也。從木。官溥説：從日在木中。"許慎説，對

"東"字的分析來自官浦。這是根據小篆形體做出的分析。這種分析影響了近兩千年。到了20世紀，人們往往采取另外的看法。

"東"字在甲骨文中已經出現，造這個字的時間或許更早。其字形跟小篆有別，它畫的是一個囊橐的形狀，本義不是指東方。因此，有不少人説，《説文》對"東"的字形分析和本義的認定都錯了。對這個説法我們應該加以檢驗，而且我願意保持價值判斷中立的態度。《説文》的這個解釋也許真的錯了，但還可以另有解釋。

我們知道，甲骨文、金文多假借，這對書面語的交際是有負面影響的。所以，後來有不少的假借字，人們加注意符，或加注聲符，讓它們成爲形聲字。其實，還有一些象形字，人們也略做改造，讓它們更好地適應語言的發展和用字的表意性。例如"行"字，甲骨文中畫的是十字路口的形狀，表示"道路"的意思。後來，"道路"的意思不常見，它的引申義"行走"占了上風，於是人們將原來的古文字形體略做改造，畫成人步趨的樣子。用來記錄雙聲聯綿詞的字"彳亍"二字，不可能是畫成十字路口的"行"的時候造的，應該是畫成人的步趨貌時造的字，它們都跟行走有關。因此，《説文》對"行"字的解釋不能説是錯誤的。如果許慎不顧小篆的形體，將小篆的"行"解釋爲"道也"，那反而讓人費解。"東"字也可能是這樣。

到秦代造小篆的那個時期，"東"作"東方"講是最常見的用法。最晚到了戰國時期，人們已經有了"扶桑樹爲日出之所"的説法，《山海經》《楚辭·九歌·東君》中都有反映。而且，當時人們已經將東方配春天，認爲春天萬物萌動，所以人們有可能將原來畫成囊橐的"東"字改造成能表示"東方"含義的"東"字。也許小篆的"東"就是當時人們改造成的從日從木的"東"字。如果是這樣的話，官浦根據小篆做出分析，就不能算分析錯了。他的分析，不僅符合當時的小篆字形，而且也符合當時的文化背景。這種分析很有想象力，出人意表，這大約是許慎特地點出"官浦説"的原因之一。

所以，我只能説，小篆"東"的形體不合早期的古文字，《説文》的解釋不合早期古文字的字形。我不敢説《説文》的字形、字形分析、釋義都錯了。

二

甲骨文、金文的發現，有力地證明：《説文》所收"東"及其分析、釋義均不合於古。甲骨文中有不少字形，我選一些值得注意的字形：◆（甲二七二）、◆（甲四三六）、◆（燕四〇三）、◆（前六·二六·一）、◆（乙四六九二）、◆（零九五六）。金文中值得注意的字形有：◆（葡平鐘）、◆（◇東尊）。

孫詒讓認出甲骨文◆、羅振玉認出甲骨文◆即"東"字。此後，人們認出了甲金文中更多的"東"字，並加以整比。林義光開始質疑《説文》的字形分析和本義的説解，認爲"東"字中間的◯象圍束之形，跟"日"的甲骨文寫法◻不同。丁山注意到，"東"的中間可作◯、◯，跟甲骨文的"日"更是形體相遠，比林義光的發現更能證明早期古文字的"東"不從日，不從木。唐蘭提供了◆、◆、◆、◆、◆這些無法解作從木、從日的字形。這是一項貢獻。隨後，許多先生一方面繼續討論"東"不從日、不從木，確認"東"作"東方"講是個假借用法；一方面對這個"東"到底是哪一個字的本字做出新的詮釋。在我看來，取得的共識主要有以下三點。

第一，早期古文字的"東"跟《説文》的"東"是一個字。

第二，早期古文字的"東"跟《説文》寫法不同，它的本義不是東方的"東"，東方的"東"是假借用法。

第三，早期古文字的"東"字不是從日從木的會意字，畫的是一個捆束起來的囊橐的形狀。

至於這個畫作囊橐形狀的"東"字，學者們聯繫這個"東"字作爲偏旁在一些已識字中出現的情況，比較相關古文字；又借助古音學的成果，探求"東"的本字。有兩種值得重視的結論：第一種，認爲本字是"束"字，林義光、唐蘭等人持此看法；第二種，認爲本字是"橐"字，丁山、徐中舒等人持此看法。

我認爲，這兩種看法在研究方法和程序、古音學成果的運用上都有缺環，主要有三點。

1. 通過"東"與"束"字常常互換，並不能證明"東"即"束"。因爲偏旁互換，不能必然證明互換的偏旁爲同字；像"言、口"可以互換成異體字，並不能證明"言、口"是一個字。我贊同一些先生的意見，"束"和"東"在古文字中是不同的字。無論是二者單獨成字，還是用作偏旁，有時候兩字有混同的情形，這不能作爲“東”“束”爲一字的證據。這在古文字和後代的用字中都會出現，不足爲奇。例如甲骨文的“月”和“夕”就是如此。

2. 我們知道，畫成某一個事物的形狀，並不能證明這個字所記錄的詞的詞義就是指這種事物。這樣的例子極多。例如古文字的“長”畫的是人的長頭髮，但“長”的本義不是長頭髮；“大”畫的是站立的成年人的形狀，但“大”的本義並不是大人；“高”畫的是高大的臺觀的形狀，但“高”的本義不是高臺或臺觀；“小”畫的是三小點，但“小”本義不是小點；“齊”畫的是排列整齊的三個麥穗，但“齊”的本義不是麥穗。因此，早期古文字的“東”畫成捆束起來的囊橐的形狀，並不能證明它就是“橐”字或“束”字。

3. 説“東”和“束”或“橐”古音相近，並没有得到强有力的證明。其實，“東”是端母東部，“束”是書母屋部，“橐”是透母鐸部。在我們看來，説“束”和“東”音近可轉，可能説得過去，但畢竟屋部和東部祇是對轉關係。

至於“東”和“橐”，説它們韵部相近，但是我們很難找到東鐸二部相通的證據。即使勉强找到一兩例，難道就那麼有説服力嗎？這樣的相通不是常態，多多少少有點“退而求其次”的意味。

在古文字研究中，同部的字相通應該是常態，對轉的各部相通，儘管有，但肯定是少量的。我們説，釋讀古文字的正確率，跟把握古音通轉的嚴格程度成正比，把握得越嚴，釋讀的正確率越高；把握得越寬，釋讀的錯誤率越高。這是應該引起重視的。

三

下面我要證明，早期古文字中的“東”，關於它的本字，還可以有別的解釋。我認爲，甲骨文的“東”可以看作“重”的古字。從字形反映字義的角度説，“東”畫的是捆束起來的囊橐的形狀，表示“重量大”的意思，這符合一些表示性狀的字常常用表示具體事物的象形字來表達的慣例。囊橐已經裝滿了，需要用繩索將裝滿東西的囊橐從中間捆緊、加固，以防它們破囊而出，由此象徵“重量大”的意思。從語音上説，“重”上古屬定母東部，“東”屬端母東部，音值極近。

事實上，有人已經不自覺地接觸到"東"是"重"的古字的問題。例如金文中有"重"字，寫作（井侯簋）、（外卒鐸），這是"重"的前身。《説文》重部："，厚也。從壬，東聲。"這個解釋不合《井侯簋》的"重"字，因爲它的"重"下面没有"土"字。金文還有（父丙觶），李孝定説，這個字"當解云'從人，從東，東亦聲'"。這是説，此字是個會意兼形聲字。會意兼形聲字，很多都是讓原來的一個象形或會意字變成形聲字，如"莫：暮""取：娶""益：溢"等等。如此，"東"就是"重"的古字。我認爲，這個字的古文字寫法，不必理解爲象形字，不是畫的人負"東"的形狀，而是從人、從東會意。所以"東"不一定在人的背部旁邊。劉釗《甲骨文字考釋》（《古文字研究》第十九輯，中華書局，1992）注意到甲骨文中有這種字形：（明二〇六五）、（佚六〇九）。他認爲就是"重"字，這是將"人"字放到上面，下面的"東"橫躺着放置起來；他還注意到族徽文字中"重"可寫作。可見，"重"中的"人"可以在"東"的上部、下部、左邊、右邊。"童"從"東"得聲，金文中，這個聲符"東"也可以倒置，例如（庫1867）；《英國所藏甲骨集》一八八六片有一個""字，劉釗以爲是"童"字，其中的聲符"東"也是橫置的。此外，劉釗在《古文字構形學》第二章還舉"重、童"倒書的甲骨文用例各一例。

于省吾注意到甲骨文的"量"字作、、、、等形，上部其實是個"日"字，下部或作"東"，或作"重"，"重"即"重"字。于省吾説："重從東聲，係東的孳乳字，東上加一橫畫，以別于東，于六書爲指事。"（《甲骨文字釋林·釋量》，414頁）我很同意"重"（重）是"東"的"孳乳字"之説，祇是于氏説"初文借東爲重"，我認爲初文不是"借"，"東"本身是"重"的象形字。據于氏説，"量"是個會意字，會在露天從事量度之意。按：古人的"量"既可以量長短，也可以量容積大小、記數量多少，這就有了輕重了。

將"東"釋爲"重"的本字，還有一些細節問題需要講清楚。這裏不做詳細考證了。例如，《説文》東部的"棘"字："，二東。曹從此。闕。""曹"篆文作，可能是"棘"的今字。《説文》："獄之兩曹也，在廷東。從棘，治事者。從曰。""棘、曹"在甲骨文中都已經出現了。有人因爲後人將"東"釋爲"束"或"橐"，就以爲"棘"中的"東"也取此義，其實不必，也可以取"東"的"東方"義造字，《説文》對"曹"的分析還不宜否定。

總之，對於甲骨文的"東"的釋讀，還不能定於"束"或"橐"，還可以有其他可能的釋讀。

四

我的意思是説，在利用古文字研究上古音時，我們對於已有的古文字考釋成果應該批判繼承。尤其是利用那些借助古音輾轉相通的考釋成果時，必須格外小心，也必須求真辨僞，去粗取精，使它成爲真正的已知條件，然後再用於古音研究。這樣，我們的古音研究才有可能揭示規律。

我們既然還没有必然證明甲骨文的"東"就是"束"字，因此這一例就不能作爲端母、書母相通的證據，作爲東部和屋部相通的證據；還没有必然證明"東"就是"橐"字，因此這一例就不能作爲端母和透母相通的證據，作爲東部和鐸部相通的證據。

因此，我們一定要密切關注、吸收古文字研究的科學成果，同時要經過自己的消化，不能盲從，要進行科學檢驗，使古文字的研究成果成爲已知，然後科學地利用它，探尋上古音的奧秘。

參考文獻

劉燕文《敦煌寫本〈字寶〉、〈開蒙要訓〉、〈千字文〉的直音、反切和異文》，載《語苑擷英——慶祝唐作藩教授七十壽辰學術論文集》，北京語言文化大學出版社，1998。

沈兼士主編《廣韵聲系》，中華書局，1985。

孫玉文：《上古漢語韵重現象研究》，載《字學咀華集》，北京大學出版社，2020。

張忠堂：《漢語變聲構詞研究》，中國書籍出版社，2013。

鄭妞：《上古牙喉音特殊諧聲關係研究》，博士學位論文，北京大學，2012。

An Ancient characters' Perspective on the Archaic Chinese Phonology of Chou（"臭"）、Xu（"畜"）、Tian（"天"）、Dong（"東"）

Sun Yuwen

Abstract：On the basic of ancient writing materials and handed – down documents, the article discusses how we can make use of these materials to study archaic Chinese phonology by analyzing theoriginal meaning of the word Chou（"臭"）、Xu（"畜"）、Tian（"天"）、Dong（"東"）. With regard to the word Chou （"臭"）and Xu（"畜"）, we separated the original words and breeding words by analyzing their phonetic and semantic connections, and then separated the relative time hierarchy of their variant pronunciation. By analyzing these mantic extension of the word Tian （"天"）, we revealed that there were inherent contradictions between the sound gloss in *Shiming*（釋名）and the view on Tian's （"天"）semantic extension. As for the word Dong（"東"）, we proposed a different opinion concerning the analysis of Tian's （"天"）original meaning. Therefore, by the specific analysis of the four words above, the article proposed modification suggestions on the problems arising from the study of archaic Chinese phonology while using ancient writing materials.

Keywords：Ancient Characters；Handed – Down Documents；Archaic Chinese Phonology

《山海經》疑難字詞考釋*

賈雯鶴**

摘　要　《山海經》作爲我國先秦時期的一部文獻，具有極高的價值，是諸多學科的學者需要參考利用的重要典籍。《山海經》本身包含一些疑難字詞，給人們通讀全文帶來了障礙。這些疑難字詞有的是用義偏僻，難以索解；有的是郭璞以下的注家或學者理解錯誤，從而提出錯誤的看法；有的是《山海經》及郭璞注在流傳過程中產生了一些文獻錯誤，學者基於錯誤文獻得出的結論顯然也是錯誤的。我們對這些疑難字詞進行考釋辨正，有利於提高此書的使用價值。

關鍵詞　《山海經》　郭璞　疑難字詞

　　《山海經》是我國先秦時期的一部作品①，全書篇幅不大，不到三萬一千字，但内容豐富，具有極高的價值，是諸多學科的學者需要參考利用的重要典籍。近年來，大量出土文獻面世，而出土文獻中的一些材料，學者發現祇能在《山海經》裏面找到對應之處②，其史料價值更加凸顯。然而《山海經》本身包含一些疑難字詞，給人們通讀全文帶來了障礙。這些疑難字詞有的是用義偏僻，難以索解；有的是郭璞以下的注家或學者理解錯誤，從而提出了錯誤的看法；有的是《山海經》及郭璞注在流傳過程中產生了一些文獻錯誤③，學

＊　本文爲 2018 年國家社科基金項目“《山海經》匯校集釋”（項目編號：18BZW084）的階段性成果。
＊＊　賈雯鶴，博士，西南民族大學中國語言文學學院教授，主要研究方向爲《山海經》、中國神話。
①　賈雯鶴：《〈山海經〉成書時代考》，未刊稿。
②　劉釗：《出土文獻與〈山海經〉新證》，《中國社會科學》2021 年第 1 期。
③　賈雯鶴：《〈山海經〉疑誤考正三十例》，《中華文化論壇》2019 年第 1 期；《〈山海經〉舊注辨正十九則》，《西北民族大學學報》（哲學社會科學版）2019 年第 6 期；《〈山海經〉及郭璞注校議二十八例》，《西華師範大學學報》（哲學社會科學版）2019 年第 6 期；《〈山海經〉文獻疏誤舉隅》，《神話研究集刊》第一集，巴蜀書社，2019；《“刑天”還是“形夭”：基於〈山海經〉的考察》，《民族藝術》2020 年第 2 期；《〈山海經〉舊注商補十三例》，《神話研究集刊》第二集，巴蜀書社，2020；《〈山海經·大荒四經〉校議》，《神話研究集刊》第三集，巴蜀書社，2020；《〈山海經·中山經〉校議》，《西昌學院學報》（社會科學版）2021 年第 1 期；《〈山海經·海内經〉校議》，《史志學刊》2021 年第 1 期；《〈山海經·海外四經〉校詮》，《四川圖書館學報》2021 年第 4 期；《〈山海經·東山經〉校證》，《唐都學刊》2021 年第 4 期；《〈山海經〉斠詮十九則》，《天中學刊》2021 年第 4 期。

者基於錯誤文獻得出的結論顯然也是錯誤的。今以通行的阮元琅嬛仙館本郝懿行《山海經箋疏》爲底本，對其中的一些疑難字詞進行考釋，以就教於大家。

1. 又西五十二里，曰竹山，……有草焉，其名曰黃蘿，其狀如樗，其葉如麻，白華而赤實，其狀如赭，浴之已疥，又可以已胕。（《西山首經》）

"赭"，郭璞注："紫赤色。""赭"字已見上文"石脆之山"節，云："又西六十里，曰石脆之山，……灌水出焉，而北流注于禺水，其中有流赭。"郭注："赭，赤土。"《説文·赤部》："赭，赤土也。"段注："《管子·地數篇》云：'上有赭者下有鐵。'是赭之本義爲赤土也，引申爲凡赤。"①郭璞注顯然是本之於《説文》的。然而郭璞既然在上文"石脆之山"節注"赭"爲"赤土"，則此下不應又注爲"紫赤色"。根據段注，赭由赤土義引申爲赤色義，《廣雅·釋器》云："赭，赤也。"即爲赭的引申義。因此，即使郭璞認爲此文"赭"表示顏色，那麽他應該注釋爲"赤色"，而不是"紫赤色"。因爲從此經上下文來看，絲毫看不出赭有紫赤色的意思，而且征諸文獻，同樣找不到赭表示紫赤色的用例。那麽郭璞又如何知道赭是紫赤色呢？事實上，郭璞注文出現了文獻錯誤。在傳世《山海經》中，唯有元曹善鈔本"紫赤色"作"子赤色"。經文云"赤實"，注云"子赤色"，實、子義同，就是果實的意思。郭璞《山海經圖贊》云："浴疾之草，厥子赭赤。"同樣說的是黃蘿草的果實是赭赤色，可見郭注"子赤色"與他自己的《圖贊》文密合無間。據此經文例，凡云"其狀如某"者，某皆爲物名。赭爲赤土，形狀如赭土，不詞，此是此經行文粗疏之處。故郭璞注云"子赤色也"，即果實顏色似赭，以避免誤解爲赭土。後人在傳寫過程中，不能理解郭注"子赤色"的意思，輒改"子"作"紫"，遂成今本。《漢語大字典》"赭"字立有"紫赤色"這個義項，所引書證就是此經及郭注②，據誤本立説，顯然是錯誤的。

2. 又西三百五十里，曰天帝之山，……有草焉，其狀如葵，其臭如蘼蕪，名曰杜衡，可以走馬，食之已癭。（《西山首經》）

"走馬"，郭璞注："帶之令人便馬。或曰：馬得之而健走。"邵瑞彭

---

① （漢）許慎撰，（清）段玉裁注《説文解字注》，上海古籍出版社，1988，第492頁。
② 《漢語大字典》（第五卷），湖北辭書出版社、四川辭書出版社，1988，第3509頁。

《山海經餘義》云："經言草類之效用，多主治疾，此'走馬'亦當是疾名。《抱朴子·內篇·微旨篇》云：'善其術者，則能却走馬以補腦。'蓋走馬言泄精也。以、已字通，《中山經》同此。"邵氏以"走馬"爲"泄精"，以"以"通"已"，吳承仕於其文後加按語云："邵氏此說甚奇而實有所本，然經云'可以走馬'，繼云'食之已瘦'，則走馬非疾名矣，是邵説終未足信也。（又《東次四經》：'有木曰苦，可以服馬。'與此文'可以走馬'同例，則郭注得之，邵説非也。）"[1] 吳説是也，此經"可以"連文者多矣，皆不以"以"字通作"已"。趙逵夫亦以郭注爲非，云："蓋指可以通精。"[2] 與邵説同，亦非。阜陽漢簡《萬物》云："烏喙與□使馬益走也。"[3] "使馬益走"即此經"可以走馬"也。烏喙與杜衡同爲植物，蓋古人以某類植物有可使馬快走之效也。《爾雅翼》卷二"杜衡"條云："《山海經》雖載異物，其實皆世所有。今杜衡生山之陰，水澤下濕地，根葉都似細辛，惟氣小異，俗以其似馬蹄，名曰馬蹄香。"[4] 吕調陽《五藏山經傳》云："杜衡，葉似馬蹄，故可令馬健走。"[5] 可見，杜衡因形似馬蹄，故能使馬快走，當是基於古人的巫術思維。

3. 西南三百八十里，曰皋塗之山。……有獸焉，其狀如鹿而白尾，馬足人手而四角，名曰㺌〈玃〉如。（《西山首經》）

"人手"，郭璞注："前兩腳似人手。"郝懿行《山海經箋疏》云："《史記·司馬相如傳》《索隱》引此經作'人首'，蓋譌。"[6] 郝氏以作"人首"爲誤，蓋以與注文不合故也。《廣雅·釋地》云："西方有獸焉，如鹿，白尾，馬足人手，四角，其名曰玃如。"《篆隸萬象名義》"㺌"字云："如鹿白尾，馬足人手，角四。"皆本此經爲説，都作"人手"。郭璞《山海經圖贊》亦作"馬足人手"，且郭注云"前兩腳似人手"，則郭璞所見本必作"人手"。胡文焕《山海經圖》卷上"玃"條圖説作"前兩腳似人手，後兩腳似馬蹄"[7]，據郭注而言也。《説文·手部》："手，拳也。"段注："今人舒

① 邵瑞彭：《山海經餘義》，《國學叢編》1931 年第 1 期第 1 册。
② 趙逵夫：《屈騷探幽》（修訂本），巴蜀書社，2004，第 320 頁。
③ 周祖亮、方懿林：《簡帛醫藥文獻校釋》，學苑出版社，2014，第 404 頁。
④ （宋）羅願撰，（宋）洪焱祖釋《爾雅翼》，叢書集成初編本，中華書局，1985，第 22 頁。
⑤ （清）吕調陽：《五藏山經傳》，清光緒十四年觀象廬叢書本，卷二第 9 頁 b。
⑥ （清）郝懿行：《山海經箋疏》，藝文印書館，2009，第 46 頁。
⑦ （明）胡文焕：《山海經圖》，明萬曆刊本，今藏國家圖書館，下不更注。

之爲手，卷之爲拳，其實一也，故以手與拳二篆互訓。"① 此經 "手" 字指手掌，不含手臂。"馬足人手" 者，說的是貜如獸四肢像馬腿，但脚掌却像人的手掌。《東次四經》北號之山，"有鳥焉，其狀如雞而白首，鼠足而虎爪，其名曰䳗雀"，與此經句式一致，"鼠足而虎爪" 者，說的是腿像老鼠而脚爪却像老虎。郭璞將 "手" 理解爲人的整個上肢，又將 "馬足人手" 分開來理解，所以就給出了 "前兩脚似人手" 這樣奇怪的解釋，顯然是錯誤的。

4. 又西三百五十里，曰玉山，……有鳥焉，其狀如翟而赤，名曰胜遇，是食魚，其音如録，見則其國大水。(《西次三經》)

郭璞注："音録，義未詳。" 吴任臣注："〔顧充〕《字義總略》：'碌碌，古作録録，或作鹿鹿。' 是録、鹿古相通也，疑爲 '鹿' 之借字。"② 《山海經》中 "鹿" 字多次出現，不勞借 "録" 字來表示 "鹿"，吴說非也。《中次五經》首山，"多䰩鳥，其狀如梟而三目，有耳，其音如録"，《玉篇》 "䰩" 字作 "音如豕"，疑作 "豕" 字是也。"豕" 異體字作 "彖"，形近而譌作 "录"，因又誤作 "録"。"豕" 即 "豚"，此經言 "其音如豚" 者多次出現，分見於《南次三經》雞山、《北次二經》梁渠之山、《東次四經》北號之山，可證。那麼，此文郭注疑後人據誤本所作也。

5. 西水行百里，至于翼望之山，……有鳥焉，其狀如烏，三首六尾而善笑，名曰鵸鵌，服之使人不厭，又可以禦凶。(《西次三經》)

郭璞注："不厭夢也。《周書》曰：'服者不昧。' 音莫禮反。或曰：睸，睸目也。" 郝懿行疏："厭，俗作 '魘'，非。《倉頡篇》云：'厭，眠内不祥也。' 高誘注《淮南子〔·精神篇〕》云：'楚人謂厭爲昧。' 是則厭即昧也，故經作 '不厭'，郭引《周書》作 '不昧'，明其義同。今《周書·王會篇》作 '佩之令人不昧'。案 '昧'，郭 '音莫禮反'，則其字當作 '睸'，從目從米。《藏經》本作 '厭者不睸'，而今本作 '昧'，非矣。然昧、睸古亦通用，《春秋繁露·郊語篇》云：'鴟羽去昧。' '昧' 亦作 '睸' 是也。又《説文》云：'寐，寐而未厭。從寢省，米聲。' 正音莫禮反，是此注 '睸' 與 '寐' 音義相近。"③

① （漢）許慎撰，（清）段玉裁注《説文解字注》，上海古籍出版社，1988，第593頁。
② （清）吴任臣：《山海經廣注》，欒保群點校，中華書局，2020，第94頁。
③ （清）郝懿行：《山海經箋疏》，藝文印書館，2009，第87頁。

　　段注本《説文・癙部》：“癙，寐而厭也。”段注：“《西山經》：‘翼望之山，鳥名鵺鵺，服之使人不厭。’此用‘厭’字之最古者。‘癙’，古多假借‘眯’爲之。郭注《山海經》引《周書》‘服之不眯’，爲‘不厭’之證。《莊子・天運》：‘彼不得夢，必且數眯焉。’司馬彪曰：‘眯，厭也。’”① 據此經“厭”字爲説。《王力古漢語字典》在“厭”字的“備考”欄目中云：“通‘魘’。惡夢。《山海經・西山經》：‘有鳥焉，……名曰鵺鵺，服之使人不厭。’”② 根據此字典“凡例”，“備考”是僻義歸入此欄目。事實上，此處經文與注文都出現了文獻錯誤，導致段玉裁、郝懿行與《王力古漢語字典》編撰者都上了當。

　　經文“厭”，各本唯元鈔本作“眯”，《太平御覽》卷九二八引同，胡文焕《山海經圖》卷下“鵺鵺”條圖説亦作“眯”。王念孫校改“厭”作“眯”③。郭注“不厭夢”，元鈔本作“眯，厭夢”，是也。郭注“不眯”，元鈔本、《藏經》本、王崇慶本、畢沅本俱作“不眯”，是也。實則經文“厭”必爲“眯”字之誤，請以六證明之。注云“眯，厭夢也”，即釋“眯”字，一也。注引《周書》“服者不眯”，與經文“服之不眯”相應，若作“厭”，則與經文不相應，二也。郭注“音莫禮反”，此爲“眯”字注音，三也。注云“或曰：眯，眯目也”，即“眯”字之另解，四也。郭璞《山海經圖贊》云：“鵺鵺三頭，獂獸三尾。俱禦不祥，消凶辟眯。君子服之，不逢不躓。”“消凶辟眯”一句即本此經“服之使人不眯，又可以禦凶”而言，亦作“眯”字，五也。若此作“不厭”，則《西次四經》英鞮之山，“食之使人不眯”之“不眯”爲首見，郭璞應注，然郭璞無注，蓋此已注矣，可反證此當作“不眯”，六也。可見元鈔本是，應據改。今本作“厭”當爲涉注文而譌。

　　《周禮・春官・占夢》言“六夢”，其二即爲“噩夢”④。睡虎地秦簡《日書》甲種《詰》篇云：“一宅之中毋（無）故室人皆疫，多曹（夢）米（寐）死。”又云：“鬼恒爲人惡曹（夢）。”又云：“一室中卧者眯也，不可以居。是□鬼居之。取桃杸〈棓〉椯（段）四隅中央，以牡棘刀刊其宫薔（墙），謼（呼）之曰：‘復疾，趣（趨）出。今日不出，以牡刀皮而衣。’

---

① （漢）許慎撰，（清）段玉裁注《説文解字注》，上海古籍出版社，1988，第347頁。
② 王力主編《王力古漢語字典》，中華書局，2000，第96頁。
③ 王念孫《山海經》手校本，今藏國家圖書館，下不更注。
④ （清）阮元校刻《十三經注疏》，中華書局，2009，第1744頁。

則毋（無）央（殃）矣。"① 睡虎地秦簡《日書》甲種《夢》篇云："人有惡昔（夢），覺（覺），乃繹（釋）髮西北面坐，鑄（禱）之曰：'皋！敢告壐（爾）豻觭。某，有惡昔（夢），走歸豻觭之所。豻觭強猷強食，賜某大幅（富），非錢乃布，非繭乃絮。'則止矣。"② 乙種《夢》篇云："凡人有惡夢，覺而擇（釋）之，西北鄉（向），擇（釋）髮而馴（呬），祝曰：'繇（皋）！敢告壐（爾）宛奇，某有惡夢，老來□之，宛奇強飲食，賜某大畐（福），不錢則布，不壐（繭）則絮。'"③ 阜陽漢簡《萬物》云："□橐令人不夢咢也。"④ 咢即噩。可見古人謂惡夢，或言"米/眯"，或言"惡昔/惡夢/夢咢"，並不以"厭"表示惡夢，亦可證也。

6. 又北二百里，曰丹熏之山，……有獸焉，其狀如鼠而菟首麋身，其音如獆犬，以其尾飛，名曰耳鼠，食之不睬，又可以禦百毒。（《北山首經》）

郭璞注："睬，大腹也，見《神倉》；音采。""睬"字不見于其他典籍，《玉篇·肉部》收此字，云："千代切。《山海經》云：'耳鼠，食之不睬。''睬，大腹也。'"本此經注爲説。"睬"字從肉采聲，而有"大腹"之義，頗讓人生疑。我們認爲，此字既然爲大腹之義，則應作"腜"，從肉釆聲。爲什麽這樣説呢？這可從古人表示大腹的詞來加以推知。《左傳·宣公二年》："宋城，華元爲植，巡功。城者謳曰：'睅其目，皤其腹，弃甲而復。'"杜預注："皤，大腹。"皤，《説文·白部》云："從白番聲。"番，《説文·釆部》云："從釆；田，象其掌。"《説文·釆部》云："釆，辨別也。象獸指爪分別也。讀若辨。"《尚書·堯典》："平章百姓。""平"，《白虎通·姓名》引作"釆"，《史記·五帝本紀》作"便"，《詩·小雅·采菽》孔疏引古本《尚書大傳》作"辨"，《後漢書·劉愷傳》引作"辯"⑤，可知"釆""便""辨""辯"四字音近可通。"皤"可形容大腹，"便便"亦可形容大腹。《後漢書·邊韶傳》："邊孝先，腹便便。"便、釆音同，故表示大腹之義的字應作"腜"，而不是"睬"。此經注文謂"睬，大腹也"的訓釋出自《神倉》，《神倉》即《埤倉》，三國魏張揖所著，疑原本當作"腜"。《玉篇》

---

① 吳小强：《秦簡日書集釋》，嶽麓書社，2000，第129、131、132頁。
② 吳小强：《秦簡日書集釋》，第121頁。
③ 吳小强：《秦簡日書集釋》，第236頁。
④ 周祖亮、方懿林：《簡帛醫藥文獻校釋》，學苑出版社，2014，第403頁。
⑤ 顧頡剛、劉起釪：《尚書校釋譯論》，中華書局，2005，第22~23頁。

作"脎"，當爲"脎"字之形誤。《廣韵·代韵》與《集韵》的《海韵》《代韵》都收有"脎"字，云："大腹。"皆爲誤形。然《集韵·戈韵》亦收此字，云："大腹也。"同韵收有"旛""膰"二字，其中"膰"字云："大腹也。"當爲《左傳》"旛其腹"之"旛"的本字。此字既然與"旛""膰"收在同一韵部，則其字必作"脎"，非誤形"脎"字也。"脎""膰"俱爲"大腹"之義，則二字爲異體字耳。

根據此經文例，"食之不某"之"某"多爲疾病之名，"大腹"並非疾病，因疑"脎"字或"脎"字有誤。明胡文焕《山海經圖》卷下"耳鼠"條圖説云："丹熏山有獸，狀如鼠而兔首麋耳，音如嗥犬，以其髯飛，名曰耳鼠，食之不眯，可以禦百毒。""脎"字作"眯"字，《本草綱目》卷四十八"鸓鼠"條引此經亦作"眯"字。胡文焕本《山海經圖》本之於北宋舒雅《山海經圖》，舒雅《山海經圖》又本之於梁朝張僧繇《山海經圖》，則張僧繇所見《山海經》尚作"眯"字。而此經言"不眯"者多見，可證作"眯"者是也。後"眯"字譌作"脎"，後人復引《埤倉》作注，再譌作"脎"，即爲《玉篇》所引。《海内南經》："氾林方三百里，在狌狌東。狌狌知人名，其爲獸如豕而人面。"郭璞注："《周書》曰：'鄭郭狌狌者，狀如黄狗而人面。''頭如雄雞，食之不眯。'"郭注"眯"，宋本作"脎"，誤與此似。

7. 又南水行五百里，流沙三百里，至于無皋之山，南望幼海，東望榑木。(《東次三經》)

"榑木"，郭璞注："扶桑二音。"畢沅校："經云'榑木'，傳云'扶桑二音'，疑'木'字誤也。"[1] 郝懿行疏："榑木即扶桑，但不當讀'木'爲'桑'，注有脱誤。"[2] 稍早於郝懿行的孫志祖，在《讀書脞録》卷七"木字有桑音"條中，別立新説，云："古'木'字有'桑'音，《列子·湯問篇》'越之東有輒木之國'，注音'木'字爲'又康'反。《山海經·東山經》：'南望幼海，東望搏〈榑〉木'，注'扶桑二音'是也。字書'木'字失載'桑'音，人多如字讀之，誤矣。《吕氏春秋·爲欲篇》'東至搏〈榑〉木'，亦當讀爲扶桑。"楊寬對孫説極表贊同，在《中國上古史導論》中謂"其論

---

① （晋）郭璞注，（清）畢沅校《山海經》，上海古籍出版社，1989，第50頁。
② （清）郝懿行：《山海經箋疏》，藝文印書館，2009，第170頁。

至確"①。吳承仕《經籍舊音辨證》卷七對孫說進行了反駁，云："黃丕烈景宋本《列子》作'觖沐之國'，'沐'字下注云：'又休。'此'又休'二字乃後人校語，謂'沐'字一本作'休'耳，休或寫作'床〈庥〉'，形近草書'康'字，故譌作'康'。志祖乃誤切爲反語，不知又、桑聲類絶遠，無緣相切，且'木'字又安得有'桑'音哉！畢沅疑此經'木'是誤字，郝懿行則謂郭注文有譌挩。承仕疑郭所作音猶鄭箋之改字，非謂'木'字本有'桑'音也。志祖所說實爲巨謬。"② 吳說甚是，然郭注何以云"扶桑二音"仍未得其解。

我們認爲，"扶桑二音"原本當作"音扶桑"，後人改作"扶桑二音"，遂致扦格難通。全書此例甚多。如《南山經》基山，郭注"博施二音"，元鈔本、王本並作"音博施"；堯光之山，郭注"滑懷兩音"，元鈔本作"音滑懷"；《西山經》槐江之山，郭注"郎干二音"，元鈔本作"音郎干"；小華之山，郭注"蔽戾兩音"，元鈔本作"音蔽戾"；浮山，郭注"眉無兩音"，元鈔本作"音眉無"。然而問題是，"音扶桑"既可以表示"扶桑二音"，又可以表示"音扶桑之扶（或桑）"，全書此例亦甚多。如《南山經》呼勺之山，郭注"音滂沱之滂"，元鈔本作"音滂沱"；俞者之山，郭注"音論說之論"，元鈔本作"音論說"；《西山經》松果之山，郭注"音彤弓之彤"，元鈔本作"音彤弓"；天帝之山，郭注"音汲瓮之瓮"，元鈔本作"音汲瓮"；天帝之山，郭注"音沙礫之礫"，元鈔本作"音沙礫"。我們知道，元鈔本更接近原本，故"音某某"當爲郭注原文。此類注音，後人往往據正文文義，改爲"某某二音"、"某某兩音"或"音某某之某"，遂成今本。亦有改而未盡者，《大荒東經》云："大荒之中，有山名曰鞠陵于天、東極、離瞀。"郭注："音穀瞀。"此即爲"瞀"字注音，即"音穀瞀之瞀"。顯然，"榑木"二字，"木"字不須注音，郭注"音扶桑"是爲"榑"字注音，即"音扶桑之扶"也。後人不知此單爲"榑"字注音，錯誤地以爲是爲"榑木"二字注音，而改"音扶桑"爲"扶桑二音"矣，遂成今本。

8. 又北四十里，曰霍山，其木多穀。有獸焉，其狀如狸而白尾，有鬣，名曰朏朏，養之可以已憂。（《中山首經》）

郭璞注："謂蓄養之也。"劉釗云："《山海經》中講到神怪時，說'養

---

① 吕思勉、童書業編著《古史辨》七（上），上海古籍出版社，1982，第102頁。
② 吳承仕：《經籍舊音辯證》，中華書局，1986，第252~253頁。

之’僅此一見，似與全書説解内容和習慣不合。《山海經·北山經》説：‘彭水出焉，而西流注于芘湖之水，其中多鯈魚，其狀如雞而赤毛，三尾、六足、四首，其音如鵲，食之可以已憂。’又《西山經》謂：‘有草焉，名曰蓍草，其狀如葵，其味如葱，食之已勞。’袁珂説：‘已勞，謂已憂也。’從理校角度分析，可知‘養之可以已憂’之‘養’應爲‘食’字之譌。秦漢時期寫得比較草的‘養’字，上邊已經寫得很簡略，很容易誤爲‘食’字，所以‘食之可以已憂’錯成了‘養之可以已憂’。”① 據劉文，大概是説“食”字在秦漢時代已誤爲“養”，晋代郭璞所見到的版本自然是“養”字，故郭注云“謂蓄養之也”。然而經文既然説“養之”，文義淺顯，完全没有必要做注。因此，如果經文作“養之”或“食之”，則不會有郭注。郭璞既然注爲“謂蓄養之也”，則經文必不作“養之”或“食之”，故劉説不能成立。檢《山海經》，“食之”云云，共出現了60多次，“食之”與“可以”連文的祗出現過一次，即劉文所引的《北山首經》帶山，“其中多鯈魚，其狀如雞而赤毛，三尾六足四首，其音如鵲，食之可以已憂”。然而元鈔本此句作“食之已憂”，没有“可以”二字，《太平御覽》卷四六八、卷九三七及《正字通·魚部》“鯈”字注引此經俱同，與此經文例正合，可知“可以”二字當爲衍文。因此根據此經文例，“可以已憂”前絶對不會加上“食之”二字。我們認爲此句原作“可以已憂”，“養之”二字涉注文而衍。如《西山首經》符禺之山，“其鳥多䲹，其狀如翠而赤喙，可以禦火”，郭注：“畜之辟火灾也。”《西次四經》中曲之山，“有獸焉，其狀如馬而白身黑尾，一角，虎牙爪，音如鼓音，其名曰駮，是食虎豹，可以禦兵”，郭注：“養之辟兵刃也。”經云“可以禦火”“可以禦兵”，都未言及使用方法，因此郭璞注用“畜之”“養之”來加以補充説明，與此經云“可以已憂”，注言“謂蓄養之也”正合。《太平御覽》卷三十九、卷四六八引此經正無“養之”二字，可證“養之”二字必爲衍文無疑，因此劉釗據誤本爲説，其説自然不能成立。

9. 又東三十里，曰浮戲之山。……其東有谷，因名曰蛇谷。（《中次七經》）

“因”字使上下文義扞格難通，故汪紱云：“‘因’當作‘其’。”② 然“因”與“其”形、音都不相近，無緣致誤。疑“因”當作“焉”，屬上讀。

---

① 劉釗：《出土文獻與〈山海經〉新證》，《中國社會科學》2021年第1期。
② 汪紱：《山海經存》，杭州古籍書店，1984，卷五第24頁b。

《南次三經》令丘之山，"其南有谷焉，曰中谷"；《中次六經》麾山，"其西有谷焉，名曰藿谷"；《中次六經》長石之山，"其西有谷焉，名曰共谷"。與此經句式一致，並可爲證。今本"焉"作"因"，音近而誤也。

10. 又東三十里，曰大騩之山，……有草焉，其狀如蓍而毛，青華而白實，其名曰蒗，服之不夭。（《中次七經》）

"服之不夭"，郭璞注："言盡壽也。"郝疏云：" '盡壽' 蓋 '益壽' 字之譌也。"① 王念孫亦校改郭注"盡"作"益"。郝、王校非也，盡壽，猶"盡年""盡命"，終其天命之義，與經文"不夭"正合。元鈔本郭璞《圖贊》云："大騩之山，爰有奇草。青華白實，食之無夭。雖不增齡，可以窮老。""雖不增齡，可以窮老"正是"盡壽"之義，可知郭璞所見本作"盡壽"無疑。《漢語大詞典》收"盡年""盡命"二詞，失收"盡壽"一詞，應據此增補。

11. 有司幽之國。帝俊生晏龍，晏龍生司幽，司幽生思士，不妻，思女不夫。（《大荒東經》）

《大荒經》記載諸國世系，凡云"有某某國"者，其所叙世系皆止於"某某"。僅以《大荒東經》而論，如"有中容之國。帝俊生中容，中容人食獸、木實"，止於中容；"有白民之國。帝俊生帝鴻，帝鴻生白民，白民銷姓，黍食"，止於白民；"有黑齒之國。帝俊生黑齒，姜姓，黍食"，止於黑齒。以上皆可爲證。此云"有司幽之國"，世系亦當止於"司幽"，而不當止於"思士"，故知"司幽生思士"一句必有誤也。若以"司幽生思士，不妻；思女，不夫"不誤，則"思士""思女"爲司幽之子，郭注所謂"言其人直思感而氣通，無配合而生子"者當指"思士""思女"。然元鈔本郭璞《山海經圖贊》"司幽國"條云："魷以鳴風，白鶴瞪眸。感而遂通，亦有司幽。可以數盡，難以言求。"② 以"感而遂通"者指"司幽"，而非"思士""思女"，亦可反證今本必誤。《太平御覽》卷五十引此經無"司幽生"三字，則所叙世系止於"司幽"，與此經體例正合；且"不妻不夫"者指"司幽"，亦與郭璞《圖贊》"感而遂通，亦有司幽"合。《列子·天瑞篇》張湛

---

① （清）郝懿行：《山海經箋疏》，藝文印書館，2009，第 231 頁。
② （晉）郭璞著，張宗祥校錄《足本山海經圖贊》，古典文學出版社，1958，第 45 頁。

注引此經作"有思幽之國，思士不妻，思女不夫"①，所見本亦以"不妻不夫"指"司幽"，皆可證"司幽生"三字爲衍文無疑，應據删。

那麼"司幽思士不妻，思女不夫"之義爲何？學者據出土文獻，指出"思"與"使"義通。沈培進一步指出此經"思士""思女"之"思"，亦當用作"使"義。②沈説是也，上博楚簡《容成氏》"思民不惑""思民不疾"與此經文例正同，而"思"字據孟蓬生説亦爲"使"義③，正可爲證。今本之誤，蓋因後人不明"思"字之義，誤以"思士""思女"爲人名，而又妄添"司幽生"三字於其上。《太平御覽》所引尚不誤，其誤或在《御覽》之後，宋尤袤本之前也。

12. 西北海之外，赤水之北，有章尾山。有神人面蛇身而赤，直目正乘，其瞑乃晦，其視乃明，不食不寢不息，風雨是謁，是燭九陰，是謂燭龍。(《大荒北經》)

郭璞注："直目，目從也。正乘，未聞。"吴任臣注："正乘言其睫不邪也。"④畢沅校："'乘'恐'朕'字假音，俗作'睞'也。"⑤袁珂注："朕義本訓舟縫，引申之，他物交縫處，皆得曰朕。此言燭龍之目合縫處直也。"⑥郭璞以"直目"爲"從目"，"從"即"縱"。然直古無縱義，《大荒西經》云："袜，其爲物人身黑首，從目。"作"從目"，此若爲"縱目"義，則當作"從目"，而不應又作"直目"，可知郭説非也。直、植古字通，《國語·晋語四》云："戚施直鎛。"《周禮·考工記》賈疏、《禮記·王制》孔疏引"直"俱作"植"，可證。植者，立也，爲典籍之常詁。《荀子·非相》云："傅説之狀，身如植鰭。"楊倞注："植，立也。""直目"與"植鰭"構詞方式同。古人於目有"深目""平目""出目"之説，《説文·目部》云："宎，深目也。""瞵，平目也。""睍，出目也。"出目即突目，亦即立目。正乘，郭云"未聞"，聞一多《天問疏證》："日安不到？燭龍何

① 楊伯峻：《列子集釋》，中華書局，1979，第16頁。
② 沈培：《周原甲骨文裏的"囟"和楚墓竹簡裏的"囟"或"思"》，《漢字研究》第一輯，學苑出版社，2005，第357頁。
③ 孟蓬生：《上博竹書（二）字詞劄記》，載朱淵清、廖名春主編《上博館藏戰國楚竹書研究續編》，上海書店出版社，2004，第475頁。
④ （清）吴任臣：《山海經廣注》，樂保群點校，中華書局，2020，第512頁。
⑤ （晋）郭璞注，（清）畢沅校《山海經》，上海古籍出版社，1989，第117頁。
⑥ 袁珂校注《山海經校注》，巴蜀書社，1993，第500頁。

照?"引此經認爲"乘"字"疑當作'東'"①，其説無據，非也。畢沅以爲
"朕"字假音，是也。郭店楚簡《老子》乙云："槑（燥）勅蒼（滄）。"馬
王堆帛書《老子》乙本"勅"作"朕"。《上博（八）・成王既邦》二號簡
有"䡾（朕）睧（聞）才（哉）"一句，"朕"即作"䡾"，字从車，㱈聲。
㱈、乘字同，可證乘與朕通。《説文・舟部》"朕"字，段注："本訓舟縫，
引伸爲凡縫之稱。"②《周禮・春官・叙官》鄭衆注："無目朕謂之瞽，有目
朕而無見謂之蒙，有目無眸子謂之瞍。"孫詒讓《正義》云："先鄭云'無
目朕'者，蓋謂目縫粘合，絶無形兆。"③《集韵・軫韵》云："朕，目兆
也。"朕爲目兆，即眼眶也。《楚辭・離騷》："名余曰正則兮。"王逸注：
"正，平也。"所謂"正乘"即"正朕"，言眼眶平也。三星堆出土有青銅出
目人面具，眼珠如柱狀突出，眼眶則與臉平，此正"直目正乘"之形耳（見
圖1）。

圖1　三星堆出目人銅像面具

Textual Research and Interpretation of Difficult Words
in *the Book of Mountains and Seas*

Jia Wenhe

Abstract：As a document in the pre-Qin period of China, *the Book of*

---

① 聞一多：《天問疏證》，上海古籍出版社，1985，第36頁。
② （漢）許慎撰，（清）段玉裁注《説文解字注》，上海古籍出版社，1988，第403頁。
③ （清）孫詒讓：《周禮正義》，王文錦、陳玉霞點校，中華書局，1987，第1269、1271頁。

Mountains and Seas is of great value. It is an important book for scholars of many disciplines to refer to. *The Book of Mountains and Seas* itself contains some difficult words, which brings obstacles to people's reading the full text. Some of these difficult words have remote meanings and are difficult to understand; some commentators or scholars below Guo Pu misunderstood and put forward wrong views; some of *the Book of Mountains and Seas* and Guo Pu's notes have produced some literature errors in the process of cirulation, and the conclusions drawn by scholars based on the wrong-literature are obviously wrong. The textual research, interpretation and correction of these difficult words will help to improve the use value of this book.

Keywords: *The Book of Mountains and Seas*; Guo Pu; Difficult Words

《朱子語類》"性"詞義系統考探*

徐時儀**

摘　要　性是人内在的基礎屬性，"性"是多義詞，有"本性""天賦""性質或性能"等義。《朱子語類》以"性"爲構詞語素的複音詞傳承單音節詞"性"的多義性而凝合發展有各自的詞義，從而使"性"作爲語素參與構詞時意義有多重指向而又和諧統一，大致形成《朱子語類》中以"性"爲構詞語素的詞語聚合。這些以"性"爲語素構成的詞語聚合不僅反映了"性"詞義古今傳承的演變，而且體現了朱熹的理學思想，尤其是從一些使用頻率較高的詞中可見朱熹有關"性"的理念。

關鍵詞　《朱子語類》　性　詞義系統

一　《朱子語類》所載"性"

"性"從心。《説文解字·心部》："性，人之陽氣，性善者也。從心，生聲。""性"的本字爲"生"。《説文解字·生部》："生，進也。象草木生出土上。"據許慎所釋，"生"的本義爲生出、生長，引申爲有所生出者，即生命；又進一步引申出與生俱來的"性"。"性"和"生"密不可分，古人多以"生"解"性"。如告子曰"生之謂性"①，荀子説"生之所以然者謂之性"②，董仲舒云"如其生之自然之資謂之性"③，劉向謂"性，生而然者也"④，等等。"性"和"生"古時讀音相同，"生"加"心"旁衍生爲"性"而成爲人的基礎的屬性。内在的"性"流露外化而爲人們的思想感情的"情"。

＊　本文爲國家社會科學基金重點項目"朱子語録詞語匯釋"（項目編號：18AYY018）的階段性成果。

＊＊　徐時儀，博士，上海師範大學古籍整理研究所教授，博士生導師，主要研究方向爲中國古典文獻學和漢語史。

①　《孟子》卷十一《告子章句上》。
②　《荀子》卷十六《正名篇》。
③　董仲舒《春秋繁露》卷十。
④　王充《論衡》卷三。

“性”有“本性”“天賦”“性質或性能”等義。如：“故吕與叔謂物之性有近人之性者，如貓相乳之類。”（4.58）“人之知、禮能如天地，便能成其性，存其存，道義便自此出。”（74.1909）① “火熱水寒，水火之性自然如此。”（120.2895）② 朱熹認爲“性即理也。在心喚做性，在事喚做理”。（5.82）性就是人内心所藴含之天理的體現，“性者，人之所得於天之理也”③。據我們統計，《朱子語類》中有“性”及以“性”爲構詞語素的複音詞共3398個，其中以“性”爲構詞語素的複音詞1064個，④ 大致可分爲表達人或物的本性；天賦、天性；事物的性質或性能；生命；生機；性情，脾氣；情緒，情意；佛教語諸方面。下文擬就《朱子語類》中“性”的詞義略做辨析，⑤以見其理學詞語系統性之一斑。

（一）人或物的本性：性善、知性、盡性、情性①、⑥ 人性①、性分、養性、一性、性惡、復性、正性、常性、循性、性行、善性、惡性、性道、性貪、尊性、定性、性邪、窮理盡性、存心養性、治心養性。

性善 124 例

戰國時孟子的觀點之一。認爲人生之初其性是善良的。

孟子之論，盡是説性善。（5.65）

這些道理，更無走作，衹是一箇性善可至堯舜，別没去處了。（8.133）

知性 69 例

知道人的本性。

知性猶物格，盡心猶知至。（60.1422）

蓋盡心，則衹是極其大；心極其大，則知性知天，而無有外之心矣。（98.2518）

---

① 本文所據如未特別注明皆爲王星賢點校本，中華書局，1986。括號内爲卷和頁。
② 據《漢語大詞典》，“性”有如下詞義：1. 人的本性；2. 泛指天賦，天性；3. 事物的性質或性能；4. 現常用爲名詞性後綴，表示思想感情、生活態度和一定的範疇等；5. 生命；生機；6. 性情，脾氣；7. 指情緒；8. 身體；體質；9. 姿態；10. 性别；11. 指與生殖、性欲有關的；12. 佛教語；13. 指事物的本質。
③ 《四書章句集注·孟子集注》卷十一。
④ 其中也有一些尚未成詞的詞組。“忍性”2 例，語出《孟子·告子下》“故天將降大任於是人也，……所以動心忍性，曾益其所不能”，未計入。
⑤ 多義詞略以常用義作爲分類依據。
⑥ 多義詞按義項歸類。

盡性 57 例

發揮人和物的本性，使各得其所。

如至誠惟能盡性，只盡性時萬物之理都無不盡了。（17.381）

盡性，性有仁，須盡得仁；有義，須盡得義，無一些欠闕方是盡。（60.1452）

情性 46 例

①本性。

今先說一箇心，便教人識得箇情性底總腦，教人知得箇道理存著處。（5.91）

孔子各欲其於情性上覺察，不使之偏勝，則其孝皆平正而無病矣。（23.563）

人性 36 例

①人的本性。

人性本善，無許多不美，不知那許多不美是甚麼物事。（4.68）

人性如一團火，煨在灰裏，撥開便明。（4.76）

性分 22 例

本性。

性分是以理言之，命分是兼氣言之。命分有多寡厚薄之不同，若性分則又都一般。（4.77）

如顏子，不要車馬輕裘，只就性分上理會。（29.749）

養性 16 例

謂修養身心，涵養天性。語本《孟子·盡心上》："存其心，養其性，所以事天也。"

孟子言性善，存心，養性，孺子入井之心，四端之發，若火始然，泉始達之類，皆是要體認得這心性下落，擴而充之。（19.445）

德，謂德之全體，天下道理皆由此出，如所謂存以養性之事是也，故以此教上等人。（34.869）

一性 15 例

純一的本性。

人之一性，完然具足，二氣五行之所稟賦，何嘗有不善。（12.203）

如二先生之說，則情與心皆自夫一性之所發。（59.1384）

性惡 12 例

戰國時荀子的觀點之一。認爲人性本來是惡的，必須以禮義刑罰治之，才能使之改惡從善。

諸子說性惡與善惡混。（4.70）

東坡言三子言性，孟子已道性善，荀子不得不言性惡，固不是。（137.3254）

復性 5 例

謂回復本性之善。

李翱復性則是，云“滅情以復性”，則非。（59.1381）

張子云：“以心克己，即是復性，復性便是行仁義。”（100.2541）

正性 4 例

自然的稟性；純正的稟性。

蓋好賢而惡不肖，乃人之正性；若舉錯得宜，則人心豈有不服。（24.593）

“有命焉”，乃是聖人要人全其正性。（61.1461）

常性 4 例

常情，本性。

南軒言：“伊川此處有小差，所謂喜怒哀樂之中，言衆人之常性；‘寂然不動’者，聖人之道心。”（95.2415）

曰：“人生與天地一般，無些欠缺處。且去子細看秉彝常性是如何，將孟子言性善處看是如何善，須精細看來。”（116.2799）

循性 3 例

順着本性。

乃知循性是循其理之自然爾。（62.1491）

性行 2 例

本性與行爲。

譬如與人乍相見，其初只識其面目，再見則可以知其姓氏、鄉貫，又再見則可以知其性行如何。（16.354）

曰：“未知得婦人性行如何。三月之久，則婦儀亦熟，方成婦矣。”（89.2273）

善性 2 例

謂人善良的本性。語本《孟子・告子上》：“人性之善也，猶水之就下也。”

曰：“繼成屬氣，善性屬理。性已兼理氣，善則專指理。”（94.2391）

心體無窮，前做不好，便換了後面一截，生出來便是良心、善性。

（119.2876）

惡性 1 例

性情凶惡；凶惡的性情。

又曰："'然惡亦不可不謂之性'一句，又似有惡性相似。須是子細看。"（95.2429）

性道 1 例

人性與天道。

曰："大本達道，性道雖同出，要須於中識所以異。"（97.2504）

性貪 1 例

本性貪婪。

但程子説得深，如云狼性貪之類。（81.2116）

尊性 1 例

重視人性。

"性無善惡"，此乃欲尊性，不知却鶻突了它。（62.1487）

定性 1 例

安定心神；確定性質。

"定性"字，説得也詫異。此"性"字，是箇"心"字意。（95.2441）

性邪 1 例

猶性惡。

如人渾身都是惻隱而無羞惡，都羞惡而無惻隱，這箇便是惡德。這箇唤做性邪不是？（4.72）

窮理盡性 21 例

窮究天地萬物之理與性。

"五十知天命"，則窮理盡性，而知極其至矣。（23.556）

又曰："樂天知命吾何憂？窮理盡性吾何疑？"（137.3270）

存心養性 15 例

保存本心，養育正性。儒家思孟學派認爲，人性本善，保持並培養這種本性，即可事天。

存心養性，充廣其四端，此孟子之體用也。（125.2986）

孟子説"存心養性"，其要只在此。（126.3023）

治心養性 1 例

修養本心，養育正性。

若能沉潛專一看得文字，只此便是治心養性之法。（81.2101）

（二）指天賦，天性：性情①、性命①、成性、心性①、天性、性質、資性、稟性、才性、質性、性資、性識、體性、性體、真性。

性情 137 例

①稟賦和氣質

火之性情則是箇熱，水之性情則是箇寒，天之性情則是一箇健。（68.1687）

曰："前既說當察物理，不可專在性情；此又言莫若得之於身爲尤切，皆是互相發處。"（18.401）

性命 126 例

①古代哲學範疇。指萬物的天賦和稟受。

學以聖賢爲準，故問學須要復性命之本然，求造聖賢之極，方是學問。（118.2844）

然人於性命之理不明，而專爲形氣所使，則流於人欲矣。（62.1488）

成性 48 例

天性；成其天性。

自其接續流行而言，故謂之已發；以賦受成性而言，則謂之未發。（65.1604）

若使不用修爲之功，則雖聖人之才，未必成性。（98.2516）

心性 31 例

①古典哲學範疇，指"心"和"性"。

人之心性，敬則常存，不敬則不存。（12.210）

孟子始終都舉，先要人識心性着落，却下功夫做去。（19.429）

天性 22 例

先天具有的品質或性情。

人之有形有色，無不各有自然之理，所謂天性也。（60.1452）

惟天性剛强之人，不爲物欲所屈。（115.2766）

性質 5 例

稟性；氣質。

今人自小即教做對，稍大即教作虛誕之文，皆壞其性質。（7.126）

曰："尹子見伊川晚，又性質朴鈍，想伊川亦不曾與他説。"（74.1895）

資性 4 例

資質；天性。

他那資性直是會記。（5.197）

祇是好仁者是資性渾厚底，惡不仁者是資性剛毅底。（26.653）

稟性 2 例

猶天性。指天賦的品性資質。

然聖賢稟性與常人一同。（8.133）

可學稟性太急，數年來力於懲忿上做工夫，似減得分數。（118.2840）

才性 2 例

才能稟賦。

人有才性者，不可令讀東坡等文。有才性人，便須取入規矩；不然，蕩將去。（139.3322）

性識 1 例

天分，悟性。

又問："或有性識明底，合下便是，後如何？"（124.2980）

體性 1 例

稟性。

乾静專動直而大生，坤静翕動闢而廣生。這説陰陽體性如此，卦畫也髣彿似恁地。（74.1904）

性體 1 例

本性，氣質。

此祇是論其性體之健，静專是性，動直是情。（68.1688）

真性 1 例

天性；本性。

如人之有體，果實之有皮核，有箇軀殼保合以全之。能保合，則真性常存，生生不窮。（68.1701）

（三）事物的性質或性能：有性、本性、記性、識性、水性、藥性、無性、火性、性習、僻性。

有性 20 例

具備性質或功能。

有性即有氣，是他稟得許多氣，故亦祇有許多理。（4.61）

心以性爲體，心將性做餡子模樣。蓋心之所以具是理者，以有性故也。（5.89）

本性 19 例

固有的性質或個性。

順其所以然，則不失其本性矣。（57.1354）

因指面前燈籠曰："且如此燈，乃本性也，未有不光明者。"（64.1572）

記性 9 例

記憶力。

小兒無記性，亦是魄不足。（63.1550~1551）

有才思者多去習進士科，有記性者則應學究科。（128.3079）

識性 7 例

審察事物、判別是非的稟性。

如此，不會記性人自記得，無識性人亦理會得。（10.165）

公識性明，精力短，每日文字不可多看。（116.2804）

水性 5 例

水的性能、特點。

水性就下，順而導之，水之性也。（57.1354）

又如水被泥土塞了，所以不流，然水性之流依舊只在。（101.2584）

藥性 4 例

指藥物的性質與功能。

又曰："且如今言藥性熱，藥何嘗有性，祇是他所生恁地。"（4.60）

又如喫藥，喫得會治病是藥力，或涼，或寒，或熱，便是藥性。至於喫了有寒證，有熱證，便是情。（5.91）

無性 3 例

不具備性質或功能。

天下無無性之物。（4.56）

某答之云："但恐如草藥，鍛煉得無性了，救不得病耳！"（107.2671）

火性 2 例

火的性能。

火性是熱，便是信。（21. 488）

火性本熱，水性本寒。（120. 2895）

性習 2 例

習性，習慣。

"性習遠近" 與 "上智下愚" 本是一章。（47. 1178）

如性習遠近之類，不以氣質言之不可，正是二程先生發出此理，濂溪論太極便有此意。（59. 1384）

僻性 2 例

習癖。

蓋某僻性，讀書須先理會得這樣分曉了，方去涵泳它義理。（64. 1591）

某僻性最不喜人引證。（120. 2907）

（四）生命；生機：性命②③、生性。

性命

②生命。

人之所以爲人，物之所以爲物，都是正箇性命。保合得箇和氣性命，便是當初合下分付底。（16. 317）

一物各得一箇性命，便有一箇形質，皆此氣合而成之也。（98. 2508）

③生命過程。

如木開花結實，實成脫離，則又是本來一性命，元無少欠。（12. 220）

一叢禾，他初生時共這一株，結成許多苗葉花實，共成一箇性命；及至收成結實，則一粒各成一箇性命。（74. 1900）

生性 3 例

生命的特征。

看茄子内一粒，是箇生性。（4. 63）

寤則虛靈知覺之體燁然呈露，如一陽復而萬物生意皆可見；寐則虛靈知覺之體隱然潛伏，如純坤月而萬物生性不可窺。（140. 3340）

（五）性情，脾氣：率性、索性、五性、性氣、氣性、質性、性資、心性②、人性②、性情②、性急、性鈍、修性、性勇、性寬、性直、性順、性剛、性疏、性迫、性慢、急性、隨性、使性、性格、心粗性急、帶氣負性。

率性 53 例

循其本性；盡情任性。

萬物稟受，莫非至善者，性；率性而行，各得其分者，道。（62. 1492）

如"率性之謂道"，性衹是理，率性方見得是道，這説着事物上。（60. 1432）

索性 26 例

①乾脆；徹底；直截了當。

然他處此最難，微子去却易，比干則索性死。他在半上半下處，最是難。（48. 1194）①

而今若要行井田，則索性火急做；若不行，且依而今樣。（98. 2531）

②灑脱、痛快，率性，由着性子。②

曾點言志，當時夫子衹是見他説幾句索性話，令人快意，所以與之。（40. 1027）

及胡文定論時政，説得便自精神索性。（70. 1774）

③純粹、完全。

若説無，便是索性無了。（3. 43）

曰："若説交際處煩數，自是求媚於人，則索性是不好底事了，是不消説。"（27. 78）

五性 15 例

人的五種性情。指喜、怒、欲、懼、憂，或指暴、淫、奢、酷、賊，或指喜、怒、哀、樂、怨，或指仁、義、禮、智、信。

唯陰陽合德，五性全備，然後中正而爲聖人也。（4. 74）

"幾善惡"，則是善裏面便有五性，所以爲聖，所以爲賢，衹是這箇。（94. 2388）

性氣 6 例

①性情，脾氣。

---

① 此條爲陳淳所録，成化本同。檢徽州本爲：曰："箕子與比干心只一般。箕子也嘗諫紂，偶不逢紂大怒，不殺他。也不是要爲奴，只被紂囚繫在此，因徉狂爲奴。然亦不須必死於事。蓋比干既死，若更死諫也無益，適足長紂殺諫臣之罪，故因得徉狂。然他處此最難，微子去却易，比干則速迅死。他在半上半下處最是難。"索性，徽州本作"速迅"。參見（宋）黃士毅編，徐時儀、楊豔彙校《朱子語類彙校》，上海古籍出版社，2014，第1265頁。

② 唐賢清：《〈朱子語類〉副詞研究》，湖南人民出版社．2004，第249頁。

若輕易開口，胡使性氣，却只助得客氣。（52. 1256）

呆老在徑山，僧徒苦其使性氣，没頭腦，甚惡之，又戀着他禪。（124. 2973）

②志氣。

不帶性氣底人，爲僧不成，做道不了。（8. 138）

英宗即位，已自有性氣要改作，但以聖躬多病，不久晏駕，所以當時謚之曰"英"。神宗繼之，性氣越緊，尤欲更新之。（130. 3095）

心性

③性情；性格。

曰："看來'不惰'，秖是不説没緊要底話，蓋是那時也没心性説得没緊要底話了。"（36. 979）

今人心性褊急，更不待先説他本意，便將理來衮説了。（66. 1635）

人性

②人的性情。

大凡人性不能不動，但要頓放得是。（94. 2395）

人性褊急，發不中節者，當於平日言語動作間以緩持之。（103. 2600）

性情

②性格，脾氣。

緣他心靈，故能知其性情，制馭得他。（126. 3028）

凡人爲學，亦須先於性情上着工夫。（93. 2353）

性急 5 例

性情急躁。

且如人稟得性急，於事上所欲必急，舉此一端，可以類推。（18. 413）

將樂人性急，粗率。（101. 2569）

性鈍 3 例

性格愚鈍。

有一等性鈍底人，向來未曾看，看得生，卒急看不出，固是病。（10. 172）

某則性鈍，説書極是辛苦，故尋常與人言，多不敢爲高遠之論。（103. 2605）

修性 2 例

養性，涵養性情。

揚雄言:"學者,所以修性。"故伊川謂揚雄爲不識性。(62. 1495)

何丞辨五峰"理性",何異修性?蓋五峰以性爲非善惡,乃是一空物,故云"理"也。(101. 2593)

性勇 2 例

性格逞勇。

只爲子路性勇,怕他把不知者亦説是知,故爲他説如此。(24. 588)

子路性勇,凡言於人君,要他聽,或至於説得太過,則近乎欺。(44. 1131)

性寬 2 例

性格溫和。

如公性寬怒少,亦是資質好處。(30. 773)

先生因言:"古者教人有禮樂,動容周旋,皆要合他節奏,使性急底要快也不得,性寬底要慢也不得,所以養得人情性。"(43. 1103)

性直 2 例

性格率直。

蓋子路性直,見子去見南子,心中以爲不當見,便不説。(33. 838)

王説習之性直,好人,與林艾軒輩行。(132. 3178)

性順 2 例

性情溫順。

如牛之性順,馬之性健,即健順之性。(62. 1490)

又如人,禀得性順底人,及其作事便自省事,自然是簡,簡衹是不繁。(74. 1880)

性剛 2 例

性格倔强。

問:"孫吉甫説,性剛未免有失,如何?"(118. 2842)

光性剛,雖暫屈,終是不甘,遂與秦檜齟。(131. 3158)

氣性 1 例

性情,脾氣。

林丈説:"彭子壽彈韓侂胄只任氣性,不顧國體,致侂胄大憾,放趙相,激成後日之事。"(107. 2669)

質性 1 例

資質,脾性。

楊問："'質直而好義'，質直是質性之直，或作兩件説。"（43.1092）

性資 1 例

稟性，資質。

質，就性資上説；直，漸就事上説。（42.1091）

性疏 1 例

性格粗放率略。

李英爽奮發，然性疏，用術。（131.3138）

性迫 1 例

性格局蹙。

周世宗規模雖大，然性迫，無甚寬大氣象。（136.3251）

性慢 1 例

性情緩和。

他性慢，看道理也如此。（102.2569）

急性 1 例

性情急躁。

公看文字子細，却是急性，太忙迫，都亂了。（118.2836）

隨性 1 例

"率性之謂道"，祇是隨性去，皆是道。（62.1491）

使性 1 例

謂發脾氣；任性。

伯恭言，少時愛使性，才見使令者不如意，便躁怒。（122.2950）

性格 1 例

性情品格。指人在態度和行爲上所表現出來的心理特徵。

而今説已前不曾做得，又怕遲晚，又怕做不及，又怕那箇難，又怕性格遲鈍，又怕記不起，都是閑説。（10.164）

心粗性急 1 例

粗心急躁。

心粗性急，終不濟事。（19.441）

帶氣負性 1 例

自負，有脾性。

隱者多是帶氣負性之人爲之。（140.3327）

（六）指情緒，情意：性情③、情性③、性理。

性情

③感情。

或問："如詩是吟詠性情，讀詩者便當以此求之否？"（96.2460）

情性

③感情。

詩人之思，皆情性也。情性本出於正，豈有假僞得來底！思，便是情性；無邪，便是正。以此觀之，《詩》三百篇皆出於情性之正。（23.545）

大率古人作詩，與今人作詩一般，其間亦自有感物道情，吟詠情性，幾時盡是譏刺他人？（80.2076）

性理 4 例

情緒和理智。

爲氣血所使者，祇是客氣。惟於性理説話涵泳，自然臨事有別處。（13.239）

（七）佛教語，指事物的本質：佛性、見性成佛、識心見性、求心見性。

佛性 2 例

佛教名詞。謂衆生覺悟之性。

不可道蠢動含靈皆有佛性，與自家都一般。（59.1389）

識者知是佛性，不識喚作精魂。（126.3022）

見性成佛 5 例

佛教語。謂能徹見佛性，將其顯露出來，便即成佛。

却是少些子直指人心，見性成佛底語，空如許勞攘重複，不足以折之也。（59.1378）

他舊時瞿曇説得本不如此廣闊，後來禪家自覺其陋，又翻轉窠臼，只説"直指人心，見性成佛"。（126.3023）

識心見性 3 例

看到思想、意念、感情、事物的本質等。

禪家不立文字，只直截要識心見性。（8.141）

釋氏自謂識心見性，然其所以不可推行者何哉？（126.3039）

求心見性 1 例

猶識心見性。

及唐中宗時有六祖禪學，專就身上做工夫，直要求心見性。（136.3274）

二 “性”與朱熹理學思想

“性”是人内在的基礎屬性，《朱子語類》中這些以“性”爲構詞語素構成的詞語聚合大致體現了朱熹的理學思想，從一些使用頻次較高的詞中可見朱熹有關“性”的理念。如“心性”合計使用 31 次，“知性”69 次。先秦孟子有“盡心知性”之説，其後佛教各宗盛談心性，宋儒亦喜談心性，但各家解説不一。據郭友仁所録：

> 問：“聖門説‘知性’，佛氏亦言‘知性’，有以異乎？”先生笑曰：“也問得好。據公所見如何？試説看。”曰：“據友仁所見及佛氏之説者，此一性，在心所發爲意，在目爲見，在耳爲聞，在口爲議論，在手能持，在足運奔，所謂‘知性’者，知此而已。”曰：“且據公所見而言。若如此見得，祇是箇無星之稱，無寸之尺。若在聖門，則在心所發爲意，須是誠始得；在目雖見，須是明始得；在耳雖聞，須是聰始得；在口談論及在手在足之類，須是動之以禮始得。‘天生烝民，有物有則。’如公所見及佛氏之説，祇有物無則了，所以與聖門有差。況孟子所説‘知性’者，乃是‘物格’之謂。”（126.3020~3021）

此爲郭友仁在朱熹逝世前兩年所聞，即慶元四年（1198）所記，出自《池録》。朱熹的回答區分了儒佛兩家的“知性”觀點，把“性”和“知”聯繫起來，比二程所論更爲直接明了。又如“性命”計使用 126 次，除表“生命”義外，還指萬物的天賦和稟受。理學家所説“性”與“命”皆有雙重的意義，一指向先天的向度，“性”是“義理之性”之類的意思，“命”則可解讀成“義理之命”；一指向後天的意義，“性”是“氣質之性”之謂，“命”亦是“氣命”之類的表述方式。再如“性情”137 次，“情性”46 次，除表“本性，稟性”義外，還有“感情”“性格”義。“性善”124 次，“性惡”12 次，“人性”36 次，反映了朱熹的人性善惡觀。

在朱熹哲學體系中，理不僅是宇宙萬物的本源和規律，而且是人類社會最高的倫理法則，即“以天道言之，爲‘元亨利貞’；以四時言之，爲春夏秋冬；以人道言之，爲仁義禮智；以氣候言之，爲温涼燥濕；以四方言之，爲東西南北"。(68.1690) "宇宙之間，一理而已。天得之而爲天，地得之而爲地，而凡生於天地之間者，又各得之以爲性。"① 朱熹認爲"論天地之性，則專指理言；論氣質之性，則以理與氣雜而言之"。(4.67) 所謂天地之性，是稟於理而具有的做人的一般道理，所謂氣質之性，則是雜理與氣而後成的千差萬別的人性個别。天地之性雖然邏輯上先於人而存在，但實際上它又必須存在於同一個人的具體形體之中，"故說性，須兼氣質說方備"。(4.66) 氣質之性和天地之性相互依存、相互滲透，天地之性在氣質之中，而氣質之性是天地之性經過氣質的具體表現。對雜理與氣而成的、存在於每一個人的具體形體中的氣質之性而言，"善固性也，然惡亦不可不謂之性也"。(4.71) 氣質之性存在於每個人的心中，由氣稟不同而千差萬別，形成清濁和善惡之分。性接物而動則爲情，動而當則合於理，動而不當則背於理；情發爲欲，好的欲爲理，不好的欲則無所不害，背却天理。

朱熹還認爲人性即理在人身上的體現。"人物性本同，只氣稟異。如水無有不清，傾放白椀中是一般色，及放黑椀中又是一般色，放青椀中又是一般色。"他指出，"性最難說，要說同亦得，要說異亦得。如隙中之日，隙之長短大小自是不同，然却祇是此日"。(4.58) "性之本體，便祇是仁義禮智之實。"② 據此而知仁、義、禮、智等人倫法則爲人性與物性的根本區別。

朱熹既反對佛教無情復性的主張，又看到李翱性善情邪的矛盾，提出謹守《中庸》發而中節的性情說，指出"欲是情發出來底"(5.93)，有好與不好之分。認爲"心如水，性則水之静，情則水之流，欲則水之波瀾，但波瀾有好底，有不好底。欲之好底，如'我欲仁'之類；不好底，則一向奔馳出去，若波濤翻浪。大段不好底欲，則滅却天理，如水之壅決，無所不害"。(5.93~94) 好的欲是人們合當如此的意向、願望，如饑而欲食、渴而欲飲等，"雖是人欲，人欲中自有天理"。(13.224) 不好的欲是"合不當如此者，如私欲之類"(94.2414)，指背於理和性的奔放泛濫之情，即與"公"對立的"私欲"，與"義"對立的"利欲"，與"正"對立的"邪欲"，與"理"

---

① (宋)朱熹：《讀大紀》，《晦庵先生朱文公文集》卷七十《四部叢刊》第1629頁，商務印書館，1922。
② (宋)朱熹：《答林德久》，《晦庵先生朱文公文集》卷六十一《四部叢刊》第1395頁，商務印書館，1922。

對立的"物欲"。情能循理，即不是欲；情不能循理，即是欲。由此可知朱熹提倡"心統性情"，主張以理制欲和以義導利，注重通過自律和內省提高人的素質。①

三 "性"詞義的古今傳承

"詞彙是個系統，詞義也是個系統。很多詞在歷史演變中形成了多種意義，這些意義不是零散的、互不相關的"②，而是處在相互的聯繫之中，組成一批互有關聯的詞語聚合。《朱子語類》以"性"爲構詞語素的複音詞傳承單音節詞"性"的多義性而凝合發展成各自的詞義，從而使"性"作爲語素參與構詞時意義有多重指向而又和諧統一，大致形成《朱子語類》中以"性"爲構詞語素的詞語聚合。

"性"是多義詞。多義詞每個義項的功能是不盡相同的，有的表示詞義，即該義項可在句中單獨使用，也可作爲語素來構詞；有的表示語素義，即該義項只存在於某些複音詞之中。就漢語詞義系統而言，以"性"爲語素構成的複音詞大多承單音節詞"性"的多義性而凝合發展構成新詞。多義詞"性"與以其爲語素構成的複音詞"本性、天性、火性、性命、質性、佛性"等形成了豐富的同義詞和類義詞。其中並列式如性命、心性、性情、性道、性行、性格、性氣，主謂式如性善、性惡、性貪、性急、性寬、性直、性順、性健、性剛、性慢，偏正式如人性、天性、本性、正性、生性、真性、藥性、水性、火性、急性、佛性、記性、善性、惡性，動賓式如知性、養性、盡性、率性、復性、循性、修性、忍性、使性。大多爲偏正結構，這也反映了漢語詞彙複音化趨勢中偏正結構較易凝固成詞。有些主謂式與動賓式往往還介於詞組向詞的凝固過程，如性貪、性疏、性迫、尊性、成性、有性、無性等。有一些構成同素異序詞，如性質、質性，性情、情性，性氣、氣性，資性、性資，體性、性體，性識、識性，性善、善性，性惡、惡性，性急、急性。其中有些詞義不同，如性情、情性，性識、識性。

---

① 徐時儀、吳亦琦：《〈朱子語類〉理學核心詞語考探》，《上海師範大學學報》（哲學社會科學版）2020 年第 6 期。
② 蔣紹愚：《漢語歷史詞彙學概要》，商務印書館，2015，第 402 頁。

這些以"性"爲語素構成的複音詞的詞義已不是語素義的簡單組合加合關係，而大多是語素義的融合引申。多義詞這些義項功能由詞義向語素義的轉化促成了複音詞詞義的融合與結構的凝固。從結構上看，以"性"的基本義構成的"循性、知性、常性、性貪"等復合詞定型性較弱，以"性"的引申義構成的"記性、索性"等復合詞定型性較强，引申義爲語素組成的復合詞具有意義高度融合和結構定型的特點。如："循性之所有，其許多分派條理即道也。"（62.1491）例中"循性"由"性"的基本義"人的本性"作爲語素構成而有"順着本性"義，意義融合和結構定型性較弱。"今人不解恁地説，便不索性。兩邊説，怎生説得通？"（75.1936）例中"索性"由"性"的引申義"性情，脾氣"作爲語素構成而有"乾脆；徹底"義，意義融合和結構定型性較强。

這些詞有傳承也有新創。傳承的詞自古至今的詞義基本一致，没有發生明顯的變化。如"性質"的"禀性；气质"義見於《荀子·性惡》："夫人雖有性質美而心辯知，必將求賢師而事之，擇良友而友之。""常性"的"本性"義見於《莊子·馬蹄》："彼民有常性，織而衣，耕而食，是謂周德。""人性"的"人的本性"義見於《孟子·告子上》："人性之無分於善不善也，猶水之無分於東西也。"

新創的詞如"索性""使性"等。① 新産生的引申義如"性氣"引申有"志氣"義，"人性"由"人的本性"義引申出"人的性情"義。從中還可探尋現代漢語一些詞的源流。如"索性"始見於宋代，② 語義上由"快速"而增有"由着性子"義，從而産生"乾脆利索，直截了當"、"灑脱，痛快"和"純粹，完全"義。③ 考"索"有"求取"和"窮盡"義，④ "性"即人之天生性情，"索性"就是極盡性情所致，也就是"由着性子盡情地（做某事）"，引申爲痛快、爽快，既可作形容詞，又可作副詞。⑤ "索性"作副詞表示"乾脆"義時又作"索興"。如《兒女英雄傳》第五回："偏偏那女子

---

① 《漢語大詞典》釋"使性"引明賈仲明《對玉梳》爲首證，偏晚。
② 據徽州本所載異文，又作"速迅"。太田辰夫《中國語歷史文法》認爲："它的語源可能是繩索那樣的性質，指的是直性子或者徑情直遂。"（蔣紹愚、徐昌華譯，北京大學出版社，1987，第268頁。）
③ 索性，南二星、宋浚吉編《語録解》釋云："猶言白直，又猶言直截。"
④ 《廣雅·釋詁》："索，盡也。"引申有"索性；乾脆"義。如《警世通言·莊子休鼓盆成大道》："早知死後無情義，索把生前恩愛勾。"
⑤ 《現代漢語詞典》第7版（商務印書館，2016，第1257頁）［索性］爲副詞，表示"直截了當；乾脆"。

又是有意而來，彼此陰錯陽差，你越防他，他越近你，防着防着，索興防到自己屋裏來了。"

　　據《現代漢語詞典》第 7 版，這些複音詞大多沿用至今。如人性、生性、天性、本性、稟性、藥性、水性、記性、急性、索性、性格、性情、性命、性質、性急。其中還有些見於宋代和宋以後産生的新義。如"率性"産生"索性；干脆"義。①

The Word Sense System of "Nature" in
Classified Utterances of Zhu Zi
Xu Shiyi

Abstract：Nature is the fundamental attribute of human beings. "Nature" is a multiple meanings word, has many meanings, such as "inherent quality" "natural gift" "characteristic; function". The polysyllabic words which are formed by the morpheme "nature" in *Classified Utterances of Zhu Zi*（朱子語類 *Zhu Zi Yulei*）, inherit multiple meanings of "nature" and condense into respective meanings, so that the words composed of "nature" are formed with similar multiple meanings. The words composed of "nature", especially the words that are used frequently, not only reflect the change context of the meaning of "nature", but also embody Zhu Xi's ideology of Neo-Confucianism.

Keywords：*Classified Utterances of Zhu Zi*（朱子語類 *Zhu Zi Yulei*）；Nature；Word Sense System

---

① 《水滸傳》第六十二回："燕青想道：左右是死，率性説了。"

大型字書《木部》疑難字新考[*]

楊寶忠^{**}

摘　要　利用“形用義音序五者互相求”考字方法，以《漢語大字典》《中華字海》爲線索，對唐宋以來大型字書《木部》收録的20個疑難字進行了考釋。考釋内容主要包括俗訛字未與正字溝通者、音義未詳者、異體字認同失誤者、同形字未加别異者、已有考釋尚可補正者。

關鍵詞　大型字書　《木部》　疑難字

01　桙

chēng，《廣韵》楚耕切，平耕初。木束。《玉篇·木部》：“桙，木束也。”（《大字典》^① 1235A/1290B^②，《字海》^③ 751A 略同）

按：此字《大字典》第一版作“桙”，第二版作“桙”，新舊字形之異也。故宫本《王韵》平聲《耕韵》仕耕反：“桙，刾。”^④“刾”爲“刺”字俗書。龍宇純云：“桙字《王二》同，當作捑。《廣雅·釋詁一》：捑，刺也。”^⑤《廣韵·耕韵》楚耕切：“桙，木束。”余廼永云：“《王二》及《全王》桙字訓刾。按《廣雅·釋詁一》：捑，刺也。是字當從扌作捑。《廣韵》以字從木，故改刻刺爲木束；《集韵》初耕切承之而另增《博雅》‘刺也’

---

*　本文爲國家社科基金冷門“絶學”和國别史研究專項“大型字書疑難字彙考”（項目編號：2018VJX082）的階段性成果。

**　楊寶忠，文學博士，河北大學文學院教授。主要研究方向爲文字學、訓詁學、辭書學、文獻學。

①　本文所引《大字典》有兩版：一爲漢語大字典編輯委員會編，《漢語大字典》第一版（簡稱《大字典》第一版），湖北辭書出版社、四川辭書出版社，1986～1990；一爲漢語大字典編輯委員會編《漢語大字典》第二版（簡稱《大字典》第二版），四川辭書出版社、崇文書局，2010。下同。

②　“/”前爲《大字典》第一版頁數與欄目，“/”後爲《大字典》第二版頁數與欄目，下同。

③　冷玉龍等編撰《中華字海》（簡稱《字海》），中華書局、中國友誼出版公司，1994。

④　周祖謨編《唐五代韵書集存》，中華書局，1983，第464頁。

⑤　龍宇純：《唐寫全本王仁昫刊謬補缺切韵校箋》，圖鴻製版印刷公司，1968，第228頁。

之挦字，遂衍所謂‘木束也’之栨字。《類篇》同誤。"① 《廣雅·釋詁一》："挦，剌也。"《博雅音》"挦"字楚耕反。龍、余二氏據今本《廣雅》改"栨"爲"挦"，其説非是。《萬象名義·木部》："栨，又（叉）耕反。剌也。"② 《新撰字鏡·木部》："栨（栨），叉耕反。剌也。"③ 《萬象名義》所收之字來源於原本《玉篇》，《新撰字鏡》所收之字主要來源於原本《玉篇》，二書《木部》收"栨"而《手部》不收"挦"，由此可知原本《玉篇》有從木之"栨"而無從手之"挦"。原本《玉篇》收録《廣雅》之字，據原本《玉篇》編纂體例，並參考《萬象名義》《新撰字鏡》《廣雅》，原本《玉篇》"栨"字説解當是"叉耕反。《廣雅》：剌也"。是南朝顧野王所見《廣雅》字本作"栨"。唐人增修《切韻》，尚無從手之"挦"；《廣韵》、今本《玉篇》亦不收"挦"字。此亦可證《廣雅》字本作"栨"不作"挦"。今本《玉篇》《廣韵》"栨"訓木束，"束"當是"剌"字殘誤，又以其字從木妄增"木"字耳。《集韵·耕韵》初耕切："挦，《博雅》：剌也。"同一小韵又云："栨，木束也。""栨"訓木束，本於今本《玉篇》及《廣韵》；"挦"字引《博雅》訓剌，本於誤本《廣雅》，"挦"即"栨"字俗訛，"剌"即"剌"字俗訛。字書本一訓剌之"栨"，輾轉抄寫，遂分爲二字二義：訓木束之"栨"與訓剌（剌）之"挦"。自《集韵》誤分"栨""挦"爲二字，後世大型字書若《類篇》《字彙》《康熙字典》《中文大辭典》《漢韓明文大玉篇》《日本大玉篇》等皆承其誤。《大字典》第一版新舊字形雜收，據《廣韵》收"栨"字，從八畫之"争"；不收六畫之"栟"。《字海》改從新字形，既收"栟"字於六畫，注云："chēng 音撑。木束。見《廣韵》（《廣韵》諸本作"栨"，不作"栟"）。"④ 又收"栨"字於八畫，注云："同‘栟’。"⑤ 《大字典》第二版改收新字形，據《廣韵》《玉篇》收六畫之"栟"而不收八畫之"栨"，《廣韵》《玉篇》實作"栨"，不作"栟"。

① 余迺永校注《新校互注宋本廣韵》，上海辭書出版社，2000，第 680 頁。
② 〔日〕釋空海編《篆隸萬象名義》（簡稱《萬象名義》），中華書局縮印日本崇文叢書本，1995，第 125 頁。
③ 昌住：《新撰字鏡》，《佛藏輯要》（第三十三册），巴蜀書社，1993，第 390 頁。
④ 冷玉龍等編撰《中華字海》，第 751 頁。
⑤ 冷玉龍等編撰《中華字海》，第 760 頁。

02　栛

liè，《廣韵》力轐切，入薛來。又郎括切。月部。①木名。《説文·木部》："栛，木也。"《字彙·木部》："栛，木名，可染繒。"②桅杆。《集韵·薛韵》："栛，舟檣。"（《大字典》1218B～1219A/1305A，《字海》755A略同）

按：《字彙·木部》："栛，力轐切，音劣。木名，可染繒。"① 可染繒之"栛"本作"枥"，落胡、郎古二切，不讀力轐切。《集韵》入聲《薛韵》龍轐切："栛，《説文》：木也。一曰舟檣。"訓舟檣之"栛"爲"檣"字異構，音檣，不音劣。《佩觿》卷中："枥、栛、捋，上來吳、來古二翻，黄枥，木可染。中才羊翻，帆栛；亦來梧翻，木名。下來拔翻，捋取。"《萬象名義·木部》："𣖒，才羊反，［音］𣘨（墙）。颿（帆）柱也。檣，才羊反。颿柱。"②《新撰字鏡·木部》："𣗎、橋、槗，三形同字。疾良反。船檣也，一曰颿柱。"③《玄應音義》卷三《道行般若經》卷五音義："若牆，又𣗎同，才羊反，颿柱也，關中曰竿是也。"④《可洪音義》卷二同經同卷音義："若塘，自羊反。舩上帆柱也。正作檣、𣗎二形。"對應佛經大正藏本作"若檣"，宋本、宫本、聖本作"若墻"，據文意當是"檣"字。故宫本《王韵》平聲《陽韵》疾良反："檣，船柱。亦作牂。"⑤ 龍宇純云："'牂'字《集韵》作'𣗎'，姜書Ｐ二〇一一作'𣖒'。案字當作𣗎。"⑥《集韵》平聲《陽韵》慈良切："檣、艡、𣗎，《埤倉》：颿柱也。或作艡、𣗎。""栛""𣗎"音檣，訓船柱，皆"檣"字異構，從木，將省聲也。其作"𣖒""𣗎""牂"者，又"栛""𣗎"二字之俗訛。《集韵》"栛"訓舟檣而讀力轐切，不足信從。"栛"字一形而來源有三，來源不同，讀音各異：一爲從木，寽聲，訓木，見《説文》，力轐切；二爲"枥"字俗訛，本從木，乎聲，訓木名，可染繒，《萬象名義》《廣韵》等訛作"栛"，落胡、郎古二切；三爲"檣"字

---

① 梅膺祚：《字彙》，《續修四庫全書》第233冊，上海古籍出版社，2002，第17頁。
② 釋空海：《篆隸萬象名義》，第125頁。
③ 昌住：《新撰字鏡》，第378頁。
④ 玄應：《一切經音義》（簡稱《玄應音義》），《中華大藏經》第56冊，中華書局，1993年影印本，第860頁。
⑤ 周祖謨：《唐五代韵書集存》，第462頁。
⑥ 龍宇純：《唐寫全本王仁昫刊謬補缺切韵校箋》，第213頁。

異構，從木，將省聲，訓帆柱，疾良切。

03 楱

qú，音渠。義未詳。見《篇海》。（《字海》756B）

按：《篇海》卷七《木部》引《龍龕》："楱，渠竹切。①"② 此《字海》所本。《龍龕》卷四《木部》："楱，渠〔竹〕反③。"④ 此《篇海》"楱"字所從出。其字渠竹切，當拼讀作 jú，《字海》拼讀作 qú，不確。以形音求之，此字當是"毱"字俗訛。《龍龕》卷一《毛部》："毛毛、毛丸、毬、毬、毱，五俗；毱，古；毱，正。渠竹反。皮毛之丸也。"⑤ "楱"字渠竹反，與"毱"字讀音相同。俗書"毱"字作"毬""毱""毱"⑥，"楱"字左上所從即毛之俗訛，《龍龕》作"毛毛"，左上所從與毛尤近。漢字毛旁在左者多作半包圍結構，如"毱""毧""毯""氊"等字是也。爲縮短運筆行程，提高書寫速度，亦有變作左右結構者。《可洪音義》卷五《大悲分陁利經》卷二音義："氍氀，上具俱反，下色俱反。毺毯，上音塔，下音登。"⑦ "氍"同"氍""氀"，"氀"同"氀""氀"，"毺"同"毺""毺"，"毯"同"毯""毯"，對應佛經作"氍氀毺毯"。"氍氀""毺毯"左旁之"毛"與"王（玉）"形近相亂，故從毛之字俗書或變從王。金藏廣勝寺本《大方等大集經》卷三："……從藥出已，以瓊褐磨，是名真正青琉璃珠。"高麗本同，磧砂藏作"毺褐"，房山石經遼代刻石作"毺褐"，"瓊"即"毺"字俗訛。此其例。"楱"字除去左上部件，剩餘部分則菊之俗書。六朝墓志"菊"字或作"菊""菊""菊"，"麴"字或作"麴"⑧，上引《龍龕》"毱"字俗作

---

① 《新修玉篇》卷十二《木部》引同。

② 韓道昭：《改併五音類聚四聲篇》（簡稱《篇海》），《四庫存目叢書》第 187 冊，齊魯書社，1996 年影印本，第 696 頁。

③ "竹"字據續古逸叢書本、朝鮮本、文淵閣本、文津閣本《龍龕》以及《四聲篇海》《新修玉篇》引補。

④ 釋行均：《龍龕手鏡》（簡稱《龍龕》），中華書局，1985 年影印本，第 387 頁。

⑤ 釋行均：《龍龕手鏡》，第 136 頁。

⑥ 並見《可洪音義》卷十一《大莊嚴論》卷十一音義，《中華大藏經》第 59 冊，第 963 頁。

⑦ 可洪：《新集藏經音義隨函錄》（簡稱《可洪音義》），《高麗大藏經》第 34 冊，線裝書局，2004 年影印本，第 795 頁。

⑧ 並見梁春勝《楷書部件異體俗體例字表》（未刊稿）。

"䎂"，"掬"字《可洪音義》卷三作"探"①，卷九作"探"②，皆足資比勘。文淵閣、文津閣四庫全書本《龍龕》"枀"作"琛"，與《可洪音義》"䎂"之作"琛"者字形尤近。"䎂"俗訛作"琛""琛"，與"琛"之作"琛"（宋刊本《玉篇·玉部》）、"琛"（故宫本《裴韵·侵韵》）者同形。

04 椏

《字彙補·木部》："椏，椏椏。"（《大字典·補遺》20A）

椏根。《字彙補·木部》："椏，椏椏。"（《大字典》第二版 1336A）

音未詳。椏椏。見《字彙補》。（《字海》763B）

按：《字彙補·木部》："椏，□□切，音□。椏椏。"③ 此《大字典》《字海》"椏"字所從出。《大字典》第一版"椏"字音義皆缺，第二版據《字彙補》補充釋義而"椏"字誤作"根"，仍缺音。正德本《篇海》卷七《木部》"俗字背篇"："椏，音葉字。俗謂~椏。今增。"又云："椏，音梓字。椏~。新增。此俗謂。"萬曆、崇禎本同。正德本《五音集韵》入聲《没韵》蒲没切（與"梓"字同一小韵）："椏，椏椏。"又《乏韵》："椏、稏、歪，三於劫切。與奄同。禾敗不生也。俗曰奄稏，謂木禾不生芽也。俗。"萬曆十七年、二十二年刻本同。"椏""椏"二字爲明代社會使用的俗字，金刻元修本、明成化本《篇海》皆不收，明正德重刊《篇海》《五音集韵》始增入二書。據正德後《篇海》《五音集韵》，"椏椏"即"奄稏"俗體會意字，分別從木不生、木不長會意，義爲木、禾不生芽。"椏"字於劫切，當拼讀作 yè。《字彙補》"椏"字不見清以前字書，據其字與"椏"連用而成詞，"椏"必爲"椏"字轉録之誤者，"椏""椏"字形相近。

05 槹

qiáo，音橋。義未詳。見《篇海》。（《字海》773B）

---

① 可洪：《新集藏經音義隨函録》，《高麗大藏經》第 34 册，第 727 頁。
② 可洪：《新集藏經音義隨函録》，《高麗大藏經》第 34 册，第 954 頁。
③ 吳任臣：《字彙補》，《續修四庫全書》第 233 册，上海古籍出版社，2002 年影印本，第 551 頁。

按：《篇海》卷七《木部》十畫引《川篇》："欈，音樵。"① 此《字海》所本。《字海》"欈"字收在十一畫而《篇海》"欈"字收在十畫內者，右上所從之隹點筆與豎筆連作一畫也。《新修玉篇》卷十二《木部》十畫引《川篇》至"楯"字而止，《篇海·木部》十畫"楯"字以下八字（含"欈"字）並不見於《新修玉篇》，疑此八字當出自《搜真玉鏡》，而《篇海·木部》十畫"楯"字以下漏刻代替《搜真玉鏡》之符號"◎"。《篇海·木部》十二畫又引《搜真玉鏡》："櫄，音樵。"② "欈""櫄"形近音同，皆"樵"字俗訛也。《可洪音義》卷七《佛説孔雀王咒經》卷上音義："破蘸，才焦反。正作欈。"③ 對應佛經作"破樵"。又卷十六《根本説一切有部苾芻尼毗奈耶律》卷十二音義："攨薪，上才焦反。正作蕉、樵也。"④ 對應佛經作"樵薪"。古書"樵薪"多連言，受"薪"字影響，"樵"字俗書或贅加草頭。"蕉"字去掉草頭，即"欈"字也。《可洪音義》卷十二《中阿含經》卷一音義："欈木，上才焦反。"⑤ 對應佛經正作"樵木"。此"欈"爲"樵"字俗書之明證。《可洪音義》卷十八《善現律毗婆沙》卷十六音義："若藮，才焦反。"⑥ 對應佛經作"樵"字。又卷二十三《經律異相》卷三十六音義："罴藮，才焦反。"⑦ 對應佛經大正藏本作"器攨"，宋、元、明、宮本作"器樵"。"藮"字去掉草頭，即"欈"字。《可洪音義》卷十二《雜阿含經》卷九音義："采欈，才焦反。"⑧ 對應佛經作"采樵"。此"欈"爲"樵"字俗書之明證。

06 櫄

同"穛"。字見《篇海》。（《字海》782B）

按：《篇海》卷七《木部》引《搜真玉鏡》："櫄，音樵。"⑨ 此《字海》

---

① 韓道昭：《改併五音類聚四聲篇》，《四庫存目叢書》第187册，第698頁。
② 韓道昭：《改併五音類聚四聲篇》，《四庫存目叢書》第187册，第699頁。
③ 可洪：《新集藏經音義隨函錄》，《高麗大藏經》第34册，第876頁。
④ 可洪：《新集藏經音義隨函錄》，《高麗大藏經》第35册，第128頁。
⑤ 可洪：《新集藏經音義隨函錄》，《高麗大藏經》第34册，第1064頁。
⑥ 可洪：《新集藏經音義隨函錄》，《高麗大藏經》第35册，第204頁。
⑦ 可洪：《新集藏經音義隨函錄》，《高麗大藏經》第35册，第399頁。
⑧ 可洪：《新集藏經音義隨函錄》，《高麗大藏經》第34册，第1084頁。
⑨ 韓道昭：《改併五音類聚四聲篇》，《四庫存目叢書》第187册，第699頁。

"槧"字所從出。《廣韻》"穛"字七接切，土穛訓農具；《篇海》引《搜真玉鏡》"槧"字音樵。"槧""穛"音義不同，《字海》謂"槧"同"穛"，非是。以形音用求之，"槧"當是"樵"字俗訛。説詳上條。

07　榿

jī，音機。義未詳。見《篇海》。（《字海》744A）

按：《篇海》卷七《木部》引《搜真玉鏡》："榿，音機。"① 同部又引《川篇》："榿，搜、幾二音。"② 《新修玉篇》卷十二《木部》引《川篇》不收"榿"字，此字疑出《搜真玉鏡》而非《川篇》。"榿"音機，與"榿"音幾形近音同（《廣韻》"機""幾"並有居依切一讀），當是一字之變。以形求之，"榿""榿"當是"搜"字俗訛。《篇海》卷十二《手部》引《搜真玉鏡》："搜，生牛切。"③ 《字海·扌部》收之④，義未詳。《叢考》謂此字與"搜"字同音，疑即"搜"的訛俗字⑤，其説是也。"搜"字六朝墓志作"搜""搜""搜""搜""搜""搜"⑥，《可洪音義》作"榿"（見《可洪音義研究·異體字表》），皆與"搜"字形近。"搜"字俗書作"搜"，扌、木二旁形近相亂，故"搜"字進一步變作"榿""榿"。"搜"字生牛切，音搜；"榿"字《篇海》搜、幾二音者，音搜當是其字正音，音幾則是誤音（蓋誤以爲"機"字俗書）；"榿"字《篇海》音機者，當是僅存其誤音，而失其正音。

08　樘

chēng，音撑。木束。見《直音篇》。（《字海》774C）

按：《直音篇·木部》庚韵平聲："樘，抽庚切。邪柱也。樘，俗。樘，

① 韓道昭：《改併五音類聚四聲篇》，《四庫存目叢書》第187册，第699頁。
② 韓道昭：《改併五音類聚四聲篇》，《四庫存目叢書》第187册，第700頁。
③ 韓道昭：《改併五音類聚四聲篇》，《四庫存目叢書》第187册，第762頁。
④ 冷玉龍等：《中華字海》，第365頁。
⑤ 張涌泉：《漢語俗字叢考》（修訂本）（簡稱《叢考》），中華書局，2020，第188頁。
⑥ 並見梁春勝《楷書部件異體俗體例字表》（未刊稿）。

音樺。木束也。"① 此《字海》所本。《篇海》不收"樺"字，以音、訓求之，"樺"當是"椦"字之誤。《玉篇‧木部》："椦，又耕切。木束也。"《篇海》卷七《木部》引同。《五音集韻》平聲《庚韻》楚耕切："椦，木束。"《詳校篇海‧木部》："椦，抽庚切，音撐。木束。"② "樺"字音樺，訓木束，與"椦"字音、訓相同。《篇海》有"椦"無"樺"，《直音篇》有"樺"無"椦"。蓋其字本當作"椦"，涉上"樺"字誤刻作"樺"也。《萬象名義‧木部》"椦"訓剌（刺），廣益本《玉篇》以下字書"椦"訓木束者，"束"當是"刺"字殘誤，又見其字從木而妄增"木"字耳。參看上文"椦"字條。

09 機 、10 機

機，jí，《〈漢書‧五行志〉注》音戟。拘持。《漢書‧五行志中》："高后八年三月被霸上，還過枳道，見物如倉狗，機高后掖，忽而不見。"顏師古注："機謂拘持之也。"（《大字典》1291A/1384A）

機，jí，音擠。拘持。見《漢書‧五行志中》。（《字海》777A）

機，同"機"。（《字海》777C）

按："戟"字篆書作"戟"，楷定作"戟"，從戈、倝；隸變省作"戟"，"戟"字左旁不成字，俗書好改非字部件爲成字部件，故"戟"字俗書從卓作"戟"。《字海》謂"機"同"機"，是也，然非探本之論。傳世字書不收"機"或"機"字。《漢書》是古代讀書人都要讀的重要文獻，如《漢書》果作"機"或"機"字，則字書不應漏收。蓋其字本作"撠"，不作"機"或"機"也。《萬象名義‧手部》："撠，記郤反。捐也，按也。"③ 又云："拘，居足反。戟持也。"④ 《新撰字鏡‧扌部》："捐，居玉反。持也，戟持也，拮据也。"⑤ 又云："撠，記郤反。"⑥ 箋注本《切韻》入聲《陌韻》幾

---

① 章黻：《直音篇》，《續修四庫全書》第231冊，上海古籍出版社，2002年影印本，第144頁。
② 李登：《重刊詳校篇海》（簡稱《詳校篇海》），《續修四庫全書》第232冊，上海古籍出版社，2002年影印本，第180頁。
③ 釋空海：《篆隸萬象名義》，第55頁。
④ 釋空海：《篆隸萬象名義》，第52頁。
⑤ 昌住：《新撰字鏡》，第562頁。
⑥ 昌住：《新撰字鏡》，第566頁。

劇反（與"戟"字同一小韵）："摤，持。"① 故宮本《王韵》《裴韵》同。今本《玉篇·手部》："搤，記郤切。《漢書》注云：搤，謂拘持之也。"今本《玉篇》引《漢書》注"搤，謂拘持之也"，是陳彭年等所見《漢書》作"搤"，不作"檋"或"檋"。《資治通鑑》卷二"救鬥者不搏搤"，胡三省注："搤如《漢書》'搤太后掖'之搤。師古曰：搤，謂拘持之也。"又卷十三"見物如蒼犬，搤太后掖"，胡三省注："師古曰：搤，謂拘持之也。搤，音戟。拘，居足翻。"《文獻通考》卷三百十二："還過軹道，見物如倉狗，搤高后掖。師古曰：搤，謂拘持之也。搤，音戟。拘，音居足反。"字亦並從手作。俗書扌、木二旁形近相亂，故"搤""摤"變作"檋""檋"。《詩·豳風·鴟鴞》："予手拮据，予所捋荼。"毛傳："拮据，檋撊也。"釋文："檋，京劇反，本作戟。撊，俱局反，《説文》：持也。"孔穎達正義："《説文》云：檋，持。檋撊，謂以手爪撊持草也。"沈廷芳《十三經注疏正字》卷十三改"檋撊"爲"摤撊"，云："［鴟鴞］三章'予手'節傳：拮据，摤撊也。摤撊誤從木旁作，下同。"毛居正《六經正誤》："摤作搤、戟作戟，誤。"是宋時毛氏所見《詩經》"摤"字從手，不從木。《大字典·手部》收"搤"字，義項③訓"抓住；握持"。所舉例證之一爲《前漢記·高后記》"高后夢見物如蒼狗，搤后腋"。《前漢記》與《漢書》所記高后夢見蒼狗事顯爲一事，《前漢記》作"搤"，《漢書》作"檋"者，"檋"即"搤"字俗訛。《大字典》二字兼收而不溝通其正俗關係，欠妥。

11 榴

同"搯"。《改併四聲篇海·木部》引《奚韵》："榴，音搯。義同。"（《大字典》第二版1390B，《字海》779C略同）

按：成化本《篇海》卷七《木部》引《奚韵》："榴，音搯。義同。"② "音搯"之"搯"正德、萬曆、崇禎本及金刻元修本並作"榴"。《新修玉篇》卷十二《木部》引《奚韵》："榴，音榴。"雖較《篇海》缺"義同"二字，其直音字亦是從木作"榴"。《字海》與《大字典》第二版據《篇海》

---

① 周祖謨：《唐五代韵書集存》，第146頁。
② 韓道昭：《改併五音類聚四聲篇》，《四庫存目叢書》第187冊，第699頁。

引《奚韵》謂"榴"同"揢"者，所據當是成化本《篇海》。俗書宀、穴二旁形近相亂，故"宿"字俗書或作"宿""宿""宿""宿"，"蝻"字俗書或作"蝻"，"蓿"字俗書或作"蓿"。① 就字形而言，"榴"當同"榴"。雖然，俗書扌、木二旁又形近相亂，"揢"字俗書亦有可能變作"榴"。《玄應音義》卷十五《僧祇律》卷四音義："皷（皺）朳，壯幼反，下女六反。《通俗文》：縮小曰皷，物不申曰揢朳（朳）。律文作皷揢，未見所出。"② 《可洪音義》卷二十五《一切經音義》卷十五音義："揢朳，上所六反，下女六反。下《切韵》無此字。"③ 《玄應音義》卷二十《陀羅尼雜集》卷五音義："舌縮，《字書》作揢，同，所六反。《國語》：盈縮轉化④。賈逵曰：縮，退也。經文作宿，非也。"⑤ 《慧琳音義》卷四十《聖迦抳金剛童子求成就經》音義："縮眉，上疎陸反。《韓詩》傳云：縮，斂也。《字書》：蹙也。《說文》：亂也。從糸，宿聲。亦作揢。"⑥ 《慧琳音義》卷六十七《阿毗達磨集異門足論》卷十四音義："卷縮（縮），上㰸圓反；又音厥遠反，亦粗通。《考聲》云：捲曲也。亦作瘃，云：瘃癃，手足病也。下搜六反，《韓詩》傳云：縮，斂也。《說文》正作揢，云：蹙也，亦抽也，揢朳（朳）不申也。從手，宿聲。朳（朳），音細（紐）六反。"⑦ 上引文獻"揢"字從扌從木互作，正當從扌作"揢"，"揢"與"縮"音義相通。《萬象名義·手部》："揢，所陸反。蹴引也。縮字。"⑧ 《新撰字鏡·扌部》："揢，所陸反。蹴引也，引也。縮字也。"⑨ 佛經音義書另有"榴"字，訓食馬器。《慧琳音義》卷八十九《高僧傳》卷五音義："馬榴，下所六反。《方言》云：梁宋間謂馬樅爲榴。郭注云：榴，食馬器也。傳作楇，恐誤，非也。《感通錄》亦有此字，義同，載在《道安傳》。"⑩ 《可洪音義》卷二十七同經同卷音義："馬柳，五郎反。繫馬柱，劉備縛督郵者也。又五浪反。郵，音尤。"⑪ 對應佛經

① 並見梁春勝《楷書部件異體俗體例字表》（未刊稿）。
② 玄應：《一切經音義》，《中華大藏經》第 56 册，第 1046 頁。
③ 可洪：《新集藏經音義隨函錄》，《高麗大藏經》第 35 册，第 496 頁。
④ 《越語下》作"嬴縮轉化"。
⑤ 玄應：《一切經音義》，《中華大藏經》第 57 册，第 52 頁。
⑥ 慧琳：《一切經音義》，《高麗大藏經》第 42 册，新文豐出版公司，1982 年影印本，第 840 頁。
⑦ 慧琳：《一切經音義》，《高麗大藏經》第 43 册，第 371 頁。
⑧ 釋空海：《篆隸萬象名義》，第 53 頁。
⑨ 昌住：《新撰字鏡》，第 564 頁。
⑩ 慧琳：《一切經音義》，《高麗大藏經》第 43 册，第 816 頁。
⑪ 可洪：《新集藏經音義隨函錄》，《高麗大藏經》第 35 册，第 569 頁。

大正藏本原文如下："［道］安與弟子慧遠等四百餘人渡河夜行，值雷雨，乘電光而進。前行得人家，見門裏有二馬榜，榜間懸一馬篼，可容一斛。安便呼：'林百升。'主人驚出，果姓林名百升。謂是神人，厚相接待。""馬榜"，元、明本作"馬柳"。《神僧傳》卷二載道安事亦作"馬柳"。馬柳爲繫馬柱，道安見主人家兩個馬柱，因知主人姓林，二木爲"林"也。其字或作"榜"者，即"柳"之聲旁變易字，與飛榜斜桷之"榜"同形，非一字。慧琳不知"榜"爲"柳"字之變，因改作"榴"字。"榴"訓食馬器［《萬象名義》訓𩜾（養）馬器］，通過兩個食馬器難以推知主人姓林，慧琳所改非是。"搯""榴"二字皆非文獻常用字，疑《篇海》《新修玉篇》引《奚韻》"榴"字出自佛經音義書，其字既有可能爲"榴"字俗訛（《慧琳音義》"榴"字），亦有可能爲"搯"字俗訛（《玄應音義》《可洪音義》"搯"字），後一種可能性較大。雖《字海》《大字典》第二版所據《篇海》是誤本，然謂"榴"同"搯"，則至少有此一種可能性，此可謂"誤打誤撞"。

12 檏

（三）sāo，《洪武正韻》蘇曹切。［欙檏］木長貌。《篇海類編·花木類·木部》："檏，欙檏，木長貌。"（《大字典》1301B/1396B）

按：《洪武正韻·十三爻》蘇曹切："槮，欙槮，木長。亦作檏。欙（欜），音蕭，又侵、寢、沁三韻。檏，本從喿字，訛從參也。"《篇海類編·木部》："檏，又蘇曹切，音騷。欙～，木長兒。"此《大字典》所本。《五音集韻》平聲《豪韻》蘇遭切："槮，欙槮，木長兒。本作檏。檏，同上。今增。"此《洪武正韻》《篇海類編》所本。《集韻·豪韻》蘇遭切："槮，欙（欜）槮，木長兒。"字下不收"檏"字。《廣韻·豪韻》蘇遭切不收"檏"，亦不收"槮"。以字用求之，並參考字形，"檏"當是"槮"字俗書。《説文》六篇上《木部》："槮，木長兒。從木，參聲。《詩》曰：槮差荇菜。"大徐等所今切。故宮本《王韻》平聲《侵韻》所今反："森，木長兒。槮，樹長兒。亦作篸。"[1] 故宮本《裴韻·侵韻》所今反："槮，樹長。"[2] 隸

---

① 周祖謨：《唐五代韻書集存》，第 468 頁。
② 周祖謨：《唐五代韻書集存》，第 559 頁。

變之後，參、枭二旁形近相亂，故"欄槮"之"槮"或變作"樔"字。《萬象名義·木部》："樔，（《新撰字鏡》作'操'）楚林反。木長皃。又篸。"① 被釋字"樔"即"槮"字俗書。《萬象名義·木部》又云："橾，思涅（後）反。車轂中空。"② 此又"樔"字俗訛作"橾（槮）"者。《文選·張衡·西京賦》："鬱蓊薆莇，欇爽欄槮。"薛綜注："皆草木盛貌也。"李善曰："欄，音蕭。槮，音森。"此"欄槮"二字連言、"槮"音森之證。方以智《通雅·釋詁·謰語》："蕭森，一作蕭蓡、掔參、篿蓡、欄槮。《史記·上林》：紛容蕭蓡。六臣本作紛溶篿蓡。紛溶，猶豐茸也。張衡用欄槮，此聲乃蕭疎之轉也。《考工》注鄭司農曰：掔讀爲紛容掔參之掔。即蕭森。"吳玉搢《別雅》卷二："蕭蓡、篿蓡、欄槮、掔參，蕭森也。《史記·司馬相如·上林賦》：紛容蕭蓡。《漢書》作紛溶篿蓡。《楚辭·宋玉·九辨》：葪欄槮之可哀兮。張衡《西京賦》：欇爽欄槮。《周禮·考工記》注：鄭司農曰：掔讀爲紛容掔參之掔。此即用《上林賦》語，掔即與蕭、篿同音，皆蕭森之變也。"《淵鑒類函》卷二百二十四載晋傅玄《朝會賦》曰："流蘇粲粲，華蓋重陰；羽林虎旅，長戟欄槮。""槮"與"陰"字韵，二字皆侵韵字，是"槮"字本從參作，音森，若音騷則失韵。"欄槮"之"槮"或有變作"樔"字者，《五音集韵》遂收"槮""樔"二字於《豪韵》，並謂"槮"本作"樔"，《洪武正韵》從之，不知《五音集韵》實不足從也。

俗書扌、木二旁亦形近相亂，故"操"字俗書又有變作"樔"者。《可洪音義》卷六《六度集經》卷五音義："子樔，七到反。志～。"③ 對應佛經作"子操"。

13　槷

同"擬"。《正字通·木部》："槷，同擬。出釋典。"（《大字典》1310A/1405A）

同"擬"。見《正字通》。（《字海》785B）

---

① 釋空海：《篆隸萬象名義》，第119頁。
② 釋空海：《篆隸萬象名義》，第122頁。
③ 可洪：《新集藏經音義隨函錄》，《高麗大藏經》第34冊，第846頁。

按：《正字通·木部》：“檥，舊注：同礙，又木名。按：《六書統》：檥，外閉也。檠，同檥。舊注：音擬，又音艾，出釋典。分二字，非。”①“同檥”之“檥”《大字典》引作“擬”，因謂“檠”同“擬”，非是。《字彙·木部》：“檥，與礙同，又木名。檠，牛紀切，音擬；又五代切，音艾。出釋典。”②“出釋典”三字爲《字彙》（《正字通》所謂“舊注”）語，《大字典》以爲《正字通》語，亦非是。《篇海》卷七《木部》十六畫引《龍龕》：“檠（當依《新修玉篇》引作‘檠’），《江西隨函》作（當從金刻元修本作‘音’，《新修玉篇》亦作‘音’）牛紀、五代二切。”③ 此《字彙》“檠”字所本。《龍龕》卷四《木部》：“檠（檠），《江西隨函》音牛紀、五代二反。”④ 此又《篇海》“檠”字所從出。《江西隨函》爲佛經（釋典）音義書，故《字彙》謂“檠”字出釋典。安世高譯《道地經》：“復如魚爲捕魚墮網者，餘魚見驚怖沉走入沙石間檠藻中藏。”此佛經文獻“檠”字之用例。“檠”字與“藻”字連言，爲驚魚藏身處；若從《正字通》之説將“檠”視同“檥”，訓外閉，文意顯然不通。《正字通》不考“檠”字所從出，僅據“檠”“檥”構字部件相同而謂“檠”同“檥”，其説實不足從。以形用求之，“檠”當是“檥（薿）”字俗訛，説詳下文“檠”字條。

14　緥

同“緝”。《集韻·脂韻》：“緥，夷隹切。蠻夷貨。”（《大字典》第二版1407A，《字海》786A略同）

按：《集韻》平聲《脂韻》夷隹切（與“維”字同一小韻）：“緥，蠻夷貨。”又入聲《緝韻》即入切：“緝，《説文》：合也。一曰蠻夷貨。”又《葉韻》疾葉切（與“捷”字同一小韻）：“緝，合也，一曰遠夷貨。”《大字典·糸部》收“緝”字，據《廣韻》子入切拼讀作 jié，《字海》注音同；“緥”字下引《集韻》音夷隹切，則當拼讀作 wéi。《大字典》第二版、《字海》謂“緥”同“緝”，是也；然於《集韻》“緥”“緝”二字讀音不同不加説明，

①　張自烈、廖文英：《正字通》，《續修四庫全書》第234冊，上海古籍出版社，2002，第567頁。
②　梅膺祚：《字彙》，《續修四庫全書》第232冊，第30頁。
③　韓道昭：《改併五音類聚四聲篇》，《四庫存目叢書》第187冊，第700頁。
④　釋行均：《龍龕手鏡》，第381頁。

則有欠妥當。《説文》十三篇上《糸部》："緤，合也。从糸，集聲。讀若
捷。"大徐等姊入切。原本《玉篇》殘卷《糸部》："緤，辭接、子立二反。
《蒼頡篇》：蠻夷貨名也。《春秋傳》'齊侯獻戎緤'是也。野王案：左思
《吳客賦》'緤賄紛紜'是也。"① 《萬象名義·糸部》："緤，子立反。合。"②
《文選·左思·吳都賦》："緤賄紛紜，器用萬端。"李善注引劉逵曰："緤，
蠻夷貨名也。緤，音捷。""緤"字訓蠻夷貨，讀若捷，或子立反（即入切）；
部件易位變作"緤""緤""緤"，《集韵》誤以"緤"字從維得聲，因改讀
夷隹切，望形生音也。

15　豎

yì，音意。美。見《字彙補》。（《字海》786A）

按：《字彙補·殳部》："豎，乙例切，音懿。美也。"③ 《篇海》卷二
《磬部》引《龍龕》："磬（金刻元修本作"豎"），乙例切。美也。"④ 《新修
玉篇》卷二十二《殷部》引同書："豎，乙例切。美也。"《龍龕》卷一《殷
部》："豎，乙利反。美也。"⑤ "豎""豎""豎"傳刻之異也。以音訓求之，
並參考字用，此字當是"懿"字俗書。《玄應音義》卷七："勤懿，乙利反。
美也。"⑥ 《龍龕》"豎（豎）"字音乙利反，訓美也，音、訓與"懿"字全
同。《玄應音義》卷十八《尊婆須蜜所集論》卷一音義："懿乎，於冀反。
《爾疋（雅）》：懿，美也。字從壹，恣省聲。論文作豎，訛誤久矣。"⑦ 《可
洪音義》卷二十同經同卷音義："豎乎，上冬沃反。察也，理也，正也。正
作督、昝二形也。序云'督乎富也，何過此經？外國登高座者，未墜於地'
是也。又《經音義》作豎，應和尚以懿字替之，非也。督（懿），乙冀反，
非義。又《西川經音》作磬，厚大師云：《出三藏記》作磬，苦定反。並非

---

① 顧野王：原本《玉篇》（殘卷），《續修四庫全書》第 228 册，上海古籍出版社，2002 年影印本，第
600 頁。
② 釋空海：《篆隸萬象名義》，第 271 頁。
③ 吳任臣：《字彙補》，《續修四庫全書》第 233 册，第 561 頁。
④ 韓道昭：《改併五音類聚四聲篇》，《四庫存目叢書》第 187 册，第 607 頁。
⑤ 釋行均：《龍龕手鏡》，第 182 頁。
⑥ 玄應：《一切經音義》，《中華大藏經》第 56 册，第 932 頁。
⑦ 玄應：《一切經音義》，《中華大藏經》第 57 册，第 36 頁。

也。當藏《出三藏記》云：聲乎富也。聲，尸盈反。亦非也。"① 《可洪音義》卷二十五《一切經音義》卷十八音義："作𥐚，冬沃反。察也，理也。正作督也。應和尚以錖（懿）字替之，非也。"② 對應佛經《尊婆須蜜菩薩所集論序》云："懿乎富也！何過此經？外國升高座者，未墜於地也。" 韓小荆云："序文的意思是讚美《尊婆須蜜菩薩所集論》文詞美妙、內容豐富。竊以爲玄應的解釋更切合文意，聲字當是懿的訛俗字；可洪定作'督'字，與聲字字形迥異，且與文意不合，殊不可從。"③ 韓說是也。《出三藏記集》卷十載《婆須蜜集序》亦云："聲乎富也！何過此經？外國升高座者，未墜於地也。""聲"字元、明本作"懿"。《可洪音義》卷二十四同經同卷音義作"聲"，云："聲乎冨，上冬沃反，察也，理也，正作督、昔二形。下夫副反，豐財也，正作富。論本云'聲乎富也'，應和尚以錖（懿）字替之，非也。《川音》作磬，苦定反，亦非也。今定取督字爲正。""磬""聲""督"皆不合文意，當從元、明本作"懿"。《龍龕》"聲"字與"聲"字形相近，當是《尊婆須蜜菩薩所集論》"聲"字之變者④，行均"聲"字乙利反，訓美，音、訓本《玄應音義》。

16 櫱

同"擬"。字見《龍龕》。（《字海》786C）

《龍研》云："櫱"字《龍龕》引《江西隨函》音"牛紀、五代二反"，其字音牛紀反，即"擬"的俗字，《字海》所言是；"櫱"字五代反，則是"櫱"字之俗；在《慧琳音義》中，"櫱""櫱"又與"礙"同。⑤

按：後漢安息國三藏安世高譯《道地經》："復如魚爲捕魚墮網者，餘魚見驚怖沉走入沙石間櫱藻中藏。"《慧琳音義》卷七十五《道地經》音義："櫱藻，上我蓋反。《文字典說》：櫱，止也。從木，疑聲。今俗用從石作礙，或從心作懝，亦通。下遭老反。《毛詩》傳曰：水中蔓生草也。孔注《尚書》

① 可洪：《新集藏經音義隨函錄》，《高麗大藏經》第35冊，第275頁。
② 可洪：《新集藏經音義隨函錄》，《高麗大藏經》第35冊，第505頁。
③ 韓小荆：《〈可洪音義〉研究——以文字爲中心》，巴蜀書社，2009，第101頁。
④ "聲"字乙利反形聲不諧，《龍龕》作"聲"者，變從桌聲也（所謂"形隨音變"）。"聲"字下部所從，當即"桌"之俗書。
⑤ 鄭賢章：《龍龕手鏡研究》（簡稱《龍研》），湖南師範大學出版社，2004，第301頁。

云：水草之有文者也。《韓詩》云：浮者曰藻，沈者曰蘋。皆水中有文草也，魚鱉之所藏。《説文》闕不説也。"①《可洪音義》卷二十一同經音義："䔯䓴，上魚起反。草盛兒也。正作蘙、薿二形也。又魚力反。下子老反。水中草也。正作藻也。經云'餘魚見驚怖沉走入沙石間薿藻中藏'是也。麻穀作䔯澟，非也。《川音》作䓫，以䋿替之，音挈。亦非也。"②《龍龕》"檷"字與《慧琳音義》"䅆"字、《可洪音義》"䔯"字皆《道地經》"檷"字之異寫。"檷"字唐以前字書不收，文獻罕覿，佛經文獻亦僅《道地經》一見。《慧琳音義》"檷"字我蓋反，引《文字典説》"檷"訓止，即以爲"檷"之部件易位字，俗字作"礙"。《萬象名義·木部》："檷，午載反。止也。礙字。"③ 《道地經》言受驚之魚入沙石間或檷藻中躲藏，以"檷"爲"檷（礙）"訓止，於意欠通，慧琳之説不足從。《可洪音義》以"檷"爲"薿""薿"字俗書，音魚起反，訓草盛貌，"檷藻中藏"謂在茂密的水藻中躲藏，文意可通。《萬象名義·禾部》："檷，言記（當從今本《玉篇》作'紀'）反。黍盛兒也。"④ 又《艸部》："薿，言紀反。檷（檷）字。黍稷茂盛也。"⑤《集韻》上聲《止韻》偶起切（與"擬"字同一小韻）："薿、檷，《説文》：茂也。引《詩》：黍稷薿薿。或從禾。"《道地經》"檷"字狀水草茂密，從木於義無取，蓋其字本作"檷"，俗訛作"檷"，又轉寫作"檷"也。俗書禾、木二旁形近相亂。《江西隨函》爲佛經音義書，其所收"檷"字當亦出《道地經》。《江西隨函》"檷"字牛紀、五代二反，其字牛紀反，與《可洪音義》讀音相同，當同"檷"，非同"擬"；五代反，與《慧琳音義》讀音相同，蓋亦誤以爲同"檷"。"檷""檷"一字異寫，皆"檷"字俗訛。《字海》"檷"字從《正字通》之説以爲同"檷"，"檷"字則以爲同"擬（擬）"，皆非是。《龍研》謂"檷"字牛紀反，即"擬"的俗字；五代反，則是"檷"字之俗。亦皆不足從。

① 慧琳：《一切經音義》（簡稱《慧琳音義》），《高麗大藏經》第 76 册，綫裝書局，2004 年影印本，第 307 頁。
② 可洪：《新集藏經音義隨函録》，《高麗大藏經》第 35 册，第 330 頁。
③ 釋空海：《篆隸萬象名義》，第 124 頁。
④ 釋空海：《篆隸萬象名義》，第 152 頁。
⑤ 釋空海：《篆隸萬象名義》，第 130 頁。

17　樮

sōu，音搜。義未詳。見《篇海》。(《字海》786C)

按：《篇海》卷七《木部》引《川篇》："樮，搜、幾二音。"① 《新修玉篇》卷十二《木部》引《川篇》不收此字，此字疑出《搜真玉鏡》而非《川篇》。以形求之，"樮"當是"搜"字俗訛。"搜"字六朝墓志作"搜""搜""搜""搜""搜""搜"②，《可洪音義》作"搜"（見《可洪音義研究·異體字表》），"樮"字右旁與上揭字形右旁皆相近；扌、木二旁形近相亂，故"樮""樮"等字進一步變作"搜"。"樮"字《篇海》搜、幾二音，音搜當是其字正音，音幾則是誤音（蓋誤以爲"機"字俗書）。參看上文"樮"字條。

18　號

同"鈂"。《直音篇·梟部》："號，今作鈂。" (《大字典》第二版1417B，《字海》789B 略同)

按：《直音篇·梟部》："號，才心切。臿屬。今作鈂。"③ 此《大字典》第二版、《字海》所本。此字形聲不諧，構形理據不可說解，當是"尳"字轉録之誤者。《廣雅·釋地》："尳，耕也。"曹憲音才心反。原本《玉篇》殘卷《梟部》："尳，才心反。《埤蒼》：掘地也。《字書》：或鈂字也。鈂，臿屬也。在《金部》。"④《萬象名義·梟部》："尳，才心反。掘地也。"⑤ 宋刊《玉篇》殘卷《梟部》："尳，才心切。掘地也，臿屬也。亦作鈂。""尳"字從梟，尤聲，爲"鈂"字異構。《直音篇·梟部》有"號"無"尳"，《玉篇》以下大型字書有"尳"無"號"。

---

① 韓道昭：《改併五音類聚四聲篇》，《四庫存目叢書》第 187 册，第 700 頁。
② 並見梁春勝《楷書部件異體俗體例字表》（未刊稿）。
③ 章黻：《直音篇》，第 147 頁。
④ 顧野王：原本《玉篇》（殘卷），第 319 頁。
⑤ 釋空海：《篆隸萬象名義》，第 88 頁。

19 櫑、20 橌

櫑，同"爨"。字見《龍龕》。（《字海》792A）

橌，同"爨"。字見《篇海》。（《字海》792A）

按：《龍龕》卷四《木部》平聲："櫑，麁蠻反。"① 同部去聲："壖（續古逸叢書本作"橌"），俗。七亂［反］，正作爨。"② 《新修玉篇》卷十二《木部》引《龍龕》："橌，七亂切。櫑，麁蠻切。"金刻元修本《篇海》卷七《木部》引同書："橌（成化本作"橌"），七亂切。櫑，麁嬖切。""櫑（橌、橌）""橌（橌、橌、橌）"從木，從俗爨字得聲，當是一字之異寫。《龍龕》分爲二字，"櫑"字讀平聲麁蠻反，"橌"字讀去聲七亂切，並謂正作"爨"，恐有未當。《字海》謂"櫑""橌"並同"爨"，"爨"字已從二木，無須再着一木。以形音用求之，"櫑""橌"二字當並是"穳（穳）"字之變。《廣雅·釋器》："鋋謂之穳。"《萬象名義·矛部》："穳，子羡（筭）反。金（鋋?）。穳（穳），同上。"③ 《新撰字鏡·矛部》："穳、穳（穳），二同。麁亂反。小矛也。"④ 《可洪音義》卷十三《正法念處經》卷一音義："橌鋒，上倉亂反，下莫浮反。正作穳矛。"⑤對應佛經大正藏本作"穳鋒"，宮本作"穳矛"。又同經卷六音義："鐵橌，倉亂反。正作鑹。"⑥ 對應佛經大正藏本作"穳（穳）"，明本作"鑹"。又卷二十二《龍樹菩薩爲禪陁迦王説要偈》音義："鋒橌，上莫浮反，下倉亂反。"⑦ 大正藏、高麗藏作"橌"，磧砂藏、金藏作"穳"。以其爲小矛，故從矛作"穳"；以矛頭爲金屬所制，故從金作"鑹""鑹"；以矛柄爲木制，爨、竄表音功能相同，故字又變作"橌""橌""橌"，三字右旁皆爨之俗書。從木爨聲（同"穳"）之字有名動兩用，其名詞用法，可洪讀去聲倉亂反；用作動詞，爲以矛刺人，可洪讀平聲倉官反。由於木、扌二旁形近相亂，其字亦或從木，或從扌。《慧琳音

---

① 釋行均：《龍龕手鏡》，第 375 頁。
② 釋行均：《龍龕手鏡》，第 382 頁。
③ 釋空海：《篆隸萬象名義》，第 168 頁。
④ 昌住：《新撰字鏡》，第 606 頁。
⑤ 可洪：《新集藏經音義隨函録》，《高麗大藏經》第 35 冊，第 48 頁。
⑥ 可洪：《新集藏經音義隨函録》，《高麗大藏經》第 35 冊，第 49 頁。
⑦ 可洪：《新集藏經音義隨函録》，《高麗大藏經》第 35 冊，第 373 頁。

義》卷二十《寶星經》卷三音義："刀攢，倉亂反，俗字也。《廣雅》云：攢謂之鋋。《字書》云：攢，遥投矛也。《古今正字》從矛贊聲，亦作𥍝。經本從手從費作㩧，非也。"對應佛經大正藏本作"刀鑹"，宋、元、明、宮本作"刀攢"。《可洪音義》卷三同經同卷音義作"刀攢"，"攢"字倉亂反。① 《可洪音義》卷十四《佛說興起行經》卷上音義："錢（錢）牟，上倉官反。掇也。遥擲搶（槍）刺人也。正作攅、攢、鏒三形也。下莫浮反，正作矛也。上又應和尚以攢替之，倉亂反。非。"② 宋、元、明本作"鑹矛"。又卷二十三《經律異相》卷四十三音義："錢牟，上倉官反。擲也，掇也。下莫浮反。搶也。正作攢矛也。上又子全反，非也；又《川音》以鑹字替之，非也。鑹，倉亂反。"③ 對應佛經大正藏本同，宋、宮本作"攢牟"，元、明本作"攢矛"。佛經文獻同"攢""鑹"之字或省變作"爨"。《可洪音義》卷十三《起世因本經》卷八音義："㸑（爨）棒，上倉亂反。槍也。正作鑹、攢二形。下步講反。"④ 對應佛經作"攢棒"。又卷十四《佛本行集經》卷十五音義："㸑（爨）捧（棒），上倉亂反，下步講反。"⑤ 對應佛經作"鑹棒"。又卷三十《廣弘明集》卷二十六音義："㸑牟，上倉官反。掇也，遥擲也。正作禪也。又倉亂反，非也。"⑥ 對應佛經大正藏本作"攢矛"，宋、宮本作"攢矛"。佛經文獻"爨"字有用作"攢"者，未有"爨"字增加木旁寫作"欑""櫕"者，《龍龕》二字當是來源於佛經文獻，而行均謂"欑"正作"爨"，非是；"欑""櫕"一字異寫，《字海》謂二字皆同"爨"，當是爲《龍龕》所惑。

① 可洪：《新集藏經音義隨函錄》，《高麗大藏經》第 34 册，第 733 頁。
② 可洪：《新集藏經音義隨函錄》，《高麗大藏經》第 35 册，第 75 頁。
③ 可洪：《新集藏經音義隨函錄》，《高麗大藏經》第 35 册，第 401 頁。
④ 可洪：《新集藏經音義隨函錄》，《高麗大藏經》第 35 册，第 15 頁。
⑤ 可洪：《新集藏經音義隨函錄》，《高麗大藏經》第 35 册，第 65 頁。
⑥ 可洪：《新集藏經音義隨函錄》，《高麗大藏經》第 35 册，第 704 頁。

A Survey of Some Knotty Chinese Characters in Large-Sized Dictionaries in *Radical Mu*

Yang Baozhong

Abstract: Using the textual research methods of "mutual seeking of five aspects of form, meaning, sound, order and application" and taking the *Hanyu Da Zidian* （漢語大字典） and *Zhonghua Zihai* （中華字海） as the clue, we try to make a sequent investigation on 20 knotty characters in *Radical Mu* in the large-sized dictionaries since Tang and Song dynasties. Our textual research includes those who make mistakes in the identification of variant characters, those who do not discriminate homographs, those who do not communicate with common and erroneous characters, and those whose textual research can be discussed.

Keywords: The Great Chinese Dictionary; *Radical Mu*; Knotty Chinese Characters

辭書疑義辨析六則[*]

張小豔[**]

摘　要　本文從字形訛誤的角度，對《漢語大字典》和《漢語大詞典》中"咳""嗐""瑑""栖""櫋""漶"等六字的詞義進行翔實的辨析，認爲"咳""嗐"皆爲"咳"之誤，指"小兒笑"；"瑑"係"琢"之誤，義爲雕刻；"栖"是"柟"之誤，義爲楠木；"櫋"係"橑"之誤，指屋椽；"漶"爲"濴"之誤，指水流轉貌。兩種辭書中所載這六字的音義均不可據，當刪。

關鍵詞　辭書　疑義　形誤

　　《漢語大字典》（下文簡稱《大字典》）和《漢語大詞典》（下文簡稱《大詞典》）[①] 作爲當今通行的兩種大型歷史語文辭書，它們在字詞收載的數量，注音、釋義的準確性及舉證的典型性等方面，都取得了顯著的成績。由於二典涉及的内容極其繁雜，編纂的難度相當大，偶有疏誤也在所難免。

　　譬如，二典所收字詞的讀音、書證、用例及某些義項，絶大多數直接取材於歷代流傳下來的文獻。而記錄這些文獻的漢字，在傳抄的過程中，它们的字形有時會發生訛誤。這種訛誤，多是字形訛混所致，或是引者誤認使然。編纂辭書時，若未對其中引録的文獻做全面的核實、校勘，而徑據誤字所在的文獻進行注音、釋義，不可避免會出現張冠李戴的疏失，即將本屬 A 的詞義移置到 B 上，使 B 滋生出一個與其字形不合的可疑釋義。本文即擬從字形訛誤的角度，對二典所收六則字詞的個別疑義進行辨析。[②]

---

* 本文初稿（第1、2、4、5、6條）曾在"古代漢語大型辭書編纂問題研討會"（復旦大學出土文獻與古文字研究中心、上海辭書出版社聯合主辦，2018年11月24~25日，復旦大學美國研究中心）上報告，近日增寫第3條。初稿承蒙梁春勝提出實貴意見，謹致謝忱。

** 張小豔，文學博士，復旦大學出土文獻與古文字研究中心教授，主要研究方向爲敦煌學和漢語言文字學。

① 參見漢語大字典編輯委員會編纂《漢語大字典》（第二版），四川辭書出版社、崇文書局，2010；漢語大詞典編輯委員會、漢語大詞典編纂處編纂《漢語大詞典》，漢語大詞典出版社，1989~1993。

② 本文所謂"疑義"，學界或稱"虚假字義""虚假義項"，參見楊寶忠、張新朋《試論"虚假字義"》（《語言學論叢》第二十九輯，商務印書館，2004，第372~396頁），梁春勝《〈漢語大字典〉第二版虚假義項例析》（《辭書研究》2016年第1期，第82~85頁）。

一　咴

（二）hāi　《字鏡》何來反。小兒笑。《字鏡》卷二："咴，小兒哦也，笑也。"（《大字典·口部》卷2，第662頁）

按：從《字鏡》所載音、義看①，其字音"何來反"，表"小兒笑"；被釋字爲"咴"，從口、灰聲。不難看出，其音、義與字形不合，"咴"字疑誤。檢《字鏡·口部》，所謂"咴"原作"㗂"。除"㗂"字外，其書所載"亥"及"亥"旁之字還有：亥（亥）、䏙（胲）、烥（炫）、佽（侅）、珓（孩）、頍（頦）、痎（痎）、詃（該）、骹（骸）、姟（姟）、劾（劾）、絯（絯）、頏（頦）、餩（餩）、闙（閡）、駭（駭）、垓（垓）、峐（峻）、核（核）、荄（荄）、陔（陔）、恔（恔）、挍（挍）、賅（賅）、刻（刻）、欬（欬）等。所載"灰"及"灰"旁之字有：灰（灰）、烣（烣）、恢（恢）、胈（胈）、烌（烌）等。比勘上列字形，可知"亥"與"灰"的寫法乍看似較近，細辨實有別，如"亥"上部爲"亠"，"灰"的左上爲"ナ"，或變形作"厂"。將"㗂"與之比較，其字右上爲"亠"，顯爲"咳"的俗寫變體。《大字典》將其録作"咴"，應係引者誤識，當據《字鏡》原書改作"咳"。

弄清被釋字爲"咳"後，再看它的釋義："小兒哦也，笑也。"《大字典》所引與《字鏡》相合。將此釋義與《説文解字·口部》（下文將《説文解字》簡稱《説文》）"咳"的訓釋"小兒笑也"比較，可知《字鏡》較《説文》多出"哦也"二字。那麼，"哦"爲何字？"哦也"又從何而來？

"哦"原作"䛩"，字書不載。其字從口、莪聲，從構形看，可能爲"哦"的換旁異體；但就表義論，"哦"主要指吟誦，其義與"小兒笑"無關，"䛩"應非"哦"的換旁異體。由"哦也"後接書"笑也"看，疑

---

① 《字鏡》，唐慧琳《一切經音義》曾多次微引。據學者研究，其書已失傳，且未見史志目録著録。參徐時儀《慧琳音義研究》，上海社會科學院出版社，1997，第133~134頁。經檢核，《大字典》此條所引《字鏡》，爲日本平安時期釋昌住於昌泰年間（898~901）所編《新撰字鏡》，筆者所據爲日本天治元年（1124）由法隆寺數位僧人分別抄寫的"天治本"，載吳立民主編的《佛藏輯要》第33冊，巴蜀書社，1993。有關《新撰字鏡》的介紹與研究，參見周祖謨《日本的一種古字書〈新撰字鏡〉》（《文獻》1990年第2期，第219~221頁）及張磊《〈新撰字鏡〉研究》（中國社會科學出版社，2012）。爲避文繁，下文徑稱《字鏡》。

"𣧑"爲"嘆"之誤書，即書手將"嘆也"誤抄成"哦也"後，未删而接書"笑也"，以示改之。這樣，"哦也"便作爲衍文保留了下來。詳論如下。

首先，"𣧑"與"嘆"形近，存在訛誤的可能。《字鏡·口部》載有"笑"的三種異體："𥬇𥬇𥬇，二（三）字同；𥬇（私）妙、於交二反，平；喜也，謔也。"[1] 其中"𥬇"與"𣧑"字形較爲接近。加之《字鏡》一書由僧人分别抄寫而成，其中存在不少文字疏誤[2]，如上引"笑"條的"二""秘"即分别爲"三""私"之訛。另如《口部》："𠴾，之𩾌反，平，呼雞聲。"反切下字"𩾌"爲"鳩"之形訛，亦其例。故"咳"字釋義中的"𣧑"，很可能由"𥬇"形訛而來。

其次，寫本中因誤書而致衍的情況頗爲習見。如 S. 2614《大目乾連冥間救母變文》"言'好住來，罪身一寸長腸嬌子'"中的"長"，即"腸"之音誤字，抄手未删而徑書"腸"，"長"字遂衍。[3] 日空海編《篆隸萬象名義》中也存在不少類似的例子，如《口部》："吭，似充反，𩖀也，嗽也。"其中"𩖀"即"嗽"之誤。梁春勝認爲："吭"訓"嗽"爲古書常訓，此處書手誤書後，並不直接改字，而是在下接寫"嗽"，表示以"嗽"改"𩖀"。[4] 其中的"𩖀也"也因此而成爲衍文。《字鏡》中也不乏其例，如《目部》："睹，東魯反，見也，見字古文覩字。"《頁部》："頁，下結反，頭也，首字古文。"此二條的行文體例相同，依次爲字頭、注音、釋義、溝通古文異體。比較可知，前條中"見字"當是涉"見也"而誤書的衍文，其句謂"睹"字古文作"覩"。不難看出，在《篆隸萬象名義》與《字鏡》這兩部同爲日本僧人編纂的字書抄本中，都存在不少誤抄未删而致衍的情況。以此抄例類推，上揭"咳"條釋義中的"𣧑也"很可能爲"嘆也"誤書而形成的衍文。

最後，"咳"訓"小兒笑"，自《説文》以來，六朝至唐代的字書、韵書及佛經音義皆相沿承用，昌住編《字鏡》時依據的主要是一帙二十五卷的

---

[1] 其中"平"表聲調，應就"於交反"而言；"私妙反"爲去聲，缺調類標注語"去"。梁春勝看過拙文後，在電子稿上標注：《字鏡》所載"𥬇"音"於交反"，乃同"咲"。《玉篇·口部》："咲，於交切，媱（婬）聲。""𥬇"與"咲"同音，應即"咲"字之變。
[2] 詳細的列舉分析，參見張磊《〈新撰字鏡〉研究》第六章"《新撰字鏡》存在的問題"第一節"文字疏誤"，第 282~289 頁。
[3] 類似的列舉分析參張涌泉《敦煌寫本文獻學》，甘肅教育出版社，2013，第 323~327 頁。
[4] 有關《篆隸萬象名義》中類似誤書改字的詳細列舉，參見梁春勝《楷書部件演變研究》，綫裝書局，2012，第 233 頁注［1］。

《一切經音義》（下文簡稱《音義》）及《玉篇》、《切韵》①，且前兩書中均直接引用《説文》的訓釋：“咳，小兒笑也。”② 因此，就釋義來源看，《字鏡》中“咳”的釋義當本自玄應《音義》或《玉篇》，其中多出的“𥬇也”顯爲“噗也”之誤衍。

由上可知，《大字典》“㕤”條據《字鏡》所設義項，引録原文時，不僅將被釋字“咳”誤録作“㕤”，還將釋義中因誤致衍的“𥬇也”照録，均不妥。“咳”訓“小孩笑”，《大字典》“咳”條（卷 2，第 671 頁義項①）已載，此條因誤録而於“㕤”下設立的義項，當删。

二 嗒

（二）yǎn 《集韵》語限切，上産疑。小笑貌。《集韵・産韵》：“嗒，小笑貌。”（《大字典・口部》卷 2，第 711 頁）

按：“嗒”指“小笑貌”，文獻罕見，十分可疑。張涌泉指出：“亥”旁、“彦”旁俗書皆可作“𠂒、𠂤、𠂧”等形，二旁極易相亂，並據此考證“𢒉”“餤”分别爲“夋”“餟”的俗訛；③ 後曾良又對“‘亥’‘彦’不别”做了進一步的舉例論述。④ 以此推論，“嗒”當是“咳”之俗訛。“彦”“亥”兩旁形近易混，這從敦煌寫本中“彦”“亥”的寫法上可獲得直觀的認識。如 S.2984《春秋左傳杜注（昭十六）》“子産賦鄭之《羔裘》”注：“取〔其〕‘彼己之子，舍命不渝’，‘邦之彦兮’，以美韓子。”S.1889《敦煌氾氏家傳并序》：“氾（氾）瑗，字彦王（玉），晋永平令宗之孫也。”S.1943《春秋左傳杜注（昭十六）》：“秋，八月己亥，晋侯夷卒。”P.2636《帝王略論》：“卌七年，始皇東巡海上，少子胡亥、丞相李斯及車府令趙高從，至沙丘

---

① 釋昌住：《新撰字鏡・序》，《佛藏紀要》第 33 册，第 12～13 頁。從序中所云《一切經音義》的卷數看，昌住所據當是玄應《音義》。

② 如玄應《音義》卷九《大智度論》第一卷音義“㗣咳”條：“咳，古文孩，同。胡來反。《説文》：‘咳，小兒笑也。’咳，稚小也。《禮記》‘世子生三月，父執子之手，咳而名之’是也。”又卷十二《普曜經》第二卷音義“咳笑”條：“古文孩，同。胡來反。《説文》：‘咳，小兒笑也。’”宋本《玉篇・口部》：“咳，何來切。《説文》云：‘小兒笑也。’《禮》曰：‘父執子右手，咳而名之。’”P.3695《切韵・咍韵》：“咳，小兒笑。”S.2071《切韵箋注・咍韵》：“咳，小兒笑。”是其證。

③ 張涌泉：《漢語俗字叢考》（修訂本）“餤”，中華書局，2020，第 736 頁；《敦煌俗字研究》（第二版）下編“夋”條，上海教育出版社，2015，第 418 頁。

④ 曾良：《俗字及古籍文字通例研究》，百花洲文藝出版社，2006，第 93～94 頁。

而崩……立少子胡亥，是爲二世皇帝。"P. 3774《丑年十月僧龍藏析産牒》："午年至昨亥年，計卅年。"P. 3113《法體十二時》："人定亥，普勸衆生莫造罪。"上舉七例中的截圖字，前兩例爲"彦"的俗寫，後五例係"亥"之俗書。二字寫法極近，唯據上下文語意，方可確定其是"彦"還是"亥"。

由此看來，上引《集韵》中表"小笑貌"的"嗳"，極有可能爲"咳"之形訛。敦煌寫本中，"嗳""咳"俗書常混同難辨。如 S. 610《啓顏録·昏忘》："鄠縣有人將錢絹向市，市人覺其精神愚鈍，又見咳頤稍長。"截圖字看似"嗳"字，實即"咳"之俗書，句中爲"頦"的借字，"頦頤"爲近義複詞，指下巴。就詞義論，"咳"本指小兒笑，《説文·口部》："咳，小兒笑也。"段玉裁注："《内則》云'孩而名之'，爲作小兒笑而名之也。"漢王符《潛夫論·德化》："和德氣於未生之前，正表儀於咳笑之後。"《藝文類聚》卷三七隱逸下引魏劉楨《處士國文甫碑》："咳笑則孝悌之端著，匍匐則清節之兆見。"二例中"咳笑"皆謂小兒笑。"咳"也可重言作"咳咳"，如羅振玉舊藏《維摩詰經講經文》："菩薩相隨皆躍躍，聲聞從後樂咳＝。""咳＝"即"咳咳"，蔣禮鴻釋爲"喜笑貌"①，誠是。又如 P. 3592V《醜女緣起》："既强聖人心裏事，也兼皇后樂嗳嗳。""嗳嗳"，異本 P. 2945V 作"嗳＝"，S. 2114V 作"孩＝"。"嗳＝""嗳嗳"皆"咳咳"的手寫俗書；"孩＝"即"孩孩"，爲"咳咳"的音借。是知"咳"指小兒笑，文獻習見；而"嗳"表"小笑貌"，則難得一見。將"咳""嗳"的詞義進行比勘，即知《集韵》所載"嗳"之"小笑貌"，當爲"小兒笑貌"之脱誤。

綜上可知：《大字典》所載音 yǎn、表小笑貌的"嗳"，實爲"咳"之俗訛，其形或係《集韵》編者據"嗳""咳"等俗寫字形錯誤楷正所致②；其義"小笑貌"應由"小兒笑貌"脱誤而來，本屬"咳"所有；其音係望形所生，不可爲據。故"嗳"下此條音義，當删。

三 瑑

zhuàn 《廣韵》持克切，上獮澄。②雕刻爲紋。《漢書·董仲舒傳》：

---

① 蔣禮鴻：《敦煌變文字義通釋》（增補定本），上海古籍出版社，1997，第 312 頁。
② "嗳""咳"，從字形看，楷定作"咳""嗳"皆可；就詞義論，則衹能録爲"咳"。

"然則常玉不瑑，不成文章；君子不學，不成其德。"又："或曰良玉不瑑，又曰非文無以輔德，二端異焉。"顏師古注："瑑，謂雕刻爲文也，音篆。"《新唐書·后妃傳上·楊貴妃》："凡充錦繡官及冶瑑金玉者，大抵千人。"宋曾鞏《旌德縣薛氏墓志銘》："韓分翟，列封君，砧分石，瑑銘文。"（《大字典·王部》卷2，第1209頁；《大詞典·王部》卷4，第613頁）①

　　按：從上引二典的釋義及所舉文例看，"瑑"表"雕刻爲文"義，似板上釘釘，確鑿無疑。但檢文獻，例中"瑑"或存異文，或爲孤證。首例"瑑"，清光緒十四年南海孔氏影宋刻本《北堂書鈔》卷八三引作"琢"，明刻初印本《册府元龜》卷六四六引作"琢（琢）"；次例"冶瑑"，清康熙四十九年内府刻本《淵鑒類函》卷三五七引作"治琢（琢）"；末例"瑑銘文"的表達，僅此孤證，其他文獻多作"琢銘"。那麼，"瑑"與"琢"，究竟孰是？其關係如何？結合詞義、字形來看，竊謂"瑑"爲"琢"之俗訛，"瑑"之"雕刻爲文"義，實爲"琢"之本義。

　　詞義上，"瑑"指珪璧上凸起的紋飾。《周禮·春官·典瑞》："瑑圭、璋、璧、琮、繅皆二采一就，以覜聘。"鄭司農云："瑑，有圻鄂瑑起。""圻"字清孫詒讓《正義》作"沂"，釋云："《玉人》注云：'瑑，文飾也。'《玉篇·玉部》云：'瑑，圭有圻鄂也。'《説文·玉部》云：'瑑，圭璧上起兆瑑也。《周禮》曰"瑑圭璧"。'……案：沂鄂者，畔畫隆起之謂。……此瑑圭亦有刻文隆起，故云'有沂鄂瑑起'也。"是知"瑑"爲名詞，指圭、璋、璧、琮上隆起的紋飾。

　　"琢"爲動詞，指雕刻玉石。《詩·衛風·淇奥》："有匪君子，如切如磋，如琢如磨。"毛傳："治骨曰切，象曰磋，玉曰琢，石曰磨。"《墨子·尚賢》："故書之竹帛，琢之槃盂，傳以遺後世子孫。"《爾雅·釋器》："雕謂之琢。"郭璞注："治玉名也。"《説文·玉部》："琢，治玉也。"段玉裁注："琢、琱字謂鐫鑿之事，理字謂分析之事。《考工記》刮磨五工，《玉人》記玉之用，《榴人》《雕人》，闕。榴人蓋理之，如榴之疏髮；雕人蓋琢之，如鳥之啄物。左思賦水鳥曰'彫琢蔓藻'，是其意。"

　　對比可知："瑑"的義域較窄，專指珪璧上凸起的紋飾；"琢"的義域略寬，泛指雕刻加工玉石。二字皆從"玉"，詞義都跟"玉"相關，但其詞性、

---

　　① 釋義據《大字典》，《大詞典》釋作"雕刻瑑紋或文字"；例句融合了二典所舉書證。

核心義及用法却有明顯的差別，在具體語境下極易分辨。那麽，二典所釋
"琢"之"雕刻爲文"義從何而來？文獻中"琢"與"琢"怎會成爲異文？
這還得從"琢"在中古時期特別流行的一種寫法説起。

字形上，"琢"所從"豖"，在秦漢至隋唐時期的出土文獻中，大多寫作
"豖"，前部加點作"豖"要晚到唐代的字樣書中纔出現①，而"豖"旁俗寫
常作"象"②。此以漢魏以迄五代文獻中"豖"旁的寫法爲例，作"豖"者
如：東漢熹平二年（173）《楊震碑》："遷荆州刺史、東萊、𣵀郡太守。"
隋仁壽元年（601）《盧文機墓志》："字子辯，涿郡涿人也。"北魏太昌元年
（532）《元文墓志》："瑌琢其章，終成國寶。"P. 4525（9）《新集文詞九經
抄》："《禮記》曰：玉不琢，不成器；人不學，不知道。"S. 5558《香嚴和
尚嗟世三傷吟》："驅驅飲啄稀，役役飛騰少。"例中截圖字依次爲"涿"
"琢""啄"之手寫，其右旁所從皆爲"豖"。作"象"者如：北魏正光三年
（522）《盧令媛墓志》："嬪諱令媛，范陽涿人。"北魏正光五年（524）《杜
法真墓志》："影隨形變，嚮逐聲遷。"西魏大統十年（544）《韋隆妻梁氏墓
志》："小子遯等，並幼稟享晪之訓。"甘博 3 號《觀佛三昧海經》卷五：
"復有鐵烏，從樹上下，挑眼㗱耳。"原本《玉篇》殘卷"言部"："諑，猪
角反。《左氏傳》：'又使諑之。'杜預曰：諑，訴也。"五代可洪《新集藏
經音義隨函録》卷七《不空羂索神變真言經》第十三卷音義："椓地，上音
卓，擊也。正作琢。"③ 例中的截圖字依次爲"涿""逐""豚""啄""諑"
"椓"之俗訛，右旁所從皆爲"象"。

除上述諸字外，"琢"寫作"瑑"，更爲習見。如北魏延昌二年（513）
《魏顯儁墓志》："以追弔之未罄（磬），更載瑑於玄石。"北魏太昌元年（532）
《元延明墓志》："既業冠一時，道高百辟，授經侍講，瑑磨聖躬。"隋開皇三
年（583）《張顔墓志》："非雕非瑑，惟德惟賢。"唐貞觀三年（629）《譚伍
墓志》："丹穴靈鳳，崑山文玉，不待剪拂，何繁彫瑑。"唐武周天授二年
（691）《楊陶墓志》："良玉不瑑，即先王之瑚璉。"唐景雲二年（711）《盧

---

① 具體的舉例、論述參見王鵬遠《古漢字"變形音化"現象的再研究》，碩士學位論文，復旦大學，
2021，第 65 ~ 70 頁。
② "豖"旁寫作"象"形，具體的舉證、論述參見陳劍《金文"象"字考釋》，載《甲骨金文考釋論集》，
綫裝書局，2007，第 243 ~ 272 頁；梁春勝《楷書部件演變研究》，綫裝書局，2012，第 244 ~ 249 頁。
③ 中華大藏經編輯局編《中華大藏經》第 59 册，中華書局，1993，第 784 頁。韓小荆：《〈可洪音義〉
研究——以文字爲中心》，巴蜀書社，2009，第 840 頁。

府君神道碑》："乃瑑石他山，篆碑神道，此嘗孝子之事也。"唐天寶三年
(744)《劉元適墓志》："豐石宜瑑，志其事焉。"P. 2529《毛詩詁訓傳·淇
澳》："如切如瑳，如瑑如磨。"S. 3926《老子道德經》"人多技巧"河上公
注："'多{知}技巧'，刻畫官（宫）觀，彫瑑章服。"① P. 3590《故陳子
昂集》卷九《諫政理書》："珠玉錦鏽、雕瑑伎巧之飾，非益於理者悉棄
之。"P. 3409《安心難》："不瑂不瑑不成寶，無解無行無道德。"S. 2053 V
《禮記音·喪大紀第廿二》："瑑，丁角。"故宫博物院藏裴務齊正字本《刊
謬補缺切韻·覺韻》丁角反："瑑，治玉。"句中截圖字皆"瑑"之手寫，
就文意論，則都是"琢"之俗訛。從末例看，連科考選士的參考書"正字
本"《切韻》中的"琢"都寫成"瑑"，由此不難推想這種寫法的流行
程度！

  正因爲六朝隋唐文獻中，"琢"俗書常作"瑑"，與專指"珪璧上凸
紋"的"瑑"混同，故而唐宋時期的字樣書中，每每將"琢"與"瑑"
摘選出來，從音、義上對它們加以區分。如《干禄字書》："瑑琢：上珪
璧文，音篆；下琢玉，竹角反。"《五經文字》卷中玉部："琢瑑：上竹角
反，下丈絹反，見《周禮》。"宋本《玉篇·分毫字樣》："瑑琢：上音篆，
璧上文；下陟角反，琢石。"由是可知："瑑"讀 zhuàn，指珪璧上的紋飾；
"琢"念 zhuó，謂雕刻玉石。"瑑"和"琢"本是毫不相關的兩個詞，僅
因形近而引致訛混。爲避免誤用，字樣書才特別對其進行規範。值得注意
的是："琢"原來所從的"豕"，在字樣書中一律加點寫成了"豖"。這種
加點的寫法，因字樣書的規範而使其正字的地位得以確立並廣泛地傳布
開來。

  經過唐代正字運動的規範與推廣，唐以前"琢"訛作"瑑"的情況，在
宋以降的文獻中有了相當的改觀。但因寫本時代這種俗訛太過流行，以至於
在統一校勘、規範用字的刻本時代，文獻中仍存有不少"瑑"的遺迹。如
《四部叢刊》影北宋刊本《列子·黄帝》："雕瑑復朴，塊然獨以其形立。"百
衲本二十四史影宋紹興刻本《後漢書·崔駰傳》"刻諸盤杅"李賢注引《墨
子》曰："瑑之盤盂。"《四部叢刊》影宋刻本六臣注《文選·嵇康〈琴

---

① 句中"知"爲"技"的音近衍文。

賦〉》：“華繪彫瑑，布藻垂文。”①《四部叢刊》影清述古堂影宋鈔本《説文解字繫傳》卷十七《通釋・彡部》：“彫，瑑文也。”例中截圖字皆“瑑”的手寫體，亦“琢”之俗訛。這種寫法影響之深遠，由此可見一斑。

明白“瑑”“琢”的詞義及“琢”常訛作“瑑”之後，我們再來對二典所引“瑑”表“雕刻爲文”義的書證進行逐一的辨析。首例《漢書・董仲舒傳》中的“瑑”，異文或作“琢”。檢百衲本二十四史影宋景祐刻本《漢書》，其中“瑑”共出現 21 次（正文 10 次，注文 11 次），除注文中有 3 次誤刻作“琢”外②，其餘 18 次皆作“瑑”。其中《王莽傳上》所見 4 次爲“瑒”之形誤③，剩餘的 14 次則都是“琢”字俗訛。如《司馬遷傳》：“今雖欲自彫瑑，曼辭以自解，無益。”顏注：“瑑，刻也，音篆。”《東方朔傳》：“二人皆詐僞，巧言利口以進其身，陰奉珊瑑刻鏤之好以納其心。”顏注：“珊與彫同，畫也。瑑謂刻爲文也，音篆。”《王吉傳》：“古者工不造珊瑑，商不通侈靡。”顏注：“瑑者，刻鏤爲文。瑑音篆。”《揚雄傳下》：“却翡翠之飾，除彫瑑之巧。”顏注：“瑑，刻鏤也。琭（琢－瑑）音篆。”上舉例中“瑑”爲動詞，皆與表雕刻義的“珊/彫、刻、鏤”連言，顯爲“琢”之俗訛。同樣，前揭《董仲舒傳》中“良玉不瑑”“常玉不瑑”的“瑑”，都用在否定副詞“不”後，也爲動詞，指治玉。其中，“良玉不瑑”亦見於前揭武周天授二年（691）《楊陶墓志》；漢揚雄《法言・寡見》中亦有近似的表達：“或曰：‘良玉不雕，美言不文，何謂也？’曰：‘玉不雕，璵璠不作器；言不文，典謨不作經。’”“常玉不瑑”句，則是從《禮記・學記》“玉不琢，不成器；人不學，不知道”化用而來。可見，“不瑑”的“瑑”也是“琢”字俗訛。然而顏師古却不厭其煩地給《漢書》中的每一個“瑑”都釋義、注音，或許他想特別強調該字是“瑑”，而非“琢”。而且古書中將“瑑”解作“雕刻”並音“篆”的，唯有《漢書》中這五條顏氏注。也就是说，

---

① 原書雙行小字注：“善本作琭。”截圖字即“琢”早期從“豖”的寫法。
② 1 次見於《揚雄傳下》，2 次見於《王莽傳上》。
③ 《王莽傳上》中“瑑”共出現 6 次：正文 2 次，注文 4 次。注文中有 2 次訛作“琭（琢）”，其餘 4 次作“琭（瑑）”者，皆“瑒”之形誤。其文爲：“（孔）休不肯受，（王）莽因曰：‘誠見君面有瘢，美玉可以滅瘢，欲獻其瑒，’即解其瑒，休復辭讓。”顏注：“服虔曰：‘瑒音暢。’蘇林曰：‘劍鼻也。’師古曰：‘瑒字本作瑒，從王昜聲，後轉寫者訛也。琭自雕琭字耳，音篆也。’”例中前四個“琭”，皆“瑒”之形誤，屬唐以前抄手之誤；後兩個“琭”，均爲“琢”從豖的早期寫法。

"璪"這一音義，乃顏氏獨創。而他之所以做出這樣的訓釋和注音，很可能是"璪"這個訛字誤導所致。

次例《新唐書》"充錦繡官及冶璪金玉者"的"冶璪"，異文或作"治璪"。"冶璪"蓋"治璪"形訛，"治璪"即"璪治"，爲同義複詞，指雕琢（金玉）。S.2071《切韵箋注·蕭韵》："琱，治𤫊（琢）。"即以"治琢"釋"琱"。《尚書·顧命》"大玉、夷玉、天球、河圖，在東序"，清孫星衍注引鄭玄曰："大玉，華山之球也。……天球，雍州所貢之玉，色如天者。皆璞，未見琢治，故不以禮器名之。"宋杜綰《雲林石譜·南劍石》："南劍州黯淡灘出石，質深青黑而光潤……工人琢治爲香爐諸器，極精緻。"例中"琢治"皆指雕刻。是"冶璪"當作"治璪"，句中"璪"亦"琢"之俗訛。

末例《薛氏墓志銘》中"璪銘文"的"璪"爲動詞，謂刻銘文於石碑。"雕刻玉石"爲"琢"之本義，"琢銘"墓志習見。如《四部叢刊》影清嘉慶大興朱氏本《權載之文集》卷二五《唐故朝散大夫守司農少卿賜紫金魚袋隴西縣開國男李公墓志銘并序》："如履厦屋，歸念舊封。圓石琢銘，永識於中。"① 宋蘇頌《蘇魏公文集》卷五八《潁州萬壽縣張君墓志銘》："愴彼明時，喪兹國器。誄行旌賢，琢銘泉隧。"宋王之望《漢濱集》卷十五《故左朝請郎石君墓志銘》："嗚呼弗延，惟命之傷。琢銘堅石，永閟幽藏。"皆其例。較之"璪銘文"的孤證，"琢銘"則爲墓志習語，指刻寫銘文，故《薛氏墓志銘》中的"璪"亦應爲"琢"的俗訛。

綜上所論，二典"璪"下所列"雕刻爲文"義，並非"璪"本身所有，而是"琢"的本義及常義，即二典"琢"下義項①所釋"雕刻、加工玉石"義。② 因漢魏以迄隋唐文獻中"琢"俗寫常作"璪"，與表"珪璧上凸起的紋飾"義的"璪"混同。編者未查，徑將"琢"之義項置於"璪"下，不妥，當删。又《大詞典》"琱璪"條以上舉《漢書》中《東方朔傳》《王吉傳》爲例，釋爲"鏤刻花紋。亦指刻有花紋之物"，《東方朔傳》中的"琱璪"，荀悦《漢紀·孝武皇帝紀》作"琱琢"。前文已論，《漢書》中的"璪"皆"琢"之俗訛，顏師古據訛字"璪"所注的直音，本不可信；《大

---

① 句中"琢"，宋李昉輯《文苑英華》卷九四二、清董誥等輯《全唐文》卷五〇三均作"篆"，義同。疑其字本作"琢"，但因"琢"於義不協，後人遂改作與之音同、義近的"篆"。

② 參見《大字典》卷2，第1119頁；《大詞典》卷4，第591頁。

詞典》又據以立目、釋義，更不可取，亦當删。

四　栿

樹名。《太平御覽》卷七百七十引周處《風土記》："預章栿桄諸木，皆以多曲理盤節爲堅勁也。"（《大字典·木部》卷3，第1287頁）

按："栿"字無注音，釋爲"樹名"，不夠確切。那麼，"栿"爲何字？讀何音？是怎樣的一種樹？檢《四部叢刊》三編影日本靜嘉堂文庫藏宋刊本《太平御覽》，其中"栿"作"栿"，《大字典》錄作"栿"，與字形相合。但"栿"用爲樹名，僅此孤證，非常可疑。竊謂"栿"爲"柟"之俗訛。

字形上，張涌泉指出："冄"字俗書多作"舟"或"舟"形；"舟"字俗寫每作"舟"或"舟"形，二字形近易亂，應注意辨別；"冄""舟"二旁亦同。[1] 如S.1891《孔子家語》王氏注卷十："舟有蹴然免席。"S.3663《文選》卷九成公綏《嘯賦》："或舟弱而柔橈。"S.75《老子道德經序訣》："舟舟在虛空之中。"P.2531郭象注《莊子·山木》："其得栿梓豫章也。"P.2528《文選》卷二張衡《西京賦》："木則樅栝椶栿，梓棫楩楓。"S.2071《切韻箋注·鹽韻》汝鹽反："舟，嚵皃。舟，蚺名。栿，梅。海，多言。"例中截圖字即"冄"或"冄"旁寫作"舟"形之例。寫作"舟"形者，如S.2071《切韻箋注·琰韻》："舟，而琰反。四。栿，長好皃……舟，草盛。"其中的截圖字分別爲"冄""姌""苒"的俗寫變體。當"柟"所從"冄"寫作"舟"形時，其字即"栿"，便與前揭靜嘉堂文庫藏宋刊本《太平御覽》中"栿"的字形全同。也就是說，若據"栿"形楷定，其字既可作"栿"，也可作"柟"。

具體到《大字典》所引周處《風土記》中"預章栿桄諸木"句，則只能作"柟"。因爲"預章"即"豫章"，亦作"豫樟"，是枕木與樟木的並稱；"柟"即"楠"，木質堅密，爲貴重的木材，文獻中常與"豫樟""楩""梓"等良木共現。如《墨子·公輸》："荆有長松文梓楩柟豫章，宋無長木，此猶錦繡之與短褐也。"《淮南子·修務訓》："楩柟豫章之生也，七年而

---

① 參見張涌泉《敦煌俗字研究》（第二版）下編"冄""舟"條，上海教育出版社，2015，第271、736頁。

後知，故可以爲棺、舟。"漢王符《潛夫論·浮侈》："其後京師貴戚，必欲
江南檽梓豫章梗柟。"① 皆其例。

因此，綜合字形、文意來看，《大字典》以《太平御覽》所引周處《風
土記》中"預章栭桄諸木"爲例，將其中的"栭"楷定作"栭"，並以之立
目，釋爲"樹名"，使之成爲讀音闕如、詞義籠統的疑難字，實爲不妥。如
上所論，"栭"當是"柟"的俗寫形訛，其義即楠木，文獻習見②，故"栭"
條可刪。若欲保留，則應將其與"柟"條溝通，注明"同'柟'"。此外，
《大字典·木部》（卷3，第1285頁）"桄"條義項②也以《太平御覽》卷七七
〇所引周處《風土記》"預章栭桄諸木"句爲例，其中"栭"亦當作"柟"。

五　欀

xiāng　《廣韻》息良切，平陽心。③支撐屋架的部件。唐張説之《唐
玉泉寺大通禪師碑》："欀崩梁壞，雷動雨泣。"宋王明清《揮塵餘話》卷
二："枅欀上承，柱石下當。"（《大字典·木部》卷3，第1418頁；《大詞典·
木部》卷4，第1369頁）③

按：二典所舉兩例中，"欀"或與"梁"對舉，或跟"枅"連言，釋其
義爲"支撐屋架的部件"，似頗吻合。檢核文獻，前例"欀"，《四部叢刊》
初編影明嘉靖刊本《張説之文集》卷十九作"欀"，《四部叢刊》初編影明
嘉靖刻本《重校正唐文粹》卷六四作"榱"，明刻本《文苑英華》卷八五六
作"榱"，清嘉慶十九年武英殿刻本《全唐文》卷二三一作"欀"；後例
"欀"，《四部叢刊》續編影宋鈔本作"欀"，清康熙五十九年内府刻本《韵
府拾遺》卷四上平聲引作"榱"。那麼，"欀"與"榱"，何者爲是？

從詞義看，當以"榱"爲是。《説文·木部》："榱，秦名爲屋椽，周謂
之榱，齊魯謂之桷。"段玉裁注："榱之言差次也，自高而下，層次排列，
如有等衰也。"《左傳·襄公三十一年》："子於鄭國，棟也。棟折榱崩，

---

① 彭鐸校按：王先謙《後漢書集解》引沈欽韓曰："'檽'疑'楺'字之借。《爾雅》：'楺，鼠梓。'
　郭注：'楸屬也。'今人謂之苦楸。"參見（漢）王符著，（清）汪繼培箋，彭鐸校正《潛夫論箋校
　正》，中華書局，1985，第135頁。
② 《大字典》卷3，第1268頁"柟"條已載此義。
③ 關於"欀"的注音、釋義及舉例，《大詞典》跟《大字典》大同小異，其不同處爲：釋義中的
　"部"與例證書名中的"揮塵"，《大詞典》分別作"構"與"揮塵録"。

（公孫）僑將厭焉，敢不盡言？"《急就篇》卷三："椽桷槒櫨瓦屋梁。"顏師古注："椽即桷也，亦名爲桶。槒櫨，柱上之枅也。""枅"謂柱上的方木，"椽"指屋椽，二者皆爲房屋間架的主要構件，與前揭二典所引兩例中"櫹"的詞義相合。例中"櫹"當爲"椽"之形訛，"椽"表屋椽，乃其常訓，於文獻有徵；而"櫹"釋"支撐屋架的部件"，則典籍無據，不可信憑。

那麼，"椽"怎會誤作"櫹"呢？"椽"所从"衺"，係"蓑"之初文，篆文作"衺"（《説文·衣部》），指"草雨衣"，中部的"衺"象編草下垂之形。其字隸定或作"衺"，如《隸辨》卷一引《樊敏碑》："周室衺微。"其形手寫或增橫畫作"衺"，"衺"旁也從之。如 S. 2071《切韵箋注·脂韵》："衺，微，所追反。三。櫹，屋橑。櫹，病。"這種寫法的"衺"或"衺"旁，看起來與"襄"較爲近似，它們的不同主要在於"吅"形的有無。

"襄"或"襄"旁手寫，其中的"吅"形草寫或作兩點，P. 2524《語對·婚姻》"薑桂"條注："《韓詩外傳》曰：宋玉因其友見楚襄（襄）王，待無以［異］，旅（讓）其友。"當其中的兩點省去時，"襄"與"衺"便很接近了。如 P. 2577《老子道德經》"攘無臂"李榮注："怒而行兵，用兵所以攘臂，爲客退尺，不假臂以攘之，故言攘無臂。"例中掃描字皆"攘"之俗省，其聲符"襄"與上舉"屋橑"義的"櫹"所从"衺"已難分彼此。

當"衺"與"襄"因形近發生訛混後，文獻中遂出現了將"衺"或"衺"旁寫作"襄"或"襄"旁的情形。如 P. 2711《勵忠節鈔·家誡部》："是以留侯、范蠡棄貴，叔敖、蕭何不擇美地，▨▨▨（此皆知）盛襄之分，識綺（倚）伏之機。"S. 2073《廬山遠公話》："七十八十，氣力襄微。"P. 2497《齋願文·男女》："豈謂桓山去鳥，比翼無明（朋）；田氏襄荊，分枝有痛。"P. 2357《太上妙法本相經》："譬生十子，咳抱之時，普恩愛之，無欲遺棄。小有不和，馳追巫卜，問其進止。聞襄肝碎，聞吉踊悦。"S. 78V《書儀》："伏以時當子位，律膺黃鍾，是趙襄愛景之辰，乃周代歲初之首。"P. 3157《佛本行集經》卷六："又護明菩薩於兜率天，身上五襄相現，下生人間，天人憂戀。"上舉例中的截圖字，從字形看，皆爲"襄"的手寫或俗體；但就文意論，則都是"衺"之形訛。其中"田氏襄（衺）荊"言田真兄弟分家時，堂前的紫荆樹出現衰枯之勢；"趙襄（衰）愛景之辰"典出《左傳·文公七年》"趙衰，冬日之日也"杜預注："冬日可愛。"以冬天的太陽喻趙衰之可愛，書儀中借指冬至之日。又如 P. 2833《文選音》："櫷，色惟。"例中掃描字雖爲"櫷"的手寫，實係"槵"之俗譌，該字出自《文選》卷四七夏侯湛《東方朔畫贊》"槵棟傾落"句。寫本中也不乏將"襄"旁寫作"衰"者，如 P. 3675《太上妙法本相經》："是以真人恒以守一孫（遜）過，攘而無臂，動而不搖，高而不貴，故能常真。"例中"攘"即"攘"之俗譌。

　　"衰"旁譌作"襄"旁的情形，在宋以降刻本中亦多有其例。如《荀子·哀公》"仰視榱棟，俛見几筵"，"榱"字《四部叢刊》初編影宋刊本作"槵"，是；《四部叢刊》初編景明覆宋刊本《新序》卷四作"櫷"；《四部叢刊》三編影宋刊本《太平御覽》卷四五九作"攘"①。"櫷"形正是"槵"誤作"攘"的橋梁。又如漢王符《潛夫論·釋難》"棟折榱崩"的"榱"，《四部叢刊》初編影宋精寫本作"櫷"；唐劉禹錫《洗心亭》"繞梁歷榱"的"榱"，《四部叢刊》初編影宋刊本《劉夢得文集》卷二七作"攘"；三國魏曹植《槐賦》"觀朱榱以振條"的"榱"，《四部叢刊》初編影明活字本《曹子建集》卷四作"攘"；宋魏了翁《代開三兄同諸弟哭叔母文》"榱崩棟折"的"榱"，《四部叢刊》初編影宋刊本《鶴山先生大全文集》卷九一作"攘"；宋陳繹《新修東府記》"則有榱題之鬔密"的"榱"，《四部叢刊》初編影宋刊本《皇朝文鑑》卷八一作"攘"。皆其例。

　　不難看出，"衰"譌作"襄"及"榱"譌作"櫷"的情況，習見於唐宋以降的寫本和刻本。以此反觀前揭二典中"櫷"下義項③的釋義及舉證，可知例中的"櫷"實爲"槵"之形譌，其義本爲"槵"所有，"櫷"下所立義項③，乃據誤字所在文例歸納所得，當刪。

六　潕

　　shī　《集韵》商支切，平支書。②水貌。五代王周《峽船記》："峽水湍峻，激石忽發者謂之瀆，洈汯而潕者謂之腦。"（《大字典·水部》卷3，第

---

① 相應文句爲："仰見櫷棟，俯察機筵。"與《荀子》原文有一定差異。

1806 頁；《大詞典・水部》卷 5，第 1512 頁）

按：例中"漇"，二典均訓"水貌"，略顯寬泛。文獻中，"漇"主要用爲專名，指施水；二典將《峽船記》中的"漇"釋爲"水兒"，文意庶幾可通，但就此孤例而設此義項，十分可疑。竊謂"漇"當是"漩"的形誤。理由如下。

首先，字形上，"漩""漇"所从聲符"旋"與"施"，形近易亂。如《篆隸萬象名義》中"旋"或誤作"施"，該書《云部》："云，胡熏反，**旋**也……"又《舟部》："般，菩安反，樂也，**旋**也，大也。"其中的掃描字"**旋**"與"**旋**"，吕浩皆録作"施"，認爲均當作"旋"①，誠是。此即"旋"誤作"施"之例。

其次，異文上，二典所引《峽船記》中"漇"，明刻鍾惺、譚元春輯《唐詩歸》卷三五作"**漇**"，清文淵閣四庫全書本曹學佺編《蜀中廣記》卷六八作"**漇**"；文淵閣四庫全書本《全唐詩》卷七六五作"**漩**"，清張氏安懷堂刻本張澍輯《蜀典》卷七作"**漩**"。前兩個截圖字爲"漇"，後兩個截圖字爲"漩"，而"漇"應爲"漩"的形訛。

最後，詞義上，"漩"古作"淀"，指回旋的水流。玄應《音義》卷十八《成實論》第十卷音義"淀澓"條："似緣反。《説文》：回淵（淵）也。下又作復、坆二形，同，扶福反。坆，深也，亦迴水也。""洑"謂漩渦，《廣韻・屋韻》："洑，洄流。""漩""洑"或近義連言，如唐澄觀《華嚴經疏》卷七："漩洑者，水之漩流洄洑之處，一、甚深故；二、迴轉故；三、難渡故，法海漩洑亦然。"將"漩""洑"之義施於"洍洑而漩者謂之腦"句中，"洍"即"沱"，指小水流入大水之處，"洑而漩"用來描述沱中水迴旋流轉的狀貌，文意順適無礙。

由此看來，二典所引《峽船記》中的"漇"，實爲"漩"之形近誤字。"漩"表"水流旋轉貌"，二典該字下已標列，故"漇"下所立義項②當删。

上文中，我們對《大字典》《大詞典》中"咴""嗲""璖""桷""㰡""漇"等六字下設立的個別義項，從字形、詞義、異文等方面做了細緻的辨析，認爲"咴"指"小兒笑"、"嗲"表"小笑貌"、"璖"表"雕刻爲文"、

---

① 參見吕浩《〈篆隸萬象名義〉校釋》，學林出版社，2007，第 142、298 頁。此所舉《篆隸萬象名義》中"旋"誤作"施"之例，主要參考了梁春勝《楷書異體俗體部件例字表》（未刊稿），謹此致謝。

“梀”指“樹名”、“欀”表“支撐屋架的部件”及“㴉”表“水貌”時，其字分別爲“欬”“欬”“琢”“柟”“榱”“漩”的形誤。二典據誤字設立的義項，均不可信。因此，修訂大型語文辭書時，務須對其中字詞下標注的讀音、設立的義項、引用的例證等，逐條做精細的校核，盡可能將其中收載的可疑讀音、義項、例證等一一清除。在增收新條目、設立新義項的過程中，亦當如此校核，方可避免出現新的疏誤。

Analysis of the Doubtful Meaning of Six Words in Dictionary

Zhang Xiaoyan

Abstract：From the perspective of analyzing incorrect character forms，this paper makes a detailed explanation of the meanings of the following six words：huī 咴，yàn 嗳，zhuàn 瑑，梀，xiāng 欀 and shī 㴉 in the *Chinese Dictionary of Characters* and *the Chinese Dictionary of Words*. We believed that 咴 and 嗳 are the incorrect character forms of hái 咳，which means child's laughter；zhuàn 瑑 is the incorrect character form of zhuó 琢，which means carving；梀 is the incorrect character form of nán 柟，which means a kind of tree named nánmù 楠木；xiāng 欀 is the incorrect character forms of cuī 榱，which means rafters；shī 㴉 is the incorrect character forms of xuán 漩，which means swirling current. The pronunciation and meaning of these six words in both dictionaries are unreliable and should be deleted.

Keywords：Dictionary；Doubtful Meaning；Incorrect Character Forms

玄應 《一切經音義》 校訂瑣記[*]

真大成[**]

摘　要　玄應《一切經音義》流傳久遠，版本衆多，訛文錯字不在少數。徐時儀教授《一切經音義三種校本合刊》、黄仁瑄教授《大唐衆經音義校注》發誤正訛，厥功至巨；但校書如掃落葉，《一切經音義》中的訛誤仍未能盡，校訂工作仍待進一步展開。文章刺舉41例，可爲進一步整理《一切經音義》提供一些參考資料。

關鍵詞　玄應　《一切經音義》　校訂

玄應《一切經音義》（下文簡稱玄應《音義》或《音義》）流傳久遠，版本衆多，錯訛不在少數。目前雖然已有徐時儀先生《一切經音義三種校本合刊》（下文簡稱《合刊》）、黄仁瑄先生《大唐衆經音義校注》（下文簡稱《校注》）發誤正訛，厥功甚偉，但校勘一事，非一時所能蕆工，校訛訂誤的工作仍待進一步展開。

依照體例，玄應《音義》釋語部分首先針對某一詞目字①列舉多個字形，進一步指出該詞目字與所列舉的字形 “同”②。如卷一《大方廣佛華严經》音義 “罣碍” 條 “《字略》作罫，同”，《音義》指出詞目字 “罣” 字與 “罫” 字 “同”，像 “罣—罫” 這一組字，本文姑且稱爲 “同” 系字。《音義》所謂 “同”，對象並不完全局限於 “字”，所指也是比較複雜的，大致而言，有異體同字、異字同源、異字同用、異詞同義等幾種情況，其中異體

---

*　本文爲國家社科基金項目 “基於出土文獻的魏晋南北朝隋唐漢語字詞關係研究”（項目編號：18BYY140）的階段性成果。在撰寫過程中，承蒙煙臺大學張文冠副教授指教，謹謝。文中錯誤，概由本人負責。

**　真大成，文學博士，浙江大學漢語史研究中心教授，主要研究方向爲中古語言文字學。

①　關於 “詞目字”，參看拙文《玄應〈一切經音義〉 “體、字體、正體” 辨説》，《文獻語言學》第十二輯，中華書局，2021。
②　主要有以 “或作某”“又作某”“亦作某” 指明 “同”、以 “籀文作某” 指明 “同”、以 “古文作某”“古文某” 指明 “同”、以 “今作某” 指明 “同”、以 “字體作某”“正體作某”“正字作某（正作某）” 指明 “同”、以辭書作某指明 “同”、以典籍作某指明 “同” 等方式。參看拙文《玄應〈一切經音義〉 “同”“通” 述考》（待刊稿）。

同字最爲常見。① 基於"同"系字具備"同"的關係和特點（主要是"異體同字"），可以訂正"同"系字中的訛誤。下文剌舉 41 例，似可爲進一步董理《音義》所參資，敬請學界同道指正云爾。

1.

卷一《大方等大集經》音義"輨轄"條："下又作𨏍、轄二形。"②"𨏍"，《合刊》《校注》錄作"𡎱"。

按：《説文·土部》："𡎱，土也。"段玉裁注："土，蓋凷之誤。《集韵》：凷，字亦作𡎱。《類篇》：𡎱，亦苦會切，墣也。""𡎱"與"轄"無涉。"𨏍"當爲"𨏆"之訛，《説文·舛部》："𨏆，車軸端鍵也。"段玉裁注："以鐵豎貫軸頭而制轂如鍵閉然。"王筠句讀："軸貫於輪，恐轂出也，以鐵直鍵其軸，謂之𨏆。"《詩·小雅·車𨏆》："間關車之𨏆兮，思孌季女逝兮。"《北堂書鈔》卷一四一"間關車之轄兮"條引《韓子》："車轄不笒也，間關車之轄兮，思孌季女逝兮。"③"𨏆""轄"異文同字。慧琳《一切經音義》卷十七轉錄玄應《大方等大集經》音義："轄，又作𨏍、轄二形。""𨏍"即"𨏆"字。

2.

卷二《大般涅槃經》音義"賦給"條："古文䝉，同。""䝉"，《合刊》《校注》錄作"賥"。

卷十四《四分律》音義"租賦"條："古文䝉，同。""䝉"，《合刊》《校注》錄作"賥"。

按：《説文·貝部》："賥，齎財卜問爲賥。"段玉裁注："賥，所以讎卜者也。祭神米曰糈，卜者必禮神，故其字亦作糈。"《廣韵·語韵》疎舉切："賥，齎財問卜。"與"賦"音義不合。"䝉"當作"貺"，《龍龕手鏡·貝

---

① 參看拙文《玄應〈一切經音義〉"同""通"述考》（待刊稿）。

② 本文使用高麗藏本玄應《音義》（與《合刊》《校注》所用底本一致）和慧琳《一切經音義》，凡涉及校訂之字，均剪切粘貼原字形。

③ 南海孔氏三十有三萬卷堂本《北堂書鈔》此條下按語云："今案近本《韓非子》無此文，竊疑'韓子'二字沿上條誤入；或是《韓詩》逸文。"

部》："賏，俗；賦，正。"《字彙補·貝部》："賏，與賦音義同。"

3.

　　卷三《勝天王般若經》音義"僕隸"條："古文瞙，同。"《校注》録作"瞙"。

　　按：《玉篇·目部》："瞙，眼暗也。"《集韵·覺韵》匹角切："瞙，目暗也。"與"僕"含義不合。"瞙"非"瞙"，而應是"瞱"字，左邊意符"臣"筆畫粘連而似"目"。《説文·業部》："僕，給事者。瞱，古文从臣。"《合刊》録作"瞱"，是也。

4.

　　卷六《妙法蓮華經》音義"僮僕"條："下古文瞱，同。""瞱"，《校注》録作"瞙"。

　　按："瞙"不成字，乃"瞱"之訛。"卪"爲"臣"之訛變，"業"爲"業"之訛變。參看本文第 3 條。

5.

　　卷五《移識經》音義"鞋韈"條："下古文作韈，今作袜，又作怽、袜二形，同。""袜"，《校注》録作"袜"；"怽"，《合刊》録作"怽"，《校注》録作"怽"。

　　按："袜"同"魅"，見《中華字海》第 983 頁。《玉篇·心部》："怽，忘也。""怽"，音義不詳，見《中華字海》第 1767 頁。"袜""怽""怽"與"韈"俱無關。"袜"應即"袜"字之訛，"怽"應即"袜"字，"忄"常與"巾"訛亂。

6.

　　卷六《妙法蓮華經》音義"鵄梟"條："古文鵄鵄二形，今作鵄，同。"

"鴟"，《合刊》録作"鴎"，《校注》録作"鴐"。上"鴟"字，《合刊》《校注》録作"鴟"。

按："鴎"所從之"氏"或作"互"，因此"鴟"徑録作"鴎"或改作"鴐"，不如録作"鴟"①。今本"古文"之"鴟"和"今作"之"鴟"字形相同，顯然必有一誤，意"古文"之"鴟"當作"鴎"。

7.

卷六《妙法蓮華經》音義"搗篩"條："古文籬、薪二形，《聲類》作篩，同。""薪"，《校注》録作"薪"。

按：《史記·司馬相如列傳》："其高燥則生葳薪苞荔，薛莎青蘋。"裴駰集解引徐廣曰："薪，或曰草，生水中，華可食。""薪"爲草名，與"籬"無關。"薪"當作"籂"，蓋"艸""竹"每相亂。"籂"同"篩"，《玉篇·竹部》："籂，同篩。"

8.

卷六《妙法蓮華經》音義"繫緤"條："又作鬲，同。""鬲"，《合刊》録作"馬"，《校注》録作"鬲"。

按："鬲"當爲"鬲"之訛字。《説文·馬部》："鬲，絆馬也。從馬，口其足。《春秋傳》曰：'韓厥執鬲前。'讀若輒。繫，鬲或從糸，執聲。"

9.

卷十三《雜阿含經》音義"屠圩"條："宜作盂，同。""圩"，《合刊》《校注》録作"圩"。

按："圩"音義與"盂"俱無關。"圩"乃"杅"之訛，"木""土"作偏旁相亂乃古籍常事。《急就篇》："椷杅盤案梒榹盌。"顏師古注："杅，盛飯之器也。一曰齊人謂盤爲杅。"《後漢書·崔駰傳》："遠察近覽，俯仰有

---

① "鴟"即"鴎"字，《中華字海》，中華書局、中國友誼出版公司，1994，第1779頁。

則，銘諸几杖，刻諸盤杅。”李賢注：“杅，盂也。”

10.

卷五《太子墓魄經》音義“忸怩”條：“又作𦣚，同。”“𦣚”，《合刊》《校注》録作“䀸”。

按：《文選·王褒〈洞簫賦〉》：“憤伊鬱而酷䀸，愍眸子之喪精。”李善注引《蒼頡篇》曰：“䀸，憂貌。”“䀸”與表羞慚義之“忸怩”相隔較遠。“𦣚”當爲“衄（䶊）”之訛，《龍龕手鏡·面部》女六反：“䶊，俗；衄，慚也。”“衄（䶊）”與“忸”音義密合，當爲“忸”之別體。

11.

卷七《佛説阿惟越致遮經》音義“𥞖𥝠”條：“古文𠈢、𥞤，同。”“𥞖”，《校注》録作“𥛑”。

按：《説文·火部》：“㷔，以火乾肉。从火，稫聲。”“㷔”可作“𥞖”。“𥛑”當即“𥞖”之訛變，蓋“禾”“示”作構件常相亂。《合刊》録作“𥞖”，是也。

12.

卷八《大威燈光仙人問經》音義“瓶罐”條：“又作灌𥎊二形，同。”“𥎊”，《合刊》《校注》録作“𣟎”。

按：“𣟎”不成字，當爲“樌”之訛字。“樌”則爲“罐”改換意符和聲符之異體。“罐”意符從“缶”，着眼於類屬；若着眼於材質，“罐”可作“鑵”“礶”等，從“木”亦同理。

13.

卷八《無量門微密持經》音義“饒裕”條：“古文衮，同。”“衮”，《校注》録作“袞”。

按："衺"爲"育"字，與"裕"無涉。"褱"當即"褭"字，《廣韵·遇韵》："褭，裕同。"

14.

卷八《優婆塞戒經》音義"長攡"條："又作籬、杝二形，同。""攡""杝"，《合刊》《校注》録作"攤""栦"。

按："攤"同"摛"，《集韵·支韵》："摛，《説文》：舒也。揚子云作攡。"與"籬"不合。"攤"當作"欐"，蓋"木""扌"相亂所致。"欐"同"籬"，《集韵·支韵》："籬，藩也。或作欐。""栦"字多音義，無一與"欐（籬）"合。"栦"應作"杝"，"杝"同"籬"。《説文·木部》："杝，落也。"莫友芝《唐寫本説文木部箋異》："《説文》無籬字，杝即籬也。"《集韵·支韵》："籬，藩也。或作杝。"由於"也""㐌"每多訛混，故"杝"又訛作"栦"①。《説文》"杝，落也"，段玉裁注："《齊民要術》引《仲長子》曰：'杝落不完，垣墻不牢，掃除不淨，笞之可也。'杝者，杝之誤。"② 亦其例。

15.

卷八《大方廣三戒經》音義"漆柈"條："又作胼，古文作鎜，籀文作腺，同。""胼"，《合刊》《校注》録作"胼"；"腺"，《合刊》《校注》録作"腺"。

按："柈"即"盤"，《集韵·桓韵》："盤，《説文》：'承盤也。'或作柈。"《説文·木部》："槃，承槃也。从木，般聲。鎜，古文，从金。盤，籀文，从皿。"爲玄應所本。據此，"胼"當爲"槃"之訛，"槃"或作"胼""腺""腺""腺"等（均見於可洪《新集藏經音義隨函録》），"胼"當即從"胼"之類字形訛變而來。"腺"當作"槃"，今本涉上文"胼"而作"腺"。

---

① "杝"寫作"栦"，本文從簡判定爲訛誤。
② 此例承蒙張文冠博士教示，謹致謝意。

16.

卷九《大智度論》音義"唐勞"條："《字詁》古文餲喝三形，同。""餲""喝"，《合刊》錄作"餲""喝"，《校注》錄作"碣""喝"。

按：《説文·口部》："唐，大言也。從口，庚聲。喝，古文唐，從口、易。""唐（喝）"本指"大言"，故從"口"。"喝"，從口從易，段玉裁注謂"亦形聲"，故《合刊》錄作"喝"者誤。"餲"，《校注》據慧琳《音義》改作"碣"，非是，本當作"餲"。"口""舌"義相屬，故"喝"改從"舌"作"餲"。《合刊》錄作"餲"，亦失原文。

17.

卷九《大智度論》音義"謇吃"條："古文謭、謇二形，今作蹇，《聲類》作譲，又作劝，同。""劝"，《合刊》《校注》錄作"劝"。

按：《玉篇·力部》："劝，難也，吃也。"《廣韵·阮韵》："劝，吃語也。一曰難也。""劝"顯然是"劝"之訛。

18.

卷九《大智度論》音義"溝塍"條："古文艖塍二形，今作堘，同。""艖"，《合刊》《校注》錄作"艖"；"塍"，《合刊》錄作"艖"，《校注》錄作"艖"。

按：《説文·土部》："塍，稻中畦也。從土，朕聲。"由於"朕"字從"舟"，因而"塍"有時也從"舟"作"艖"①。"土""田"義相屬，故"塍"或作"塍"（"艖"或作"艖"）。"艖"其實就是"艖"之訛，《校注》錄作"艖"，非是。《玉篇·舟部》："艖，舟飾也。"與"塍"無涉。

---

① 《漢語大字典》據《龍龕手鏡》音繩，注音"shéng"，誤；應溝通它與"塍"的字際關係。

19.

卷十一《中阿含經》音義"祭餕"條："古文𥬸，《聲類》作醆，同。""𥬸"，《校注》錄作"褹"。

按：《廣韻·末韻》："褹，補綴破衣也。"《集韻·末韻》："褹，補也。"與"餕（醆）"懸遠。今以爲"𥬸"當作"褹"。《集韻·薛韻》："醆，酹謂之醆。或從示。"

20.

卷十一《雜阿含經》音義"若鏵"條："古文枀，或作鎊，同。""枀"，《合刊》《校注》錄作"茉"。

按：《集韻·戈韻》胡戈切："茉，艸名。"與"鏵"音義不匹。"茉"當作"枀"，《説文·木部》："枀，兩刃臿也。从木、丫，象形。"段玉裁注："枀、鏵，古今字也。"

21.

卷十二《別譯阿含經》音義"滑［渭］渭"① 條："又作渵，同。""渵"，《合刊》《校注》錄作"凊"。

按：本條出《別譯阿含經》卷四音義。高麗藏本《別譯雜阿含經》卷四："時婆羅門承佛教勅，尋以此食置無蟲水中，即時熾然，煙炎俱出，浼浼振爆，聲大叫裂。""浼浼"，宋、元、明本作"渭渭"。玄應所見本作"渭渭"，與宋、元、明三本同。《説文·水部》："渭，一曰沸涌貌。""渭渭"爲疊音形式，指水沸騰涌上。同經卷十三："婆羅門即以此食著無蟲水中，煙炎俱起，滑滑大聲。""滑滑"指水沸涌的聲音。② "渵"爲"澀"的俗字，《龍龕手鏡·水部》："渵，俗；澀，正。"未合經意。"渵"應即"滑"之

---

① 慧琳《音義》卷五二轉錄作"渭渭"。
② 參見真大成《漢文佛經用字與疑難詞語考釋》，《漢語史學報》第 17 輯，上海教育出版社，2017。

訛，所謂"同"，實指"渭渭""滑滑"語義相同。

22.

卷十二《雜寶藏經》音義"鑰匙"條："下《方言》作提，又作鍉，同。""提"，《合刊》《校注》録作"提"，《校注》並有腳注："出處待考。"

按："提"字非是。"提"當爲"椻"之訛。"椻"即"匙"字。《集韻·支韻》："匙，《説文》：'匕也。'或從木。"

23.

卷十二《雜寶藏經》音義"襤褸"條："古文幨，又作襤，同。""幨"，《合刊》《校注》録作"幨"。

按："襤"字別構無由從"心（忄）"，"幨"當作"幨"，"巾""忄"作構件常相亂。《説文·衣部》："襤，無緣也。"①《方言》卷四："無緣之衣謂之襤。"《説文·巾部》："幨，楚謂無緣衣也。"

24.

卷十二《雜寶藏經》音義"至欵"條："或作欵，同。""欵"，《合刊》《校注》録作"欵"。

按：構件"禾"非"禾"字，而是"示"的訛亂，"欵"實即"款"之訛變。

25.

卷十二《普曜經》音義"虎兕"條："又作兜、㝎二形，同。""㝎"，《合刊》録作"㝎"，《校注》謂原作"㝎"，據慧琳本和磧藏本改作"㝎"。

卷十七《出曜論》音義"虎兕"條："又作㝎、兜二形，同。""㝎"，《合

---

① 鈕樹玉校録："《韻會》引'緣'下有'衣'字。"

刊》《校注》録作"罴"。

按：《説文·罴部》："罴，如野牛而青，象形。兕，古文从儿。"小篆作
"罴"。"罴"象兕之身與足之形。後世構形發生變化，原本在一側象四足之形
的四筆分置左右①，玄應《音義》卷十二所記之"罴"，金剛寺本作罴，七寺
本作罴；卷十七所記之"罴"，金剛寺本作罴，七寺本作罴。"罴/罴/罴"及
"罴/罴/罴"均是這種變體的進一步訛變。宋代字韵書如《玉篇》《廣韵》
《集韵》作"罴"，仍存唐人之意。再往後，《字彙》收"罴"，《正字通》收
"罴"，下部變成"豕"，構意盡失。這種字形應是相當晚出的。據此，"罴"
"罴"二字與其録作"罴"，不如録作"罴"。

26.

卷十二《生經》音義"嗚噈"條："古文作㰤，同。""㰤"，《校注》録
作"㰤"。

按：《説文·欠部》："歃，歆歃也。从欠，龜聲。噈，俗歃。""㰤"應
即"歃"之訛字。《合刊》録作"㰤"，又括注"歃"，可取。

27.

卷十三《末羅王經》音義"震悚"條："又作慄，同。""慄"，《合刊》
録作"慄"，括注"悚"；《校注》據磧砂藏本改作"慄"。

按：《説文·心部》："慄，懼也。《春秋傳》曰：'駟氏慄。'"《正字通·
心部》："慄，通作悚。""慄"其實是"慄"的訛變。可洪《新集藏經音義
隨函録》卷十七《鼻奈耶》音義出"隻辰"條，今本作"只履"。又卷二三
《經律異相》音義"隻立"條："上之石反，正作隻。"今本作"隻立"。又
卷三〇《南海寄歸傳》音義"隻坐"條："上之石反，正作隻也。"今本作
"隻坐"。"隻""隻""隻"就是"隻"在書寫時逐步產生的變體。"慄"所
從之"隻"也屬此類。

---

① 何時開始出現待考。

28.

卷十四《四分律》音義"徒跣"條："《三蒼》作踱，又作跦，同。""跦"，《校注》錄作"跦"。

按："度"古作"庄"，故"踱"或作"跰"，《集韻·鐸韻》："踱，跣足。一曰乍前乍卻。或从庄。""跦"當即"跰"之訛變。《合刊》錄作"跰"，是也。《集韻·昔韻》昌石切："跦，跣也。"此"跦"也當是"跰"訛亂之形，後人不達此端，見其字從"斥"，故音昌石切。

29.

卷十四《四分律》音義"自炒"條："古文鬻、𩱟、㷅、熬四形，今作䉺，崔寔《四民月令》作炒，《古文奇字》作㮼，同。""鬻"，《合刊》《校注》錄作"鬻"。"㮼"，《合刊》錄作"㮼"，《校注》錄作"椶"。

卷十八《立世阿毗曇論》音義"煎炒"條："《古文奇字》作㮼，同。""㮼"，《合刊》錄作"㨄"，《校注》錄作"揌"。

按：《説文·弻部》："鬻，熬也。从弻，𥁕聲。""鬻"當作"鬻"，《廣韻·巧韻》："炒，鬻、熬並上同。"《字彙補·木部》："櫑，揚雄《奇字》云即'炒'字。"疑"㮼""㮼""櫑"均為訛字，原字應作"㨄"。"鬻"從"𥁕"得聲，"𥁕"屬侯部字；"㨄"從"搯"得聲，"搯"屬幽部字。古侯部字與幽部字可通，如《漢書·古今人表》所載"顔讎雛"，即《孟子·萬章上》"顔讎由"，亦侯、幽通用例。據此，《校注》錄作"椶""揌"均非。《合刊》或錄作"㨄"，亦誤；或錄作"㨄"，是也。

30.

卷十四《四分律》音義"若簰"條："又作簰，同。""簰"，《合刊》《校注》錄作"簰"。

按："簰"當作"簰"，《廣雅·釋水》："簰，筏也。"王念孫疏證："箳、簰、簰並同。"蓋"木""扌"相亂，故"簰"誤作"簰"。

31.

卷十五《僧祇律》音義"摭築"條："又作扠，同。"《校注》録作"杈"。

按："杈"當作"扠"，慧琳《音義》卷五八轉録正作"扠"。《合刊》録作"扠"，甚是。《集韵·佳韵》："扠，以拳加物。或作摭。"玄應《音義》卷六《妙法蓮華經》音義"相扠"條："字體作摭。敕佳反。以拳加人也。扠，近字耳。"

32.

卷十五《僧祇律》音義"疣頭"條："古文銧、疣、頯三形，今作疣，同。""銧"，《校注》録作"鈗"。

按：《説文·金部》："鈗，侸屬。"與"疣"絶不相涉。"銧"當作"鈗"。慧琳《音義》卷五八《僧祇律》音義"疣頭"條亦作"鈗"。《説文·頁部》："頯，顡也。从頁，尤聲。疣，頯或从疒。"玄應《音義》卷十一《增一阿含經》音義"顱頯"條："下古文鈗、疣、頯三形，今作疣，同。""鈗"字晚出，"疣"何以或作"鈗"，理據不明。①《龍龕手鏡·金部》"鈗，音尤"，未釋其義，頗疑即記"疣"這個詞。

33.

卷十六《善見律》音義"絜裹"條："古文作窴，同。""窴"，《合刊》《校注》録作"窔"。

按：《説文·宀部》："窔，静也。"《玉篇·宀部》："窔，《倉頡篇》云：安也。"與"絜"音義不合。"窴"當作"窶"，《莊子·山木》"正窶係履而過魏王"，陸德明釋文："窶，賢節反，又苦結反。司馬云：窶，帶也。"王先謙集解引郭嵩燾曰："帶之名窶，别無證據。《説文》：'絜，麻之端也。'與窶通，言整齊麻之一端，以束其履而繫之。"

<hr>

① 玄應《音義》卷十一《增一阿含經》音義"顱頯"條："經文作枕。"同樣理據不明。

34.

卷十六《戒消灾經》音義"釃酒"條："《字書》作釃，同。""釃"，《校注》錄作"麗"。

按："釃"上從"罓"，實即"麗"字。《廣雅·釋詁二》："麗，灑也。"《廣韵·魚韵》："釃，下酒。麗，上同。"慧琳《音義》卷六四《戒消灾經》音義"釃酒"條："上師淬反。《韵英》云：以筐灑酒曰釃。《考聲》云：漉酒具也。《説文》：下酒也。從酉麗省聲也。或從罓作麗。"

35.

卷十七《阿毗曇毗婆沙論》音義"歧路"條："古文崎郂二形，同。""崎"，《校注》錄作"㭒"。

按：《説文·邑部》："郂，周文王所封，在右扶風美陽中水鄉。從邑，支聲。岐，郂或從山，支聲，因岐山以名之也。崎，古文郂。從枝，從山。"據此，"㭒"當作"崎"，"木"旁亂作"扌"。《玉篇·山部》："崎，古郂字。"

36.

卷十七《俱舍論》音義"瘠田"條："古文瘄、瘶、膌三形，同。""瘶"，《校注》錄作"瘷"。

按："瘠"字異體無由從"束"，"瘶"當作"瘷"。《説文·肉部》："膌，瘦也。從肉，脊聲。瘷，古文膌從疒，從束，束亦聲。"段玉裁注："膌亦作瘠……束，木芒也。木芒是老瘠之狀，故從束。"《集韵·昔韵》："膌，《説文》：'瘦也。'古作瘷。"《合刊》錄作"瘷"，是也。

37.

卷十七《俱舍論》音義"一尋"條："古文鼻，或作㝷，同。""㝷"，

《合刊》《校注》録作"尋"。

按：《説文·寸部》："尋，繹理也。从工，从口，从又，从寸。工、口，亂也；又、寸，分理之。彡聲。此與𢁥同意，度人之兩臂爲尋，八尺也。"《廣韵·侵韵》："尋，尋，上同。""尋"當爲"尋"之誤。慧琳《音義》卷七〇轉録玄應《俱舍論》音義作"𡬻"，亦可證。

38.

卷十九《佛本行集經》音義"拗胜"條："又作挼，同。""挼"，《校注》録作"挼"。

按："挼"與"拗"形音義均不合，"挼"當爲"挼"之訛，《集韵·效韵》："㪇（拗），很戾也。或作挼。"慧琳《音義》卷五六轉録玄應《佛本行集經》音義作"挼"，亦爲"挼"之訛。

39.

卷二〇《陀羅尼雜集經》音義"舌縮"條："《字書》作搐，同。""搐"，《合刊》《校注》録作"槽"。《校注》出校記："槽，慧琳本作搐。"未按斷是非。

按：《方言》卷五："櫪，梁、宋、齊、楚、北燕之間謂之槽。"《廣韵·屋韵》："槽，馬櫪。"指馬槽，與"縮"無涉。搐，《説文·手部》"蹴引也"，段玉裁注："蹴，猶迫也。……蹴引者，蹴迫而引取之。"《廣雅·釋詁一》："搐，引也。"《廣韵·屋韵》："搐，抽也。"《説文·糸部》："縮，……一曰蹴也。""搐"與"縮"同從宿聲，聲義並通。玄應《音義》以同源之詞爲"同"，故"槽"當作"搐"，蓋"扌""木"相亂所致。

40.

卷二一《大菩薩藏經》音義"敦觸"條："古文𢼱、敠、挡三形，同。""𢼱"，《校注》録作"敠"。

按："𢼱"字從"支"無義，當從"攴"作"敠"。玄應《音義》卷十五

《僧祇律》音義"毃觸"條："又作敵、根、樘、橙四形,同。""敵"同"敲"。

41.

卷二一《佛説無垢稱經》音義"猜疑"條："古文𤕭、猜二形,今作悆,同。""𤕭",《合刊》《校注》録作"𧩙"。

按："𤕭"當作"𧩙"。玄應《音義》卷二二《瑜伽師地論》音義"猜度"條："古文𧩙、猜二形,今作悆,同。"又卷二四《阿毗達磨俱舍論》音義"猜阻"條："古文𧩙、猜二形,今作悆,同。""𧩙""猜"均屬《廣韵·咍韵》倉才切小韵,"猜"字"古文"作"𧩙",當爲音同通用。

Revision Notes of Xuan Ying's *Yiqiejing Yinyi*
Zhen Dacheng

Abstract:Xuan Ying's *Yiqiejing Yinyi* has been spread for a long time,there are many versions as well as many wrong characters. Professor Xu Shiyi's *Combined Issue of the Three Collected Versions of Yiqiejing Yinyi* and Professor Huang Renxuan's *The Collation and Annotation of Dazhongjing Yinyi* have corrected many mistakes,which have made great contributions. However,the errors in *Yiqiejing Yinyi* are still not eliminated,and the revision still needs to be further carried out. This paper gives 41 examples,which can provide some references for further collation of *Yiqiejing Yinyi*.

Keywords:Xuan Ying;*Yiqiejing Yinyi*;Revision

《道教大辭典》釋義辨誤*

劉祖國　王覓**

摘　要　1994 年華夏出版社隆重推出由中國道教協會和蘇州道教協會合編的《道教大辭典》，這是國內外第一部系統的大型道教工具書，收錄近 20000 個詞條，至今仍是收詞數量最多的一部大型道教辭典。近 30 年來，道教文獻語言研究蓬勃發展，從語言學和辭書學角度來看，《道教大辭典》尚有不少疏誤。本文選取"義日""伐日""天鼓""天橋""烏頭"等十個詞條，綜合利用多學科知識，指出《道教大辭典》在釋義方面的一些問題，比如：以偏概全，釋義過窄；詞性認定有誤；上下文語境失察而致誤；知識性錯誤，對有關專業知識不夠瞭解；等等。

關鍵詞　道教　辭書　《道教大辭典》　道經語言

　　20 世紀 90 年代以降，道教文獻成爲繼傳統儒典、佛經之後的又一研究熱點，道教文獻語言研究進入自覺階段，逐漸成爲漢語史研究向縱深發展的新的學術生長點。近 30 年來，道教文獻語言研究雖已取得一定成績，但與成果豐碩的佛經語言研究相比，尚處於起步階段，還存在諸多空白，其中制約道教文獻語言研究發展的一個重要原因，就是權威道教辭書的缺位。葛兆光先生是國內較早從事道教文獻研究的學者，在談及道教研究之難時，他指出："還有一個很直接的原因，那就是道教辭典的編纂還不夠細緻，至今中國還沒有一部非常廣博、非常細緻、非常準確的道教大辭典，可是道教偏偏辭彙又非常隱晦、深奧，隱語極多，這使得很多研究者很難深入這一領域。"① 葛先生所言可謂一語中的，直指問題所在。

---

　*　本文爲國家社科基金項目"道經故訓材料的發掘與研究"（18BYY156）、山東大學文學院重大項目"新編《道教大詞典》及道教文獻語料數據庫建設"的階段性成果，受山東大學青年學者未來計畫（2018WLJH18）資助。
　**　劉祖國（1981~），男，山東臨清人，文學博士，山東大學文學院副教授，碩士生導師，主要研究方向爲漢語史、道教文獻整理及語言研究；王覓（1996~），女，山東臨沂人，山東大學文學院2019 級碩士生，主要研究方向爲漢語史。
　①　葛兆光：《道教與唐代詩歌語言》，《清華大學學報》（哲學社會科學版）1995 年第 4 期，第 10 頁。

中國道教協會、蘇州道教協會編《道教大辭典》（華夏出版社，1994，簡稱《大辭典》）是國內外第一部系統的大型道教工具書，其以道教經書爲依據，從中摘選道教常用名詞、術語、短句作爲詞目，全書近20000個詞條，近300萬字，包括道教教理教義、仙籍語論、道經道書、神仙人物、道派組織、齋醮科儀、清規戒律、道功道術、洞天福地、靈圖符籙、儀典節日、仙道禁忌、方技術數、執事稱謂、文化藝術等各項内容。《大辭典》出版以來，嘉惠學林，爲道教研究提供了極大的便利。

筆者近年專注於道教文獻語言研究，時常翻閱《大辭典》，逐漸發現其在釋義、立目、選證、編校等方面的一些不足，目前尚未見有學者論及此話題。釋義是詞典的核心與靈魂，著名語言學家趙振鐸先生有言："任何一部辭書，其質量的好壞在很大的程度上取決於釋義的水平。"① 從讀者使用和辭書編纂角度來看，"一部詞典最容易招致批評的部分是釋義這一項。這些意見，如果詞典編纂者能有鑒別地吸收，對於釋義工作是不無好處的"②。今從《大辭典》中刺取十例釋義有誤或釋義不確之條目試做考辨，求教於方家，希望能爲今後的道教大型辭書編纂修訂工作提供一些借鑒。

1.【義日】《大辭典》146頁：仙道禁忌。謂道士入山出行吉凶日。稱甲子、丙寅、丁卯、己巳、辛未、壬申、癸酉、乙亥、庚辰、辛丑、庚戌、戊午，此是義日，吉（見《上清修身要事經》）。《抱朴子内篇·登涉》："又謂義日者，支於下生上之日也，若壬申癸酉之日也。壬者，水也，申者，金也。癸者，水也。酉者，金也。水生於金故也。"參見"保日"條。

按：釋文用語不當，表述不嚴謹。"義日"是道士入山出行之"吉日"，而非"吉凶日"。

中古道經多有記載，《上清修身要事經》："入山良日，保、義、專日吉，制、伐日並凶。甲子、丙寅、丁卯、己巳、辛未、壬申、癸酉、乙亥、庚辰、辛丑、庚戌、戊午，此是義日，吉。"（32/571b）③ 六朝《赤松子章曆》卷二："受籙吉辰。甲子、丙寅、丁卯、辛未、壬申、癸酉、乙亥、丙辰、辛丑、丁未、庚戌、戊午、庚辰。已上是義日。"（11/191c）《黃帝九鼎神丹

① 趙振鐸：《辭書學綱要》，四川辭書出版社，2020，第129頁。
② 黄建華：《詞典論》，上海辭書出版社，2001，第85頁。
③ 本文引例均據文物出版社、上海書店、天津古籍出版社1986年聯合影印明本《道藏》，若引文在《道藏》第10册第829頁第1欄，則用"10/829a"表示，a、b、c分別表示第1、2、3欄。

經訣》卷四："入山當以保日，及義日、專日，大吉。"（18/806a）

黃亮亮博士最新研究指出，受籙吉辰是以義日、保日、專日爲吉。這套時間吉凶在《淮南子》中便已出現，《淮南子》云："子生母曰義，母生子曰保，子母相得曰專，母勝子曰制，子勝母曰伐。"道經最早記載這套曆日的是《太上靈寶五符序》。① 《太上洞玄靈寶五符序》卷下："入山水之日，當以保日及義日、專日，大吉，易得道。以制日、伐日入山，必死。"（6/338a）可見，"義日"是道士入山出行之"吉日"。

2. 【伐日】《大辭典》466 頁：術數用語。謂道士入山出行吉凶日。稱庚午、丙子、戊寅、己卯、辛巳、癸未、甲申、乙酉、丁亥、壬辰、癸丑、壬戌，此是伐日，凶（見《上清修身要事經》）。《抱朴子内篇·登涉》："所謂伐日者，支干下克上之日，若甲申乙本之日是也。甲者，木也，申者，金也。乙亦木也，酉亦金也，金克木故也。"一作困日。參見"保日"條。

按：《大辭典》釋義不確，"伐日"並非"吉凶日"，乃是"凶日"，不宜入山修行。例如，東晉葛洪《抱朴子内篇》卷十七："入山當以保日及義日，若專日者大吉，以制日伐日必死，又不一一道之也。"（28/237a）《上清修行經訣》："入山良日，保、義、專日吉，制、伐日並凶。"（6/666b）

又，《大辭典》所引《抱朴子内篇·登涉》書證文字有誤，"甲申乙本之日"之"乙本"當作"乙酉"。

3. 【天鼓】《大辭典》180 頁：（1）養生名詞。以叩齒爲鳴天鼓。《上清修身要事經》："叩齒、上下相叩，名曰天鼓。"（2）譬語。指耳中之聲也。《靈劍子·引導子午記》："以兩手心緊按耳門，以手擊其腦户，則聞其聲。"稱爲擊探天鼓。

按：《大辭典》義項（1）釋義不確，釋文所解釋的是動賓短語"鳴天鼓"，並未解釋出"天鼓"具體爲何，書證證明的是動詞用法，亦不妥。

名詞"天鼓"當指人口中正中間的上下牙齒，道經文獻多見。《真氣還元銘》："大凡服氣導引，須先叩齒三十六通，以集五臟之神。齒爲上下齒，號曰天鼓，神聞鼓聲則集矣。"（4/883b）宋青元真人《太上洞玄靈寶無量度人上品妙經注》卷上："叩齒之法，左爲天鐘，右爲天磬，召仙靈也。中爲天鼓，朝上聖也。"（2/261c）南宋陳椿榮《太上洞玄靈寶無量度人上品經

① 黃亮亮：《〈赤松子章曆〉與早期方術的比較研究》，博士學位論文，北京大學，2020，第 26 頁。

法》卷一："叩齒以集神。叩齒之法，左爲天鐘，伐鬼靈也；右爲天磬，集百靈也；中爲天鼓，朝聖真也。叩齒，擊天鼓也。想其聲如鼓，上震頂門，響徹三十二天。"（2/477a）明《靈寶無量度人上經大法》卷十二："訖，雙手握固，端坐，鳴天鼓三十六通。叩齒二十四下，兩手相叉，鶴啄六度，搖轉二關九次。"（3/686b）

4.【天橋】《大辭典》181 頁：（1）內煉名詞。謂行動時舌拄上腭。南宋王契真編《上清靈寶大法》卷四："……復自斗口，則以舌拄上腭，名曰天橋，則超上清而至玉清矣。"指築基功後，下丹田真氣聚集，用意念遷此周流周天時，用舌拄上腭使真氣下降，內丹家喻此爲搭天橋。也稱"鵲橋"（見《崔公入藥鏡》）。（2）星名。天狼五星像天上的橋，因以爲名（見《晉書·天文志》）。

按：義項（1）釋文詞性有誤，"舌拄上腭"是動作"上天橋"，名詞"天橋"指的應是口中上腭。

《太上洞玄靈寶飛仙度人經法》卷四："舌柱上腭者，名上天橋，則超上清矣。如此則玉清之景，頭也；太清之景，丹田也；上清之景，絳宮也。心爲靈臺，則靈寶之説可見矣。"（10/583b）金王嚞《重陽真人金關玉鎖訣》："夫行功之時，子午起跏趺坐，搓手，如真氣煎體，過天橋、過額顱是也。只教上腮、下腮上，用意分真氣，兩下流轉，太陽元中落於腮，上流牙齒，從左口角、右口角取液，又爲玄珠甘露，用赤龍攪得勻停，漱爲雪花白，有甘味也。"（25/801a）《洞真太上道君元丹上經》："諸藏思之術，吾身左三魂在吾肝中，右七魄在吾肺中，百二十形影，萬二千精光，從吾口中天橋入，上升昆侖之山，範陽之郡，無爲之鄉。"（33/619b）

釋文詞性錯誤不僅僅是釋文與詞目詞性不符、書證與詞目詞性不合的問題，有時由於對詞性把握不准，還會導致釋義錯誤，甚至會造成詞典的"硬傷"。[①] 以上二例均存在此問題，值得注意。

5.【烏頭】《大辭典》296 頁：（1）中藥名。亦名土附子、烏喙、奚毒。莖、葉、根都有毒。（2）茨的別名。《方言》三："俊、茨，雞頭也……或謂之雁頭，或謂之烏頭。"注："狀似烏頭，故以名之。"

按：《大辭典》義項（1）釋義錯誤，"烏頭"亦名"附子"，而非"土

① 曲文軍：《〈漢語大詞典〉疏誤與修訂研究》，山東人民出版社，2012，第 34 頁。

附子"。"烏頭"，味辛、甘，温、大熱，有大毒，主治風痹、中風等症。宋寇宗奭《圖經衍義本草》卷十六："烏頭、烏喙、附子、天雄、側子五等，皆一物也。止以大小、長短、似像而名之。"（17/470b）元劉大彬《茅山志》卷十九："烏頭，性同附子。"（5/629c）

實際上，"附子"與"烏頭"亦略有別，顏師古注《急就篇》言："烏喙，形似烏之觜也。附子，附大根而旁出也。此與烏頭、側子、天雄本同一種，但以年歲遠近爲殊，采之有異，功用亦別。"《圖經衍義本草》卷十六又言："《廣雅》云：奚毒，附子也。一歲爲萴，與側同子，二歲爲烏喙，三歲爲附子，四歲爲烏頭，五歲爲天雄。"（17/472c）另外，古人認爲"附子"與"烏頭"生長環境亦有不同，《圖經衍義本草》卷十六："烏頭、烏喙，生朗陵山谷；天雄，生少室山谷；附子、側子，生犍爲山谷及廣漢，今並出蜀土。"（17/472b）現代醫學研究認爲，"烏頭"與"附子"並非同一物："烏頭，現稱川烏，爲毛茛科植物烏頭的乾燥母根的加工品；附子，爲毛茛科植物烏頭的乾燥子根的加工品。"①

《大辭典》義項（2）書證文字有誤，引文首字"俊"，當作"莜"。《方言》第三："莜、芡，雞頭也。北燕謂之莜。青徐淮泗之間謂之芡。南楚江湘之間謂之雞頭，或謂之鴈頭，或謂之烏頭。"2016年中華書局出版以宋慶元六年（1200）會稽李孟傳潯陽郡齋刻本爲底本印行的《方言》，編者注云："'莜'，字書所無。戴、錢校本作'莜'。"②義項（2）書證中"俊"字，乃轉引底本"莜"而誤，"莜"本身亦有問題，揆之古代文獻用例，當改作"莜"③。

6. 【巧醫】334頁：稱謂語。指技藝高明的醫生。《孫真人備急千金要方·論治病略例第三》："凡醫診候，固是不易。又問而知之，別病深淺，名曰巧醫。"

按：釋語表述不確，"巧醫"並不是指技藝高明的醫生，而應是"指通過切脈才能診斷病症的醫生"。這屬於隱性的知識錯誤，"這一類錯誤往往具有較强的隱蔽性"，"專業人員如果不對相關的資料進行核查，僅憑詞條所提

① 王豔、李偉、孫寧寧、李明：《兩漢時期烏頭與附子的認識與使用》，《浙江中醫雜志》2020年第9期，第628頁。
② （漢）揚雄：《方言》，中華書局，2016，第186頁。
③ 華學誠匯證，王智群、謝榮娥、王彩琴協編《揚雄方言校釋匯證》，中華書局，2006，第199~200頁。

供的書證也是不易發現其錯誤的"。①

中國傳統醫學將分別掌握四診技術的醫者劃分爲神、聖、工、巧四個層次。②《難經·神聖工巧》："望而知之謂之'神'，聞而知之謂之'聖'，問而知之謂之'工'，切脈而知之謂之'巧'。"據此可知，望診即能判別病症的是"神醫"；需要聞診就能診察推斷疾病的是"聖醫"；需要對話，向病人及其知情者詢問疾病的發生、發展情況和症狀等來診斷疾病的是"工醫"；需要切脈才能知道所患疾病的是"巧醫"。元吳澄《吳文正集》卷三一云："夫古昔神醫之望，聖醫之聞，工醫之問，未嘗以色，以聲以味也。今神、聖、工三法不存，獨巧醫切脈候氣一法行於世，而堯夫觀物以色氣味者，其學亦無傳。"

神、聖、工、巧分別對應的是望、聞、問、切，道經中"神聖工巧"引申指高明的醫術，形容醫術高超。南宋寧全真《靈寶領教濟度金書》卷六一："或舟車日闢、歷江湖而挾霧披霜，或習岐黄神聖工巧之傳，或精袁李靈奇變通之授，或風斤月斧業超匠石，或雲笙煙笛技冠鈞韶。"（7/308c）又，卷一一六："某上啟靈寶天醫司靈官仙衆。伏以地水火風，病不離於四大。神聖工巧，醫實贊於三才。"（7/544c）明周玄貞《皇經集注》卷十："醫者，宜也。藥與病宜，除其疾障也。世醫察形辨理，愈人之疾，拯人之急，以藥去病，利人之生，有神聖工巧之名。"（34/720b）

7.【下壽】《大辭典》110 頁：指二十、三十歲而死亡者。《長春真人西游記》："人生壽命難得，且如鳥獸歲歲産子，旋踵滅亡。壯老者鮮，嬰童亦如之。最故二十、三十爲之下壽。"

按：《大辭典》釋義不周，以偏概全，釋義過窄。

"下壽"是指最低的年壽，然所指年齡具體不一，並不限於二三十歲而死的人。《漢語大詞典》釋曰："古人將壽命的長短分爲上中下三等。下壽有二説：一説六十歲爲下壽，一説八十歲爲下壽。"③

道經中"下壽"具體所指的年齡，與世俗文獻不同。通觀《道藏》，除《大辭典》所指出的二三十歲而死者，另有六十歲、八十歲、一百二十歲三種情況。

---

① 曲文軍：《〈漢語大詞典〉疏誤與修訂研究》，山東人民出版社，2012，第 9 頁。
② 賀曉慧、徐永豪：《"神"、"聖"、"工"、"巧"之底蘊辨析》，《中醫藥學刊》2002 年第 1 期，第 81 頁。
③ 羅竹風主編《漢語大詞典》第 1 卷，漢語大詞典出版社，1995，第 328 頁。

"下壽"爲六十歲者，例如《太平經鈔》卷二："上壽一百二十，中壽八十，下壽六十。"（24/317c）宋薛道光、陸墅、陳致虛注《紫陽真人悟真篇三注》卷一："上陽子曰：經云：夫人上壽百歲，中壽八十，下壽六十。"（2/975b）元傅飛卿《高上月宮太陰元君孝道仙王靈寶淨明黃素書·序例》："自壯至下壽六十，乃老耄至歲，乃衰敗之時。"（10/502a）

"下壽"爲八十歲者，如五代杜光庭《太上宣慈助化章》卷五："削除三官上計死籍，定上生名之簿，上壽百二十歲，中壽百歲，下壽八十歲，延命生算，扶衰度厄，追魂拔魄，倍倉益祿。"（11/332a）《元辰章醮立成曆》卷上："黃帝之時人民，上壽百二十歲，中壽百歲，下壽八十歲，三期已下，皆被天枉。"（32/710a）

"下壽"爲一百二十歲者，如北宋施肩吾《西山群仙會真記》卷二："大壽一萬二千歲，守樸任具，雖亡而道不亡也。中壽一千二百歲，留形住世，道在而身亦在也。下壽一百二十歲，知之修煉，可以安樂延年。"（4/429c）

8.【發陳】《大辭典》428 頁：喻春季節氣。修道者應注意之事宜。《備急千金要方》卷八十一："春三月，此謂發陳，天地俱生，萬物以榮，夜臥早起，廣步於庭，披髮緩形，以使志生，生而勿殺，與而勿奪，賞而勿罰。此春氣之應，養生之道也。逆之則傷肝。"

按：此例釋義不當，定性錯誤，未能準確揭示出詞條基本內涵，應釋爲"指春天萬物生發"。查考中國傳統醫典，《中醫藥常用名詞術語辭典》解作："發散敷陳，形容春季萬物生發的氣象。"①

"發陳"語出《素問·四氣調神大論》："春三月，此謂發陳，天地俱生，萬物以榮。"唐王冰《黃帝內經素問補注釋文》云："春陽上升，氣潛發，能生育庶物，陳其姿容，故曰發陳也。謂春三月者，皆因節候而命之。夏秋冬亦然。"（21/8c）宋張君房《雲笈七籤》卷三六："季春，是月也，萬物發陳，天地俱生，陽燧陰伏。"（22/255a）宋唐淳《黃帝陰符經注》："龍蛇起陸者，春三月也，萬物發生，天地發陳，龍蛇起陸。秋殺春生，道之理。"（2/807b）元李鵬飛《三元延壽參贊書》："《內經》曰：春三月，此謂發陳，夜臥早起，生而勿殺。逆之則傷肝，夏爲寒變，奉長者少。"（18/540b）

---

① 李振吉主編《中醫藥常用名詞術語辭典》，中國中醫藥出版社，2001，第120頁。

9.【容平】《大辭典》837 頁：喻秋分節氣。《備急千金要方》卷八十一："秋三月，此謂容平。天氣以急，地氣以明，早臥早起，與雞俱興，使志安寧，以緩秋刑；收斂神氣，使秋氣平；毋外其志，使肺氣清。此秋氣之應，養收之道也。逆則傷肺。"

按：此例釋義不確，"容平"爲形容詞，指"平和安順"，形容秋季三月盛實穩定。

"容平"語出《黃帝內經素問・四氣調神大論》："秋三月，此謂容平。"（21/9c）《黃帝內經素問補注釋文》曰："萬物夏長，華實已成，容狀至秋，平而定也。"（21/9c）《大辭典》所引《備急千金要方》書證中"此謂"一語，並非下定義之用，祇是引出形容詞而已。《大辭典》釋義將"容平"與"秋分"等同，不妥。

宋蕭真宰《黃帝陰符經解義》："迨夫盜雲雨之滂潤、山澤之產育，順其發陳，因其暮秀，任其容平，乘其閉藏，自六化以推勝復淫沉虛實之因，自六變以知甘苦辛鹹酸淡之味。"（2/782b）從"發陳"至"暮秀"，再到"容平"，直至"閉藏"，形容的是一年氣候的變換輪轉，"容平"並非局限於"秋分節氣"，而是形容整個秋季。

《中醫藥常用名詞術語辭典》將"容平"與養生之道聯繫起來："形態平定，形容秋季萬物成熟穩定之象。秋季陽氣開始收斂，萬物失其夏季蓬勃茂盛而成熟平定。人們養生也應與自然界這一氣象相適應，要早臥早起，保持精神情緒穩定，爲秋季養'收'之道。"① 此可爲輔證。

10.【冷氣】《大辭典》566 頁：服氣名詞。指唾液。《正一法文修真旨要・服氣訣》："若氣液滿於口便嚥咽下者，此名爲冷氣也。"參見"暖氣"條。

按：《大辭典》書證摘錄不全，對上下文語境失察，而致釋義疏誤。《正一法文修真旨要》原文："暖氣者，從五藏中出，鼓於口久，令氣在口暖極熱，咽，此謂暖氣也。若氣液滿於口便嚥咽下者，此名爲冷氣也，亦云秋冬宜服暖氣。"（32/574b）"冷氣"爲內煉名詞，與"暖氣"相對，指服氣時不含暖便咽下的體內元氣，源生於腑髒之中，可以治療虛熱之症，"冷氣"多於春季和夏季服。

---

① 李振吉主編《中醫藥常用名詞術語辭典》，第 332 頁。

道藏屢有使用，宋張君房《雲笈七籤》卷五六："五臟相逢，内外相應，各各有元氣管系連帶，若論元氣流行，無處不到。……雖云呵、呬、呼、吹、嘘、嘻一六之氣，不及冷、暖二氣以愈百病。夫節氣從容稍久，含氣候暖而咽之，謂之暖氣，可愈虚冷；若纔節氣，氣滿便咽，謂之冷氣，可愈虚熱。"（22/391c）又，卷六二："用此得冷時用熱氣，寒不能寒，得熱時用冷氣，熱不能熱，得熱時用熱法，如冷時用冷法，依熱法不至熱，即引入息自然冷，出息始得作熱，入息極作熱不得此是自法。"（22/437c）《太上養生胎息氣經》："凡服氣，静室安坐，寂然瞑目，努腹鼓腮，令氣滿口，即氣腸開，叩齒咽之，九下爲一息。春夏服冷氣，秋冬服暖氣，每夜至五更，即以兩掌掩口，著力掌中，取津液拭摩面，皮光澤，時時含棗蜜湯助之，日日減食，朝朝進氣，氣即易成。"（18/403b）

"冷氣"又作病症名，《中醫大辭典》收錄此病症，釋云："臟腑之氣與寒冷相搏所致的疾患。"① 隋巢元方《諸病源候論·冷氣候》："夫藏氣虚，則内生寒也。氣常行府藏，府藏受寒冷，即氣爲寒冷所並，故爲冷氣。其狀或腹脹，或腹痛，甚則氣逆上而面青手足冷。"宋《聖濟總録·諸氣門》："冷氣者，因寒冷搏於氣所爲也。……若人呼吸少氣，脅肋刺痛，皮膚拘急，惡寒戰栗，百節酸疼，咳嗽聲嘶，膈脘否塞者，冷氣之爲病也。"

道書中亦記載了不少治療"冷氣"的藥品丹方，以及患"冷氣"後的飲食禁忌。例如，唐沈知言《通玄秘術·青花丹》："此丹治霍亂，肚脹冷氣，小子疳，疴腸風，女子血氣一切冷疾。"（19/357c）唐末五代劉詞《混俗頤生録》卷上："又生菜、茄子，緣腹中常冷，食此凝滯難消之物，多爲症塊。若患冷氣風疾之人，更須忌之。"（18/515a）道經中所指"冷氣"病症即此症，《大辭典》應增補這一義項。

通過對以上十個條目的探討，可以看出，《大辭典》釋義疏誤表現在多個方面，主要有：以偏概全，釋義過窄；詞性認定不當；上下文語境失察而致誤；知識性錯誤，對有關專業知識不夠瞭解；等等。《大辭典》至今仍然是收詞數量最多的一部大型道教辭典②，在釋義時應盡力做到準確嚴謹、規範簡明、概括完備。然因書出衆手，《大辭典》在詞條釋義方面尚有不少可

---

① 李經緯、鄧鐵濤等主編《中醫大辭典》，人民衛生出版社，1995，第808頁。
② 胡孚琛主編《中華道教大辭典》（中國社會科學出版社，1995）收錄辭目一萬五千餘條。

商之處。眾所周知，辭書編纂須由語言學者主導或參與，但國內目前所見的近十部道教辭典皆由道教界人士編定，從語言學、辭書學的眼光來看，這些辭典都不同程度地存在着各種問題，諸如詞條失收、義項缺漏、釋義不精、書證有誤等。

中華民族有盛世修典的傳統，隨着近 30 年中國學術的飛速發展，有必要在充分吸收各界研究，特別是語言學、宗教學、哲學、醫學、文獻學、歷史學等多學科最新成果的基礎上，集合國內有關方面力量，通力合作，對《道教大辭典》進行系統的修訂，努力打造一部全面、精確、權威的道教大辭典，這有利於傳承弘揚土生土長的中國道教文化，增強民族自信心，用具體實在的材料向世界展示中華民族優秀文化遺產。

On the Interpretation of *Taoist Dictionary*

Liu Zuguo   Wang Mi

Abstract：In 1994, Huaxia Publishing House grandly launched the *Taoist Dictionary* compiled by China Taoist Association and Suzhou Taoist Association, This is the first systematic large-scale Taoist reference book at home and abroad, containing nearly 20000 entries. It is still a large Taoist dictionary with the largest number of words. In the past 30 years, the study of Taoist literature language has developed vigorously. From the perspective of linguistics and lexicology, there are still many mistakes in the *Taoist Dictionary*. This paper selects ten entries such as "Yiri", "Fari", "Tiangu", "Tianqiao" and "Wutou", comprehensively uses multi-disciplinary knowledge, and points out some problems in the interpretation of the *Taoist Dictionary*. For example, the interpretation is too narrow; the identification of part of speech is wrong; errors caused by context negligence; knowledge error, lack of understanding of relevant professional knowledge, etc.

Keywords：Taoism; Dictionaries; *Taoist Dictionary*; Taoist Scripture Language

《安腔八音》音系及其音值構擬與其他研究[*]

馬重奇[**]

摘 要 本文着重探討閩東北片代表點福安方言音系的音值，並與閩東南片代表點福州音系進行比較，繼而與閩南南片方言點漳州方言、北片方言點泉州方言做歷史比較研究。首先，探討 18 世紀中末葉迄民國初年韵書《安腔八音》《七音字彙》《班華字典》的音系及其音值，發現它們的韵母系統均與現代福安韵母系統有異，最大的差異是完整保留了中古三套鼻音韵尾 [－m]、[－n]、[－ŋ] 和入聲韵尾韵尾 [－p]、[－t]、[－k]。其次，探討《安腔八音》與《戚林八音》兩種閩東南、北片方言音系的差異，闡明二者不僅聲母系統有異，連韵母系統也有異。如《安腔八音》有"十七音"而《戚林八音》則有"十五音"，且保留了中古三套鼻音/入聲韵尾，而《戚林八音》則祇有 [－ŋ/－k] 一套。再次，就《安腔八音》和同時代兩種閩南方言韵書《彙集雅俗通十五音》《匯音妙悟》的音系進行共時比較，發現它們在韵母系統方面有相同之處，然而若與福安、漳泉現代音系做歷時比較，就可發現福安方音正向福州方音演變，閩南方言則是保留原來的語音特點。最後，筆者從空間、時間、社會變遷諸方面探討了兩百年來福安音韵結構迅速演變而漳泉方音仍舊不變的原因。

關鍵詞 閩南閩東方言 中西文獻 韵母系統 歷史比較研究

福建方言十分復雜，大致可以分爲閩語群和客贛語群。閩語群包括：閩東語、莆仙語、閩南語、閩北語、閩中語。閩東語分南北兩片，南片以福州話爲代表，北片以福安話爲代表；閩南語分東西南北四片，東片以廈門話爲代表，西片以龍岩話爲代表，南片以漳州話爲代表，北片以泉州話爲代表。現代閩南語與閩東語的空間差異比較大，尤其是鼻音/入聲韵母系統方面。在本文裏，筆者試圖探討《安腔八音》音系及其音值，閩南語南、北片漳、

---

* 本文爲國家社科基金重大項目"海峽兩岸閩南方言動態比較研究"（項目編號：10ZD&128）的階段性成果。

** 馬重奇，1982 年獲學士學位，2019 年荷蘭皇家藝術學院授予名譽博士學位。先後任福建師範大學文學院二級教授、漢語言文字學專業博士點學科帶頭人、博士生導師，主要研究方向爲漢語音韵學、漢語語音史、漢語方言學、方言文獻學等。

泉方言與閩東北片福安方言韻母系統的異同點。

一 本文所用的閩東、閩南六種方言文獻簡介

徐通鏘指出："一個語言如果有碑刻銘文、文字文獻之類的資料，那麼人們也可以從中窺知語言發展的時間痕迹。這樣，語言的空間差異和書面文獻資料都可以成爲觀察語言演變的時間視窗口，因而在實際的研究工作中可以把這兩者結合起來去探索語言發展的線索和規律。這比只憑語言的空間差異去研究語言的發展更有效。"① 這段話告訴我們，語言的空間差異和書面文獻資料都可以成爲觀察語言演變的時間視窗。

四種閩東方言文獻簡介如下。（1）《安腔八音》。根據《福安市志·方言卷》記載，該書原名《安腔戚林八音》，又名《陸瓊園本腔八音》，簡稱《安腔八音》，現在福安市圖書館藏有福安范坑陳祖蔚的該書手抄本。該書作者陸求藻，字瓊園，福安鹿鬥人，曾參校乾隆四十八年（1783）《福安縣志》。該書成書時間在 18 世紀中期到 18 世紀末。② 此韻書中文前和封底均列有四十七字母，卷首也列有十七聲母，"八音"（實際上是"七音"）。這是一部反映 18 世紀中末葉閩東北片福安方言音系的重要韻書。（2）《班華字典》。全名《福安方言班華字典》，簡稱《班華字典》，該書爲西班牙傳教士尹格那西歐·伊巴聶兹（Ignacio Ibanez）所編。該書序文介紹説：伊格那西歐從 1882 年 8 月 2 日開始編這部字典，到 1893 年 5 月 11 日編完，歷時 10 年多。後經 Blas Cornejo 補充修改，1941～1943 年由商務印書館出版。這是西方傳教士編纂的反映 19 世紀末 20 世紀初葉福安方言字典。據日本秋谷裕幸考證，《班華字典》的聲母 17 個，韻母 87 個，單字調 7 個。③（3）《簡易識字七音字彙》。簡稱《七音字彙》，現在福安市圖書館藏有該書的刻印本。《福安市志·方言卷》記載，該書作者鄭宜光，福安甘棠外塘村人，曾任福安神學院中文教師。該書成書出版時間當在 20 世紀 40 年代後期。該書有聲類 17 個，字母47 類，聲調 7 個。韻書完整保存了中古三套鼻音韻尾［－m］、［－n］、［－ŋ］

---

① 徐通鏘：《歷史語言學》，商務印書館，1991，第 123 頁。
② 福安市地方志編纂委員會編《福安市志·方言卷》，方志出版社，1999。
③ 秋谷裕幸：《〈班華字典—福安方言〉音系初探》，《方言》2012 年第 1 期，第 43～47 頁。

和入聲韵尾韵尾［-p］、［-t］、［-k］。該書記載了 26 個陽聲韵部，比《安腔八音》多了"橫［uaŋ］"部；20 個元音韵部，則比《安腔八音》少了"輝""茄" 2 個韵部。這樣，《簡易識字七音字彙》應該是 46 個韵部，比《安腔八音》少 1 個韵部。①《安腔八音》的音值就是根據《簡易識字七音字彙》和《班華字典》兩種文獻的讀音以及現代福安方言音系進行構擬的。

(4)《戚林八音》。《戚林八音》是清乾隆十四年（1749）晋安將明代戚繼光所撰的《戚參軍八音字義便覽》和清初林碧山編撰的《太史林碧山先生珠玉同聲》彙集而成的。這是反映明末清初閩東南片福州方言音韵系統的重要韵書。《戚參軍八音字義便覽》用三十六字表示韵母："春花香秋山開嘉賓歡歌須金杯孤燈光輝燒銀釭之東郊過西橋雞聲催初天奇梅歪遮溝。"其中"金"與"賓"、"梅"與"杯"、"遮"與"奇"同，所以實有 33 個韵母。其聲母即 20 字的前傳統十五音："柳邊求氣低波他曾日時鶯蒙語出喜打掌與君知。"書名爲《八音》，實爲七調。清康熙戊辰年（1688）林碧山改訂了《戚參軍八音字義便覽》，編爲《太史林碧山先生珠玉同聲》一卷，共有韵母 35 個，多了"虪""怀"兩個韵部；聲母代表字有 20 個，實際上也是 15 個聲母；聲調也分爲八類，實際上祇有七音。

兩種閩南方言文獻簡介如下。(1)《彙集雅俗通十五音》。該書成書於清嘉慶二十三年（1818），作者是東苑謝秀嵐。這是一部反映 19 世紀初葉漳州方言（確切地説是漳浦方言）的韵書。主要版本有嘉慶二十三年文林堂刻本。十五音表示聲母系統，五十個字母表示韵母系統，八音表示聲調，實際上是 7 個調。(2)《增補匯音妙悟》（簡稱《匯音妙悟》）。該書是一部反映 19 世紀初葉泉州方言的韵書。作者爲泉州人黃謙，書成於嘉慶五年（1800）。目前已知的版本有下列兩種：清嘉慶五年刻本，熏園藏版，二卷；清光緒甲午年孟春重鐫的文德堂梓行版，全稱《增補匯音妙悟》，桐城黃澹川鑒定。該書十五音，五十字母，八個聲調。

二　《安腔八音》聲韵調系統研究

《安腔八音》，此韵書封面和封底均列有四十七字母："春花香掀秋山三

---

① 梁玉璋：《福安方言概述》，《福建師大學報》（哲學社會科學版）1983 年第 3 期。

坑開嘉賓歡歌須于金杯孤燈砧牽光川輝燒銀恭缸根俐東郊戈西聲崔初天添贅迦歪廳煎鉤茄雞。"卷首也列有十七聲母："柳邊求氣低波他爭日時鶯蒙語出熹如無。"《安腔八音》雖爲"八音"，平上去入各分上下，下上調無韻字，實際上是"七音"。1981 年 10 月福建師範大學圖書館古籍庫將此手抄本進行復印。該書的整理與研究依據的版本就是此韻書的復印本。書後印有"安腔八音一至七卷根據福安范坑陳祖蔚先生抄本復印 一九八一年十月"的字樣。

《安腔八音》音系音值擬測離不開與《簡易識字七音字彙》和《班華字典》等福安方言文獻的共時比較，當然也離不開與現代福安方言活的音系的歷時比較。《簡易識字七音字彙》正文前有《字柱》，列 17 個聲類，《字母》列 47 個韻類，《號碼》列 7 個調類。《班華字典》是一部西班牙語—福安方言字典。該書也是 17 個聲母，87 個韻母，7 個聲調。

（一）《安腔八音》聲母系統

現將《安腔八音》與《簡易識字七音字彙》、《班華字典》及現代福安方言聲母系統①進行比較，見表 1。

表 1　聲母系統比較

《安腔八音》	柳	邊	求	氣	低	波	他	曾	日	時	鶯	蒙	語	出	熹	如	無
《班華字典》	l	p	k	k'	T	p'	t'	ch	n	s	o	m	ng	ch'	h	y	b/w
《七音字彙》	L	P	K	Kᵁ	T	Pᵁ	Tᵁ	Ch	N	S	O	M	Ng	Chᵁ	H	Y	B
擬音	l	p	k	k‘	T	p‘	t‘	ts	n	s	ø	m	ŋ	ts‘	h	j	b/w
福安方言	l	P	k	k‘	T	p‘	t‘	ts	n	s	j	m	ŋ	ts‘	h	j	w

以上三種福安方言文獻均爲十七音，比福建福建傳統十五音多了"與"和"舞"兩個聲母，福安北部就是吳方言區，可能是受浙南方言的影響。②根據《漢語方言詞彙》③ 提供的材料，蘇州方言 28 個聲母中就有 [j] 母，其例字"移尤雨"；溫州方言 29 個聲母，也有 [j] 母，其例字"移床柔"；而《安腔八音》中"移"（雞韻如母）、"尤"（秋韻如母）、"柔"（秋韻如母）

---

① 福安市地方志編纂委員會編《福安市志·方言卷》，方志出版社，1999。
② 馬重奇：《福建福安方言韵書〈安腔八音〉》，《方言》2001 年第 1 期，第 1～16 頁。
③ 北京大學中國語言文學系語言學教研室編《漢語方言詞彙》（第 2 版），語文出版社，1995。

等字也讀作［j］。蘇州方言有［v］母，其例字"馮昧扶"；温州方言也有［v］母，其例字"文未河"；而《安腔八音》中"昧"（俐韵無母）、"文"（春韵無母）等字亦讀作［w］母。［w］屬半母音，是一種摩擦很輕的濁擦音，唇不太圓。［v］屬唇齒、濁擦音。［w］母與［v］母發音部位和發音方法相近。據考察，"無"母［w］來源於中古時代的"影"母［ø］（如"窊渦彎"）、"喻三"母［ɣ］（如"王芋泳"）、"明（微）"母［m］（如"文舞亡"）、"喻四"母（如"唯營贏"）、"疑"母（如"瓦桅"）等。通過三種文獻與現代福安聲母系統的歷時比較，可以顯見，三種文獻所反映的正是18世紀中末葉迄民國初年閩東福安方言聲母系統。

（二）《安腔八音》韵母系統

《安腔八音》有47個韵部，86個韵母；《簡易識字七音字彙》（簡稱《七音字彙》）有46個韵部，81個韵母；《班華字典》則有87個韵母；《福安市志·方言卷》有47個韵母。①

由表2可見，¹春字母：鑒於《七音字彙》擬音爲［oun/out］，《班華字典》擬音爲［on/ot］，《福安市志·方言卷》則演變爲［ouŋ/ouk］，三種文獻的復母音相同，均爲ou，就是韵尾則由－n/－t演變爲－ŋ/－k，下文同，故本文就把《安腔八音》春字母應擬音爲［oun/out］。²花字母：鑒於《七音字彙》擬音爲［uo/uoʔ］，《班華字典》擬音爲［uo/uɔ］，《福安市志·方言卷》則演變爲［o/ok］，故本文就把《安腔八音》花字母應擬音爲［uo/uoʔ］。³香字母：鑒於《七音字彙》《班華字典》《福安市志·方言卷》均擬音爲［iɔ/iɔk］，故本文就把《安腔八音》香字母應擬音爲［iɔ/iɔk］。⁴掀字母：鑒於《七音字彙》擬音爲［iŋ］，《班華字典》擬音爲［iŋ］，韵尾則由－n/－t演變爲－ŋ/－k，《福安市志·方言卷》也擬音爲［iŋ/ik］，故本文就把《安腔八音》掀字母應擬音爲［iŋ/ik］。⁵秋字母：鑒於《七音字彙》《班華字典》《福安市志·方言卷》均擬音爲［eu］，故本文就把《安腔八音》秋字母應擬音爲［eu］。⁶山字母：鑒於《七音字彙》《班華字典》均擬音爲［an/at］，《福安市志·方言卷》則演變爲［aŋ/ak］，韵尾則由－n/－t演變爲－ŋ/－k，故本文就把《安腔八音》山

---

① 福安市地方志編纂委員會編《福安市志·方言卷》，方志出版社，1999。

字母擬音爲［an/at］。

表 2　卷一 "春花香掀秋山" 六韵類音值考證

《安腔八音》	¹春/碌	²花/劃	³香/略	⁴掀/決	⁵秋	⁶山/辣
《七音字彙》	²⁹君 oun［oun/out］	³花/劃 uo［uo/uoʔ］	⁴香/略 iong［iɔŋ/iɔk］	³⁸謹 ing［iŋ］	⁵秋 eiu［eu］	⁶山 an［an/at］
《班華字典》	順/屋 oun/out［on/ot］	花/劃 uo［uɔ/uɔʔ］	掌/育 iong/ioi［iɔŋ/iɔk］	品 ing［iŋ］	秋 eiu［eu］	山/達 an/at［an/at］
福安方言	春/哭 ［ouŋ/ouk］	花/劃 ［o/ok］	香/略 ［iɔŋ/iɔk］	謹/鐵 ［iŋ/ik］	秋 ［eu］	山/煞 ［aŋ/ak］
擬音	¹春/碌 ［oun/out］	²花/劃 ［uo/uoʔ］	³香/略 ［iɔŋ/iɔk］	⁴掀/決 ［iŋ/ik］	⁵秋 ［eu］	⁶山/辣 ［an/at］

　　由表3可見，⁷三字母：鑒於《七音字彙》《班華字典》均擬音爲［am/ap］，《福安市志・方言卷》則演變爲［aŋ/ak］，母音均爲a，就是韵尾則由－m/－p演變爲－ŋ/－k，下文同，故本文就把《安腔八音》三字母擬音爲［am/ap］。⁸坑字母：鑒於《七音字彙》《班華字典》《福安市志・方言卷》均擬音爲［aŋ/ak］，故本文就把《安腔八音》坑字母擬音爲［aŋ/ak］。⁹開字母：鑒於《七音字彙》《班華字典》《福安市志・方言卷》均擬音爲［ai］，故本文就把《安腔八音》開字母擬音爲［ai/aiʔ］。¹⁰嘉字母：鑒於《七音字彙》《班華字典》均擬音爲［a/aʔ］，《福安市志・方言卷》則演變爲［a/ak］，故本文就把《安腔八音》嘉字母擬音爲［a/aʔ］。¹¹賓字母：鑒於《七音字彙》擬音爲［ein/eit］，《班華字典》擬音爲［en/et］，《福安市志・方言卷》演變爲［eiŋ/eik］，故本文就把《安腔八音》賓字母擬音爲［ein/eit］。¹²歡字母：鑒於《七音字彙》《班華字典》均擬音爲［uan/uat］，《福安市志・方言卷》則演變爲［uaŋ/uak］，故本文就把《安腔八音》歡字母擬音爲［uan/uat］。

表 3　卷二 "三坑開嘉賓歡" 六韵類音值考證

《安腔八音》	⁷三/臘	⁸坑/塌	⁹開/殺	¹⁰嘉/百	¹¹賓/必	¹²歡/撥
《七音字彙》	⁴⁵三 am［am/ap］	⁴⁶坑 ang［aŋ/ak］	⁷開 ai［ai］	⁸嘉 a［a/aʔ］	⁴¹新 ein［ein/eit］	¹⁰歡 uan［uan/uat］

续表

《班華字典》	三/答 am/ap ［am/ap］	坑/□ ang/ac ［aŋ/ak］	開 ai ［ai］	家/百 a ［a/aʔ］	賓/一 ein/eit ［en/et］	官/挖 uan/uat ［uan/uat］
福安方言	三/答 ［aŋ/ak］	坑/□ ［aŋ/ak］	開 ［ai］	嘉/百 ［a/ak］	賓/筆 ［eiŋ/eik］	官/闊 ［uaŋ/uak］
擬音	[7]三/臘 ［am/ap］	[8]坑/塌 ［aŋ/ak］	[9]開/殺 ［ai/aiʔ］	[10]嘉/百 ［a/aʔ］	[11]賓/必 ［ein/eit］	[12]歡/撥 ［uan/uat］

由表4可見，[13]歌字母：鑒於《七音字彙》《班華字典》均擬音爲［ɔ/ɔʔ］，《福安市志·方言卷》擬音爲［ɔ/ɔk］，故本文就把《安腔八音》歌字母擬音爲［ɔ/ɔʔ］。[14]須字母：鑒於《七音字彙》擬音爲［øi/øiʔ］，《班華字典》擬音爲［oi］，《福安市志·方言卷》擬音爲［øi］，故本文就把《安腔八音》須字母擬音爲［øi］。[15]於字母：鑒於《七音字彙》擬音爲［ø/øʔ］，《班華字典》《福安市志·方言卷》均擬音爲［ø］，故本文就把《安腔八音》於字母擬音爲［ø］。[16]金字母：鑒於《七音字彙》《班華字典》均擬音爲［eim/eip］，《福安市志·方言卷》演變爲［eiŋ/eik］，故本文就把《安腔八音》金字母擬音爲［eim/eip］。[17]杯字母：鑒於《七音字彙》《班華字典》均擬音爲［ui］，《福安市志·方言卷》則演變爲［uoi］，故本文就把《安腔八音》杯字母擬音爲［uoi］。[18]孤字母：鑒於《七音字彙》《福安市志·方言卷》均擬音爲［ou］，《班華字典》則擬音爲［o］，故本文就把《安腔八音》孤字母擬音爲［ou］。

表4　卷三"歌須于金杯孤"六韻類音值考證

《安腔八音》	[13]歌/落	[14]須	[15]於	[16]金/立	[17]杯	[18]孤
《七音字彙》	[11]歌 o ［ɔ/ɔʔ］	[12]須/著 oui ［øi/øiʔ］	[34]於/噢 ue ［ø/øʔ］	[13]金 eim ［eim/eip］	[14]杯 ui ［uoi］	[15]孤 ou ［ou］
《班華字典》	可/學 o ［ɔ/ɔʔ］	趣 oui ［oi］	去 ue ［ø］	心/立 eim/eip ［em/ep］	每 ui ［ui］	姑 ou ［o］
福安方言	哥/桌 ［ɔ/ɔk］	須 ［øi］	於 ［ø］	金/及 ［eiŋ/eik］	杯 ［uoi］	孤 ［ou］
擬音	[13]歌/落 ［ɔ/ɔʔ］	[14]須 ［øi］	[15]於 ［ø］	[16]金/ ［eim/eip］	[17]杯 ［uoi］	[18]孤 ［ou］

　　由表5可見，[19]燈字母：鑒於《七音字彙》《班華字典》《福安市志·方言卷》均擬音爲［œŋ/œk］，故本文就把《安腔八音》燈字母擬音爲［œŋ/œk］。[20]砧字母：鑒於《七音字彙》擬音爲［em/ep］，《班華字典》擬音爲［ɛm/ɛp］，《福安市志·方言卷》則演變爲［ɛiŋ/ɛik］，故本文就把《安腔八音》砧字母擬音爲［ɛm/ɛp］。[21]牽字母：鑒於《七音字彙》擬音爲［en/et］，《班華字典》擬音爲［ɛn/ɛt］，《福安市志·方言卷》演變爲［ɛiŋ/ɛik］，故本文就把《安腔八音》牽字母擬音爲［ɛn/ɛt］。[22]光字母：鑒於《七音字彙》《班華字典》《福安市志·方言卷》均擬音爲［uŋ/uk］，故本文就把《安腔八音》光字母擬音爲［uŋ/uk］。[23]川字母：鑒於《七音字彙》《班華字典》均擬音爲［un/ut］，《福安市志·方言卷》演變爲［uŋ/uk］，故本文就把《安腔八音》川字母擬音爲［un/ut］。[24]輝字母：鑒於《班華字典》《福安市志·方言卷》均擬音爲［ui］，故本文就把《安腔八音》輝字母擬音爲［ui］。

表5　卷四"燈砧牽光川輝"六韵類音值考證

《安腔八音》	[19]燈/或	[20]砧/貼	[21]牽/裂	[22]光/國	[23]川/劣	[24]輝
《七音字彙》	[16]燈/六 oeng［œŋ/œk］	[42]參/貼 em［em/ep］	[39]千/血 en［en/et］	[17]光/國 ung［uŋ/uk］	[28]川/劣 un［un/ut］	—
《班華字典》	登/德 oeng/oec［œŋ/œk］	針/十 em/ep［ɛm/ɛp］	千/八 en/et［ɛn/ɛt］	光/郭 ung/uc［uŋ/uk］	本/雪 un/ut［un/ut］	回 ui［ui］
福安方言	燈/得 ［œŋ/œk］	砧/貼 ［ɛiŋ/ɛik］	牽/裂 ［ɛiŋ/ɛik］	光/國 ［uŋ/uk］	川/劣 ［uŋ/uk］	回 ［ui］
擬音	[19]燈 ［œŋ/œk］	[20]砧 ［ɛm/ɛp］	[21]牽 ［ɛn/ɛt］	[22]光 ［uŋ/uk］	[23]川 ［un/ut］	[24]輝 ［ui］

　　由表6可見，[25]燒字母：鑒於《七音字彙》《班華字典》均擬音爲［iu］，《福安市志·方言卷》演變爲［ieu］，故本文就把《安腔八音》燒字母擬音爲［iu/iuʔ］。[26]銀字母：鑒於《七音字彙》《班華字典》均擬音爲［øn/øt］，《福安市志·方言卷》演變爲［øŋ/øk］，故本文就把《安腔八音》銀字母擬音爲［øn/øt］。[27]恭字母：鑒於《七音字彙》《班華字典》《福安市志·方言卷》均擬音爲［øŋ/øk］，故本文就把《安腔八音》恭字母擬音爲［øŋ/øk］。[28]缸字母：鑒於《七音字彙》《福安市志·方言卷》均擬音爲［ouŋ/ouk］，《班華字典》擬音爲［ɔŋ/ɔk］，故本文就把《安腔八音》恭字母擬音爲［ouŋ/

ɔuk]。²⁹根字母：鑒於《七音字彙》《班華字典》均擬音爲 [ɔn/ɔt]，《福安市志‧方言卷》演變爲 [ouŋ/ouk]，故本文就把《安腔八音》根字母擬音爲 [ɔn/ɔt]。³⁰俐字母：鑒於《七音字彙》《福安市志‧方言卷》均擬音爲 [ei]，《班華字典》擬音爲 [e]，故本文就把《安腔八音》俐字母擬音爲 [ei]。

表6 卷五"燒銀恭缸根俐"六韵類音值考證

《安腔八音》	²⁵燒/六	²⁶銀/熟	²⁷恭/菊	²⁸缸/薄	²⁹根/滑	³⁰俐
《七音字彙》	¹⁹燒 iu [iu]	⁴⁰斤/給 uen [øn/ øt]	³⁶恭/菊 ueng [øŋ/øk]	²¹杠/樂 ong [ɔuŋ/ɔuk]	²跟/捋 on [ɔn/ɔt]	²⁰基 ei [ei]
《班華字典》	表 iu [iu]	很/乞 uen/uet[øn/ øt]	弓/竹 ueng/uec[øŋ/øk]	幫/閣 ong/oc[ɔŋ/ɔk]	恨/骨 on/ot[ɔn/ɔt]	記 ei[e]
福安方言	燒 [ieu]	銀/熟 [øŋ/øk]	恭/菊 [øŋ/øk]	缸/薄 [ɔuŋ/ɔuk]	根/滑 [ɔuŋ/ɔuk]	記 ei [ei]
擬音	²⁵燒 [iu/iuʔ]	²⁶銀 [øn/øt]	²⁷恭 [øŋ/øk]	²⁸缸 [ɔuŋ/ɔuk]	²⁹根 [ɔn/ɔt]	³⁰俐 [ei]

由表7可見，³¹東字母：鑒於《七音字彙》《福安市志‧方言卷》均擬音爲 [ouŋ/ouk]，《班華字典》擬音爲 [oŋ/ok]，故本文就把《安腔八音》東字母擬音爲 [ouŋ/ouk]。³²效字母：鑒於《七音字彙》《班華字典》《福安市志‧方言卷》均擬音爲 [au]，故本文就把《安腔八音》東字母擬音爲 [au/auʔ]。³³戈字母：鑒於《七音字彙》《班華字典》均擬音爲 [u/uʔ]，《福安市志‧方言卷》擬音爲 [u/uk]，故本文就把《安腔八音》戈字母擬音爲 [u/uʔ]。³⁴西字母：鑒於《七音字彙》《班華字典》《福安市志‧方言卷》均擬音爲 [ɛ]，故本文就把《安腔八音》西字母擬音爲 [ɛ/ɛʔ]。³⁵聲字母：鑒於《七音字彙》《班華字典》《福安市志‧方言卷》均擬音爲 [iaŋ/iak]，故本文就把《安腔八音》聲字母擬音爲 [iaŋ/iak]。³⁶崔字母：鑒於《七音字彙》《班華字典》《福安市志‧方言卷》均擬音爲 [ɔi]，故本文就把《安腔八音》崔字母擬音爲 [ɔi]。

表7 卷六"東郊戈西聲崔"六韵類音值考證

《安腔八音》	³¹東/族	³²效/樂	³³戈/縛	³⁴西/閩	³⁵聲/栗	³⁶崔
《七音字彙》	¹公/族 oung [ouŋ/ouk]	²⁵郊 au [au]	²⁶過/綠 u [u/uʔ]	²⁷西/咩 e [ɛ/ɛʔ]	³¹聲/砳 iang [iaŋ/iak]	³²催 oi [ɔi]

《班華字典》	風/族 oung/ouc［oŋ/ok］	吵 au［au］	古/縛 u［u/uʔ］	買 e［ɛ］	餅/□ iang/iac［iaŋ/iak］	堆 oi［ɔi］
福安方言	東/族 ［ouŋ/ouk］	郊 ［au］	戈/縛 ［u/uk］	茜/ ［ɛ］	聲/夾 ［iaŋ/iak］	崔 ［ɔi］
擬音	[31]東 ［ouŋ/ouk］	[32]效 ［au/auʔ］	[33]戈/ ［u/uʔ］	[34]西 ［ɛ/ɛʔ］	[35]聲 ［iaŋ/iak］	[36]崔 ［ɔi］

由表8可見，[37]初字母：鑒於《七音字彙》《班華字典》《福安市志・方言卷》均擬音爲［œ］，故本文就把《安腔八音》初字母擬音爲［œ/œʔ］。[38]天字母：鑒於《七音字彙》《班華字典》均擬音爲［in/it］，《福安市志・方言卷》則演變爲［iŋ/ik］，故本文就把《安腔八音》天字母擬音爲［in/it］。[39]添字母：鑒於《七音字彙》《班華字典》均擬音爲［im/ip］，《福安市志・方言卷》則演變爲［iŋ/ik］，故本文就把《安腔八音》添字母擬音爲［im/ip］。[40]甓字母：鑒於《七音字彙》《班華字典》均擬音爲［iam/iap］，《福安市志・方言卷》則演變爲［iaŋ/iak］，故本文就把《安腔八音》甓字母擬音爲［iam/iap］。[41]迦字母：鑒於《七音字彙》擬音爲［ie/ieʔ］，《班華字典》擬音爲［iɛ/iɛʔ］，《福安市志・方言卷》則演變爲［e/eik］，故本文就把《安腔八音》迦字母擬音爲［ie/ieʔ］。[42]歪字母：鑒於《七音字彙》《班華字典》《福安市志・方言卷》均擬音爲［uai］，故本文就把《安腔八音》歪字母擬音爲［uai/uaiʔ］。

表8　卷七"初天添甓迦歪"六韵類音值考證

《安腔八音》	[37]初/噈	[38]天/列	[39]添/劫	[40]甓/夾	[41]迦/摘	[42]歪/擊
《七音字彙》	[22]初/毂 oe［œ/œʔ］	[35]天/列 in［in/it］	[37]謙/荚 im［im/ip］	[30]嚴/屧 iam［iam/iap］	[18]迦/篋 ie［ie/ieʔ］	[43]歪 uai［uai］
《班華字典》	疏 oe［œ］	錢/鐵 in/it［in/it］	尖/接 Im/ip［im/ip］	嚴/頁 iam/iap［iam/iap］	寄/壁 ie［iɛ/iɛʔ］	拐 uai［uai］
福安方言	初/ ［œ］	天/列 ［iŋ/ik］	添/怯 ［iŋ/ik］	[40]甓/夾 ［iaŋ/iak］	迦/摘 ［e/eik］	歪 ［uai］
擬音	[37]初 ［œ/œʔ］	[38]天 ［in/it］	[39]添 ［im/ip］	[40]甓 ［iam/iap］	[41]迦 ［ie/ieʔ］	[42]歪 ［uai/uaiʔ］

由表9可見，[43]廳字母：鑒於《七音字彙》《福安市志・方言卷》均擬音爲［eiŋ/eik］，《班華字典》擬音爲［eŋ/ek］，故本文就把《安腔八音》

廳字母擬音爲［eiŋ/eik］。[44]煎字母：鑒於《七音字彙》《班華字典》均擬音爲［ian/iat］，《福安市志·方言卷》則演變爲［iaŋ/iak］，故本文就把《安腔八音》煎字母擬音爲［ian/iat］。[45]鉤字母：鑒於《七音字彙》《班華字典》《福安市志·方言卷》均擬音爲［ɛu］，故本文就把《安腔八音》鉤字母擬音爲［ɛu/ɛuʔ］。[46]茄字母：鑒於《班華字典》擬音爲［yi/yiʔ］，《福安市志·方言卷》則演變爲［i/jik］，故本文就把《安腔八音》鉤字母擬音爲［ɛu/ɛuʔ］。[47]雞字母：鑒於《七音字彙》《班華字典》均擬音爲［i/iʔ］，《福安市志·方言卷》則演變爲［i/eik］，故本文就把《安腔八音》雞字母擬音爲［i/iʔ］。此外，《七音字彙》有[12]歡字母［uaŋ/uak］，而無《安腔八音》［uaŋ/uak］，祇有［uan/uat］。

表9　卷七"廳煎鉤茄雞"五韵類音值考證

《安腔八音》	[43]廳/靂	[44]煎/薛	[45]鉤/糑	[46]茄/藥	[47]雞/辟	—
《七音字彙》	[9]經/栗 eing [eiŋ/eik]	[33]煎/獺 ian [ian/iat]	[24]溝 eu [ɛu]	—	[23]之/惜 i [i/iʔ]	[44]橫/括 uang [uaŋ/uak]
《班華字典》	英/失 eing/eic [eŋ/ek]	線/歇 ian/iat [ian/iat]	構 eu [ɛu]	茄/藥 üi/ [yi/yiʔ]	雞/悦 i [i/iʔ]	橫/法 uang/uac [uaŋ/uak]
福安方言	廳/力 [eiŋ/eik]	煎/薛 [iaŋ/iak]	鉤/糑 [ɛu]	茄/藥 [i/jik]	雞/辟 [i/eik]	橫/括 [uaŋ/uak]
擬音	[43]廳 [eiŋ/eik]	[44]煎/薛 [ian/iat]	[45]鉤 [ɛu/ɛuʔ]	[6]茄/藥 [yi/yiʔ]	[47]雞/辟 [i/iʔ]	

上文以《安腔八音》七卷47個韵部爲序，與《七音字彙》《班華字典》《福安市志·方言卷》進行共時與歷時的比較研究，考證出每個韵部的韵母及其音值。在考證的過程中，本文制訂了以下原則。

第一，從《安腔八音》文本中找出舒聲韵母和促聲韵母。舒聲韵母包括陰聲韵母和陽聲韵母，促聲韵母即入聲韵母。與陰聲韵母相配的入聲韵母是收喉塞韵尾［-ʔ］，與陽聲韵母相配的入聲韵母是收清輔音韵尾［-p］、［-t］、［-k］。因此，從文本中的"上入""下入"調中尋找韵字是至關重要的。

第二，對於《安腔八音》中每個韵部韵字，在《七音字彙》46個韵部、81個韵母中去尋找語音對應，初步確定每個韵部韵字的讀音，再到《班華字典》中去尋找語音對應，從而基本確定每個韵部韵字的讀音。由於《七音字彙》和《班華字典》均用羅馬字注音，必須用國際音標標注出來。《七音字彙》韻母采用馬重奇的擬音①，《班華字典》韻母采用秋谷裕幸的擬音。②

第三，把《安腔八音》中每個韻部韻字與《福安市志·方言卷》(1999) 中的現代福安方言進行語音對應。由於清代至民初福安方音演變較大，尤其是鼻音/入聲韻尾 [－m/－p]、[－n/－t]、[－ŋ/－k]，逐漸產生變化，直至 20 世紀末葉，[－m/－p]、[－n/－t] 均演變爲 [－ŋ/－k]。因此，筆者在考證《安腔八音》鼻音/入聲韻尾時，主要參考《七音字彙》和《班華字典》的擬音，而不能以現代福安方言來作爲主要考證依據。例如《安腔八音》"⁶山字母"，《七音字彙》《班華字典》均擬音爲 an [an/at]，《福安市志·方言卷》則演變爲 [aŋ/ak]，故在給《安腔八音》"⁶山字母"擬音時，采用 [an/at] 音值而非 [aŋ/ak]。如果出現《七音字彙》和《班華字典》擬音不相同，就得參考現代福安方言的讀音。例如：《安腔八音》"¹春字母"，《七音字彙》擬音爲 oun [oun/out]，《班華字典》擬音爲 oun/out [on/ot]，《福安市志·方言卷》擬音爲 [ouŋ/ouk]。那麼筆者就參考現代福安讀音，參考《七音字彙》擬音爲 [oun/out]。

綜上所述，筆者考證出《安腔八音》韻母系統：47 個韻部，86 個韻母。如表 10。

表 10　《安腔八音》韻母系統

¹春 [oun/out]	²花 [uo/uoʔ]	³香 [iɔŋ/iok]	⁴掀 [iŋ/ik]	⁵秋 [eu]	⁶山 [an/at]
⁷三 [am/ap]	⁸坑 [aŋ/ak]	⁹開 [ai/aiʔ]	¹⁰嘉 [a/aʔ]	¹¹賓 [ein/eit]	¹²歡 [uan/uat]
¹³歌/落 [ɔ/ɔʔ]	¹⁴須 [øi]	¹⁵於 [ø]	¹⁶金/ [eim/eip]	¹⁷杯 [uoi]	¹⁸孤 [ou]
¹⁹燈 [œŋ/œk]	²⁰砧 [ɛm/ɛp]	²¹牽 [ɛn/ɛt]	²²光 [uŋ/uk]	²³川 [uŋ/uk]	²⁴輝 [ui]
²⁵燒 [iu/iuʔ]	²⁶銀 [øn/øt]	²⁷恭 [øŋ/øk]	²⁸缸 [ɔuŋ/ɔuk]	²⁹根 [ɔn/ɔt]	30 俐 [ei]
³¹東 [ouŋ/ouk]	³²效 [au/auʔ]	³³戈/ [u/uʔ]	³⁴西 [ɛ/ɛʔ]	³⁵聲 [iaŋ/iak]	³⁶崔 [ɔi]
³⁷初 [œ/œʔ]	³⁸天 [in/it]	³⁹添 [im/ip]	⁴⁰暫 [iam/iap]	⁴¹迦 [ie/ieʔ]	⁴²歪 [uai/uaiʔ]
⁴³廳 [eiŋ/eik]	⁴⁴煎 [ian/iat]	⁴⁵鉤 [ɛu/ɛuʔ]	⁴⁶茄 [yi/yiʔ]	⁴⁷雞/辟 [i/iʔ]	

① 马重奇：《福建福安方言韵书〈安腔八音〉》，《方言》2001 年第 1 期。
② 秋谷裕幸：《〈班華字典—福安方言〉音系初探》，《方言》2012 年第 1 期。

（三）《安腔八音》聲調系統

《安腔八音》八音，即：¹上平●，²上聲●，³上去●，⁴上入●，⁵下平●，⁶下上⊙，⁷下去●，⁸下入●。因⁶下上調無字，以⊙號示之，實際上祇有七調。新編《安腔八音》中有 3 種符號：●，表示有音有字；○，表示有音無字；⊙，表示無音無字。《簡易識字七音字彙》中的七音即七個聲調，但所標示的次序與正常聲調排列順序不太一樣。"陰去"和"陽去"位置對調，"陰入"和"陽入"位置對調。即¹陰平—、²陽平⌒、³上聲\、⁴陽去⌣、⁵陰去/、⁶陽入⌒、⁷陰入⌣。《班華字典》七音，即七個聲調，但排列順序與《簡易識字七音字彙》七音的排列一樣，即¹陰平、²陽平、³上聲、⁴陽去、⁵陰去、⁶陽入、⁷陰入。《福安市志·方言卷》七音，即七個聲調：¹陰平、²陽平、³上聲、⁴陰去、⁵陽去、⁶陰入、⁷陽入。請看表 11。

表 11　聲調系統比較

《安腔八音》	上平	上聲	上去	上入	下平	下上⊙	下去	下入
《簡易識字七音字彙》	¹陰平	³上聲	⁴陰去	⁶陰入	²陽平	—	⁵陽去	⁷陽入
《班華字典》	¹陰平	³上聲	⁴陰去	⁶陰入	²陽平	—	⁵陽去	⁷陽入
福安方言	¹陰平	³上聲	⁴陰去	⁶陰入	²陽平	—	⁵陽去	⁷陽入

三　《安腔八音》音系與《戚林八音》音系比較研究

（一）聲母系統比較研究

《安腔八音》有 17 個聲母，《戚林八音》15 個聲母①，在共時比較的同時，又將它們與現代閩東南、北片方言聲母進行歷時比較，以窺視它們之間的差異。

---

① 參見李如龍、王升魁校注《戚林八音校注》，福建人民出版社，2001，第 4 頁。

表 12　聲母系統比較

《安腔八音》	柳	邊	求	氣	低	波	他	曾	日	時	鶯	蒙	語	出	熹	如	無
擬音	l	p	k	k'	t	p'	t'	ts	n	s	ø	m	ŋ	ts'	h	j	b/w
《戚林八音》	柳	邊	求	氣	低	波	他	曾	日	時	鶯	蒙	語	出	非		
擬音	l	p	k	k'	t	p'	t'	ts	n	s	ø	m	ŋ	ts'	h		

　　《安腔八音》共 17 個聲母，比《戚林八音》多了"如無"兩母。經對照比較發現，《戚林八音》中的"鶯"母基本上相當於《安腔八音》的"鶯如無"三個聲母。閩東方言大多是 15 個聲母，唯獨福安話多了"如無"兩個聲母。因此，《安腔八音》多出"如無"兩母，不同於閩東南北片方言祇有傳統十五音，反映的是清代 18 世紀中末葉福安方言音系。《戚林八音》反映的是明末清初福州方言音系。

（二）韵母系統比較研究

　　現將《戚林八音》有 33/35 個韵部，53 個韵母（連同變韵一起算，共 97 個韵母），《安腔八音》有 47 個韵部 86 個韵母以及《福州方言詞典》① 韵系比較如下。現從鼻音韵母/入聲韵母、母音韵母/入聲韵母兩方面進行比較。

1. 鼻音韵母/入聲韵母系統比較

　　《安腔八音》有 25 個鼻音韵母/入聲韵母，《戚林八音》有 13 個鼻音韵母/入聲韵母。請看表 13。

表 13　鼻音韵母/入聲韵母系統比較

	¹春	³香	⁴掀	⁶山	⁷三	⁸坑	¹¹賓
《安腔八音》	[oun/out]	[iɔŋ/iɔk]	[iŋ/ik]	[an/at]	[am/ap]	[aŋ/ak]	[ein/eit]
福安方音	春 [ouŋ/ouk]	香 [iɔŋ/iɔk]	謹 [iŋ/ik]	山 [aŋ/ak]	三 [aŋ/ak]	坑 [aŋ/ak]	賓 [eiŋ/eik]
《戚林八音》	¹春 [uŋ/uk]	³香 [ioŋ/iok]	—	⁵山 [aŋ/ak]	—	—	⁸賓 [iŋ/ik]
福州方音	村 [ouŋ/ouʔ]	香 [yoŋ/yoʔ]	—	山 [aŋ/aʔ]	—	—	賓 [iŋ/iʔ]

---

① 李榮主編，馮愛珍編撰《福州方言詞典》，江蘇教育出版社，1998。

续表

《安腔八音》	¹²歡 [uan/uat]	¹⁶金 [eim/eip]	¹⁹燈 [œŋ/œk]	²⁰砧 [ɛm/ɛp]	²¹牽 [ɛin/ɛit]	²²光 [uŋ/uk]	²³川 [uŋ/uk]
福安方音	官 [uaŋ/uak]	金 [eiŋ/eik]	燈 [œŋ/œk]	砧 [ɛiŋ/ɛik]	牽 [ɛiŋ/ɛik]	光 [uŋ/uk]	川 [uŋ/uk]
《戚林八音》	⁹歡 [uaŋ/uak]	—	¹⁴燈 [eŋ/ek]	—	—	¹⁵光 [uoŋ/uok]	—
福州方音	歡 [uaŋ/uaʔ]	—	燈 [iŋ/iʔ]	—	—	光 [uoŋ/uoʔ]	—
《安腔八音》	¹春 [oun/out]	³香 [iɔŋ/iɔk]	⁴掀 [iŋ/ik]	⁶山 [an/at]	⁷三 [am/ap]	⁸坑 [aŋ/ak]	¹¹賓 [ein/eit]
《安腔八音》	²⁶銀 [øn/øt]	²⁷恭 [øŋ/øk]	²⁸缸 [ɔuŋ/ɔuk]	²⁹根 [ɔn/ɔt]	³¹東 [ouŋ/ouk]	³⁵聲 [iaŋ/iak]	³⁸天 [in/it]
福安方音	銀 [øŋ/øk]	恭 [øŋ/øk]	缸 [ɔuŋ/ɔuk]	根 [ɔuŋ/ɔuk]	東 [ouŋ/ouk]	聲 [iaŋ/iak]	天 [iŋ/ik]
《戚林八音》	¹⁸銀 [yŋ/yk]	—	¹⁹釭 [oŋ/ok]	—	²¹東 [øŋ/øk]	²⁷聲 [iaŋ/iak]	³⁰天 [ieŋ/iek]
福州方音	銀 [yŋ/yʔ]	—	釭 [ouŋ/ouʔ]	—	東 [øyŋ/øyʔ]	聲 [iaŋ/iaʔ]	天 [ieŋ/ieʔ]
《安腔八音》	³⁹添 [im/ip]	⁴⁰誓 [iam/iap]	⁴³廳 [eiŋ/eik]	⁴⁴煎 [ian/iat]	—	—	
福安方音	添 [iŋ/ik]	誓 [iaŋ/iak]	廳 [eiŋ/eik]	煎 [iaŋ/iak]	橫 [uaŋ/uak]	—	
《戚林八音》	—	—	—	—	³⁵怀 [ŋ]		
福州方音	—	—	—	—	³⁵怀 [ŋ]		

　　由表13可見，《安腔八音》有25個鼻音韵母/入聲韵母，即三［am/ap］、金［eim/eip］、砧［ɛm/ɛp］、添［im/ip］、誓［iam/iap］，春［oun/out］、山［an/at］、賓［ein/eit］、歡［uan/uat］、牽［ɛin/ɛit］、川［un/ut］、銀［øn/øt］、根［ɔn/ɔt］、天［in/it］、煎［ian/iat］、香［iɔŋ/iɔk］、掀［iŋ/ik］、坑［aŋ/ak］、燈［œŋ/œk］、光［uŋ/uk］、恭［øŋ/øk］、缸［ɔuŋ/ɔuk］、東［ouŋ/ouk］、聲［iaŋ/iak］、廳［eiŋ/eik］。這25個鼻音韵母/入聲韵母中，有5個鼻音韵母/入聲韵母的收尾均爲［-m/-p］，有10個鼻音韵母/入聲韵母的收尾均爲［-n/-t］，有10個鼻音韵母/入聲韵母的收尾

均爲［-ŋ/-k］。《戚林八音》有 12 個鼻音韵母/入聲韵母，即［uŋ/uk］、［ioŋ/iok］、［aŋ/ak］、［iŋ/ik］、［uaŋ/uak］、［eŋ/ek］、［uoŋ/uok］、［yŋ/yk］、［oŋ/ok］、［øŋ/øk］、［iaŋ/iak］、［ieŋ/iek］、［ŋ/］。這 13 個鼻音韵母/入聲韵母的收尾均爲［-ŋ/-k］。可見，比較閩東兩種方言韵書，《戚林八音》鼻音韵母/入聲韵母已經脫離了中古音鼻音韵母/入聲韵母［-m/-p］、［-n/-t］、［-ŋ/-k］三種不同的音韵結構，早在明末清初就已演變、融合成［-ŋ/-k］韵尾，而《安腔八音》則仍然保留着中古音鼻音韵母/入聲韵母三種不同的音韵結構。

2. 母音韵母/入聲韵母系統比較

《安腔八音》有 22 個母音韵母，《戚林八音》有 22 個母音韵母，與它們相配的收喉塞韵尾［-ʔ］的入聲韵母則不完全相同。請看表 14。

表 14　母音韵母/入聲韵母系統比較

《安腔八音》	²花 [uo/uoʔ]	⁵秋 [eu]	⁹開 [ai/aiʔ]	¹⁰嘉 [a/aʔ]	¹³歌/落 [ɔ/ɔʔ]	¹⁴須 [øi]	¹⁵於 [ø]
福安方音	花 [o/ok]	秋 [eu]	開 [ai]	嘉 [a/ak]	哥 [ɔ/ɔk]	須 [øi]	於 [ø]
《戚林八音》	²花 [ua/uaʔ]	⁴秋 [iu]	⁶開 [ai]	⁷嘉 [a/aʔ]	¹⁰歌 [o/oʔ]	¹¹須 [y/yʔ]	
福州方音	花 [ua/uaʔ]	秋 [ieu]	開 [ai]	家 [a/aʔ]	歌 [o/oʔ]	須於 [y/yʔ]	
《安腔八音》	¹⁷杯 [uoi]	¹⁸孤 [ou]	²⁴輝 [ui]	²⁵燒 [iu/iuʔ]	³⁰俐 [ei]	³²效 [au/auʔ]	³³戈/ [u/uʔ]
福安方音	杯 [uoi]	孤 [ou]	回 [ui]	燒 [ieu]	記 ei [ei]	郊 [au]	戈 [u/uk]
《戚林八音》	¹²杯 [ue]	¹³孤 [u/uʔ]	¹⁶輝 [ui]	¹⁷燒 [ieu]	²⁰之 [i]	²²郊 [au]	²³過 [uo/uoʔ]
福州方音	杯 [uoi]	孤 [u/uʔ]	輝 [uoi]	燒 [ieu]	之 [i]	郊 [au]	過 [uo/uoʔ]
《安腔八音》	³⁴西 [ɛ/ɛʔ]	³⁶崔 [ɔi]	³⁷初 [œ/œʔ]	⁴¹迦 [ie/ieʔ]	⁴²歪 [uai/uaiʔ]	⁴⁵鉤 [ɛu/ɛuʔ]	⁴⁶茄 [yi/yiʔ]
福安方音	茜 [ɛ]	崔 [ɔi]	初 [œ]	迦 [e/eik]	歪 [uai]	鉤 [ɛu]	茄 [i/jik]
《戚林八音》	²⁴西 [ɛ/ɛʔ]	²⁸催 [oi]	²⁹初 [œ/œʔ]	³¹奇 [ia/iaʔ]	³²歪 [uai]	³³溝 [ɛu]	²⁵橋 [io/ioʔ]

续表

福州方音	西 [ε/εʔ]	催 [øy]	初 [œ/œʔ]	奇 [ia/iaʔ]	歪 [uai]	溝 [εu]	橋 [yo/yoʔ]
《安腔八音》	[47]雞 [i/iʔ]	—					
福安方音	雞 [i/eik]	—					
《戚林八音》	[26]雞 [ie/ieʔ]	[34]瓶 [ya/yεʔ]					
福州方音	雞 [ie/ieʔ]	—					

　　由表 14 可見，《安腔八音》有 22 個母音韵母，則有 14 個母音韵母配有收喉塞韵尾［-ʔ］的入聲韵母。《戚林八音》有 22 個元母音韵母，也有 12 個母音韵母配有收喉塞韵尾［-ʔ］的入聲韵母。直至現在，福州方言［-k］韵尾全部消失，演變爲［-ʔ］。兩種閩東方言韵書，在收喉塞韵尾［-ʔ］入聲韵方面卻產生了如此大的差異。根據共同語語音發展的規律，中古入聲韵母由原來的［-p］、［-t］、［-k］，到了元代逐漸演變爲［-ʔ］，明清時期［-ʔ］逐漸脫落，演變爲母音韵母。中古入聲韵在《戚林八音》裹就已經將［-p］、［-t］與［-k］合流，演變爲［-k］，直至現在已經由［-k］演變爲［-ʔ］。而《安腔八音》在一百年前仍然保留［-p］、［-t］、［-k］，直至現在才逐漸演變爲［-k］，原來的［-ʔ］則消失，讀作［-k］韵尾了。下面以《安腔八音》"嘉"韵收喉塞［-ʔ］韵尾的入聲字爲例，展示它們在《福安市志·方言卷》第四節"同音字表"［ak］韵裹的讀音情況（見表 15）。

表 15　《安腔八音》"嘉"［-ʔ］韵尾演變情況

例字	《安腔八音》	福安方言卷	例字	《安腔八音》	福安方言卷
百	[paʔ]	[pak]	白	[paʔ]	[pak]
隔	[kaʔ]	[kak]	客	[kʻaʔ]	[kʻak]
拍	[pʻaʔ]	[pʻak]	麥	[maʔ]	[mak]
冊	[tsʻaʔ]	[tsʻak]			

　　《戚林八音》33 個韵類中有 12 個鼻音韵/入聲韵，均收［-ŋ/-k］韵

尾；5 個母音韵配有入聲韵，收〔-ʔ〕尾；16 個母音韵均不配有入聲韵。這樣，《戚林八音》實際上有 50 個韵母。而《安腔八音》47 個韵類中有 25 個鼻音尾韵：有 10 個韵收〔-n〕韵尾，配有入聲韵〔-t〕尾；有 10 個韵收〔-ŋ〕尾，配有入聲韵〔-k〕尾；有 5 個韵收〔-m〕尾，配有入聲韵〔-p〕尾；有 22 個母音韵中有 13 個韵配有入聲韵，收〔-ʔ〕尾。這樣一來，《安腔八音》實際上有 85 個韵母。可見，《戚林八音》與《安腔八音》韵母的差異還是比較大的。

（三）《戚林八音》與《安腔八音》聲調系統比較

在調類問題上，《戚林八音》與《安腔八音》雖爲八音，實際上祇有 7 個調類，即平、去、入各分陰陽，上聲獨自一類。

綜上所述，《戚林八音》與《安腔八音》除了均有 7 個調類外，聲母系統和韵母系統均有差異，尤其是鼻音韵母/入聲韵母差別更大。這說明《戚林八音》所反映的福州方言地處省會，福建文化、經濟、政治中心，與國内各地交流頻繁，導致語音演變加速。福安在明清時代也曾作爲福寧州、福寧府所在地，是閩東北片地區的重鎮，但論地位還是遠不如省會，因此，福安人與外地文化、經濟、政治諸方面的接觸與往來也就遜色多了。本土方言與共同語的接觸，本土方言與其他方言的接觸，也就遠不如福州了。

四 《安腔八音》鼻音韵/入聲韵與閩南兩種
方言文獻比較研究

《安腔八音》（18 世紀 60～90 年代）有 47 個韵部，《匯音妙悟》（1800）①、《彙集雅俗通十五音》②（1818）各有 50 個韵部，現比較三種方言文獻鼻音韵/入聲韵的一致性與差異性。

索緒爾在《普通語言學教程》一書中提出了必須區分共時語言學和歷時語言學。他認爲，語言中存在着兩個交叉的軸線，即體現同時存在的事物的

---

① 馬重奇：《閩台閩南方言韵書比較研究》，中國社會科學出版社，2008，第三章"閩南泉州方言韵書比較研究"。

② 馬重奇：《閩台閩南方言韵書比較研究》，中國社會科學出版社，2008，第四章"閩南漳州方言韵書比較研究"。

關係的同時軸線和體現語言符號替代關係的連續軸線。對這兩個軸線的區分，即分別從某一軸線研究語言，形成共時語言學和歷時語言學的區分。本文將對閩南、閩東北片方言文獻鼻音/入聲韵母系統進行共時比較和歷時比較。

共時語比較就是把同一時期中兩種或兩種以上的語言加以對照，以説明它們在某些方面的相似或差異及其原因的研究類型。現將清代至民初中西閩南、閩東北片方言文獻鼻音/入聲韵母系統進行共時比較研究。

1. 鼻音韵〔–m〕/入聲韵〔–p〕系統比較

《彙集雅俗通十五音》《匯音妙悟》均有 4 個〔–m/–p〕韵尾韵母[3]，《安腔八音》有 5 個〔–m/–p〕韵尾韵母。閩南漳泉方言文獻與閩東福安方言文獻鼻音韵〔–m〕/入聲韵〔–p〕與現代漳泉音系和福安音系的對應關係如表 16 所示。

表 16　三種清代韵書〔–m/–p〕諸韵共時歷時比較之一

《彙集雅俗通十五音》	³金〔im/ip〕	¹⁹甘〔am/ap〕	²²兼〔iam/iap〕		⁴⁷箴〔ɔm/ɔp〕
今漳州方音	金〔im/ip〕	甘〔am/ap〕	兼〔iam/iap〕		箴〔ɔm/ɔp〕
《匯音妙悟》	²⁹金〔im/ip〕	²³三〔am/ap〕	³³兼〔iam/iap〕		²⁵箴〔əm/əp〕
今泉州方音	金〔im/ip〕	三〔am/ap〕	兼〔iam/iap〕		箴〔əm/əp〕
《安腔八音》	¹⁶金〔eim/eip〕	⁷三〔am/ap〕	⁴⁰贅〔iam/iap〕	³⁹添〔im/ip〕	²⁰砧〔ɛm/ɛp〕
今福安方音	金〔eiŋ/eik〕	三〔aŋ/ak〕	贅〔iaŋ/iak〕	添〔iŋ/ik〕	砧〔ɛiŋ/ɛik〕

（1）《彙集雅俗通十五音》³金部〔im/ip〕、《匯音妙悟》²⁹金部〔im/ip〕，鼻音韵均以中古深攝侵韵字爲主，部分來源於臻攝真欣韵字，個別來源於咸攝覃韵字和通攝東韵字；入聲韵字以中古深攝緝韵字爲主，個別韵字來源於咸攝洽韵字。《安腔八音》¹⁶金部〔eim/eip〕鼻音韵以中古深攝侵韵字爲主，個別韵字來源於咸攝添、梗攝青韵字；入聲韵字以中古深攝緝韵字爲主，個別韵字來源於曾攝職韵字。經過共時比較，《安腔八音》金部與《彙集雅俗通十五音》金部、《匯音妙悟》金部中古來源同屬深攝，基本上相對應，均保留〔–m/–p〕韵尾。而經過歷時比較，《安腔八音》經過兩百多年的演變，金部由〔eim/eip〕演變爲〔eiŋ/eik〕，而《彙集雅俗通十五音》《匯音妙悟》金部〔im/ip〕仍然保留不變（見表 17）。

表 17　三種清代韻書［－m/－p］諸韻中古來源比較之二

韻書 韻部	擬音	主要來源	部分來源	少數來源
《彙集雅俗通十五音》[3]金部	［im］	深攝	臻攝	咸攝、通攝
	［ip］	深攝	—	咸攝
《匯音妙悟》[29]金部	［im］	深攝	臻攝	咸攝、通攝
	［ip］	深攝	—	咸攝
《安腔八音》[16]金部	［eim］	深攝	—	咸攝、梗攝
	［eip］	深攝	—	曾攝

（2）《彙集雅俗通十五音》[19]甘部［am/ap］、《匯音妙悟》[23]三部［am/ap］鼻音韻均以中古咸攝覃談鹹銜鹽韻字爲主，小部分來源於深攝韻字；入聲韻字以中古咸攝合盍洽狎葉韻字爲主，少部分來源於深攝緝韻字，個別來源於山攝黠韻字。《安腔八音》[7]三部［am/ap］鼻音韻以中古鹹攝一二等韻韻字爲主，入聲韻字以中古咸攝一二等入聲韻字爲主。經過共時比較，《安腔八音》三部與《彙集雅俗通十五音》甘部、《匯音妙悟》三部中古來源同屬咸攝，基本上相對應，均保留［－m/－p］韻尾。而經過歷時比較，《安腔八音》三部由［am/ap］演變爲［aŋ/ak］，《彙集雅俗通十五音》甘部、《匯音妙悟》三部讀音仍然保留不變（見表18）。

表 18　三種清代韻書［－m/－p］諸韻中古來源比較之三

韻書 韻部	擬音	主要來源	部分來源	少數來源
《彙集雅俗通十五音》[19]甘部	［am］	咸攝	深攝	—
	［ap］	咸攝	深攝	山攝
《匯音妙悟》[23]三部	［am］	咸攝	深攝	—
	［ap］	咸攝	深攝	山攝
《安腔八音》[7]三部	［am］	咸攝	—	
	［ap］	咸攝	—	

（3）《彙集雅俗通十五音》[22]兼部［iam/iap］、《匯音妙悟》[33]兼部［iam/iap］鼻音韻以中古咸攝三四等韻字爲主，小部分深攝侵韻韻字；入聲韻字以中古咸攝三四等韻字爲主，小部分來源於深攝緝韻韻字，個別韻字來源於山攝屑韻字。《安腔八音》[40]鼇部［iam/iap］鼻音韻字偏少，主要來源於中古咸攝三四等韻字；入聲韻字以中古咸攝三四等韻字爲主；《安腔八音》

³⁹添部［im/ip］鼻音韵和入聲韵韵字主要來源於中古咸攝三四等鼻音韵和入聲韵韵字。經過共時比較，《安腔八音》謍部、添部與《彙集雅俗通十五音》兼部、《匯音妙悟》兼部中古來源同屬咸攝，基本上相對應，均保留［-m/-p］韵尾。而經過歷時比較，《安腔八音》謍部由［iam/iap］演變爲［iaŋ/iak］，添部由［im/ip］演變爲［iŋ/ik］，而《彙集雅俗通十五音》兼部、《匯音妙悟》兼部讀音仍然保留不變（見表19）。

表 19　三種清代韵書［-m/-p］諸韵中古來源比較之四

韵書 韵部	擬音	主要來源	部分來源	少數來源
《彙集雅俗通十五音》 22 兼部	［iam］	咸攝	深攝	宕攝
	［iap］	咸攝	深攝	山攝
《匯音妙悟》 33 兼部	［iam］	咸攝	深攝	宕攝
	［iap］	咸攝	深攝	山攝
《安腔八音》 40 謍部	［iam］	咸攝	—	—
	［iap］	咸攝	—	—
《安腔八音》 39 添部	［im］	咸攝	—	—
	［ip］	咸攝	—	—

（4）《彙集雅俗通十五音》⁴⁷箴部［ɔm/ɔp］、《匯音妙悟》²⁵箴部［əm/əp］字偏少，鼻音韵主要以深攝開口三等韵字爲主，小部分來源於咸攝開口韵字，個別來源於宕攝一等開口韵字；入聲韵衹有2個字，宕攝、咸攝各一字。《安腔八音》²⁰砧部［ɛm/ɛp］，鼻音韵主要來源於深攝韵字，部分韵字來源於咸攝韵字；入聲韵字主要來源於咸攝，部分來源於深攝，少數來源於曾攝。經過共時比較，《安腔八音》砧部與《彙集雅俗通十五音》箴部、《匯音妙悟》箴部中古來源同屬深攝，基本上相對應，均保留［-m/-p］韵尾。而經過歷時比較，《安腔八音》砧部的讀音由［ɛm/ɛp］演變爲［ɛiŋ/ɛik］。《彙集雅俗通十五音》箴部、《匯音妙悟》箴部讀音仍然保留不變（見表20）。

表 20　三種清代韵書［-m/-p］諸韵中古來源比較之五

韵書 韵部	擬音	主要來源	部分來源	少數來源
《彙集雅俗通十五音》 47 箴部	［ɔm］	深攝	咸攝	宕攝
	［ɔp］	—	—	宕攝、咸攝

续表

韵書 韵部	擬音	主要來源	部分來源	少數來源
《匯音妙悟》 25 箴部	[əm]	深攝	咸攝	宕攝
	[əp]	—	—	宕攝、咸攝
《安腔八音》 20 砧部	[ɛm]	宕攝	咸攝	—
	[ɛp]	咸攝、深攝	山攝	曾攝

通過二地三種方言文獻鼻音韵 [-m] /入聲韵 [-p] 共時比較,筆者發現,閩南 4 個 [-m/-p] 韵尾韵母、閩東北片 5 個 [-m/-p] 韵尾韵部,其中古來源不是在深攝就是在咸攝。各方言區根據中古等呼條件的差異在閩南、閩東重新產生新的韵部。但收 [-m] 韵尾的鼻音韵雜有少數的收 [-n] 或 [-ŋ] 韵尾的韵字,收 [-p] 韵尾的入聲韵雜有少數的收 [-t] 或 [-k] 韵尾的韵字。

此外,通過二地三種方言文獻鼻音韵 [-m] /入聲韵 [-p] 與現代福安、漳州、泉州方音的歷時比較,我們發現《安腔八音》鼻音韵/入聲韵所收 [-m/-p] 韵尾已經演變爲收 [-ŋ/-k] 韵尾了,而閩南方言韵書《彙集雅俗通十五音》《匯音妙悟》卻仍然保留鼻音韵 [-m] 韵尾和入聲韵 [-p] 韵尾。

綜上所述,以表 21 簡明示之。

表 21 三種清代韵書 [-m/-p] 諸韵中古來源比較之六

韵部	《彙集雅俗通十五音》	現代漳州方音	韵部	《匯音妙悟》	現代泉州方音	韵部	《安腔八音》	現代福安方音
3 金部	[im/ip]	不變	29 金部	[im/ip]	不變	16 金部	[eim/eip] → [eiŋ/eik]	
19 甘部	[am/ap]	不變	23 三部	[am/ap]	不變	7 三部	[am/ap] → [aŋ/ak]	
22 兼部	[iam/iap]	不變	33 兼部	[iam/iap]	不變	40 罄部	[iam/iap] → [iaŋ/iak]	
						39 添部	[im/ip] → [iŋ/ik]	
47 箴部	[ɔm/ɔp]	不變	25 箴部	[əm/əp]	不變	20 砧部	[ɛm/ɛp] → [ɛiŋ/ɛik]	

2. 鼻音韵 ［－n］/入聲韵 ［－t］比較

《彙集雅俗通十五音》有 5 個收 ［－n/－t］韵尾韵母，《匯音妙悟》有 6 個收 ［－n/－t］韵尾韵母，《安腔八音》有 11 個收 ［－n/－t］韵尾韵母。閩南漳泉方言文獻與閩東福安方言文獻鼻音韵 ［－n］/入聲韵 ［－t］的對應關係如表 22。

表 22　三種清代韵書 ［－n/－t］諸韵中古來源比較之一

《彙集雅俗通十五音》	¹君 [un/ut]	²堅 [ian/iat]	¹⁰觀 [uan/uat]	¹⁷巾 [in/it]	⁶幹 [an/at]	
今漳州方音	君 [un/ut]	堅 [ian/iat]	觀 [uan/uat]	巾 [in/it]	幹 [an/at]	
《匯音妙悟》	¹春 [un/ut]	²²軒 [ian/iat]	³¹川 [uan/uat]	¹⁷賓 [in/it]	²⁸丹 [an/at]	²⁰恩 [ən/ət]
今泉州方音	春 [un/ut]	軒 [ian/iat]	彎 [uan/uat]	賓 [in/it]	丹 [an/at]	恩 [ɯn/ɯt]
《安腔八音》	¹春 [oun/out] ²³川 [un/ut]	⁴⁴煎 [ian/iat] ³⁸天 [in/it] ²¹牽 [ɛin/ɛit]	¹²歡 [uan/uat] ²³川 [un/ut]	¹¹賓 [ein/eit] ²⁶銀 [øn/øt]	⁶山 [an/at]	²⁹根 [ɔn/ɔt]
今福安方音	春 [ouŋ/ouk] 川 [uŋ/uk]	煎 [iaŋ/iak] 天 [iŋ/ik] 牽 [ɛiŋ/ɛik]	官 [uaŋ/uak] 川 [uŋ/uk]	賓 [eiŋ/eik] 銀 [øŋ/øk]	山 [aŋ/ak]	根 [ouŋ/ouk]

（1）《彙集雅俗通十五音》¹君部 ［un/ut］、《匯音妙悟》¹春部 ［un/ut］，鼻音韵主要來源於中古臻攝合口鼻音韵字和真韵少數開口韵字，少數來源於山攝合口鼻音韵字；入聲韵主要來源於中古臻攝合口入聲韵字，小部分來源於山攝合口入聲韵字，個別來源於梗、通攝少數入聲韵字。《安腔八音》¹春部 ［oun/out］，鼻音韵主要來源於中古臻攝合口鼻音韵字，少數來源於通攝東韵、山攝桓韵、曾攝登韵字；入聲韵主要來源於中古臻攝合口入聲韵字，也雜有通攝入聲韵字。《安腔八音》²³川部 ［un/ut］，鼻音韵主要來源於中古臻攝 ［－n］韵字，個別來源於宕攝鼻音韵字；入聲韵主要來源於中古

臻攝入聲韻字，但雜有通攝入聲韻字和宕攝入聲韻字。經過共時比較，《安腔八音》春部、川部與《彙集雅俗通十五音》君部、《匯音妙悟》春部中古來源同屬臻攝，基本上相對應，均保留［-n/-t］韻尾。而經過歷時比較，《安腔八音》春部由［oun/out］演變爲［ouŋ/ouk］，川部由［un/ut］演變爲［uŋ/uk］，而《彙集雅俗通十五音》君部、《匯音妙悟》春部的讀音仍然保留不變（見表23）。

表23　三種清代韵書［-n/-t］諸韵中古來源比較之二

韵書 韵部	擬音	主要來源	部分來源	少數來源
《彙集雅俗通十五音》 ¹君［un/ut］	［un］	臻攝	—	山攝
	［ut］	臻攝	山攝	梗攝、通攝
《匯音妙悟》 ¹春［un/ut］	［un］	臻攝	—	山攝
	［ut］	臻攝	山攝	梗攝、通攝
《安腔八音》 ¹春	［oun］	臻攝	—	通攝、山攝、曾攝
	［out］	臻攝	—	通攝
《安腔八音》 ²³川	［un］	臻攝	宕攝	—
	［ut］	臻攝	通攝、宕攝	—

　　（2）《彙集雅俗通十五音》²堅部［ian/iat］、《匯音妙悟》²²軒部［ian/iat］，鼻音韵主要來源於中古山攝三四等開口鼻音韵字；入聲韵主要來源於中古山攝三四等開口入聲韵字，小部分來源於臻攝三等開口入聲韵字。《安腔八音》⁴⁴煎部［ian/iat］，鼻音韵主要來源於中古山攝三四等開口鼻音韵字；煎韵入聲韵字只出現一個，來源於中古山攝入聲韵字。《安腔八音》³⁸天部［in/it］，鼻音韵主要來源於中古山攝三四等開口鼻音韵字，部分來源於臻攝韵字，但雜有部分梗攝、曾攝鼻音韵字，少數來源於深攝、咸攝唇音韵字；入聲韵主要來源於中古山攝三四等開口入聲韵字，小部分來源於臻攝三等開口入聲韵字，還雜有梗攝三四等開口入聲韵字，少數來源於曾攝三等入聲韵字和咸攝入聲韵字三四等入聲韵字。《安腔八音》²¹牽部［ɛin/ɛit］，鼻音韵主要來源於中古山攝開口三四等鼻音韵字，小部分來源於臻攝鼻音韵字，個別來源於梗攝鼻音韵字；入聲韵主要來源於中古山攝開口三四等入聲韵字，部分來源於曾攝入聲韵字，少數來源於咸攝、深攝、臻攝入聲韵字。經過共時比較，《安腔八音》煎部、天部、牽部與《彙集雅俗通十五音》堅部、《匯音

妙悟》軒部中古來源同屬山攝，基本上相對應，均保留〔-n/-t〕韻尾。而經過歷時比較，《安腔八音》煎部由〔ian/iat〕演變爲〔iaŋ/iak〕，天部由〔in/it〕演變爲〔iŋ/ik〕，牽部由〔εiŋ/εik〕演變爲〔εiŋ/εik〕，而《彙集雅俗通十五音》堅部、《匯音妙悟》軒部的讀音仍然保留不變（見表24）。

表 24　三種清代韻書〔-n/-t〕諸韻中古來源比較之三

韻書 韻部	擬音	主要來源	部分來源	少數來源
《彙集雅俗通十五音》 ²堅部	〔ian〕	山攝	—	—
	〔iat〕	山攝	臻攝	—
《匯音妙悟》 ²²軒部	〔ian〕	山攝	—	—
	〔iat〕	山攝	臻攝	—
《安腔八音》 ⁴⁴煎部	〔ian〕	山攝	臻攝、梗攝、曾攝	深攝、咸攝
	〔iat〕	山攝	臻攝	—
《安腔八音》 ³⁸天部	〔in〕	山攝	臻攝、梗攝、曾攝	深攝、咸攝
	〔it〕	山攝	臻攝、梗攝	曾攝、咸攝
《安腔八音》 ²¹牽部	〔εiŋ〕	山攝	臻攝	梗攝
	〔εik〕	山攝	曾攝	咸攝、深攝、臻攝

（3）《彙集雅俗通十五音》¹⁰觀部〔uan/uat〕、《匯音妙悟》³¹川部〔uan/uat〕，鼻音韻主要來源於中古山攝合口鼻音韻字，小部分來源於咸攝三等合口鼻音韻字；入聲韻主要來源於中古山攝合口入聲韻字，小部分來源於咸攝三等合口入聲韻字。《安腔八音》¹²歡部〔uan/uat〕，鼻音韻主要來源於中古山攝合口一二等鼻音韻字，小部分臻攝合口鼻音韻字，但雜有咸攝合口三等鼻音韻字，個別來源於江攝、梗攝合口鼻音韻字；入聲韻主要來源於中古山攝合口入聲韻字，個別來源於宕攝、咸攝合口入聲韻字。《安腔八音》²³川部〔un/ut〕，鼻音韻主要來源於中古山攝合口三四等鼻音韻字；入聲韻主要來源於中古山攝三四等入聲韻字，個別來源於宕攝入聲韻字。經過共時比較，《安腔八音》歡部、川部與《彙集雅俗通十五音》觀部、《匯音妙悟》川部中古來源同屬山攝，基本上相對應，均保留〔-n/-t〕韻尾。而經過歷時比較，《安腔八音》歡部由〔uan/uat〕演變爲〔uaŋ/uak〕，川部由〔un/ut〕演變爲〔uŋ/uk〕，而《彙集雅俗通十五音》觀部、《匯音妙悟》川部的讀音仍然保留不變（見表25）。

表 25　三種清代韻書［-n/-t］諸韻中古來源比較之四

韻書 韻部	擬音	主要來源	部分來源	少數來源
《彙集雅俗通十五音》 10觀部	［uan］	山攝	咸攝	—
	［uat］	山攝	咸攝	—
《匯音妙悟》 31川部	［uan］	山攝	咸攝	—
	［uat］	山攝	咸攝	—
《安腔八音》 12歡部	［uan］	山攝	臻攝、咸攝	江攝、梗攝
	［uan］	山攝	—	宕攝、咸攝
《安腔八音》 23川部	［un］	山攝	—	—
	［ut］	山攝	—	宕攝

（4）《彙集雅俗通十五音》[17]巾部［in/it］、《匯音妙悟》[17]賓部［in/it］，鼻音韻以中古臻攝開口鼻音韻字爲主，部分山攝開口三四等韻字和曾攝開口三等鼻音韻字，小部分來源於深攝鼻音韻字，個別來源於梗攝開口三等鼻音韻字；入聲韻主要來源於臻攝開口三等入聲韻字，部分來源於曾攝三等入聲韻字，個別來源於梗攝開口三等入聲韻字。《安腔八音》[11]賓部［ein/eit］，鼻音韻主要來源於中古臻攝三等開口真韻字，部分來源於梗攝、曾攝三四等開口鼻音韻字，個別來源於山攝四等鼻音韻字；入聲韻主要來源於中古臻攝開口三等入聲韻字，部分曾攝開口三等入聲韻字和梗攝開口三四等入聲韻字。《安腔八音》[26]銀［øn/øt］，鼻音韻主要來源於中古臻攝三等開口鼻音韻字，個別來源於通攝、江攝、梗攝鼻音韻字；入聲韻主要來源於中古臻攝三等開口入聲韻，個別來源於通攝入聲韻字。經過共時比較，《安腔八音》賓部、銀部與《彙集雅俗通十五音》巾部、《匯音妙悟》賓部中古來源同屬臻攝，基本上相對應，均保留［-n/-t］韻尾。而經過歷時比較，《安腔八音》賓部由［ein/eit］演變爲［eiŋ/eik］，銀部由［øn/øt］演變爲［øŋ/øk］，而《彙集雅俗通十五音》巾部、《匯音妙悟》賓部的讀音仍然保留不變（見表26）。

表 26　三種清代韻書［-n/-t］諸韻中古來源比較之五

韻書 韻部	擬音	主要來源	部分來源	少數來源
《彙集雅俗通十五音》 17巾部	［in］	臻攝	山攝、曾攝、深攝	梗攝
	［it］	臻攝	曾攝	梗攝

韵書 韵部	擬音	主要來源	部分來源	少數來源
《匯音妙悟》 17賓部	［in］	臻攝	山攝、曾攝、深攝	梗攝
	［it］	臻攝	曾攝	梗攝
《安腔八音》 11賓部	［ein］	臻攝	梗攝、曾攝	山攝
	［eit］	臻攝	曾攝、梗攝	—
《安腔八音》 26銀部	［øn］	臻攝	—	通攝、江攝、梗攝
	［øt］	臻攝	—	通攝

（5）《彙集雅俗通十五音》幹部［an/at］、《匯音妙悟》丹部［an/at］鼻音韵主要來源於中古山攝一二等開口鼻音韵字和少數三四等鼻音韵字，部分來源於臻攝三等開口鼻音韵字，部分來源於咸攝一二等開口鼻音韵字和少數三等合口鼻音韵字；入聲韵主要來源於山攝一二等開口入聲韵字和少數三四等入聲韵字，小部分來源於臻攝、曾攝、通攝開口入聲韵字。《安腔八音》山部［an］鼻音韵主要來源於中古山攝開口一二等鼻音韵字，部分來源於梗攝開口韵字，少數來源於宕攝明母韵字；入聲韵主要來源於中古山攝開口一二等入聲韵字，小部分來源於咸攝入聲韵字。經過共時比較，《安腔八音》山部與《彙集雅俗通十五音》幹部、《匯音妙悟》丹部中古來源同屬山攝，基本上相對應，均保留［-n/-t］韵尾。而經過歷時比較，《安腔八音》山部由［an/at］演變爲［aŋ/ak］，而《彙集雅俗通十五音》幹部、《匯音妙悟》丹部的讀音仍然保留不變（見表27）。

表27　三種清代韵書［-n/-t］諸韵中古來源比較之六

韵書 韵部	擬音	主要來源	部分來源	少數來源
《彙集雅俗通十五音》 6幹部	［an］	山攝	臻攝、咸攝	—
	［at］	山攝	臻攝、曾攝、通攝	—
《匯音妙悟》 28丹部	［an］	山攝	臻攝、咸攝	—
	［at］	山攝	臻攝、曾攝、通攝	—
《安腔八音》 6山部	［an］	山攝	梗攝	宕攝
	［at］	山攝	咸攝	

（6）《匯音妙悟》20恩部［ən/ət］，鼻音韵主要來源於中古臻攝開口一

等痕韵、開口三等殷韵，部分來源於諄韵，少數來源於真韵、魂韵；入聲韵主要來源於中古臻攝開口三等迄韵字，部分來源於沒韵字，個別來源於梗攝、江攝、曾攝韵字。《安腔八音》[29]根部 [ɔn/ɔt]，鼻音韵主要來源於中古臻攝一等韵字，少數來源於山攝韵字；入聲韵主要來源於中古臻攝一等入聲韵字，小部分來源於山攝入聲韵字，個別來源於宕攝入聲韵字。經過共時比較，《安腔八音》根部與《匯音妙悟》恩部中古來源同屬臻攝，基本上相對應，均保留 [−n/−t] 韵尾。而經過歷時比較，《安腔八音》根部由 [ɔn/ɔt]演變爲 [ɔuŋ/ɔuk]，而《匯音妙悟》恩部的讀音仍然保留不變（見表28）。

表 28　三種清代韵書 [−n/−t] 諸韵中古來源比較之七

韵書 韵部	擬音	主要來源	部分來源	少數來源
《彙集雅俗通十五音》—	—	—	—	—
	—	—	—	—
《匯音妙悟》[20]恩部	[ən]	臻攝	—	—
	[ət]	臻攝	—	梗攝、江攝、曾攝
《安腔八音》[29]根部	[ɔn]	臻攝	山攝	—
	[ɔt]	臻攝	山攝	宕攝

通過比較二地三種方言文獻鼻音韵 [−n]/入聲韵 [−t]，筆者發現《彙集雅俗通十五音》有 5 個 [−n/−t] 韵尾韵母，《匯音妙悟》有 6 個 [−n/−t] 韵尾韵母，與《安腔八音》11 個韵部韵字基本上是在中古臻攝或山攝範圍之內。根據中古等呼條件的差異在閩南、閩東重新產生新的韵部。但也顯示了收 [−n] 韵尾的鼻音韵雜有少數的收 [−m] 或 [−ŋ] 韵尾的韵字，收 [−t] 韵尾的入聲韵雜有少數的收 [−p] 或 [−k] 韵尾的韵字。

此外，通過對二地三種方言文獻鼻音韵 [−n]/入聲韵 [−t] 與現代福安、漳州、泉州方音進行歷時比較，我們發現《安腔八音》鼻音韵/入聲韵已由 [−m/−p] 韵尾演變爲收 [−ŋ/−k] 韵尾，而閩南方言韵書《彙集雅俗通十五音》《匯音妙悟》卻仍然保留鼻音韵 [−m] 韵尾和入聲韵 [−p] 韵尾。

綜上所述，兩百年來閩南、閩東二地三種方言文獻鼻音韵 [−n]/入聲韵 [−t] 的演變如表 29 所示。

表 29　三種清代韻書［－n／－t］諸韻中古來源比較之八

韵部	《彙集雅俗通十五音》	現代漳州方音	韵部	《匯音妙悟》	現代泉州方音	韵部	《安腔八音》	現代福安方音
¹君部	［un/ut］	不變	¹春部	［un/ut］	不變	¹春部	［oun/out］ → ［ouŋ/ouk］	
						²³川部	［un/ut］ → ［uŋ/uk］	
²堅部	［ian/iat］	不變	²²軒部	［ian/iat］	不變	⁴⁴煎部	［ian/iat］ → ［iaŋ/iak］	
						³⁸天部	［in/it］ → ［iŋ/ik］	
						²¹牽部	［ɛin/ɛit］ → ［ɛiŋ/ɛik］	
¹⁰觀部	［uan/uat］	不變	³¹川部	［uan/uat］	不變	¹²歡部	［uan/uat］ → ［uaŋ/uak］	
						²³川部	［un/ut］ → ［uŋ/uk］	
¹⁷巾部	［in/it］	不變	¹⁷賓部	［in/it］	不變	¹¹賓部	［ein/eit］ → ［eiŋ/eik］	
						²⁶銀部	［øn/øt］ → ［øŋ/øk］	
⁶幹部	［an/at］	不變	²⁸丹	［an/at］	不變	⁶山部	［an/at］ → ［aŋ/ak］	
—	—		²⁰恩部	［ən/ət］	不變	²⁹根部	［ɔn/ɔt］ → ［ɔuŋ/ɔuk］	

3. 鼻音韵［－ŋ］／入聲韵［－k］比較

《彙集彙集雅俗通十五音》有 6 個［－ŋ／－k］韵尾韵母，《匯音妙悟》有 7 個［－ŋ／－k］韵尾韵母，《安腔八音》則有 9 個［－ŋ／－k］韵尾韵母。它們的對應情況比較如表 30 所示。

表 30　三種清代韻書［－ŋ／－k］諸韻中古來源比較之一

《彙集雅俗通十五音》	⁷公 ［ɔŋ/ɔk］	¹⁴恭 ［iɔŋ/iɔk］	²¹江 ［aŋ/ak］	¹⁸薑 ［iaŋ/iak］	⁴³光 ［uaŋ/uak］	⁹經 ［ɛŋ/ɛk］漳浦	—
今漳州方音	公 ［ɔŋ/ɔk］	恭 ［iɔŋ/iɔk］	江 ［aŋ/ak］	薑 ［iaŋ/iak］	光 ［uaŋ/uak］	經 ［ɛŋ/ɛk］	—
《匯音妙悟》	¹¹東 ［ɔŋ/ɔk］	⁵香 ［iɔŋ/iɔk］	²⁶江 ［aŋ/ak］	¹⁰商 ［iaŋ/iak］	⁴⁶風 ［uaŋ/uak］	⁸卿 ［iŋ/ik］	³⁵生 ［ŋ/ək］

续表

	風	香	江	唱	闊	卿	生
今泉州方音	[ŋ/ɔk]	[iɔŋ/iɔk]	[aŋ/ak]	[iaŋ/iak]	[uaŋ/uak]	[iŋ/ik]	[əŋ/ək]南安
《安腔八音》	31東 [ouŋ/ouk] 27恭 [øŋ/øk]	3香 [iɔŋ/iɔk]	8坑 [aŋ/ak]	35聲 [iaŋ/iak]	22光 [uŋ/uk]28缸 [ouŋ/ouk]	43廳 [eiŋ/eik] 4掀 [iŋ/ik]	19燈 [œŋ/œk]
今福安方音	東 [ouŋ/ouk] 恭 [øŋ/øk]	香 [iɔŋ/iɔk]	坑 [aŋ/ak]	聲 [iaŋ/iak]	光 [uŋ/uk] 橫 [uaŋ/uak] 缸 [ouŋ/ouk]	廳 [eiŋ/eik] 謹 [iŋ/ik]	燈 [œŋ/œk]

（1）《彙集雅俗通十五音》[7]公部［ɔŋ/ɔk］，鼻音韵主要來源於中古通攝、宕攝一三等鼻音韵字，小部分來源於江攝鼻音韵字，個別來源於梗攝、曾攝鼻音韵字；入聲韵主要來源於中古通攝一三等入聲韵字，部分來源於宕攝一等入聲韵字，個別來源於江攝、曾攝入聲韵字。《匯音妙悟》[11]東部［ɔŋ/ɔk］，鼻音韵主要來源於中古通攝、宕攝一三等鼻音韵字，部分來源於江攝二等韵字，小部分來源於梗攝二等韵字，個別來源於曾攝一等韵字；入聲韵主要來源於中古通攝、宕攝一三等入聲韵字，部分來源於江攝二等韵字，小部分來源於梗攝二等韵字，個別來源於曾攝一等韵字。《安腔八音》[31]東部［ouŋ/ouk］，鼻音韵主要來源於中古通攝鼻音韵字，小部分來源於宕攝、梗攝、臻攝鼻音字韵，個別來源於山攝鼻音韵字；入聲韵字［ouk］主要來源於中古通攝入聲韵字，小部分來源於臻攝入聲韵字。《安腔八音》[27]恭部［øŋ/øk］，鼻音韵主要來源於中古通攝鼻音韵字，部分來源於宕攝、梗攝和曾攝鼻音韵字；入聲韵字主要來源於中古通攝入聲韵字，個別來源於江攝、臻攝入聲韵字。經過共時比較，《安腔八音》東部、恭部與《彙集雅俗通十五音》公部、《匯音妙悟》東部中古主要來源同屬通攝，基本上相對應（見表31）。

表31　三種清代韵書［-ŋ/-k］諸韵中古來源比較之二

韵書 韵部	擬音	主要來源	部分來源	少數來源
《彙集雅俗通十五音》[7]公部	［ɔŋ］	通攝、宕攝	江攝	梗攝、曾攝
	［ɔk］	通攝	宕攝	江攝、曾攝

续表

韵書 韵部	擬音	主要來源	部分來源	少數來源
《匯音妙悟》 11 東部	[ɔŋ]	通攝、宕攝	江攝、梗攝	曾攝
	[ɔk]	通攝、宕攝	江攝、梗攝	曾攝
《安腔八音》 31 東部	[ouŋ]	通攝	宕攝、梗攝、臻攝	山攝
	[ouk]	通攝	臻攝	—
《安腔八音》 27 恭部	[øŋ]	通攝	宕攝、梗攝、曾攝	—
	[øk]	通攝	—	江攝、臻攝

（2）《彙集雅俗通十五音》¹⁴ 恭 [ɕɔŋ/iɔk]，鼻音韵主要來源於中古通攝三等鼻音韵字，個別來源於宕攝三等鼻音韵字；入聲韵主要來源於中古通攝三等入聲韵字，個別來源於梗攝三等入聲韵字。《匯音妙悟》⁵ 香 [iɔŋ/iɔk]，鼻音韵主要來源於中古宕攝開口三等陽韵字，小部分來源於江攝開口二等江韵字，個別來源於梗攝開口二等庚韵字；入聲韵主要來源於中古宕攝開口三等藥韵字，小部分來源於江攝開口二等覺韵字。《安腔八音》³ 香 [iɔŋ/iɔk]，鼻音韵主要來源於中古宕攝鼻音韵字，小部分來源於梗攝、曾攝、江攝鼻音韵字；入聲韵主要來源於中古宕攝開口三等入聲韵字，小部分來源於梗攝、通攝入聲韵字。可見，《安腔八音》香部與《彙集雅俗通十五音》恭部中古來源不同，但與《匯音妙悟》香部中古來源同屬宕攝，基本上相對應（見表 32）。

表 32　三種清代韵書 [-ŋ／-k] 諸韵中古來源比較之三

韵書 韵部	擬音	主要來源	部分來源	少數來源
《彙集雅俗通十五音》 14 恭部	[iɔŋ]	通攝	—	宕攝
	[iɔk]	通攝	—	梗攝
《匯音妙悟》 5 香部	[iɔŋ]	宕攝	江攝	梗攝
	[iɔk]	宕攝	江攝	—
《安腔八音》 3 香部	[iɔŋ]	宕攝	梗攝、曾攝、江攝	—
	[iɔk]	宕攝	梗攝、通攝	—

（3）《彙集雅俗通十五音》²¹ 江部 [aŋ/ak]，鼻音韵主要來源於中古江攝二等韵字、通攝一三等韵字，小部分來源於宕攝開口一三鼻音韵字，個別來源於曾攝、梗攝、臻攝鼻音韵字；入聲韵主要來源於江攝二等、通攝一三

等入聲韵字，小部分來源於宕攝、臻攝、曾攝入聲韵字。《匯音妙悟》²⁶江部 [aŋ/ak]，鼻音韵主要來源於中古江攝二等韵字、通攝一三等韵字，部分來源於宕攝一三等韵字，少數來源於梗攝、曾攝韵字；入聲韵主要來源於江攝二等、通攝一三等韵字，部分來源於宕攝一三等韵字，少數來源於梗攝、曾攝韵字。《安腔八音》⁸坑部 [aŋ/ak]，鼻音韵主要來源於中古梗攝開口韵字，小部分來源於鹹攝一二等鼻音韵字；入聲韵主要來源於中古鹹攝入聲韵字，個別來源於山攝、臻攝入聲韵字。可見，《安腔八音》坑部與《彙集雅俗通十五音》江部、《匯音妙悟》江部中古來源不同，説明《安腔八音》坑部的音韵結構已經産生變化，尤其是入聲韵變化更大（見表33）。

表33 三種清代韵書 [-ŋ/-k] 諸韵中古來源比較之四

韵書 韵部	擬音	主要來源	部分來源	少數來源
《彙集雅俗通十五音》²¹江部 [aŋ/ak]	[aŋ]	江攝、通攝	宕攝	曾攝、梗攝、臻攝
	[ak]	江攝、通攝	宕攝、臻攝、曾攝	—
《匯音妙悟》²⁶江部	[aŋ]	江攝、通攝	宕攝	梗攝、曾攝
	[ak]	江攝、通攝	宕攝	梗攝、曾攝
《安腔八音》⁸坑部	[aŋ]	梗攝	鹹攝	—
	[ak]	咸攝	—	山攝、臻攝

（4）《彙集雅俗通十五音》¹⁸薑部 [iaŋ/iak]，鼻音韵主要來源於中古宕攝開口三等鼻音韵字，個別來源於梗攝、江攝鼻音韵字；入聲韵主要來源於中古宕攝開口三等入聲韵字，小部分來源於曾攝、山攝、鹹攝開口三等入聲韵字，個別來源於梗攝韵字。《匯音妙悟》¹⁰商部 [iaŋ/iak]，鼻音韵主要來源於中古宕攝開口三等鼻音韵字，小部分來源於江攝、通攝、梗攝韵字，個別來源於山攝韵字；入聲韵字祇有1個通攝沃韵字"褥"。《安腔八音》³⁵聲 [iaŋ/iak]，鼻音韵主要來源於中古梗攝開口三四等韵字，部分曾攝、山攝、臻攝三四等開口鼻音韵字，個別來源於鹹攝開口三等鼻音韵字；入聲韵主要來源於中古梗攝開口三四等韵字，部分曾攝開口韵字，臻攝開口三等入聲韵字，個別來源於通攝開口三等入聲韵字。可見，《安腔八音》聲部與《彙集雅俗通十五音》薑部、《匯音妙悟》商部中古來源不同（見表34）。

表34　三種清代韻書［-ŋ/-k］諸韻中古來源比較之五

韻書 韻部	擬音	主要來源	部分來源	少數來源
《彙集雅俗通十五音》 18薑部	［iaŋ］	宕攝	—	梗攝、江攝
	［iak］	宕攝	曾攝、山攝、咸攝	梗攝
《匯音妙悟》 10商部	［iaŋ］	宕攝	江攝、通攝、梗攝	山攝
	［iak］	—	—	通攝
《安腔八音》 35聲部	［iaŋ］	梗攝	曾攝、山攝、臻攝	咸攝
	［iak］	梗攝	曾攝、臻攝	通攝

（5）《彙集雅俗通十五音》⁴³光［uaŋ/uak］，鼻音韻主要來源於中古宕攝合口鼻音韻字，少數來源於山攝合口一等韻字；入聲韻字祇有兩個字，一是中古山攝入聲韻字，一是臻攝入聲韻字。《匯音妙悟》⁴⁶風［uaŋ/uak］，鼻音韻主要來源於中古宕攝合口韻字，個別來源於通攝一等韻字；入聲韻主要來源於中古通攝屋韻字。《安腔八音》²²光部［uŋ/uk］，鼻音韻主要來源於中古宕攝合口韻字，部分來源於山攝合口鼻音韻字，少數來源於通攝、江攝鼻音韻字；入聲韻主要來源於中古梗攝合口入聲韻字，小部分來源於宕攝合口入聲韻字，個別來源於曾攝入聲韻字。《安腔八音》²⁸缸［ɔuŋ/ɔuk］，鼻音韻主要來源於中古宕攝鼻音韻字，部分來源於江攝鼻音韻字，個別來源於山攝、臻攝鼻音韻字；入聲韻主要來源於中古宕攝和江攝入聲韻字，小部分來源於通攝、鹹攝、山攝入聲韻。可見，《安腔八音》光部、缸部與《彙集雅俗通十五音》光部、《匯音妙悟》風部均源於宕攝，基本上相對應（見表35）。

表35　三種清代韻書［-n/-t］諸韻中古來源比較之六

韻書 韻部	擬音	主要來源	部分來源	少數來源
《彙集雅俗通十五音》 ⁴³光［uaŋ/uak］	［uaŋ］	宕攝		山攝
	［uak］	—	—	山攝、臻攝
《匯音妙悟》 ⁴⁶風［uaŋ/uak］	［uaŋ］	宕攝		通攝
	［uak］	通攝		—
《安腔八音》 ²²光部［uŋ/uk］	［uŋ］	宕攝	山攝	通攝、江攝
	［uk］	梗攝	宕攝	曾攝
《安腔八音》 ²⁸缸	［ɔuŋ］	宕攝	江攝	山攝、臻攝
	［ɔuk］	宕攝、江攝	通攝、鹹攝、山攝	—

（6）《彙集雅俗通十五音》⁹經部［εŋ/εk］漳浦鼻音韵主要來源於中古梗攝開口三四等鼻音韵，部分來源於曾攝開口一三等鼻音韵，個別來源於通攝三等鼻音韵字；入聲韵主要來源於中古梗攝開口入聲韵，部分來源於曾攝開口入聲韵，個別來源於通攝三等入聲韵字。《匯音妙悟》⁸卿部［iŋ/ik］，鼻音韵主要來源於中古梗攝開口三四等鼻音韵，部分來源於曾攝開口一三等鼻音韵，個別來源於通攝三等鼻音韵字；入聲韵主要來源於中古梗攝開口入聲韵，部分來源於曾攝開口入聲韵，少數來源於通攝三等入聲韵字。《安腔八音》⁴³廳部［eiŋ/eik］，鼻音韵主要來源於中古梗攝三四等鼻音韵字，部分來源於曾攝、通攝開口三四等鼻音韵字，個別來源於臻攝開口三等鼻音韵字；入聲韵主要來源於中古梗攝開口三四等入聲韵字，個別來源於山攝、鹹攝入聲韵字。可見，《安腔八音》廳部與《彙集雅俗通十五音》經部、《匯音妙悟》卿部中古來源同屬梗攝，基本上相對應。至於《安腔八音》⁴掀部［iŋ/ik］，鼻音韵主要來源於中古山攝三四等韵字，部分來源於臻攝韵字，少數來源於通攝鼻音韵字；入聲韵主要來源於中古山攝三四等入聲韵字。照理掀部不應擬爲［-ŋ/-k］韵尾，而應擬音爲［-n/-t］韵尾，可見，福安方音掀部韵部的語音結構最先產生演變（見表36）。

表36　三種清代韵書［-n/-t］諸韵中古來源比較之七

韵書 韵部	擬音	主要來源	部分來源	少數來源
《彙集雅俗通十五音》⁹經部	［εŋ］	梗攝	曾攝	通攝
	［εk］	梗攝	曾攝	通攝
《匯音妙悟》⁸卿部	［iŋ］	梗攝	曾攝	通攝
	［ik］	梗攝	曾攝	通攝
《安腔八音》⁴³廳部	［eiŋ］	梗攝	曾攝、通攝	臻攝
	［eik］	梗攝	—	山攝、鹹攝
《安腔八音》⁴掀部	［iŋ］	山攝	臻攝	通攝
	［ik］	山攝	—	—

（7）《匯音妙悟》³⁵生部［əŋ/ək］，鼻音韵主要來源於中古曾攝開口一三等韵字，部分來源於梗攝開口韵字；入聲韵主要來源於中古曾攝開口一三等韵字，部分來源於梗攝開口韵字，個別來源於宕攝韵字。《安腔八音》¹⁹燈

部［œŋ/œk］，鼻音韵主要來源於中古曾攝、梗攝、通攝開口鼻音韵字，少數來源於臻攝開口三等鼻音韵字；入聲韵主要來源於中古曾攝、梗攝開口三等入聲韵字，部分來源於通攝三等入聲韵字，個別來源於江攝、臻攝入聲韵字。可見，《安腔八音》燈部與《匯音妙悟》多數韵部字中古來源同屬曾攝，基本上相對應（見表37）。

表 37　三種清代韵書［-n/-t］諸韵中古來源比較之八

韵書 韵部	擬音	主要來源	部分來源	少數來源
《彙集雅俗通十五音》 —	—	—	—	—
	—	—	—	—
《匯音妙悟》 35 生部	［əŋ］	曾攝	梗攝	—
	［ək］	曾攝	梗攝	宕攝
《安腔八音》 19 燈部	［œŋ］	曾攝、梗攝、通攝	—	臻攝
	［œk］	曾攝、梗攝	通攝	江攝、臻攝

通過二地三種方言文獻鼻音韵［-ŋ］/入聲韵［-k］的共時比較，《彙集雅俗通十五音》有6個［-ŋ/-k］韵尾韵部，《匯音妙悟》有7個［-ŋ/-k］韵尾韵部，與《安腔八音》10個［-ŋ/-k］韵部韵字基本上分別來源於中古通攝、江攝、宕攝、梗攝、曾攝。根據中古等呼條件的差異在閩南、閩東重新產生新的韵部。但收［-ŋ］韵尾的鼻音韵雜有少數的收［-m］或［-n］韵尾的韵字，收［-k］韵尾的入聲韵雜有少數的收［-p］或［-t］韵尾的韵字。通過二地三種方言文獻鼻音韵［-ŋ］/入聲韵［-k］與現代福安、漳州、泉州方音的歷時比較，我們發現《安腔八音》和《彙集雅俗通十五音》、《匯音妙悟》收［-ŋ/-k］韵尾色鼻音韵/入聲韵基本上也均爲收［-ŋ/-k］韵尾。

綜上所述，18世紀末至19世紀初，閩南、閩東北片三種方言文獻仍然保留着［-m］、［-n］、［-ŋ］三個鼻音韵尾和［-p］、［-t］、［-k］三個清輔音韵尾。［-m/-p］韵部之間基本上是對應的，［-n/-t］韵部之間基本上也是對應的，就是［-ŋ/-k］韵部與韵部之間雖然還不完全對應，但基本上保留着中古音鼻音韵［-ŋ］/入聲韵［-k］的結構格局。

五　兩百年來《安腔八音》音韵結構
動態演變的原因

　　由上文可見，閩南方言韵書《彙集雅俗通十五音》《匯音妙悟》和閩東北片方言韵書《安腔八音》在共時比較中鼻音韵/入聲韵還是大同小異的，保留着［－m］、［－n］、［－ŋ］三種鼻音韵尾和［－p］、［－t］、［－k］三種清輔音韵尾；但二百來年後的現代閩南、閩東北片方言鼻音/入聲就產生了較大的差異。

　　據上文考證，《安腔八音》有 47 個韵部，86 個韵母。其中陽聲韵母 25 個（其中收－m 韵尾的 5 個，－n 韵尾的 10 個，－ŋ 韵尾的 10 個），陰聲韵母 22 個，入聲韵母 39 個（其中收－p 韵尾的 5 個，收－t 韵尾的 10 個，收－k 韵尾的 10 個，收－ʔ 韵尾的 14 個）。過了兩百來年，《福安市志·方言卷》記載了現代福安方言 47 個韵母。其中陽聲韵母 12 個（全部收－ŋ 韵尾），陰聲韵母 21 個，入聲韵母 14 個（全部收－k 韵尾）。這種演變可以説非常快速。由此，我們來探討福安方言兩百年來的語音變異的原因。從地理位置來看，閩東北片方言是由於受到周圍不同次方言的包圍和接觸，受到影響、融合才逐漸產生變異的，分析起來大致有以下三方面。

　　首先，福安方言南部受到閩東南片福州方言的影響。我們知道，閩東方言分爲北片和南片，大致包括歷史上的福州府和福寧府的屬地，由於同屬閩東地區，在長期共同的政治、經濟和文化生活中，有了語言共性，形成了閩東方言的共同特點。據考證，明末福州方言文獻《戚參軍八音字義便覽》中的 12 個陽聲/入聲韵母全都是收［－ŋ/－k］尾：春［uŋ/uk］、香［ioŋ/iok］、山［aŋ/ak］、賓［iŋ/ik］、歡［uaŋ/uak］、燈［eŋ/ek］、光［uoŋ/uok］、銀［yŋ/yk］、釘［oŋ/ok］、東［øyŋ/øyk］、聲［iaŋ/iak］、天［ieŋ/iek］。[①] 可見，早在明末的福州方言就已經沒有［－m/－p］、［－n/－t］兩種韵尾了。直至百餘年前的《加訂美全八音》也是如此。

　　其次，福安方言北部則受到浙南吳方言的影響。根據袁家驊《漢語方言概要》（第二版）記載，浙江永康音系有 10 個鼻尾韵，即［aŋ］、［iaŋ］、

[①]　李如龍、王升魁：《戚林八音校注》，福建人民出版社，2001，第 6～8 頁。

［uaŋ］、［yaŋ］、［oŋ］、［yoŋ］、［əŋ］、［iŋ］、［uəŋ］、［yəŋ］。［－m/－p］、
［－n/－t］兩種韵尾早已弱化演變爲［－ŋ/－k］尾。浙南吳語對福安方言
的影響也是不可低估的。

再次，福安方言西部受到閩北方言的影響。據考證，反映明末閩北政和
方言的《六音字典》共有 13 個字母有陽聲韵母，即穿［yiŋ］、本［ueiŋ/
uaiŋ］、風［uŋ］、通［oŋ］、順［œyŋ］、朗［auŋ/uauŋ］、唱［ioŋ］、聲
［iaŋ］、音［eiŋ］、坦［aŋ］、横［uaŋ］、班［aiŋ］、先［iŋ/ieiŋ］。① 也是跟
明末福州方言文獻一樣没有［－m/－p］、［－n/－t］兩種韵尾了，衹有
［－ŋ/－k］韵尾。直至《建州八音字義便覽》（1795）也是同樣情況。② 可
見，閩北方言對閩東北片方言的影響也是很大的。

總之，就空間而言，福安鼻音/入聲韵尾受到南部、北部、西部各方言
區的影響（東部靠海），導致福安方言［－m/－p］、［－n/－t］兩種韵尾的
弱化，逐漸演變成［－ŋ/－k］韵尾。就時間而言，近二百年來，由於社會、
政治、經濟、文化的迅速發展，閩東南、北片交流頻繁，閩東北片與浙南吳
語和閩北方言的接觸，導致鼻音/入聲韵尾趨於一致。而福建閩南方言是一
個重要的、有優勢的次方言，迄今仍然没有多少變化，雖然内部有些差異，
但由於地域廣而人口多，閩南東、西、南、北四片除了西片受到客家話影響
大一些以外，東、南、北三片總體還是一致的，［－m/－p］、［－n/－t］、
［－ŋ/－k］韵尾還是不變的。

參考文獻

北京大學中國語言文學系語言學教研室編《漢語方言詞彙》（第 2 版），語文出版
社，1995。

福安市地方志編纂委員會編《福安市志·方言卷》，方志出版社，1999。

黄典誠主編《福建省志·方言志》，方志出版社，2018。

梁玉璋：《福安方言概述》，《福建師大學報》（哲學社會科學版）1983 年第 3 期。

① 馬重奇：《明清閩北方言韵書手抄本音系研究》，商務印書館，2014，第 29 頁。
② 馬重奇：《清中末期閩北建甌方言音系及其同音字彙》，《春風秋水》，生活·讀書·新知三聯書店，
2018，第 38 頁。

李如龍、王升魁校注《戚林八音校注》，福建人民出版社，2001。

馬重奇：《福建福安方言韵書〈安腔八音〉》，《方言》2001 年第 1 期。

馬重奇：《閩台閩南方言韵書比較研究》，中國社會科學出版社，2008。

馬重奇：《明清閩北方言韵書手抄本音系研究》，商務印書館，2014。

秋谷裕幸：《〈班華字典—福安方言〉音系初探》，《方言》2012 年第 1 期。

〔瑞士〕费爾迪南·德·索緒爾：《普通語言學教程》，高明凱譯，商務印書館，1980。

吳姍姍：《四部福安方言韵書研究》，博士學位論文，福建師範大學，2012。

徐通鏘：《歷史語言學》，商務印書館，1991。

Research on Phonetic System and Reconstruction of Sound Value in *An Qiang Ba Yin* and Some Relative Studies

Ma Chongqi

Abstract: The article focuses on sound value in phonological system of Fu'an dialect in northeast of Fujian, compares it with that of Fuzhou dialect in southeast of Fujian, and makes a historical analogy of the phonological system of Fu'an dialect mentioned above, Zhangzhou dialect in southern area of Minnan districts and Quanzhou dialect in northern area of Minnan districts. Firstly, it studies the phonological system and sound value in *An Qiang Ba Yin*, *Qi Yin Zi Hui* and *Banhua Dictionary*, three rhythm dictionaries published during the period from the mid – 18th century to early Republic of China, then concludes that the vowel systems of Fu'an dialect in these books differ from that of modern Fu'an dialect, and the most prominent difference is the fact that three nasal finals [– m], [– n], [– ŋ] and three entering finals [– p], [– t], [– k] of Chinese mid – ancient phonetics remain intact in these three books. Secondly, it comparatively explores phonological system in *An Qiang Ba Yin* and *Qi Lin Ba Yin*, expounding that the divergences exist in both initial consonant system and vowel system. For instance, seventeen initial con-

sonants, three nasal finals and three entering finals of Chinese mid – ancient pho-
netics remain intactin *An Qiang Ba Yin* while fifteen initial consonants and only one
nasal final and one entering final in *Qi Lin Ba Yin*. Thirdly, it reveals the similarity
of vowel system through synchronic comparison between *An Qiang Ba Yin* and the
other two contemporary rhythm dictionaries about Minnan dialect, *Hui Ji Ya Su
Tong Shi Wu Yin* and *Hui Yin Miao Wu*, and unveils the differences through dia-
chronic comparison of phonological systems in the above three books and those of
modern Fu'an dialect, Zhangzhou dialect and Quanzhou dialect, discovering the ev-
olutionary tone from Fu'an dialect to Fuzhou dialect and unchanged tone of Minnan
dialect. In the end, the article explains the causes of swift change of phonological
structure of Fu'an dialect and unchanged tone of Minnan dialect over the past 200
years from the angles of space, time and social change.

Keywords: Minnan and Eastern Min dialect; Documents Respectively in Chi-
nese and English; Vowel System; Historical Comparison Study

官話詞彙的不同分布與歷史層次

——以清末《海國妙喻》兩個白話比較文本爲例[*]

——以清末《海國妙喻》兩個白話比較文本爲例 [*]

張美蘭 [**]

摘　要　清末民初《無錫白話報》上發表了裘毓芳的《海國妙喻》白話譯文，隨後《京話報》對之進行了京話改寫。本文通過兩個文本的比較，發現兩者最大的區別是將《無錫白話報》上的南方官話詞改寫成北京官話用詞。這爲研究清末民初南京官話和北京官話的詞彙特徵提供了很好的素材。裘毓芳用的是南京官話的白話文口語詞，《京話報》用的是北京官話的口語詞。這也是這兩個白話文本真正的價值所在。

關鍵詞　《海國妙喻》　《無錫白話報》　《京話報》　南京官話　北京官話

　　《無錫白話報》在 1898 年 5 月 11 日～11 月 16 日的第 1～24 期上刊登了 25 則梅侶女史（裘毓芳，江蘇無錫人）[①] 的《海國妙喻》白話譯文。1901 年創刊的《京話報》[②]，其欄目和稿件多模仿外地白話報，如南方的《無錫白話報》。特別要指出的是《京話報》用一種特殊的 "添改" 方式，在第一至第五期將《無錫白話報》梅侶女史的《海國妙喻》改造成京話的《海國妙喻》，也就是把南方白話 "演" 改成京話："金匱梅侶女史原演，本館改成白話。"[③] 其中共 "演改" 了 19 篇寓言，把南方的白話 "演改" 成京話。兩相比較，我們發現《京話報》將《無錫白話報》中南方話詞語 "演改" 成

---

　*　本文爲國家語委後期資助項目 "清末民初北京話口語詞詞典"（項目編號：HQ135－33）的階段性成果。

　**　張美蘭，博士，香港浸會大學中文系教授，主要研究方向爲漢語史。

　①　裘毓芳（1871～1904），江蘇無錫人，字梅侶，別署梅侶女史。她是近代提倡白話文的著名人物裘廷梁的從侄女，曾與叔父裘廷梁聯合創辦《無錫白話報》，該刊第 5 期改名《中國官音白話報》。這 25 則寓言譯文曾刊登在 1898 年《無錫白話報》。上海商務印書館在 1898 年發行單行本《海國妙喻》，將這 25 則與張赤山編的文言《海國妙喻》中相同篇目進行了文白對應比較，可見，梅侶女士並不是自希臘文或英文譯出，而是從張赤山《海國妙喻》中選譯 25 則。

　②　《無錫白話報·海國妙喻》《京話報·海國妙喻》，見《中國早期白話報彙編》第 1 冊，全國圖書館文獻縮微復製中心，2009。

　③　1901 年創刊的《京話報》，僅出六期，其中有五期選登了金匱梅侶女史的《海國妙喻》，在篇目下注明 "金匱梅侶女史原演，本館改成白話"。"演" 就是把南方的白話 "演改" 成京話。

北方話詞語。

　　下面我們就重點討論這部分"演改"的詞彙情況。首先，以張美蘭①對《官話指南》《官話類編》中出現具有南方官話與北方官話詞彙對應差異的研究爲基礎，對《京話報》（北）與《無錫白話報》（南）中多組《海國妙喻》詞語進行一一對應比較，發現其中有一批詞與北京官話《官話指南》（北）和九江書局版《官話指南》（南）的南北對應詞相同，有一批詞與狄考文《官話類編》中的南北官話對應詞相同，茲將《海國妙喻》的南北對應詞列出，如表1所示。

表1　《海國妙喻》南北官話對應詞

A 名詞		B 動詞		C 形容詞副詞等	
北京官話	南京官話	北京官話	南京官話	北京官話	南京官話
耗子	老鼠	知道	曉得	光/單	只
腦袋	頭	瞧見	看見	狠/頂	極
老鴉	老鴰	揀	撿	沉	重
窟窿	洞	拾奪（掇）	修理	從前	起先
蛇	長蟲	言語	開口	似的	一樣
嗓子	喉嚨	找	尋	別	不好
弟兄	兄弟	喝酒	吃酒	可	卻
脖子	頸	開逛/游逛	游玩/游蕩	可巧	恰
嘴	口	折	斷	得助動詞	要助動詞
白天	日裏	使	用	乖巧	知趣
黑間	夜頭	挪	移	冲着	朝着
一天/天天	一日/日日	賺	騙	打	從
這兒	這裏	倆	兩個	叫	給
那兒	那裏	刨	掘	剛	方才
自己	自家	早點	早些	一塊	一堆/一處

　　但是，從《海國妙喻》的同義詞異文中，我們發現了一批南北官話對應詞沒有在《官話指南》《官話類編》中出現，如：肚子—肚皮、生蛋—下蛋、響鈴—鈴鐺、不多時——會兒、與/跟/像/對—跟、連忙—趕緊、結—拴、

---

① 張美蘭：《明清域外官話文獻語言研究》，東北師範大學出版社，2011。

積—存、尋—找等口語詞。這部分詞的地域特點也沒有引起學界充分的關注，故選擇其中部分詞條，專文闡述。引文中《無錫白話報·海國妙喻》簡稱"《無錫》＋篇名"，《京話報·海國妙喻》簡稱"《京話》＋篇名"。

1　肚皮—肚子

表"腹部"的語義，《無錫白話報》用"肚皮"或"肚"，《京話報》只用"肚子"。兩個文本有 5 處出現"肚皮"與"肚子"之差異，1 處"肚"與"肚子"之差異。如：

（1）決不忍叫你餓着肚皮回去的。（《無錫》設騙局蜘蛛工巧語）

——決不忍叫你餓着肚子回去的。（《京話》同上）

（2）只得餓着肚皮，辭別了狐狸回來，心裹恨極。（《無錫》還請酒仙鶴報怨）

——只得餓着肚子，辭別了狐狸回家來了，心裹惱恨已極。（《京話》同上）

（3）他天天會生金蛋，一定滿肚皮都是金子。（《無錫》挖金蛋笨伯急求財）

——他天天會下金蛋，一定滿肚子裹都是金子了。（《京話》同上）

（4）只怕明白的人，還要捏着鼻子厭你，捧着肚皮笑你哩！（《無錫》蒼蠅上學墨吃汁）

——只怕明白的人，還要捏着鼻子討厭你，捧着肚子笑話你哩。（《京話》同上）

（5）你再多話，是要想到我肚裹來了？（《無錫》拔卡刺狼忘鶴恩）

——你再要多説，是要想到我的肚子裹來了？"（《京話》同上）

以上例句可見差異只在"肚、肚皮"與"肚子"之間，《白話報》一律用"肚子"。我們查找了同時代另一本伊索寓言白話譯本北京官話《伊蘇普喻言》①，其用詞與之一致，該書有 10 例"肚子"，未見 1 例"肚皮"。如：

（6）説着就把肚子臟了一臟，問小蝦蟆兒説："有這麼大沒有？"（北京官話《伊蘇普喻言》）

表"腹部"的語義，古代用"腹"，後來"肚"替代了"腹"成爲常用

---

① 《伊蘇普喻言》是日本人中田敬義在旗人老師英紹古的幫助下，把日語《通俗伊索物語》翻譯成北京官話《伊蘇普喻言》，共 237 則，是明治時期一本北京官話教科書，1878 年出版。

詞。肚皮，是"肚"較早的複音形式，目前見的最早語料是唐初的《王梵志詩·貧窮田舍漢》："襆頭巾子露，衫破肚皮開。體上無褌褲，足下復無鞋。"唐代用例較少。《敦煌變文集新書·不知名變文》："兒覓富貴百千般，不道前生惡業牽，蓋得肚皮脊背露，腳根有襪指頭串。"汪維輝曾論證過"肚"替代"腹"的興替過程，也涉及了這組詞的使用的概貌。① 湯傳揚對該組詞的歷時變化及其地域分布有過系統的論述。② 他指出該詞在唐代用例較少。③ 古人認爲人的各種能力皆藏於腹中。宋代蘇軾《和董傳留別》"粗繒大布裹生涯，腹有詩書氣自華"，人們常說的"滿腹經綸"都表達這種語義。因此口語中會有"一肚子怨氣""滿肚皮的心事"的説法。這種用法在宋代已經出現。在《元刊雜劇三十種》中有 6 例"肚皮"；《元曲選》中有 19 例"肚皮"，6 例"肚子"。明代，"肚皮"在《元朝秘史》、《水滸傳》、《西游記》、《三寶太監西洋記》、《三遂平妖傳》、《封神演義》、"二拍"、《掛枝兒》、《鼓掌絶塵》、《歡喜冤家》、《朴通事諺解》、《型世言》等文獻中均有使用。清代，"肚皮"在《醒世姻緣傳》《聊齋俚曲集》《歧路燈》《儒林外史》《兒女英雄傳》《二十年目睹之怪現狀》《官場現形記》《海上花列傳》《何典》《九尾龜》《九尾狐》《躋春台》等中被使用。"肚子"原本應該是個北方方言詞，繼而成爲通語詞。伴隨着"肚子"的不斷擴散，"肚皮"的通行區域在縮減。最終，"肚皮"從通語詞降格爲方言詞。根據曹志耘主編的《漢語方言地圖集·詞彙卷》"69 肚子"條，現代漢語方言中體現出了"肚皮"與"肚子"的對立分布。"肚皮"一詞主要集中在吳語，在西南官話中也有一定的分布。而"肚子"一詞主要分布在東北官話、北京官話、膠遼官話、冀魯官話、江淮官話中，在湘語中也有一定的分布，在吳語、客家話、平話中有零星分布。

　　清代，"肚子"是北方方言中表"腹部"的主導詞。在《海上花列傳》《九尾狐》《何典》等吳語作品中，均呈現"肚皮"強、"肚子"弱的狀況。所以《京話報》演改"肚皮"爲"肚子"，也正好體現了其北京官話口語詞的用法。

---

① 汪維輝：《漢語"肚子"義詞的歷史與現狀》，《長安學術》第九輯，高等教育出版社，2016；汪維輝：《漢語核心詞的歷史與現狀研究》，商務印書館，2018。

② 湯傳揚：《宋元小説話本詞彙研究》，碩士學位論文，南京師範大學，2017；湯傳揚：《論近代漢語四組詞的地域流變及其成因》，《漢語史學報》第 20 輯，上海教育出版社，2019，第 163～167 頁。

③ "爭如臣向青山頂頭，白雲堆裏，展開眉頭，解放肚皮，且一覺睡。"（五代·陳摶《對禦歌》）

2　生蛋—下蛋

"下蛋"就是"生蛋"。兩個文本區別使用。如：

（1）見説有人養一隻雌雞，一日生一個金蛋，這人快活已極，登時起了貪心。想道："他天天會生金蛋，一定滿肚皮都是金子。"（《無錫》挖金蛋笨伯急求財）

——聽見説有個人養了一隻母雞，一天下一個金雞蛋，這人真樂飛了。有一天忽然起了貪心。自己想道："他天天會下金蛋，一定滿肚子裏都是金子了。"（《京話》同上）

同時代北京官話《伊蘇普喻言》裏只用"下蛋"[1]，這可以旁證《京話報》用詞具有北京官話的用法。如：

（2）有一個孀婦養活一隻母雞，這雞每早下一個蛋。寡婦想着，若把兩倍的吃食給他，必能天天兒下兩個蛋，就不斷的餧他。果然那雞出息的溜光水滑兒的。肥是肥了，就是一樣，從此以後所不下蛋了。（《伊蘇普·孀婦畜雞》）

曹志耘[2]的調查圖表顯示："生蛋"，大規模在長江以南呈現片狀分布，西至湖南、湖北爲界，向西延伸至西南官話地區已爲點狀分布。"下蛋"，大規模於黃河流域成片狀分布，西南地區當中雲南爲片狀分布，貴州、四川地區呈現點狀分布，與"生"相接。由此看來，"生蛋"，具有南京官話特點，"下蛋"具有北京官話特點。

3　響鈴—鈴鐺

此則寓言《無錫白話報》原題爲《老鼠獻計結響鈴》，而《京話報》易爲《耗子獻計拴鈴鐺》，從標題上都能看出"響鈴"與"鈴鐺"的有意區別。

---

① 參見張美蘭《漢語南北官話的詞彙差異——以清末兩本〈伊索寓言〉漢譯本爲中心》，沈國威、奥村佳代子主編《内田慶市教授古稀紀念論文集》，《文化交渉と言語接觸》刊行會，書友書店，2021。

② 曹志耘主編《漢語方言地圖集·詞彙卷》，商務印書館，2008，第30頁。

（1）只要在貓頸裏結一個響鈴，貓一動，我們就聽見響鈴，就可以逃開避攏了。……法子好是好的，但不知道，把這響鈴給在貓頸裏，那一個肯去？（《無錫》老鼠獻計結響鈴）

——只要在貓脖子上，拴一個鈴鐺，貓一動，我們就聽見響聲，就可以逃開逃避了。……法子好是好的，但不知那一個肯去，把這鈴鐺拴在貓脖上呢？（《京話》耗子獻計拴鈴鐺）

這一段在張赤山《海國妙喻》文言版中用的是"鈴"和"響鈴"。如：

（2）必須用響鈴繫於貓頸，彼若來時，吾等聞聲，盡可奔避。……善則善矣，但不知持鈴以繫其頸者，誰也？（張赤山《海國妙喻·鼠防貓》）

"鈴"是古今通用的詞，而"響鈴"是後起的雙音詞。關於"鈴鐺"一詞在歷時文獻中的使用，我們找到了一些用例。如：

（3）珊瑚小帶佩豪曹，壓轡鈴鐺雉尾高。（元迺賢《失剌斡耳朵觀詐馬宴奉次貢泰甫授經先生韻》之一）

（4）且如聞得你有三個鈴鐺，想就是件寶貝，你怎麼走也帶着，坐也帶着？（《西游記》第70回）

清代的用例，主要在北方人筆下的文獻。如：

（5）帶了許多金銀紬緞與媳婦做衣繡等物，並屬下人員送了麒麟、項圈、手鐲、鈴鐺之類有許多，重賞這報喜家人而回。（曹去晶《姑妄言》第12卷。曹去晶，遼寧人。）

（6）薛蟠登時急的眼睛鈴鐺一般。（《紅樓夢》第28回）

（7）只見一個牲口脖子上拴的鈴鐺合一個草帽子扔在路旁。（《兒女英雄傳》第8回）

（8）誰知花蝶心中正在着急，只聽下面"嘩啷""嘩啷"鈴鐺亂響。（石玉昆《七俠五義》第66回）

而"響鈴"一詞也有少數用例，如：

（9）俺每回來，見路上一簇響鈴驛馬過，背着黃包袱，插着兩根雉尾，兩面牙旗，怕不就是巡按衙門進送實封才到了。（明蘭陵笑笑生《金瓶梅詞話》第48回）

清代用例可能更常見於南方人筆下，如：

（10）其小枷用木板橫直各一尺五寸，厚二寸，邊用鐵片釘好，四角各懸響鈴一個。（《福建省例·刑政例（上）》）

（11）馬上須用銅鐵響鈴。（清褚人獲《隋唐演義》第 58 回。褚人獲，江蘇蘇州人。）

（12）馬項上又不帶響鈴，就是這樣的橫衝直撞，你難道不懂規矩的麼？（清張春帆《九尾龜》①）

相對而言，"響鈴"是有南方傾向的用詞，"鈴鐺"是有北方傾向的用詞。

4　一刻/一小時/不多時——一會兒

表"極短的時間"的時間名詞，在《無錫白話報》中有"一刻""不多時""沒一刻""沒多時"等，《京話報》改成"一會"。如：

（1）一刻工夫，把盆碟裏盛的小菜舐得精光。（《無錫》還請酒仙鶴報怨）

——一會的工夫，就把那盤子裏的菜舐得乾乾淨淨。（《京話》同上）

（2）沒一刻工夫，蒼蠅又來了，嗡嗡的飛上飛下，十分得意。（《無錫》設騙局蜘蛛工巧語）

——一會的工夫，蒼蠅又來了，嗡嗡的飛上飛下，十分得意。（《京話》同上）

（3）隔個一小時，又看見一個蒼蠅，從外面飛進來。（《無錫》蒼蠅上學吃墨汁）

——隔了一會，又看見一個蒼蠅，打外頭飛了進來。（《京話》同上）

（4）不多時，擺出酒席來，都是用極淺極小的盆碟。（《無錫》還請酒仙鶴報怨）

——不多一會，擺出酒席來，都是用那頂淺頂小的盤子。（《京話》同上）

（5）蟋蟀呆了一回，歎道："可惜先時沒人與我説……"（《無錫》拒借糧螞蟻發莊言）

——蟋蟀呆了一會，歎道："可惜先會沒人跟我説……"（《京話》同上）

（6）沒多時，強盜趕到，把沒銀子的放去，有銀子的殺死。（《無錫》拾遺金頓昧交情）

——不多一會的工夫，強盜趕到，把沒銀子的人放走，有銀子的殺了。（《京話》同上）

---

① 中國社科院語言研究所湯傳揚老師幫助找尋了相關例句，特致謝。

這種用詞的差異，在明清南北對比文獻中也有，可以佐證。

（7）這時不走，只怕少刻又大起來。（明小説《今古奇觀》李汧公窮邸遇俠客）

——這個時候若是不走，再等一會兒下大了，可就難走了。（清北京官話《今古奇觀》李汧公窮邸遇俠客）

清北京官話改變了明小説《今古奇觀》中南方用詞"少刻"，反而襯托出"一會兒"一詞的北方用詞特點。同時，《北京官話伊蘇普喻言》也多用"一會兒/不大會兒"，有 20 例。如：

（8）不大會兒，撞見一羣打着替己走來的老頭兒們。（《伊蘇普·父子賣驢》）

關於短時義時間詞，從唐宋以後，"一晌（一餉）""一霎""一時"是表示"一會兒"義的常用詞，同時也出現了"一歇""一會（兒）""一時"等。殷曉傑指出：南宋末期"一會"一詞才出現，最早見於南宋話本中凡 7 見，如《京本通俗小説·錯斬崔寧》："那人也要做經紀的人，就與他商量一會，可知是好。"宋《明覺禪師語錄》卷二："僧云不會。師云：'爾也須煎一會茶始得。'"或作"一回"，《錯斬崔寧》："叫了一回没人答應，卻待掙扎起來，酒尚未醒，不覺又睡了去。""一會"出現伊始便表現出了較強的發展勢頭。從元到明清時期，"一會（兒）"是表短時語義這個語義場的主導詞，並不斷擴大自身的優勢。同時"一晌""一霎"由盛而衰，逐漸喪失了優勢地位。"一霎"除元雜劇中有較多單用的例子以外，其他文獻多以"霎時"連文出現；"一時"尚處於發展期，還難以和"一會"形成有力競爭。從明至清中葉，在表達"極短的時間"這一義位上，"一會兒"的數量占有一定的優勢，但"一時"在一些文獻中的出現頻率緊隨其後，並在清代中後期的《三俠五義》《兒女英雄傳》中一度占據上風。[1] 陳又瑄、鄭縈指出：表短暫時間義的"一會"可寫作"一會兒""一會子""一會家""一會價""一會裏""一會的"，另外還有許多的同義詞，包括"一回""一回家""一回兒""一忽""一忽兒""一時"等等。[2] 在《元刊雜劇三十種》與《永樂

---

[1] 殷曉傑：《近代漢語"一會兒"義詞的歷時演變與共時分布》，《南開語言學刊》2010 年第 1 期，第 127 頁。

[2] 陳又瑄、鄭縈：《時間詞"一會（兒）"的形成與語法化機制》，《南開語言學刊》2006 年第 1 期。

大典戲文》中，"一會"共出現 13 次，從元代時期的語料中，我們可明顯看出時間詞"一會"在語法功能上已大致成熟。也因此時間詞"一會"的一段時間義從元代開始逐漸地明確化，直到明代時已大概固定了。所以本文推測，綜觀整個元明清時期，"一會兒"已經在北方話中占優勢。在刊行於 1883 年的朝鮮人學習北方漢語口語的會話書《華音啟蒙》中，表示"極短的時間"出現了 10 例"一候兒"，"一候兒"就是"一會兒"。如：

（9）我哈咧一碗茶，坐一候兒。《華音啟蒙》）

（10）出城門不一候兒就到咧。《華音啟蒙》）

殷曉傑還指出："一歇"應是清末吳語表示"一會兒"的首選詞。[1] 這一情況一直延續至今，現代吳語表達"極短的時間、一會兒"，仍多用"一歇"。而"一時"在南北方都有使用。"一刻""一陣""一下"等作"一會兒"講，在近代文獻中出現頻率不高，但在現代方言中卻較爲常用，其中"一刻"集中在南方地區，"一陣""一下"南北方都有。這裏所説的"一刻"集中在南方地區使用，我們在《無錫白話報》的白話文中找到了例證，而《京話報》演改爲"一會"，正説明了南北兩個不同地域官話用詞的差異。

在今天現代漢語中，"一會"在哈爾濱、濟南、揚州、南京、西安、西寧、銀川、烏魯木齊、萬榮等地使用，在通語中完全占據優勢地位。

5 這樣—這麼/這麼樣　那樣—那麼樣

"這樣、這麼、這麼樣、那樣、那麼、那麼樣"，是在表近指和遠指的指示代詞的基礎上形成的。趙元任稱之爲"代副詞（pro-adverbs）"[2] 的詞，即"這樣、那樣"類的方式詞，柯蔚南[3]曾稱之爲"方式指示詞"（deictic manner-words）。這組詞的對應表達，《無錫白話報》與《京話報》爲我們做了最好的展現。後者用"這麼樣""這麼"替換了前者的"這樣"，同樣用"那

---

[1] 殷曉傑：《近代漢語"一會兒"義詞的歷時演變與共時分布》，《南開語言學刊》2010 年第 1 期，第 127 頁。

[2] Chao Yuen-Ren（趙元任），*A Grammar of Spoken Chinese*，Berkeley：University of California Press，1968，pp. 658 – 659.

[3] 詳見柯蔚南"A Sample of Eighteenth Century Spoken Mandarin from North China"（一份十八世紀中國北部的官話口語文本），該文由上海師範大學博士生韓蔚翻譯成漢語（未刊稿）。這一部分涉及柯蔚南論文的内容，均引自該譯文。在此表示感謝。

麼樣"替代了"那麼"。

5.1　這樣—這麼樣

（1）你怎這樣不知羞恥，爲什麼不早些打算。（《無錫》拒借糧螞蟻發莊言》）

——你怎麼這麼樣不知羞恥，爲什麼不早點打算。（《京話》同上）

（2）分開來，就不會這樣堅固了。（《無錫》拗木條謹守遺言）

——若是分開來，可就没有這麼樣的結實了。（《京話》抉木條謹守遺言）

5.2　這樣—這麼

（3）看見了説道："雞嫂雞嫂，你何必這樣辛苦⋯⋯"（《無錫》説好話燕妹多情）

——看見了説道："雞嫂，你何必這麼辛苦⋯⋯"（《京話》同上）

（4）世上做賊的，這樣的多，都不犯罪，爲什麼我一個人要殺頭呢？（《無錫》獻寶石國王供做賊）

——世上做賊的人，這麼多，都不犯罪，爲什麼單我要掉腦袋呢？（《京話》獻寶石國王供作賊）

（5）我没有這樣福氣吃這好東西，我要回去了。（《無錫》村中鼠急流勇退）

——我没有這麼大的造化吃這好東西，我要回去了。（《京話》同上）

5.3　那樣—那麼樣

（6）一群老鼠要都想獻出好計策來，你説這樣、我説那樣，却都是有關礙做不到的。（《無錫》老鼠獻計結響鈴）

——於是這一群耗子，都要想獻個好計策來，有説這麼樣的，有説那麼樣的，却都是有些關礙做不到的。（《京話》耗子獻計拴鈴擋）

關於這組"方式指示詞"的用法，柯蔚南運用清末域外漢語研究文獻記錄做了系統的介紹。① 他指出這組詞在北方官話裏如下所示：

———————————

① Coblin W. South（柯蔚南），"*A Sample of Eighteenth Century Spoken Mandarin from North China*，" *Cahiers de Linguistique-Asie Orientale*，Vol. 32，2003.

je yang 這樣　　　je men 這們　　　je men yang 這們樣　　je men jo 這們着

na yang 那樣　　　na men 那們　　　na men yang 那們着　　na men jo 那們着

　　南方官話有一套不同的系統：

ché iáng 這樣　　　ché tèng 這等　　　ché tèng iáng 這等樣　ché mù iáng 這模樣

ná iáng 那樣　　　ná tèng 那等　　　ná tèng iáng 那等樣

　　這組詞早見於艾約瑟《漢語官話口語語法》的著作中：

che^{4}mo^1 這麼　　　che^{4}yang^4 這樣　che^{4}mo^{3}yang^4 這麼樣　che^{4}mo^{1}cho^1 這麼着

na^{4}mo^{1}yang^4 那麼樣　　　~ tsen^{4}mo^{1}cho^1

　　艾約瑟指出，"在北京，'們'men^2 經常用來代替'麼'mo^3，如在'這們高'che^{4}men^{1}kau^1'so high（這麼高）'中。這是一種不規則形式，也是北京話不同於標準官話的例子之一。如：wo^{3}chǐ^{1}tau^{4}shǐ^{4}che^{4}men^{1}cho^1〔我知道是這們着〕，I know that it is so（我知道是這麼着）"①。

　　以下這組例詞是從威妥瑪《語言自邇集》語法書的口語對話部分中整理出來的：

　　這麼　　　　　　　這們　　　　　　這麼樣　　　　　　這麼着

　　那麼　　　　　　　那們樣　　　　　那麼樣　　　　　　那麼着

　　威妥瑪評論："mo 有時寫作 mèn；但卻發爲 mo 音。"② 在這類表達中的音節 mèn 是北京話的發音，因此應該避免在標準官話中使用。所以，即使這類詞可以用"們"字來書寫，它也應該讀成"麼"的音。我們從司登得的詞典③中找到了一組類似的詞：

①　Edkins Joseph（艾約瑟），*A Grammar of the Chinese Colloquial Language Commonly Called the Mandarin Dialect*（漢語官話口語語法），Shanghai：Presbyterian Mission Press，1864，p. 204.

②　Wade Thomas F.（威妥瑪），*A Progressive Course Designed to Assist the Student of Colloquial Chinese as Spoken in the Capital and the Metropolitan Department*，London：Trübner & Co，1867，p. 85.

③　Stent George C.（司登得），*A Chinese and English Vocabulary of the Pekinese Dialect*，Shanghai：American Presbyterian Mission Press，1871，p. 20，323.

$che^4 - mo^1$

這麽 $che^4 - yang^4$ $che^4 - mo^1 - yang^4$ $che^4 - mo^1 - cho^2$

$che^4 - teng^3$ 這樣   這麽樣   這麽着

這等

$na^4 - mo^4$ $na^4 - yang^4$ $na^4 - mo^4 - yang^4$

那麽   那樣   那麽樣

柯蔚南[1]接着指出：這些材料中的"–mo"組詞和"–men"組詞都出現在地方話文本中，時間可追溯到元代[2]，這兩種形式很可能都是從某種北方土話口語中派生出來的。在 19 世紀 60 年代，"–men"組詞被認爲是北京話形式，而相應的"–mo"組詞則代表着標準北方官話形式。這兩種類型的詞均不通行於明清時期的南方官話。1761 年題爲《兼滿漢語滿州套話清文啟蒙》(*Giyan man han ioi man jeo tao hūwa cing wen ki meng*) 的滿—漢雙語文本中，記錄的官話變體在這類詞上已經采用了北方方言形式，而不是南方官話形式，也不是 100 年後所謂的標準北方官話形式。

以上，根據柯蔚南所介紹的艾約瑟、威妥瑪、司登得對"方式指示詞"的各種擬音記錄，我們可以很清晰地知道，《京話報》中的"這麽樣、這麽""那麽樣"是北京官話的用法，而《無錫白話報》中的"這樣""那樣"是南京官話的用法。

同時，與此對稱的還有"怎樣"與"怎麽樣"，如：

（7）這狗並不在主人前誇張我怎樣出力、怎樣有功勞、怎樣全靠我，一些居功的顏色也沒有，卻不聲不響的，去睡覺去了。(《無錫》不吃肉良犬盡忠)

——這狗並不在主人面前誇張我怎麽樣出力，怎麽樣有功勞，怎麽樣全靠我，一點居功的樣子也沒有，不言不語的，睡覺去了。(《京話》同上)

由此，我們也更能感受到《京話報》對《無錫白話報》"方式指示詞"這種"演改"的價值所在。

---

[1] Coblin W. South（柯蔚南），"*A Sample of Eighteenth Century Spoken Mandarin from North China*，" *Cahiers de linguistique-Asie orientale*，Vol. 32，2003.

[2] 呂叔湘著，江藍生補《近代漢語指代詞》，學林出版社，1985，第 268～269 頁；〔日〕太田辰夫：《中國語歷史文法》（修訂譯本），蔣紹愚、徐昌華譯，北京大學出版社，1987，第 286～287 頁。

6 與—跟　　對—跟

莊卉潔指出："跟"，本義是名詞"腳後跟"，因進入"踵"的語義場，受場內主導詞"踵"的影響，通過認知隱喻産生動詞"跟隨"義，在進入"跟隨"語義場後，隨着時間的推移，它的核心義發生轉移，大概元曲中就有伴隨介詞用法，後來加上"跟"前後的 NP1 和 NP2 主從地位的弱化，地位逐漸平等，共同作爲 V2 動作的共同參與者，逐漸成爲表與事範疇常用的介詞，表交互、協同、等比、關聯、順指、逆指。① 李煒、和丹丹指出"跟"在清末民初之後才開始成爲用法較全面的與事介詞，並逐步取代"與""和""合""同"成爲表與事範疇的强勢介詞。② 在《京話報》中介詞"跟"的幾種用法均有使用，而且是"演改"了《無錫白話報》中的介詞"與""和""對"。

6.1 協同義介詞：與/和—跟

"跟"有北方口語色彩，"與""和"有通語底層南方口語色彩。③ 如：

（1）有狐狸與白鶴做朋友，來往得極親密。……盛的都是些零零碎碎的肉與極稀薄的湯。（《無錫》還請酒仙鶴報怨）

——有一個狐狸跟一個仙鶴相好，來往得狠親熱。……盛着些零零碎碎的肉跟頂稀頂薄的湯水。（《京話》同上）

（2）勢頭竟要與强盜拼命，卻把主人鬧醒。（《無錫》不吃肉良犬盡忠）

——狠有要跟賊拼命的樣子，可就把主人鬧醒。（《京話》同上）

（3）常在青山緑水中間爬來爬去，和那魚蝦做道伴，麋鹿做朋友。（《無錫》羨高飛龜求鷹教）

——常在青山緑水裏頭爬來爬去，跟着魚蝦做夥伴，麋鹿做朋友。（《京話》同上）

---

① 莊卉潔：《基於語義地圖模型的漢語常用詞語義功能研究》，博士學位論文，清華大學，2020。

② 李煒、和丹丹：《清中葉以來北京話的"跟"及相關問題》，《安徽大學學報》（哲學社會科學版）2010 年第 6 期。

③ 黃伯榮、廖序東主編《現代漢語》（高等教育出版社，2002，第 38 頁）指出：介詞"跟"有北方口語色彩，"同"有南方口語色彩，"與"有書面語色彩"。（轉引自李煒、和丹丹《清中葉以來北京話的"跟"及相關問題》，《安徽大學學報》（哲學社會科學版）2010 年第 6 期，第 74 頁。）

6.2　關聯義介詞：與—跟

"跟"有北方口語色彩，"與"有通語底層南方口語色彩。

（4）這蒼蠅與蛛蜘一問一答，説得情投意合，快活已極。（《無錫》設騙局蜘蛛工巧語）

——這蒼蠅跟蜘蛛一問一答的，説得情投意合，快活已極。（《京話》同上）

6.3　比較義介詞：與/像—跟

"跟"有北方口語色彩，"與""像"有通語底層南方口語色彩。

（5）正與這豺一樣。（《無錫》拔鯉刺豺忘鶴恩）

——這種人真正跟狼一樣了。（《京話》拔卡刺狼忘鶴恩）

（6）像我這渾身漆黑，那裏敢與你比？（《無錫》設騙局蜘蛛工巧語）

——像我這渾身漆黑，那裏敢跟你比呢？（《京話》同上）

（7）若能同心合意，像這木條捆在一處，總没有斷的日子。（《無錫》拗木條謹守遺言）

——若能同心合意，跟這木條似的捆在一塊，總没有斷的日子。（《京話》抉木條謹守遺言）

（8）像猴猻一樣，爬到繩的盡處。（《無錫》割長繩各誇巧計）

——跟甲一樣的爬上去，爬到繩的根上。（《京話》同上）

6.4　交互義言説對象義介詞：與/對[①]—跟

"跟"有北方口語色彩，"與""對"有通語底層南方口語色彩。

（9）蟋蟀呆了一回，歎道："可惜先時没人與我説。"（《無錫》拒借糧螞蟻發莊言）

——蟋蟀呆了一會，歎道："可惜先會没人跟我説。"（《京話》同上）

[①] 言説動詞"道"從"道 陳述義動詞 > 道 基本言説動詞 > 道 引語標記詞"的變化，引起了言説對象介詞"與……言 > 向……道 > 對……説 > 跟……説"的興替與變化。五代之前多用介詞"與……"，五代時期開始最常用的言説格式是"向……道"，元代以後常用的言説格式是"對……説"。漢語史上常用言説對象介詞"與 > 向 > 對 > 跟"的更新與基本言説動詞"言 > 道 > 説"的更新是同步發生的。言説動詞存在一條"陳述義言説動詞 > 基本言説動詞 > 引語標句詞"的興替斜坡，言説對象介詞的更新是這一自發過程的次效應。（參見張美霞、崔立斌《先秦至東漢"對ᵥ"的多元語法化與"對ₚ"的衍生》，《古漢語研究》2014 年第 3 期。）

（10）那賊對守監牢的人説道：“我有一塊寶石……”（《無錫》獻寶石國王供做賊）

——就跟禁子説道：“我有一塊寶石……”（《京話》獻寶石國王供作賊）

（11）京裏老鼠對村老鼠説道：“你住的没有房子……”（《無錫》村中鼠急流勇退）

——城裏耗子跟鄉下的耗子説道：“你住的没有好房子……”（《京話》同上）

（12）心裏就想一個法子，對老鴉説道：“聽説先生的喉嚨……”（《無錫》樹上鴉唱受欺）

——心裏想了一個法子，跟老鴰説道：“聽説先生的嗓子……”（《京話》同上）

（13）仰起頭對老鴉説道：“將來再有求先生唱曲的，總不可信他了。”俗語説：“對我説甜話，總有緣故，總要防人家騙我的。”（《無錫》樹上鴉唱受欺）

——等吃完了揚起頭來，跟老鴰説道：“將來有煩先生唱曲兒的，總不要信他了。”俗語説：“跟我説好話，必有緣故，都要隄防賺我的。”（《京話》同上）

關於交互義言説對象義，張美霞指出：元代，言説對象介詞“對”的使用頻率遠遠超過了介詞“向”，“向”從口語向書面語發展。介詞“對”替代了介詞“向”，常用言説格式爲“對……説”。明清時期言説對象介詞“對”進入發展階段。前期言説對象介詞“對”在小説等文學性語體中替代言説對象介詞“向”，介詞“向”朝書面語發展；後期言説對象介詞“對”發生了與清代新介詞“跟”的競爭，最終在口語中“跟”成爲主要介詞，而“對”開始萎縮，在南方話中保留。因此，《京話報》用一個介詞“跟”分别“演改”了南方用法的介詞“對”、與/和、與/像，非常真實地反映了當時北方話的實際用法。①

7　言語—開口（張口説話）

《京話報》將《無錫白話報》的“開口”一詞演改成“言語”。如：

---

① 張美霞：《試論言説對象介詞“對”的演化》，《漢語史學報》第 16 輯，上海教育出版社，2016。

（1）乙就不開口，仍一同往前走。（《無錫》拾遺金頓昧交情）

——乙也就不言語了，仍然是一同往前走。（《京話》拾遺金頓昧交情）

（2）鶴嚇得口也不敢開了。（《無錫》拔鯁刺豺忘鶴恩）

——仙鶴聽説，歎了一口氣，也就不敢言語了。（《京話》拔卡刺狼忘鶴恩）

（3）這一群裏有一個老鼠不聲不響不開口。（《無錫》老鼠獻計結響鈴）

——誰知這一群裏，單有一個老耗子，不言不語，也不説好，也不説不好。（《京話》耗子獻計拴鈴擋）

在北京官話《伊蘇普喻言》中多用"言語"一詞。如：

（4）坐在旁邊兒不言語的一個老耗子，賊抖抖的走上前。（《伊蘇普》衆鼠議守）

（5）那拉重載的牛，還沒有言語呢！（《伊蘇普》車夫罵車）

（6）他耕牛也不言語，仍專心的做工。（《伊蘇普》犢愚弄牛）

（7）想要上來的時候兒，在井底下言語一聲兒，我就拉上來了。（《伊蘇普》改惡移善）

在北京官話《官話指南》中也用。如：

（8）那倆人聽這話，嚇的也不敢言語了，就趕緊的跑回去了。（《指南》第二卷）

陳明娥提出"言語"在清代以前的文獻中已見用例。[①]"言語"指"説話""招呼"。在明清時期，這個意義多見於北方官話文獻。《京話報》的"演改"反映了當時北方話"言語"一詞的實際用法。

8　些—點

《京話報》將《無錫白話報》中的"些"一詞演改成"點"。如：

（1）要求借些地方住住，討些吃剩的東西吃吃。（《無錫》拒借糧螞蟻發莊言）

——要求借點地方住住，尋點吃的東西吃吃。（《京話》同上）

（2）爲什麼不早些打算，自己尋個住處，積些糧。（《無錫》拒借糧螞蟻

---

① 陳明娥：《日本明治時期北京官話課本詞彙研究》，廈門大學出版社，2014，第81、138頁。

發莊言）

　　——爲什麼不早點打算，自己找個住處，存點糧食。（《京話》同上）

　　（3）你試看我來割繩，就知道你的笨處，還可以教你些聰明。（《無錫》割長繩各誇巧計）

　　——你看着我，就知道你的笨處，還可以教你點聰明。（《京話》同上）

　　（4）勸你早些醒悟，免得後來受害！（《無錫》説好話燕妹多情）

　　——勸你早點丟開，免得後來受害！（《京話》同上）

　　（5）一些居功的顏色也沒有，卻不聲不響的，去睡覺去了。（《無錫》不吃肉良犬盡忠）

　　——一點居功的樣子也沒有，不言不語的，睡覺去了。（《京話》同上）

　　（6）卻空空的，一些金子也沒有。（《無錫》挖金蛋笨伯急求財）

　　——卻是空空的，不但沒有一點金子，連一點金的影子也沒有。（《京話》同上）

　　吕叔湘指出："些"早先的用法比現在廣，其中一部分用法逐漸爲"點"所取代，尤其是在口語裏；吕叔湘也提到了"有點"對"有些"的替代，所舉例證均爲清代及現代。①《紅樓夢》裏有程甲本作"些"而程乙本改"點"的例子。張美蘭指出：這一變化在《談論篇》對《清文指要》漢文版的改編中也有所體現。《京話報》對"些"的演改，正反映了當時北方話"點"一詞的實際用法。②

9　連忙—趕緊/快些—趕快

　　表示抓緊時機毫不拖延的時間副詞，在《京話報》中用"趕緊"和"趕快"，"演改"了"連忙"和"快些"，這一改用透露了"趕緊"和"趕快"的使用特點。如：

　　（1）恰見面前有一個大山洞，快活已極，連忙鑽進去。（《無錫》求生路獅兒交運）

---

① 吕叔湘著，江蓝生補《近代漢語指代詞》，學林出版社，1985，第366、400、390頁。
② 張美蘭：《從文本比較看威妥瑪所編漢語教材的北京口語特徵》，《語言學論叢》第58輯，商務印書館，2018。

——可巧前頭有一個大山洞，一見就喜歡極了，趕緊就鑽了進去。（《京話》求生路獅兒交運）

（2）請你們快些定見。（《無錫》老鼠獻計結響鈴）

——請你們趕快拿主意。（《京話》耗子獻計拴鈴擋）

"趕緊"與"連忙"、"趕快"與"快些"相對應。太田辰夫指出：民國初期之前，副詞"趕緊"往往用於北京官話，南京官話極少使用。南京官話多用"趕急"等。① 到了現當代，由於普通話的巨大影響，時間副詞"趕緊"在其他方言中也都比較常用了。

陳曉指出：時間副詞"趕緊"由短語"趕＋緊"詞彙化成詞，表示抓緊時機毫不拖延，是清末的事情。② 她指出 1819 年的《紅樓夢補》中已有用例。可見，這是清末產生的新詞。《京話報》用"趕緊"和"趕快"正是用了當時北方口語的新詞。

綜上九組詞，我們發現《京話報》對《無錫白話報》常用詞的"演改"，其實是用盛行北京官話的口語詞對《無錫白話報》中的南方官話詞進行更改。這九組詞的前後對立，實際上是南京官話用詞與北京官話用詞的同義詞在不同地域的分布對立。

夏曉虹曾在"官話與模擬官話的差異"一段中列舉了《無錫白話報》的《海國妙喻》在《京話報》中的改寫情況。她認爲："被裘廷梁稱爲'白話高手，視近人以白話譯成之西書，比《盤庚》《湯誥》尤爲難讀，判若天淵矣'的裘毓芳，其官話書寫落在《京話報》同人眼中，也還需要斟酌。比較《無錫白話報》原刊之《海國妙喻》一則寓言與《京話報》改本之異同，便見分曉。此則寓言原題爲《老鼠獻計結響鈴》，《京話報》易爲《耗子獻計拴鈴鐺》，已然大不同。""裘毓芳的白話本經過《京話報》的修改，讀起來確實更爲流暢。不過，以後見之明來看，並非所有詞語的調換都是可取的。例如全篇出現最多的'耗子'，畢竟衹是北方方言中的詞彙，在南方並不通行。所以，時至今日，書面語中，一般還是寫作'老鼠'而不是'耗子'。這也顯示出作爲書面語的白話文並不完全是口語的摹寫，通行的詞語還應該折中南北。當然，就此一文本而言，'耗子'的使用仍有其特殊便利處：在

---

① 太田辰夫：《北京語の文法特點》，載《中國語文論集・語學篇》，汲古書院，1995，第 261 頁。

② 陳曉：《基於清後期至民國初期北京話文獻語料的個案研究》，北京大學出版社，2018，第 227 頁。

'耗子'前冠以'老',應是《伊索寓言》的原意,年長者顯然慮事更周全;而若直接寫作'老老鼠',讀起來便相當拗口,必得如現在通行本之譯爲'年長的老鼠'才合適。因此,《京話報》的添改顯然更準確。"① 夏曉虹這樣的表述,從文學描寫角度看,也許是可以接受的,但從語言學角度來看,不是簡單的"更爲流暢""更爲準確""口語的摹寫",更不是簡單的"折中南北"。官話有南與北的地域分布是決定因素,要從語言學的角度來解釋。中國地域之大,各地官話都有各自的特點,這是早期白話文推廣時期的一個很值得注意的學術問題。

《京話報》對《無錫白話報》的"演改",在詞彙上的表現其實是有目的地站在北京官話口語詞的角度來進行的,這涉及一南一北兩個不同官話詞彙的分布問題,不是一般的用詞需要斟酌的用詞問題。裘毓芳用的是南京官話的白話文口語詞,《京話報》用的是北京官話的口語詞。這也是這兩個白話文本真正的價值所在。

清末民初各地紛紛出現了"白話報",例如:南方地區的有《蘇州白話報》(1901 年 10 月創刊於蘇州)、《杭州白話報》(1901~1903,浙江杭州)、《安徽俗話報》(1904~1905,安徽蕪湖)、《江蘇白話報》(1904~1905)、《揚子江白話報》(1909)、《中國白話報》(1903~1915,上海)、《啟蒙通俗報》(1901 年創辦於成都)、《湖南演説通俗報》(1903),北方的有《京話日報》(1904~1918,北京)、《直隸白話報》(1905 年 2 月創刊於河北保定)、《順天時報》(1907)、《白話小説》(1908)、《京華時報》(1990)等,這些都可以觀察清末民初白話口語材料在不同地區的運用,從中我們也可以進行詞彙的地域分布特點的比較研究。本文衹是一種探討,期待得到學界更多的關注。

參考文獻

陳明娥:《日本明治時期北京官話課本詞彙研究》,廈門大學出版社,2014。

陳曉:《基於清後期至民國初期北京話文獻語料的個案研究》,北京大學出版社,2018。

---

① 夏曉虹:《作爲書面語的晚清報刊白話文》,《天津社會科學》2011 年第 6 期,第 124 頁。

〔日〕中田敬義等編著，陳穎、侯瑞芬校注《伊蘇普喻言·今古奇觀·搜奇新編》，北京大學出版社，2018。

曹志耘主編《漢語方言地圖集·詞彙卷》，商務印書館，2008。

陳又瑄、鄭縈：《時間詞"一會（兒）"的形成與語法化機制》，《南開語言學刊》2006 年第 1 期。

李煒、和丹丹：《清中葉以來北京話的"跟"及相關問題》，《安徽大學學報》（哲學社會科學版）2010 年第 6 期。

李煒、石佩璇：《北京話與事介詞"給"、"跟"的語法化及漢語與事系統》，《語言研究》2015 年第 1 期。

呂叔湘：《近代漢語指代詞》，學林出版社，1985。

〔日〕太田辰夫：《中國語歷史文法》，北京大學出版社，1987。

湯傳揚：《宋元小説話本詞彙研究》，碩士學位論文，南京師範大學，2017。

湯傳揚：《論近代漢語四組詞的地域流變及其成因》，《漢語史學報》第 20 輯，上海教育出版社，2019。

汪維輝：《漢語"肚子"義詞的歷史與現狀》，《長安學術》第九輯，高等教育出版社，2016。

汪維輝：《漢語核心詞的歷史與現狀研究》，商務印書館，2018。

夏曉虹：《作爲書面語的晚清報刊白話文》，《天津社會科學》2011 年第 6 期。

殷曉傑：《近代漢語"一會兒"義詞的歷時演變與共時分布》，《南開語言學刊》2010 年第 1 期．

徐世榮：《"一會兒"的來歷》，《語言文字應用》1995 年第 3 期．

張美蘭：《明清域外官話文獻語言研究》，東北師範大學出版社，2011。

張美蘭：《從文本比較看威妥瑪所編漢語教材的北京口語特徵》，《語言學論叢》第 58 輯，商務印書館，2018。

張美蘭：《漢語南北官話的詞彙差異——以清末兩本〈伊索寓言〉漢譯本爲中心》，沈國威、奧村佳代子主編《內田慶市教授古稀紀念論文集》，《文化交渉と言語接觸》刊行會，書友書店，2021。

張美霞、崔立斌：《先秦至東漢"對v"的多元語法化與"對p"的衍生》，《古漢語研究》2014 年第 3 期。

張美霞：《試論言説對象介詞"對"的演化》，《漢語史學報》第 16 輯，上海教育出版社，2016。

莊卉潔：《基於語義地圖模型的漢語常用詞語義功能研究》，博士學位論文，清華大學，2020。

Edkins Joseph（艾約瑟）, *A Grammar of the Chinese Colloquial Language Commonly Called the Mandarin Dialect*（漢語官話口語語法）, Shanghai：Presbyterian Mission Press, 1864.

Chao Yuen-Ren（趙元任）, *A Grammar of Spoken Chinese*, Berkeley：University of California Press, 1968.

Coblin W. South（柯蔚南）, "*A Sample of Eighteenth Century Spoken Mandarin from North China*," *Cahiers de linguistique-Asie orientale*, Vol. 32, 2003.

Stent George C.（司登得）, *A Chinese and English Vocabulary of the Pekinese Dialect*, Shanghai：American Presbyterian Mission Press, 1871.

Wade Thomas F.（威妥瑪）, *A Progressive Course Designed to Assist the Student of Colloquial Chinese as Spoken in the Capital and the Metropolitan Department*, London：Trübner & Co, 1867.

The Different Distribution and Historical Levels of Mandarin Vocabulary

—Take the Two Vernacular Comparative Texts of *Haiguo Miaoyu*（海國妙喻）in the Late Qing Dynasty as an Example

Zhang Meilan

Abstract：At the late Qing Dynasty and the early Republic of China, the *Wuxi Vernacular Newspaper*（無錫白話報）published the vernacular translation of *Haiguo Miaoyu*（海國妙喻）by Qiu Yufang, which was subsequently rewritten by the *Peking Vernacular Newspaper*（京話報）. Through the comparison of the two texts, we find the biggest difference between them is the Southern Mandarin in the former and Beijing Mandar in the latter. This provides good material for research the vocabulary characteristics of Nanjing Mandarin and Beijing Mandarin at that period. Qiu Yufang used the vernacular colloquial words of Nanjing Mandarin, and the *Peking Vernacular Newspaper* used Beijing Mandarin superseding it. This is also the true value of these two vernacular texts.

Keywords：*Haiguo Miaoyu*；*Wuxi Vernacular Newspaper*；*Peking Vernacular Newspaper*；Nanjing Mandarin；Beijing Mandarin

西夏《文海》和中原韵書

聶鴻音[*]

摘 要 西夏政府編纂的《文海》雖可歸入“韵書”一類，但其主要目的在於規範文字的寫法而非規範詩歌用韵。《文海》的編寫體例大致與《廣韵》相同，只是調整了卷內各韵和韵內各同音字組的排列次序以便檢索。新的排列法借鑒自中原的某種小學著作，以漢語等韵學爲基礎思想。編者盲目沿襲唐宋官韵的表面形式，這限制了其對西夏語言的認識，導致《文海》未能如實表現西夏語的聲韵系統。

關鍵詞 韵書 字典 西夏 党項語

一 引言

《文海》是西夏官方於 11 世紀下半葉編成的一部韵書，1909 年出土於内蒙古額濟納旗的黑水城遺址，今藏俄羅斯科學院東方文獻研究所。原件爲刻本，1963 年首見著録①，隨後有全書的俄文翻譯和漢文翻譯②，最清晰的圖版於 1997 年由上海古籍出版社刊布③。這部書歷來被視爲研究西夏語音的首要資料，始終受到西夏學界的極大關注，但其中一些體例上的細節至今還不清楚，這很容易把西夏語音的構擬引入歧途。

《文海》全書上下二卷附“雜部”（雜類），今佚上卷序言和下卷大部，所餘葉面保存基本完好。每字下有雙行小字説解，每個同音字組（紐）的第一字下有反切注音和該字組包含的字數（見圖1）。表面看來，這部書從內容

---

* 聶鴻音，四川師範大學文學院教授，主要研究方向爲中國少數民族文字文獻和古代漢語。

① З. И. Горбачева & Е. И. Кычанов, *Тангутские рукописи и ксилографы*, Москва：Издательство восточной литературы，1963，с. 45 – 46.

② К. Б. Кепинг, В. С. Колоколов, Е. И. Кычанов, А. П. Терентьев-Катанский, *Море письмен*, Москва：Наука，1969. 史金波、白濱、黃振華：《文海研究》，中國社會科學出版社，1983。

③ 俄羅斯科學院東方研究所聖彼得堡分所、中國社會科學院民族研究所、上海古籍出版社編《俄藏黑水城文獻》（7），上海古籍出版社，1997，第122~176頁。

到版刻形式都模仿中原韵書，僅僅在字義説解之前多出了簡單的字形分析，因此學者借用研究《廣韵》的方法來研究《文海》自屬必然。另外，俄羅斯科學院東方文獻研究所還藏有一部基本完整的韵書寫本，題"大白高國文海寶韵"①。該書是《文海》的簡編本，每字下注釋極其簡單甚或不加注釋，格式近似中原《禮部韵略》一系韵書（見圖2），但由於字下未標反切，韵下未標"獨用""同用"，所以其音韵學價值不及《文海》，僅能補充《文海》的缺字而已。

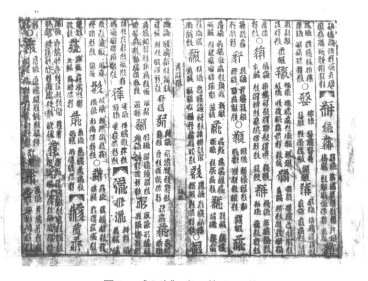

圖1 《文海》卷一第 5～7 韵

對《文海》編寫體例及音韵系統的研究始於蘇敏和克恰諾夫②，隨後經過西田龍雄③、蘇敏④的繼續探討，學界對西夏韵書和西夏語的關係已經有了初步的認識，即一致預設《文海》是 11～12 世紀党項語言的如實表現。20 世紀末，龔煌城在此基礎上提出了一套西夏字音構擬系統，目前最爲通行。然而應該指出，這套系統並没有經過充分的論證，龔煌城祇是在幾篇論文中參照前人的構擬結論和當代藏緬語假定了音韵格局的幾個主要特徵，例如元

---

① 《俄藏黑水城文獻》（7），第 177～232 頁。
② M. B. Софронов，E. И. Кычанов，*Исследования по фонетике тангутского языка*，Москва：Издательство восточной литературы，1963.
③ 西田龍雄『西夏語の研究：西夏語の再構成と西夏文字の解讀』（1），座右宝刊行会，1964。
④ M. B. Софронов，*Грамматика тангутского языка*，Москва：Наука，1968.

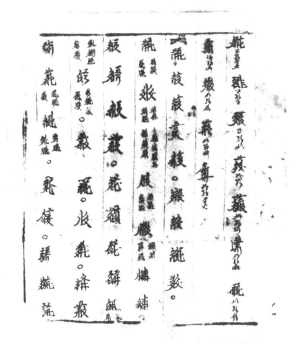

圖 2　《文海寶韵》平聲目錄和第 1 韵

音分鬆緊和長短等等，而逐個字音構擬是借助李範文編寫的字典得以普及
的。① 其後的研究證明，龔煌城的構擬固然可以在某種程度上用以描述藏緬
語的歷史演化，但在解釋《文海》本身的時候卻經常遇到障礙，這使人懷疑
問題的關鍵在於對《文海》音韵組織的現有理解出現了偏差。本文試圖參照
西夏及中原文獻重新思考《文海》的性質及其編纂體例，同時試圖回答西夏
人在字典編纂過程中對中原傳統有哪些繼承和創新。

二　聲調和分卷方法

　　《廣韵》五卷，收字兩萬六千餘；而《文海》只有兩卷，收字不足六千。
由此不難想到，《文海》的篇幅較小，是因爲 11 世紀中葉創制的西夏總字數
遠少於漢字。也就是說，編者雖然套用中原韵書作爲範本，但是不再以每個

---

① 李範文編著《夏漢字典》，中國社會科學出版社，1997 年初版，2008 年修訂版。

聲調獨立成卷，而是把中原韵書的平上去入四聲合編到兩卷裏了。

《文海》的卷首已佚，所幸《文海寶韵》保存着全部兩卷的題目，其中"平聲第一"分97韵，"上聲入聲第二"分86韵。此前學者都據卷數默認西夏語祇有"平聲"和"上聲"兩個調類，不再區分卷二的入聲和上聲。然而衆所周知，漢藏語系的語言祇要有聲調，數目就一定在三個以上，祇有兩個調類的語言似乎不合常情。那麼現在的問題就是，西夏小學著作裏出現過全部四個聲調的名稱，可是《文海》祇以"平聲"自成一卷，而把"入聲"與"上聲"合編爲另一卷，這樣自然會使人猜想，沒有出現在卷首題目裏的"去聲"會不會被西夏人與"平聲"合編成了一卷？此前人們沒有充分注意的是，大英博物館收藏的一紙殘葉可以視爲對這個問題的解答。這葉紙爲斯坦因1914年在黑水城遺址所得，由西田龍雄首次公布，擬題爲"小學問答集"①。原件殘損嚴重，西田刊出的照片也不夠清楚，上面大致能辨識出的文字如下：

綍：庨綖蕤諮綗祇絉蕤旇蕤絩……綯？綄：蕤揪飌綯，□□絉蕤絩綖，庨菼菼賳蕤，庨菼綵敿。綖倪蕤菼，庨祇紎菼賮，綖祇夊菼綯，綿乬綖夊菼敿蕤……倪菼綯，栝敿虀庎，蕤虀賮菼夊綯……倪祇綄菼賮飌魆移繉，菼菼蕤菼敿綄。

[問：平上去入四聲中無去聲韵者，何也？答：《韵鏡》②爲字，□□中無韵故，以其近於平，故以平攝之。百五之韵，平聲九十七，上聲八十六，凡一百八十三韵……五十六，二種同引，獨韵七十八竟。……作五音而下作七字者，切而取韵之門也。]

這段文字恰好是在解釋韵書的結構。裏面雖然有兩個關鍵字殘佚，但參照前面的問句，不難估計那兩個字是"蕤旇"ɕjɨ¹ xie²（去聲）。如果這個估計不錯，對相關的内容就可以做這樣的解釋，即韵書的四聲中唯獨沒有專門設立去聲韵，其原因是去聲與平聲相似，所以用平聲來總括。也就是説，去聲韵被併入平聲那一卷裏了。事實上，去聲與平聲調值相似的現象在隋代就

---

① 西田龍雄：《西夏語研究雜考》，西田龍雄博士論集刊行委員會編《西夏語研究新論》，第117~139頁，京都：松香堂，2012。
② 西夏"揪"bju¹的本義爲"明"，這裏遵照西田的意見譯作"鏡"。

有記載，例如陸法言《切韵序》在論述漢語不同方言區之間的差別時説："吴楚則時傷輕淺，燕趙則多傷重濁。秦隴則去聲爲入，梁益則平聲似去。"梁益（今四川貴州一帶）漢語方言的"平聲似去"雖然不能直接用來佐證西北地方的党項語，但至少可以説明這在漢藏系語言中是可能存在的現象。

由此引出的問題就是，如果説《文海》把平聲和去聲合成了一卷，那麼究竟哪些韵是平聲？哪些韵是去聲？或者説，從韵書的布局考慮，平聲諸韵和去聲諸韵的分界在哪裏？進一步説，上聲諸韵和入聲諸韵的分界在哪裏？

蘇敏注意到，《文海》平聲韵的總體排列順序呈現了某種規律，即書中第 1 韵至第 57 韵之間諸韵的關係較近，但是與第 58 韵以下各韵的關係較遠。他把第 57 韵以前的諸韵稱爲"大循環"，把第 58 韵以後的諸韵分稱爲幾個"小循環"①。此前所有的研究都表明大循環内部各韵的元音排列依照了大致的規則，例如按照 u、i、a 的次序；而小循環内部的排列也基本能夠與大循環形成對應，只是不那麼嚴整。這樣看來，如果把《文海》平聲和去聲的分界設定在蘇敏所説的"大循環"和"小循環"之間，那麼這就可以進一步佐證"小學問答集"裏説的"無去聲韵"。也就是説，《文海》編者把去聲各韵直接附在了平聲後面，並與平聲連續編次，衹是没有在卷首標題裏寫上"去聲"二字。

此前，西田龍雄從現代彝語支語言的特點類推，提出《文海》第 57 韵以上是普通元音，第 58 韵以下是緊喉元音，例如他把第 1 韵構擬作 u，把第 58 韵構擬作 u̱，等等②。這個假定雖然得到了後來幾乎所有學者的默許，但畢竟衹限於外部材料的應用，而缺乏西夏本土文獻的支持。我們的建議是，與其認爲第 58 韵以下是緊元音，不如認爲它們是與平聲相配的去聲。打個比方説，第 1 韵和第 58 韵的關係就像《廣韵》東韵和送韵的關係一樣。由此前進一步，根據韵書四聲相配的原則，還可以推知《文海》卷二的第 1 韵到第 50 韵是上聲，第 51 韵以下是入聲③，第 1 韵和第 50 韵的關係就像《廣

---

① M. B. Софронов, *Грамматика тангутского языка*, кн. I, Москва: Наука, 1968, c. 107, 114 – 115.

② 西田龍雄「西夏語韵圖『五音切韵』の研究（上）」『京都大學文學部研究紀要』20 号, 1981, 125 – 126 頁。

③ 史金波：《西夏文寫本〈文海寶韵〉》（《民族語文》1999 年第 4 期）提出《文海寶韵》"上聲入韵"卷尾有 12 個字是入聲，理由是這些字前面殘留有半行空白，他認爲那裏一定殘掉了義爲"入聲"的兩個西夏字。在没有證據的情況下妄補古書是古籍整理的大忌，這個臆測不可采納。何況西夏字總數約六千，若説其中只有 12 個字單獨構成一個調類，則在情理上無此可能。

韵》董韵和屋韵的關係一樣。經過這樣的處理，《文海》實際上就有了平上去入全部四個聲調。本文建議把第一卷的第 58 韵以下諸韵標作 "3"（去聲），把第二卷的第 51 韵以下諸韵標作 "4"（入聲），同時取消前人構擬的緊喉標記 "."。新的標音系統比原有的簡明得多，而且不影響此前學術界公認的語法研究結論。下面是龔煌城舉的衆多同根詞中的一例①：

  縹 lwu¹（平聲第 1 韵）混合的（形容詞）
  蒲 lwu̩¹（平聲第 58 韵）混合（動詞）

  龔煌城把其中的音變解釋爲鬆緊元音的轉換。現在如果把讀音改標爲 "縹" lwu¹（混合的，形容詞）和 "蒲" lwu³（混合，動詞），那麼一望可知，這正符合漢語中著名的 "四聲別義" 現象，猶如 hǎo（好，形容詞）之與 hào（喜好，動詞）。

  應該注意的是，上引 "小學問答集" 裏把四聲的名稱寫成 "夜"·jij¹（平正）、"縦" phju²（高上）、"萑" sji¹（去往）、"謎"·o²（進入），全部采用了意譯，其他西夏小學著作也是如此，這説明党項人並不理解漢語四聲的本質。② 在中原漢文本基礎上形成的西夏譯本裏有大量的音譯詞，但至今所有的研究都沒發現西夏語的聲調與漢語的四聲之間存在任何對應規律③，這導致西夏語聲調的性質成了至今未解的難題。學者對此提出過種種假定，例如可以認爲西夏語平上兩個調類分別對應是否帶有某些前加字的藏文音節，從而依據藏文的拼讀規則推測西夏語的平聲爲高調，上聲爲低調。④ 這類論證雖有一定道理，但不能説絶對圓滿，所以我們寧可估計《文海》的四聲是在套用漢語的韵書結構，而党項語聲調的實際情況大約與名稱相同的漢語聲調差別較大。

---

① Hwang – cherng Gong, "Phonological Alternations in Tangut"，《"中央研究院" 歷史語言研究所集刊》第 59 本第 3 分，1988，第 783 ~ 834 頁。
② 孫伯君：《西夏語聲調問題再探》，《語言科學》2016 年第 1 期。
③ 龔煌城：《西夏語中的漢語借詞》，《"中央研究院" 歷史語言研究所集刊》第 52 本第 4 分，1981，第 681 ~ 780 頁。
④ 荒川慎太郎「夏藏対音資料からみた西夏語の声調」『言語学研究』17 – 18 号，1999，27 – 44 頁。

三　同聲調的韵和同韵内"紐"的排列

《文海》兩卷共分韵 183，如果把上下卷相對應的韵合併起來①，則可以得到上引"小學問答集"所説的 105 韵，這個數目相當於後來的"平水韵"一系韵書。在此基礎上參考各韵所收西夏字的漢文對音，可以大致得知每個韵的讀法。西田龍雄據此仿漢語等韵學把 105 韵歸併成了 22 個"韵攝"②，這些韵攝後來經過龔煌城的修訂和李範文的整理③，成了目前廣泛應用的系統。如果祇看本文確定的平聲，那麼各韵攝的排列次序就是這樣（不計介音）：

第一攝 u	第二攝 e、i	第三攝 ẽ、ĩ	第四攝 a
第五攝 ã	第六攝 ə、ɨ	第七攝 ej、ij	第八攝 əj、ɨj
第九攝 ew、iw	第十攝 o	第十一攝 ow	第十二攝 ũ、a

最後一個第十二攝列在卷尾，且構擬的兩個韵母相差過遠，顯得異樣，這裏面的緣故還不清楚。其餘各攝的排列似乎表現出了模仿漢語等韵學的痕迹，例如從讀音上看，西夏第七、八、九三攝的次序很像漢語的梗、曾、流三攝。不過必須指出，現在通行的西夏韵母擬音值得商榷的地方還多，也許其中的某些規律被不太正確的擬音掩蓋了。

相比韵攝的排列次序而言，同一韵攝内部各韵的排列顯然經過了重新設計。龔煌城曾經指出，《文海》裏同一韵攝的韵類基本是按照等列次序編排的，即從洪音到細音，只不過漢語的三等和四等在西夏語對音中没有分別。例如 105 韵母中的第 25、26、27 韵的對音漢字如下④：

> 第 25 韵（一等）：盤，單，杆，坎，散，旱，罐
>
> 第 26 韵（二等）：醖，山，閑，關，拴
>
> 第 27 韵（三四等）：禪，卷，轉，全，泉

① 橋本萬太郎「西夏国書字典同音の同居韵」『言語研究』43 号，1963，34－49 頁。

② 西田龍雄『西夏語の研究：西夏語の再構成と西夏文字の解讀』，68 頁。

③ 李範文編著《夏漢字典》，"凡例"，第 1~3 頁。

④ Hwang－cherng Gong, "A Hypothesis of Three Grades and Vowel Length Distinction in Tangut", *Journal of Asian and African Studies* 46－47（1994）：305－314.

衆所周知，中原官韵同一韵攝内的韵類排列並没有統一的規則，既可以從洪音到細音（如山攝），也可以從細音到洪音（如效攝），還可以完全打亂順序（如咸攝）。與此不同的是，《文海》設定了由一等到三四等的排列規則，並且基本上一以貫之，這可以看作在詞典編纂法方面的一項創新。

中原官韵不把"等呼"作爲分韵的原則——相同的韵母可以歸入同一個韵，也可以分立不同的韵，似乎是在追求每韵收字數量的大致均衡。例如《廣韵》的"删""山"是開合口合韵而"寒""桓"是開合口分韵，"東""戈"是一三等合韵而"登""蒸"是一三等分韵。總的看來，不同"等"的合韵數量少於不同"呼"的合韵，説明當時人們看重"等"勝過看重"呼"。事實上在《文海》裏也有很多韵内部都可分爲開合口兩類，如上述第25、26、27韵，而較少見到洪音和細音混編一韵的情況。

《廣韵》同一個韵目下各同音字組（紐）的排列是無序的，而《文海》一律改爲以唇舌牙齒喉加半舌半齒的七音編次。在漢文韵書史上，一般認爲韵字的七音排列法始見於13世紀初韓道昭的《五音集韵》和13世紀末熊忠的《古今韵會舉要》，比《文海》問世要晚一個世紀有餘。我們不能確定這種便於檢索的方法是否西夏人首創，但現存使用這種排序法的韵書以《文海》爲最早，這是可以認定的。

《廣韵》的同一個韵最多可以包含四個小類，即四個不盡相同的韵母，如庚韵。不同小類的字在《廣韵》的排列是無序的，而《文海》則儘量把不同小類的字分開排列。下面以平聲第1韵爲例，這個韵共包含24個同音字組，其中第19組和第20紐之間是兩個小韵類的分界——第19紐以上是開口，第20紐以下是合口，兩個小韵類的同音字組都按照"三十六字母"的次序列出，祇是合口類的字數較少。具體的排列次序如下①：

1. 誃 po，2. 黻 pho，3. 瓶 mo，4. 叚 to，5. 姥 tho，6. 藏 no（do），7. 麤 no，8. 縍 ko，9. 蔽 kho，10. 鼜 kho（go），11. 蕭 ŋo，12. 醨 tso，13. 羸 tsho，14. 藏 tsho（dzo），15. 縗 so，16. 假 o，17. 毵 xo，18. 誃

---

① 以下把這個韵的主元音設定爲 o 而非前人構擬的 u，理由見聶鴻音《論〈文海〉第一攝及有關問題》，白濱等編《中國民族史研究》（二），中央民族學院出版社，1989，第 343~357 頁。

lo，19. ◻ z̩o；20. ◻ nuo，21. ◻ ŋuo，22. ◻ tshuo，23. ◻ suo，24 ◻ luo。

上面的第6、10、14三個同音字組的讀音分別與第7、10、13同音字組没有區別，這是因爲漢語定、群、從等全濁聲母在當時的河西方言裏已經讀作清送氣聲母th、kh、tsh等，《文海》的編者遇到漢語全濁聲母的同音字組時就不假思索地代以自己口中的讀法，於是就造成了相鄰聲母同音字組的讀音重複。事實上，就像並未真正理解漢語的四聲那樣，党項人也並未真正理解漢語的三十六字母。在西夏韻圖《五音切韻》的卷首列出了三十六字母的名稱，編者使用的全部是漢字的河西讀音[1]：

重唇	◻ pio^1 帮	◻ $phio^2$ 滂	◻ $phiej^2$ 並	◻ $biej^1$ 明	
輕唇	◻ ·we^1 非	◻ $xjwa^1$ 敷	◻ $xjwi^1$ 奉	◻ ·wjo^1 微	
舌頭	◻ to^2 端	◻ $thwo^2$ 透	◻ $thjij^1$ 定	◻ $djij^1$ 泥	
舌上	◻ tɕju^1 知	◻ tɕhju^2 徹	◻ tɕhji^2 澄	◻ dʑji^2 娘	
牙音	◻ kjo^1 見	◻ $khjo^2$ 溪	◻ $khjij^1$ 群	◻ $gjij^1$ 疑	
齒頭	◻ $tsji^2$ 精	◻ $tshji^1$ 清	◻ $tshjo^1$ 從	◻ sej^1 心	◻ $sjij^1$ 邪
正齒	◻ tʂjo^1 照	◻ tʂhjo^2 穿	◻ tʂhja^1 牀	◻ ʂiej^1 審	◻ ʂjij^1 禪
喉音	◻ ·ji^1 影	◻ xji^1 曉	◻ $xjij^1$ 匣	◻ ·jij^1 喻	
舌齒	◻ lji^1 來	◻ $zjij^2$ 日			

很明顯，其中並、定、澄、群、從、牀六個古全濁聲母都讀作清送氣聲母，表現出了與《文海》一樣的特徵。另外，明、泥、娘、疑四個古鼻音聲母在漢語河西方言中已經各自分化爲鼻音和濁塞音兩類[2]，這樣就必有一類不能納入三十六字母，所以《文海》編者把屬於這些聲類的字抽取出來，統一編在卷末，名爲"雜部"。至此可以看出，《文海》對同一韻内各小韻類的分立以及按照三十六字母的排列方式全盤套用了中原等韻圖的列字法，即使

---

[1] 孫伯君：《論西夏對漢語音韻學的繼承與創新》,《中華文史論叢》2017年第2期，第313~338頁。
[2] Gong Hwang-cherng, "Voiced Obstruents in the Tangut Language",《"中央研究院"歷史語言研究所集刊》第52本第1分，1981，第1~16頁。

這是“削足適履”的方法。

由方言變讀導致同一韵類内部兩個同音字組的讀音重複不能算是“重紐”，另有一些真正的重紐是在没有古今音變的情況下表現出的讀音重合，例如：

韵次	29	31	32	42	46	64	67
西夏字	⬚ lji^1	⬚ wǝ^1	⬚ nji̱^{1}	⬚ pjij	⬚ xjiw^1	⬚ nja̱^{1}	⬚ tji^1
重紐	⬚ lji^1	⬚ wǝ^1	⬚ nji̱^{1}	⬚ pjij^1	⬚ xjiw^1	⬚ nja̱^{1}	⬚ tji^1

韵次	69	70	76	78	80	82
西夏字	⬚ lji̱^{1}	⬚ ·wo^1	⬚ ·jur^1	⬚ ·wier^1	⬚ zar^1	⬚ śjar^1
重紐	⬚ lji̱^{1}	⬚ ·wo^1	⬚ ·jur^1	⬚ ·wier^1	⬚ zar^1	⬚ śjar^1

這裏面有少量例子可以解釋爲某些西夏字的聲調會出現臨時變讀[1]，而綜合全部情況還看不出共同的規律。我們不能確定那體例是沿襲了《廣韵》的重紐[2]，還是沿襲了《切韵》以後各種刊謬補闕本每韵後面的“增加字”。

四　《文海》的性質

《文海》的編寫體例和版刻形制都極像一部“韵書”，但其用途與中原官韵有根本的不同。衆所周知，中原官韵的編纂目的是規範詩歌押韵，若以唐代初年確立的“獨用”“同用”爲標準衡量，則那個時代之後創作的漢語格律詩基本没有“出韵”現象。然而與此相反的是，党項人創作的詩歌雖然有時也用西夏語押韵，卻並没有嚴守《文海》那樣苛細的韵類，至多只是在同一個韵攝内部通押而已[3]，似乎是同一韵攝所有的韵都可以“同用”。存世的西夏科舉資料不足，我們無從得知西夏政府是否要求舉子按照《文海》的韵類寫詩，但就目前所見的詩歌作品而言，可以説《文海》只具備韵書的形式而不具備中原韵書的首要功能，這部書的實際作用更在於規範西夏字形而非

---

① 聶鴻音：《〈文海〉韵的内部區别》，《民族語文》1998 年第 1 期，第 68～77 頁。
② 值得注意的是，《廣韵》的重紐只出現在喉牙唇音類，而《文海》的重紐分布則不限於這三類聲母，没有顯出規律。
③ 荒川慎太郎「西夏詩の脚韵にられる韵母について──『三世屬明言集文』所收西夏語詩」『京都大学言語学研究』20 号，2001，195－224 頁。詳細的韵例見孫伯君《西夏文〈三代相照文集〉述略》，《寧夏社會科學》2018 年第 6 期。

限定詩歌用韻。

作爲規範西夏字形的證據是《文海》每個字下面增加了字形解析，旨在説明該字是取哪兩個字的哪一部分拼合而成，只是没有使用"會意""形聲"之類術語，例如：

　　《文海》14.121：□，□□□□。[□，"□"左"□"全。]
　　《文海》30.231：□，□□□□。[□，"□"左"□"右。]

第一例是説"□" pie[1]（闊）由"□" zjij[1]（廣）的左半部和"□" low[2]（寬）的全部構成，第二例是説"□" mja[1]（粗）由"□" mji[1]（不）的左半部和"□" tshjij[1]（細）的右半部構成，即"□" pie[1]（闊）訓"寬廣"，"□" mja[1]（粗）訓"不細"。這種體例是中原韻書所没有的，可以看作一項創新。這項創新顯然受到了《説文解字》裏"從某從某"或"從某某聲"的啟發，由此可以想到《文海》應該也與《説文解字》存在某種關聯。也就是説，《説文解字》一系的字書曾被用作編寫《文海》的參考。

《文海》上下兩卷共分 183 韻，與敦煌所出的各種《切韻》寫本乃至宋代的《廣韻》《禮部韻略》分韻都不相合，與這個數字最接近的是南唐徐鍇（920~974）的《説文解字韻譜》。據清同治六年（1867）馮桂芬刊本，《説文解字韻譜》的韻類數量爲平聲 55 韻①，上聲 48 韻，去聲 49 韻，入聲 31 韻，共得 183 韻，恰與《文海》相符②，只是與我們上文假定的《文海》平聲 57 韻（卷一 1~57）、上聲 50 韻（卷二 1~50）、去聲 40 韻（卷一 58~97）、入聲 36 韻（卷二 51~86）略有差異。然而，無論《文海》的分韻格局是否以《説文解字韻譜》爲基礎，我們都可以相信，西夏人在編纂這部字典時參考的是中原其他小學著作而非官韻③，只不過《廣韻》一出而前代諸

---

① 事實上《説文解字韻譜》的平聲部分裏還多了一個從"仙"韻合口分出的"宣"韻，因爲没有相配的上去入聲，故予以忽略不計。
② 聶鴻音：《〈文海〉探源》，《固原師專學報》1990 年第 3 期，第 1~8 頁。
③ 據徐鉉《説文解字韻譜後序》説，這部書在編寫時主要參考了李舟的《切韻》。王國維《觀堂集林》卷八《李舟切韻考》謂："其書唐時不顯，至宋初而始見重。有宋一代韻書部次，皆自李舟出也。"前面一句是事實，後面一個判斷曾引發疑問——李舟《切韻》原書已經不存，但可知其所定韻與宋代的《廣韻》不同。參見小川環樹《論〈説文篆韻譜〉部次問題》，《語言研究》1983 年第 1 期，第 17~21 頁。

家韵書亡佚殆盡，這使人們無從查考 183 韵列字法的真正源頭。

此前的研究表明，西夏官學使用的教材總是在有意地避免與中原教材雷同，例如《孝經》采用了吕惠卿的《孝經傳》而非中原通行的玄宗注，《論語》采用了陳祥道的《論語全解》而非中原通行的何晏《集解》，《孟子》采用了陳禾的《孟子傳》而非中原通行的趙岐注。這樣做的目的在於宣示自己不再是北宋王朝的附庸，而是一個獨立的王國。① 然而儘管如此，西夏政府選用的教材在總體上仍然没有脱出中原的窠臼。那麼以此類推，作爲西夏官方規範文獻的《文海》也會有意避開中原的《廣韵》而另尋範本，只不過就像"經書"教材那樣，尋來尋去也終不能跳出中原小學著作的範圍。

五　結語

西夏人編纂《文海》仿照了某種已佚的中原小學著作，旨在規範字形而非規定詩歌用韵。《文海》的編寫體例大體與《廣韵》相同，其不同點在於把兩個聲調合爲一卷，而且同聲調内各韵的排列次序、同韵内各小類的排列次序，以及同小類内各同音字組的排列次序都經過重新安排。新排列法旨在使《文海》便於檢索，同時表明編者肯定受到了宋代等韵學的影響。據西夏文獻記載，把兩個聲調合爲一卷是他們的獨特設計，除此之外，還没有資料顯示其他列字法的起源。這就是説，我們不敢斷定那究竟是對某種已佚中原韵書的繼承，還是西夏人自己基於中原等韵圖的創新，儘管從感覺上説後者的可能性較大。

總的來看，編輯體例表明《文海》編者是在盡力把党項語音納入中原韵書系統中，其間對古全濁聲母的處理方法尤其牽强，對韵部和韵類的安排也不盡合理。由於《文海》的組織與西夏語和漢語音韵都不能形成嚴整的對應，所以並不能爲讀者檢索帶來更多方便，而今人單純在這個基礎上構擬西夏語音系統也是困難的。

---

① 聶鴻音：《中原"儒學"在西夏》，《北方民族大學學報》（哲學社會科學版）2017 年第 3 期，第 20 ~ 25 頁；中國人民大學複印報刊資料《宋遼金元史》2017 年第 5 期，第 46 ~ 50 頁。

Relation between Tangut *The Sea of Characters* and Chinese Rhyme Dictionaries

Nie Hongyin

Abstract: Tangut work *The Sea of Characters* compiled by Xixia government may be classified into a "rhyme dictionary", but its fundamental purpose is to standardize the scripts rather than poem rhythms. The compilation style of *The Sea of Characters* is similar to that of *Guangyun*, except adjusting the ordering methods of each rhyme in the same volume and each homonymic group in the same rhyme in order to make it convenient for searching. The new ordering methods are learned from a certain Chinese philological work and based on the fundamental ideology of Chinese phonology. Mindless following the facade of official rhyme dictionaries in the Tang – Song era restricts the compilers to comprehend their native language, which results that *The Sea of Characters* does not accurately represent the phonological system of Tangut language.

Keywords: Rhyme book; Dictionary; Xixia; Tangut Language

"買來的孩子"

——東方人名學的一個類型[*]

王 丁[**]

摘 要 古代中國人名中有一類以"買来的孩子"爲主題的人名，如"買得""買子""買奴""買婢"，史籍中有記錄是某人小字，但在涉及社會中下層的墓志與官私文書中卻多是作爲正式的大名來使用的，所涉及的社會階層也並不局限於下層，性别方面的分布也是男女均有。類似語義和構成形式的人名，在中亞近鄰民族（如古代波斯、粟特、突厥回鶻人等）中也有使用。這似乎顯示古代東方人名文化中的一個共性特征。本文彙集人名實例，分類排比，並比較同型名（如"佛得""道得"等），試做推論。

關鍵词：人名學　買得　買子/買婢　買奴

在古代中國人名中，有一個類型以"買來的孩子"爲主題，如"買得"

---

* 本文爲國家社科基金重大項目"北朝至隋唐民族碑志整理與研究"（項目編號：18ZDA177）的成果。

本文引用史料文獻及簡稱：

（本文引用史籍，原則上使用通行校點本，倘無特别異文等問題則不一一詳注版本。敦煌、吐魯番文書，使用通用圖版本，並參以 IDP 網站圖像庫。）

册府元龜校訂本 =《册府元龜》，12 册，周勳初等校訂，鳳凰出版社，2006。

肩水金關漢簡 =《肩水金關漢簡》（壹—伍），中西書局，2011～2016。

LNo = Pavel Lurje, *Personal Names in Sogdian Texts*, Wien：Verlag der Österreichischen Akademie der Wissenschaften, 2010，其中 No，標示該書的詞條序號。

全齊周補 =《全北齊北周文補遺》，韓理洲等輯校編年，三秦出版社，2008。

全魏補 =《全北魏東魏西魏文補遺》，韓理洲等輯校編年，三秦出版社，2010。

全唐補 =《全唐文補遺》（1～9），吴鋼主編，三秦出版社，1994～2007。

TCW =《吐魯番出土文書》（四册），文物出版社，1992～1996。

UI2 = Nicholas Sims-Williams, *Sogdian and other Iranian Inscriptions of the Upper Indus* II, London：School of Oriental and African Studies, 1992.

《新獲吐魯番出土文獻》，榮新江、李肖、孟憲實主編，中華書局，2008。

修德寺新 =《河北曲陽修德寺遺址出土佛教造像》，《故宫博物院藏品大系·雕塑編·7》，紫禁城出版社，2011。

** 王丁，德國柏林自由大學哲學博士，上海外國語大學全球文明史研究所教授、博士生導師，主要研究方向爲歷史文獻學、中外關係史、絲綢之路。

"買子""買女""買奴"。中亞近鄰民族中也有語義相近、構型類似的人名使用。其間關係如何，殊堪注意。本文薈集名例，分類列出，並嘗試做一點分析。

中國古代人名中有使用"買"字的例子，最有名的莫如漢代的朱買臣。[1]額濟納河流域的甘肅金塔出土漢簡中亦見"買臣"之名[2]：

印日肩水都尉

七月乙未沙頭卒丁顛以來　　嗇夫買臣（見圖1）

漢簡文書中未署姓氏。買臣是一個常見名，"殷買臣"（見圖2）已見於秦私印[3]，漢世璽印中有"公孫買臣、公孫長卿"雙面印[4]、"翟買臣印"、"張買臣印"[5]，居延漢簡中亦有一張買臣[6]，隋時有大吏名盧買臣。[7]

圖1　嗇夫買臣　　　　圖2　殷買臣

以"買"字入名，在中國古代比較常見，既有一個字的"買"名——春秋晚期就有兩個名爲"石買"的人：越國大臣（越絕書外傳記范伯）、衛國行人（左傳襄公十七年到十九年）。魯國公子買（？～前632），姬姓，名

---

① 《漢書》64 上/2791 - 2794。

② 《地灣漢簡》，86EDT1：1B，中西書局，2017，第98頁。

③ 《上海博物館藏印選》，上海書畫出版社，1979，第34頁。

④ 高慶齡、高鴻裁編《齊魯古印攈》，西泠印社，2019，第161頁。

⑤ 陳直：《漢書新證》，天津古籍出版社，1979，第344頁。

⑥ 謝桂華、李均明、朱國炤：《居延漢簡釋文合校》，文物出版社，1987，第130頁。

⑦ 全唐補《千唐》第155頁大唐故亳州山桑縣令盧府君（守默）墓誌銘，曾祖釋壽，隨雍州鰲屋縣尉，祖買臣，隨楚州鹽城正，父仁爽，不仕，長子法童，亳州司法，次子河童，河州豐縣令。唐開元十七年（729）。

買，字子叢，魯僖公時，公子買爲卿，魯僖公爲討好晉國殺之（左傳僖公二十八年）。也有大量由"買"作爲組成部分的複合詞名字。不僅漢姓人群使用這類名字，非傳統漢姓族群人衆的漢語名字也頗多同型的命名，其出現年代在北朝時代，透露出西域人、內亞人進入中原、與華夏文化接觸交流融合的漸進過程，此爲"人名之爲史料"① 的一端，殊堪注意。以較能體現中下層民衆命名文化的西北漢簡、北朝時期佛教造像記題名、敦煌和吐魯番名籍賬曆文書爲據，參以史籍記載，可見如下的例證。

一　買

漢姓：鮑買，北齊天保八年（557）邑義垣周等造像記。全齊周補194頁。蔡買，西魏大統十四年（548）蔡氏造老君像記。全魏補671頁。[1]程買，北齊天保八年邑義垣周等造像記。全齊周補194頁。[2]程買，全唐文補遺6/303頁唐故周夫人墓志銘，夫人夫君程氏，子買。唐麟德二年（665）。[3]程買，北大拓片D302：6724程買墓志，字善將。高祖德，齊信都尉，曾祖寧，隋河內主簿，祖游，情樂不仕，子匡兒，授騎都尉。唐垂拱三年（687）。范買，西魏大統十一年（545）劉明三十人等造像記。全魏補665頁。傅買，東魏武定年間（543～550）意瑗法義造佛國碑記。全魏補634頁。[1]高買，北魏景明四年（503）高伏德等造像記。全魏補448頁。[2]高買，北魏正始元年（504）高洛周七十人等造像記。全魏補452頁。[3]高買，東魏元象元年（538）紅林渡佛龕記。全魏補573頁。郭買，北齊天保八年邑義垣周等造像記。全齊周補194頁。[1]李買，北魏時期（386～534）田邁造像記。全魏補554頁。[2]李買，北齊天保四年（553）李買造像記。全齊周補172頁。[3]李買，全唐文補遺6/358頁大周故李府君（度）墓志之銘，曾祖，齊荊州司馬。唐長安二年（702）。[1]劉買，西漢文帝，孝王之子。梁孝王子五人爲王。太子買爲梁共王，次子明爲濟川王，彭離爲濟東王，定爲山陽王，不識爲濟陰王，皆以孝景中六年同日立。漢書諸侯王表，漢書文三王傳。[2]劉買（？～前121），漢朝宗室，長沙定王劉發的兒子，漢景帝的孫子，東漢光武帝劉秀的高祖父。元朔五年（前124）六月被封爲舂陵侯，在位四年，死後，謚號節。

---

① 王丁：《人名之爲史料》，《中山大學學報》（社會科學版）2020年第5期。

[3]劉買，趙哀王劉高子，漢景帝玄孫。龍買，北齊天保六年（555）龍買造像記。全齊周補 184 頁。路買，東魏武定元年（543）道俗九十人等造像記。全魏補 598 頁。桑買，北齊天保五年（554）金門太守桑買妻楊造像記。全齊周補 174 頁。石買，元至元十三年（1276），元史 166/3910 – 3911 頁。宋買，北大 A13726 宋買等二十二人造天宮像。北齊天統三年（567）四月八日，河南偃師壽聖寺，端方舊藏。[1]王買，鍾會部下將軍，三國志 28/790 頁。[2]王買，西魏大統六年（540）巨始光等造像記。全魏補 661 頁。[3]王買，東魏武定二年（544）王雙虎等造像記。全魏補 603 頁。[4]王買，北齊河清二年（563）阿鹿交村七十人等造像記。全齊周補 223 頁。[5]王買，北齊武平二年（571）開化寺邑義三百人造像記。全齊周補 273 頁。[6]王買，北齊武平五年（574）惠表等造像記。全齊周補 290 頁。韋買，北齊天保元年（550）張龍伯兄弟造像記。全齊周補 155 頁。吳買，北魏時期（386~534）田邁造像記。全魏補 554 頁。[1]徐買，字玄乾，曾祖和，周徐濮二州刺史、博城縣公，祖舉，隋趙州刺史，父大，唐廓州建安府左果毅都尉，全唐文補遺 2/223 頁唐故右戎翊衛徐君墓志。唐總章二年（669）。[2]徐買，字仁裕，全唐文補遺 8/315~316 頁徐買墓志，祖。武周證聖元年（695）。袁買，三國時代袁紹子，其兄名袁尚。三國志 6/207 頁裴注引吳書曹瞞傳。[1]張買，東魏元象元年（538）紅林渡佛龕記。全魏補 573 頁。[2]張買，西魏大統十年（544）邑子二十七人等造像記。全魏補 664 頁。[3]張買，女，北魏承明元年至太和十四年（476~490）張道果等造像記。全魏補 429 頁。掌買，全唐文補遺 3/467 頁大唐故處士掌府君（徹）墓志銘並序，徹祖，隋邢州沙河縣令。唐垂拱二年（686）。

二　買買

漢姓：張買買，唐納糧户籍與曹先玉借麥契。中國歷史博物館藏法書大觀第 11 卷晋唐寫經晋唐文書 186 頁。户主張元興之孫。

胡姓：石買買，女性，S.2669 管內尼寺（安國寺、大乘寺、聖光寺）籍，865~870 年，尼名乘崇；翟買買，S.2228 亥年修城夫丁使役簿。819 年。

三　買得、買德

漢姓：陳買德，北齊太寧二年（562）龍道果殘石。全齊周補 220 頁。董買德，北齊天保十年（559）李榮貴兄弟等造經像記。全齊周補 201 頁。馮買德，北魏正始二年（505）馮神育二百二十人等造像記。全魏補 456 頁；高買得，北魏景明四年（503）高伏德等造像記。全魏補 448 頁。高買德，渤海郡蓨縣人，北齊後主高緯第四子。北齊書 12/164 頁。郭買德，北齊河清二年（563）阿鹿交村七十人等造像記。全齊周補 223 頁。雷買德，東魏武定元年（543）道俗九十人等造像記。全魏補 597 頁。[1]李買得，北魏人，宋書 77 柳元景傳。南朝宋元嘉二十七年（450）。[2]李買得，東魏興和四年（542）李顯族造像碑記。全魏補 587 頁。劉買德，使持節員外散騎常侍冠軍將軍梁州刺史順陽公劉買德。宋書 95/2335 頁。盧買德，新唐書 73 上/2938 頁，父珣，同州參軍。買德歷官未詳。子虔，弟孝德。任買德，北魏景明四年（503）馬振拜等造像記。全魏補 449 頁。蘇買德，東魏興和三年（541）呂升歡等造天宮金像記。全魏補 583 頁。[1]孫買德，范陽人，爲徐遵明與田猛略師，授業一年。北史 81/2719 頁。北魏永熙二年（533）前卒。[2]孫買德，北齊河清四年（565）王邑師道□等造像記。全齊周補 238 頁。[1]王買得，魏太武帝時濟州刺史，魏書 4 下/108 頁。資治通鑑宋紀七 125/3947 頁作王買德。南朝宋元嘉二十七年（450）。[2]王買得，王建玄孫，王安都子，魏書 30/711 頁。[3]王買德，資治通鑑晉紀三十八 116/3643 頁，秦鎮北參軍王買德奔夏，夏王勃勃問以滅秦之策，買德曰：秦德雖衰，藩鎮猶固，願且蓄力以待之。勃勃以買德爲軍師中郎將。東晉義熙七年（411）。[4]王買德，S.2071v 請處分得王買德等承料地狀，8 世紀後期。吳買德，東魏興和四年（542）大吳村百人造像記。全魏補 589 頁。顏買德，北齊天保八年（557）比丘法陰造像記。全齊周補 191 頁。[1]楊買德，北魏神龜二年（519）比丘慧端造像記。全魏補 481 頁。[2]楊買得，北齊天保七年（556）廣武令趙郎奴造像記。全齊周補 188 頁。姚買得，資治通鑑晉紀三十一 110/3458 頁，秦泫氏男姚買得謀弒秦主興，不克而死。東晉隆安元年（397）。元買得，大鄭上柱國鄧國公故太夫人義安郡夫人元氏墓志。女，字買得，祖匡，魏東陽王，父元叉，隋濟南王。十四歲歸於那盧氏。第二子和。大鄭開明元年（619）。全唐文補遺 5/

97 頁。樂買德，東魏武定七年（549）武德郡建沁水義橋石像碑記。全魏補 622 頁。[1] 張買德，北魏正光三年（522）元悦造塔記。全魏補 495 頁。[2] 張買德，東魏武定年間（543～550）意瑗法義造佛國碑記。全魏補 633 頁。[3] 張買得，北齊天保七年（556）廣武令趙郎奴造像記。全齊周補 188 頁。[4] 張買得，北齊天保七年（556）廣武令趙郎奴造像記。全齊周補 188 頁。[5] 張買得，P. 3418v 敦煌鄉缺枝夫數。9 世紀末～10 世紀初。[1] 趙買德，北魏正光四年（523）翟興祖等造像記。全魏補 498 頁。[2] 趙買德，北齊武平二年（571）開化寺邑義三百人造像記。全齊周補 273 頁。

胡姓：安買德，S. 542v 戌年沙州諸寺丁壯車牛役簿。818 年。曹買德，北周保定元年（561）一百三十人等造像記。全齊周補 59 頁。康買得，舊唐書 50/2154 頁，雲陽縣角抵力人張菈負羽林官騎康憲錢，憲往徵之。菈乘醉打憲將殞，憲男買得年十四，持木鐘擊菈首破，三日而卒。刑部奏覆因刑部員外郎孫革奏，獲唐穆宗敕免死：康買得尚在童年，能知子道，雖殺人當死，而爲父可哀。若從沈命之科，恐失原情之義，宜付法司，減死罪一等。唐長慶二年（822），新唐書 195/5587 頁，唐會要 39/712 頁。名或寫作買德：舊唐書 16/497 頁，册府元龜 896/10412 頁校訂本。石買德，P. 3559 敦煌從化鄉差科簿。唐天寶九載（750）。

另有何賣德（圖 3），P. 2738v 社司轉帖。9 世紀後期。應是買德的訛寫。

圖 3　何賣德

四　買子、買女

漢姓：李買子，P. 2049v 淨土寺諸色入破歷計會牒。後唐同光三年（925）。令狐買子，S. 6045 便粟麥歷。丙午年（946）。馬買子，BD. 16096B 便麥歷。9～10 世紀。陰買子，S. 2710 洪閏鄉百姓樊富川賣牛契。938 年。

胡姓：安買子，S. 6198 納贈歷。10 世紀。史買子，TCW I/317 高昌延昌三十四年（594）調薪文書一。

女性：蘭買女，北周武成二年（560）邑子五十人等造像記。全齊周補 55 頁。李買女，北齊天保十年（559）李榮貴兄弟等造經像記。全齊周補 201 頁。任買女，北齊武平元年（570）楊映香造像記。全齊周補 269 頁。楊買女，北周天和五年（570）普屯康等造像記。全齊周補 88 頁。孫買女，東魏武定元年（543）邑義五百人造像記。全魏補 596 頁。張買女，東魏天平四年（537）朝陽村邑儀卅人造像記。修德寺新 42925。

女性名有"買女"的同義變體，如"買姿"。張買姿，北魏時期（386～534）陳氏宗族造像記。全魏補 555 頁。"買容"：開光明主□買容，北魏時期（386～534）陳氏宗族造像記。全魏補 555 頁。"買姜"：□買姜，西魏大統四年（538）合邑四十人造像記。全魏補 658 頁。①

五 買奴、市奴、買婢

漢姓：杜買奴，居延漢簡 221. 30/叁/43，…］里杜買奴年廿三庸北里李［…。馮買奴，新獲吐魯番文書 131 闞氏高昌永康年間供物差役、差役帳。466～485 年。高買奴，北魏景明三年（502）高樹等造像記。全魏補 444 頁。高買奴，北魏景明四年（503）高伏德等造像記。全魏補 448 頁。李買奴，西魏恭帝元年（554）薛山具二百他人造像記。全魏補 677 頁。梁買奴，北齊天保八年（557）邑義垣周等造像記全齊周補 194 頁。劉買奴，北魏景明四年（503）劉雄頭等四百人造像記。全魏補 447 頁。吕買奴，西魏大統六年（540）巨始光等造像記。全魏補 660 頁。索買奴，P. tib1088C 敦煌諸人磑課麥曆。835～837 年。¹王買奴，魏書 9/245，19 下/498，73/1640。²王買奴，東魏武定七年（549）王光造像記。全魏補 621 頁。奚買奴，奚拔子，受寵於魏獻文帝。資治通鑑宋紀十六 134/4188 頁，魏大司馬、大將軍代人萬安國坐矯詔殺神部長奚買奴，賜死。南朝宋元徽四年（476）。晏買奴（見圖 4），73EJT25：63 肩水金關漢簡（叁中）/50，居延利上里人。陰買奴，BD. 9324 某寺諸色入破歷，8～9 世紀。陰買奴，S. 4491 地畝計會。9 世紀前

---

① 參見石越婕《北魏女性佛教造像記整理及研究》（碩士學位論文，中山大學，2016）。另有缺文的含"買"字的女性名字：作妻王買□。北魏正光二年（521）錡麻仁合家造像記。全魏補 491 頁。

期。袁買奴，北齊濟北郡人，以書法聞名，與同郡張景仁、魏郡姚元標、穎州韓毅、滎陽李超等齊名。北齊書 44/590 頁。張買奴，北齊書 44/687 頁。張買奴，元代燕人，官錢塘，病歿，其妻王氏爲其守寡終生。元史 200/4493 頁。

圖 4　晏買奴

另外有偶爾見於敦煌文書的"賣奴"名，如：陽賣奴，P. 2738v 社司轉帖。9 世紀後期。應係訛寫，與前文"（何）賣德"的情形相似。（見圖 5）

圖 5　陽賣奴

胡姓：白買奴，TCW IV/12 唐白買奴等殘名籍。曹買奴，TCW III/ 491 唐開除見在應役名籍。唐永淳二年（683）前後；鄯買奴，Ast. IX. 6. 03（e），陳國燦斯坦因文書 374 頁唐總章二年（669）到咸亨元年（670）西州長行坊死馬價及皮價帳。翟買奴，S. 2228 絲綿部落夫丁修城使役簿。819 年。

女名：竺買婢，新獲吐魯番文書 381 麴氏高昌延昌十四年（574）墓康虜奴及妻竺氏墓表。康虜奴妻。荀買嬋，東魏武定七年（549）武德郡建沁水義橋石像碑記。全魏補 623 頁。

與買奴語義近似的還有市奴：李市奴，北魏永安三年（530）比丘惠輔等一百五十人造像記。全魏補 529 頁。王市奴，東魏武定年間（543～550）意瑗法義造佛國碑記。全魏補 634 頁。

結　論

"買來的孩子"類型名，時代久遠，跨越性別。就目前所見的材料，缺乏説明何以如此起名的傳記記載。其實人名的命意屬於有關家庭内部的私人生活範圍，倘若其本人或親近知情者不予公開，他人便無法確知。就字面意義而言，"買得"似乎是通過購買而獲得，伊朗語、粟特語、回鶻語類似語義的人名對此也有印證。

通過類比法可以觀察到，中國古人使用"X + 得"這個構型的人名，"買得"之外，還有以下人名。"客得"（安客得，TCW II/296 某人買葡萄園契）。"佛得"（左佛得，TCW I/337 高昌章和十一年/541 年某人從左佛得邊買田券；石佛得，P. 3249v 將龍光彦等隊下人名目，9 世紀中期）。"道得"（龙道得，TCW II/189 唐孫阿海等名籍，父名龍相人）。"厠得"（康厠得，TCW II/171 高昌司空□子等田帳）。"糞得"（陽糞得，TCW I/256 高昌某年永安安樂等地酤酒名簿；康糞得，TCW II/297 某人用練買物契）。"石得"（樊石得，新獲 302 唐某年八月西州高昌縣寧泰等鄉名籍）。"桑得"（匡桑得，TCW I/350 高昌將阿伯等所領人名籍）。"園得"（竺園得，TCW II/74 高昌延壽十四年/637 年兵部差人往青陽門等處上現文書）。"圈德"（何圈德，大谷文書 3021 兵役關係文書；扣圈德［見圖 6，扣，疑當讀和］，TCW III/491 唐開除見在應役名籍；李圈德，大谷文書 3021 兵役關係文書；李圈德，TCW III/296 唐某府官馬帳）。"拾得"（田拾得，全唐文補遺 5/447 頁大周田府君［仁訓］墓志銘，孫女：大姐、三姐、拾得、姐兒。後周顯德二年/955 年）。"乞得"（蔡乞得，P. 3418v8 平康鄉缺枝夫數名目，9 世紀末~10 世紀初。柴乞德，北齊天統元年/565 年柴季蘭等四十餘人造像記。全北齊北周文補遺 241 頁。高乞德，北魏正光五年/524 年杜文慶等二十人造像記。全北魏東魏西魏文補遺 502 頁。康乞得，魏書 77/1699：民有姜洛生、康乞得者，舊是太守鄭仲明左右，豪猾偷竊，境内爲患。（辛）纂伺捕擒獲，梟於郡市，百姓忻然。北史 80/1821。王乞得，城民，魏書 55/1231 頁。徐乞德，北大 D301：1063 洛陽龍門敬善寺題名徐乞德並妻曹女大娘等造像記）。X 項的詞彙指向孩兒的來源、處所、得到方式，勾勒出這類生子名的基本意圖爲紀念得子的特別生活情境而起。

"佛得"表示得自佛陀，換一個方向從給予者的角度説，這個名字就是"佛賜"、"佛護"（¹張伏護，北齊天保三年/552 年張道明等八十人造像記，全北齊北周文補遺 166 頁；²張伏護，大谷文書 3021 兵役關係文書；趙伏護，全唐文補遺 5/295 頁□□□□部常選天水趙府君墓志銘，墓主□恭之祖，朝散

圖6 扣（和?）圈德

大夫、巫州□郎縣令。唐景龍三年/709年）。另一對名字"天德/得""天賜"，
情形相仿，也屬於表達對於上天神祇施予子嗣的感恩類人名。天德：曹天德，
P. 3249v將龍光彥等隊下人名目（土肥09119）。9世紀中期。高天德，S. 5824
經坊費負擔人名目，8世紀末~9世紀初。荔非天德，北魏正光二年（521）荔
非天德造像記。全北魏東魏西魏文補遺494頁。王天德，魏書93/1996，北史
92/3021。徐天德，北魏正光五年（524）道充等一百人造像記。全北魏東魏西
魏文補遺506頁。尹天德，P. 3167v安國寺道場司關於（五尼寺）沙彌戒訴狀。
唐乾寧二年（895）。翟天德，據《書法叢刊》2015年4期王菁、王其褘《歐
陽筆法　再現長安——新出土唐貞觀八年〈翟天德墓志〉芻議》刊布的《大
唐故五雲府車騎翟府君墓志》，翟府君名天德，字抱義，雍州螫屋人，曾祖薩、
祖演，并不營不慮，以道自樂。父波，周朝邑縣令。傳2015年於西安發現。唐
貞觀八年（634）十二月廿五日葬。天賜：淳于天賜，西魏時期（535～556）
陳瑜等造像記。全北魏補683頁。高天賜，北魏正光四年（523）翟興祖等造
像記。全北魏補498頁。李天賜，魏書65/1439頁。劉天賜，北魏景明四年
（503）劉雄頭等四百人造像記。全北魏補447頁。史天賜，西魏時期（535～
556）陳瑜等造像記，全北魏補683頁。王天賜，東魏武定年間（543～550）
意瑗法義造佛國碑記。全北魏補634頁。王天賜，北齊天保十年（559）法
悅等一千人造像記，全北齊補208頁。張天賜，北魏時期（386～534）山東
諸城單軀立佛題名。全北魏補558頁。人名中"天賜"又寫作"天錫"，如
黃天賜，資治通鑑齊紀十144/4506頁，建寧太守黃天賜與益宗戰於赤亭。南
朝齊和帝中興元年（501）。這位黃天賜的名字，《册府元龜》作黃天錫（校
訂本353/3989頁）。以"天錫"爲名的最著名的人物是張天錫。① 此外例多

---

① 晉書86/2250頁本傳："天錫字純嘏，駿少子也，小名獨活。初字公純嘏，入朝，人笑其三字，因
自改焉。"張天錫名、字的出典是《詩經·魯頌·閟宮》"天錫公純嘏，眉壽保魯"。

不贅。有趣的是，古敘利亞語和波斯語都有的人名 yzyd'd，以及其在阿拉伯語變體拼法 'zd'd，均爲"神賜"之義①，人名的構型也與漢文化的"天賜"類似。

從上文羅列的名例可知，"買得"見於人名其例甚多，時間跨度也頗大，目前所見，最早的是東晉時代的姚買得（397）。從有生平記載的有關人物的生平看，名爲"買得"的人，未必真是買來的孩子。南北朝時，多有三公、刺史等高官名爲"買德""買得"的。東晉人桓冲，字幼子，小字買德，其父爲東晉宣城內史桓彝，其兄爲大司馬桓温（字元子，晉書74/1948頁，98/2568頁）。皇室成員中也不乏"買來"之例，北齊後主有五個兒子：穆皇后生幼主，諸姬生東平王恪，次善德，次買德，次質錢（北齊書12/164頁十二齊安王廓等十王傳）。買德、質錢，説的分別是這個孩子是買來的，這個孩子是可以典出去換錢的。帝王之家的皇子起俚俗小名，並不是記實，而是有其他用意。唐人呂德，字買（全唐文補遺3/385頁大唐故處士呂府君［德］陳夫人墓志銘，唐麟德元年/664年），明顯是把"買德"視爲一個固定人名，拆開分別作爲名、字來使用。

"買奴"貌似一個俚俗的名字，甚至會令人推測其後有卑賤的出身背景，實則未必。北齊時的張買奴，"平原人也，經義該博，門徒千餘人。諸儒咸推重之，名聲甚盛。歷太學博士、國子助教，天保中卒"（北齊書44/687頁），得入儒林傳。元代燕人張買奴，官錢塘，病殁，其妻王氏爲其守寡終生（元史200/4493頁）。元代移剌捏兒，契丹人，子買奴、元臣（別名哈剌哈孫）。遼亡，金以爲參議、留守等官，皆辭不受。隨元太祖舉兵，多佐太師木華黎攻城拔邑，卒贈推忠宣力保德功臣、太尉、開府儀同三司、上柱國，追封興國公，謚武毅。買奴蚤從父習戰陣，從諸王按赤台征女直萬奴部，有功。乙未，從征高麗，入王京，取其西京而還，賜金鎖甲，加鎮國上將軍、征東大元帥，佩金符。復命出師高麗，將行，以疾卒，年四十。贈推誠效義功臣、榮禄大夫、平章政事，追封興國公，謚顯懿（元史149/3529～3530頁）。元代王公中有不止一位名爲"買奴"的，如泰寧王、宣靖王，

---

① James Montgomery, *Aramaic incantation texts from Nippur*, Philadelphia: University Museum, 1913, p. 150; Ferdinand Justi, *Iranisches Namenbuch*, Marburg: N. G. Elwert, 1895, pp. 147, 149; Joseph Naveh & Shaul Shaked, *Amulets and Magic Bowls*, 2nd edition, Jerusalem: Magnes Press, 1987, p. 158.

《元史》的纂修者混而爲一，钱大昕有考辨。①

以"奴""婢"字眼入名，是中國古代命名文化中的一種既特殊又普遍的現象。人名中出現"奴"字，有兩種情況，一種是實際的奴隸、僕人，另一種是引申意義上的奴僕、信從者。古人有給乳兒、幼兒起小名（又稱"小字"）的習俗，如唐高宗李治小字雉奴（新唐書 80/3570 頁）；北魏時期大臣、安南將軍高讜之子，司空高允的堂弟高祐，小字次奴（魏書 57/1258 頁），因爲他有兄名祚，所以次奴這個小字的寓意就是次子。如果是起名者和得名人之間存在主奴關係，那麼這個名字就可能是主人爲此特意起的，反映了奴僕的社會地位，如唐文宗時宮人劉好奴（舊唐書 173/4491 頁）；吐魯番官方製作的《武周先漏新附部曲客女奴婢名籍》（TCW III/525 – 28）中登錄了上百個男女奴婢，有一人名爲小奴，不啻於直接將他的社會地位名稱作爲專名使用。虵奴（TCW III/520 武周陰倉子等城作名籍），想必是一個生於蛇年的人。"奴"作爲人名成分，有廣義、狹義兩重意義。在狹義上說，"奴"這個概念在人名中表示向神明、超自然力量的虔敬、服從，對神聖事物的謙恭、對古聖賢的頂禮。②

北朝民衆對使用"買"字的名字似乎特別喜好，佛教造像記題名中所見包含"買"字的名字可舉例如下。

阿買，北齊天保元年（550）張龍伯兄弟造像記。全齊周補 155 頁。

阿買，北齊河清二年（563）阿鹿交村七十人等造像記。全齊周補 223 頁。

趙買仁，北魏正光四年（523）趙首富等六人造像記。全魏補 501 頁。

衛買胡，北魏時期（386～534）常岳百餘人造像記。全魏補 544 頁。

高買虎，北魏景明四年（503）高伏德等造像記。全魏補 448 頁。

范買苟，北魏孝昌三年（527）法義九十人等造塔記。全魏補 519 頁。

李買生，東魏時期（534～550）一百五十人造像題名。全魏補 651 頁。

---

① 廿二史考異卷九十一諸王表：泰寧王買奴，至治二年封，泰定二年徙封宣靖王。案：本紀，泰定元年三月，泰寧王買奴卒，以其子亦憐真朵兒赤嗣。即此買奴也。又，泰定三年，封諸王買奴爲宣靖王，鎮益都。順帝至元二年，進封宣靖王買奴爲益王。蓋同時有兩買奴，一爲泰寧王，一爲宣靖王。封宣靖者，答里真官人之後，益都乃其分地。封泰寧者，未詳其世系。表誤合爲一人，因有徙封之説。

② 參見王丁《胡名盤陀考》，向群、萬毅編《姜伯勤教授八秩華誕頌壽史學論文集》，廣東人民出版社，2019，第 179～206 頁。

馬蘭寺佛像題名。全魏補 300 頁。

李買養，東魏興和四年（542）李顯族造像碑記。全魏補 588 頁。

呂買愛，東魏興和三年（541）呂升歡等造天宫金像記。全魏補 583 頁。

陳買歡，北齊天保八年（557）邑義垣周等造像記。全齊周補 194 頁。

郭買歡，北魏正光四年（523）趙首富等六人造像記。全魏補 501 頁。

向買定，北魏時期（386～534）徐天達等造像題名。全魏補 552 頁。

周買成，北齊河清二年（563）陽阿故縣造像記。全齊周補 225 頁。

張買勝，東魏武定元年（543）邑義五百人造像記。全魏補 594 頁。

李買興，東魏興和四年（542）李顯族造像碑記。全魏補 588 頁。

李買興，西魏時期（535～556）李早生等造像題名。全魏補 679 頁。

陶買興，北魏正光四年（523）翟興祖等造像記。全魏補 498 頁。

王買興，北魏神龜三年（520）錡雙胡二十人等造像記。全魏補 485 頁。

衛買興，北齊河清二年（563）阿鹿交村七十人等造像記。全齊周補 223 頁。北齊皇建二年陳神忻七十二人等造像記。全齊周補 217 頁。

張買興，東魏武定元年（543）邑義五百人造像記。全魏補 596 頁。

郭買祚，北齊天保二年（551）郭買祚造像記。全齊周補 161 頁。

樂買糠，北齊河清元年（562）樂買糠造像記。全齊周補 221 頁。

郭買儁，北齊天保二年（552）張道明等八十人造像記。全齊周補 166 頁。

姚郭買，北齊河清二年（563）陽阿故縣造像記。全齊周補 225 頁。

劉張買，北齊河清二年（563）陽阿故縣造像記。全齊周補 225 頁。

柴宋買，北齊天統元年（565）柴季蘭等四十餘人造像記。全齊周補 241 頁。

張石買，北齊河清二年（563）阿鹿交村七十人等造像記。全齊周補 223 頁。

史清買，北齊河清二年（563）陽阿故縣造像記。全齊周補 225 頁。

陳征買，北齊天保三年（552）張世寶三十餘人造像記。全齊周補 164 頁。

張銀買，北齊天保三年（552）張道明等八十人造像記。全齊周補 166 頁。

在上述名例中，有表達新生兒得到方式的名字，如"征買"，令人想到唐開元初年胡將軍安道買。"開元初，（安）延偃族落破，胡將軍安道買男孝節並波注男思順、文貞俱逃出突厥中。道買次男貞節爲嵐州別駕收之。禄山年十餘歲，貞節與其兄孝節相攜而至，遂與禄山及思順並爲兄弟，（禄山）乃冒姓安氏。"① "道買" 字面義爲 "買於路上"，這是一個 "語句名"（Satzname），即一個表達事況的包含動詞的短句。

直接表述因交易而獲得人口的名字是 "市買"。成公市買，北魏正光五年（524）道充等一百人造像記。全魏補 506 頁。馮市買，北魏正始二年（505）馮神育二百二十人等造像記。全魏補 456 頁。傅市買，東魏時期（534～550）比丘惠敢等題名。全魏補 643 頁。李市買，東魏興和四年（542）李顯族造像碑記。全魏補 587 頁。梁市買，北齊天保五年（554）暢洛生等造像記。全齊周補 176 頁。呂市買，東魏興和二年（540）廉富等鑿井造像記。全魏補 576 頁。東魏興和三年（541）呂升歡等造天宫金像記。全魏補 584 頁。王市買，東魏武定二年（544）王貳郎造像記。全魏補 600 頁。張市買，北齊天保三年（552）張道明等八十人造像記。全齊周補 166 頁。鄭市買，北齊武平六年（575）鄭季茂六十一人等造像記。全齊周補 292 頁。

在 "買得/買德" "買子" "買奴" 這三種名字上，寓華胡人重複率較高。胡姓人的安買德、曹買德、何賣德、康買得和石買德與眾多漢姓的王買德、趙買德生活於相近時代與地域，自然存在着文化接受的可能，屬於文化同化的現象。然而，就 "買得" 這個人名而言，卻也存在一個胡人自身命名文化的背景：粟特人名中有 xrytk，見於吐魯番出土的大谷文書 1144②，從形態上説，這個名字是粟特語動詞 xryn 的過去分詞形式，意思是 "買下來的"。中古波斯語有複合形式 Asp-xrīd "買駒"、Diz-xrīd "買（於）城堡"③。波

① 安禄山事迹卷上。舊唐書 200 上/5367 頁安禄山傳，開元初，禄山與將軍安道買男具逃出突厥中；新唐書 4/97 頁，平狄軍副使，於勝州擊敗入寇之突厥默啜。武周神功元年（697）。新唐書 225 上/6411 頁，開元初，偃攜以歸國，與將軍安道買亡子偕來，得依其家，故道買子安節厚德偃，約兩家子爲兄弟，乃冒姓安，更名禄山。

② 吉田豊「ソグド語雜録（III）」『内陸アジア言語の研究』V、1989、91–107 頁，第 95 頁注 2（在綴合大谷 1144 和西域文化資料 2921 的基礎上）。Yoshida Yutaka, "Sogdian Miscellany III." In R. E. Emmerick & D. Weber（eds.），*Corolla Iranica Corolla Iranica*：*Papers in Honour of Prof. Dr. David Neil MacKenzie on the Occasion of His 65th Birthday on April 8th，1991*，Frankfurt：Peter Lang，1991，pp. 237–244，esp. 240.

③ Ph. Gignoux，*Noms propres sassanides en moyen-perse épigraphique*，Wien：Verlag der Österreichischen Akademie der Wissenschaften，1986，pp. 49，77.

斯、阿拉伯命名文化中也不乏"買得"名的使用。①根據穆斯林史料，751 年
（唐天寶十載）之前在位的史國君主名爲 al-Ixrīd，名字的意思即是"買
得"。② 友人盧湃沙博士提醒我，巴克特里亞語人名材料中的 σαγγοχιρδο
（Sang-khird）"（以）石頭交易而得"（bought for a stone）③，也屬於"買"類
名字。從構型和語義上看，這個胡名頗似前文引及的北朝人名（張）石買。
但這也僅僅是孤立觀察，如果將之與同時代的劉張買、姚郭買、柴宋買並列
對照，便不難發現，這四個漢名都是兩個姓氏在前，買字在後，似乎暗示兩
氏之間發生過商業交易行爲，這個名字可以説是一種憑證或者紀念。可惜此
類名字數量雖然不少，但没有有關傳記記載的確證。

突厥回鶻語中，"買得"名也有對應形式：satilmiš（證人 satilmiš baγsi、
貴人名簿 satilmiš šamsadin mir usayin išbau-a amidadin maqmad urustam）以及
satilmis（temuür satilmis' ekiten toγacin šügüsücin "鐵穆爾、買得以及其他會
計官吏、供張官吏"）。德國探險隊在吐魯番發現的造寺奠基木杵文書上記録
了兩位施主，其中一位名叫 satmïš tarqan "買德達干"。④

蒙元時代仍可見蒙古貴族名爲"買的"，男女通用。男性的例子：伯顔
子買，僉樞密院事；囊加歹，樞密副使。孫相嘉失禮，同僉樞密院事、集賢
學士（元史 127/3116 頁）。女性的有：昌國大長公主益里海涯，成宗女，適
忽鄰子昌王阿失。繼室以昌國大長公主買的，憲宗孫女也（元史諸公主表
109/2759 頁上欄）。元代還有人名"買得用"，延祐二年（1315）正月，江南
行台准御史台咨：承奉中書省劄付：來呈："備監察御史呈：（余）〔榆〕林驛
申：奉兵部別里哥該：有宣徽院節次差委和尚、買得用等一十一起一十七人到
驛抽分羊馬，日給鋪馬，關支分例。"（元典章禁治久食分例 16/12b）

世界其他民族語言的命名文化中是否也存在表示"買子""買得"形式的
人名，尚有待進一步研究。

① Annemarie Schimmel, *Von Ali bis Zahra：Namen und Namengebung in der islamischen Welt*, München：
   C. H. Beck, 1995, p. 60.
② Pavel B. Lurje, *Personal Names in Sogdian Texts*, Wien：Verlag der Österreichischen Akademie der Wis-
   senschaften, 2010, No. 1418.
③ Nicholas Sims-Williams, *Bactrian Personal Names*, Wien：Verlag der Österreichischen Akademie der Wis-
   senschaften, 2010, No. 402.
④ V. Rybatzki, *Die Personennamen und Titel der mongolischen Dokumente：eine lexikalische Untersuchung*,
   Helsinki：The Institute for Asian and African Studies, 2006, pp. 670, 395.

A Child That was Bought

— An Anthroponymic Type in the Oriental Societies

Wang Ding

Abstract: A category of personal names with the meaning of "a bought child", such as Maide (a bought one), Maizi (a bought boy), Mainu (a purchased servant/slave), and Maibi (a purchased maidservant), is frequently encountered in the records of Chinese antiquity. While the historic sources have occasional mention of such names as nickname, their occurrences in manuscript documents and epitaph inscriptions show a clear picture that they were regarded as official names. They were adopted by people from all social classes. And the gender distribution is also quite equal. It is to be noted that names with similar semantics an forms are also seen in non-Chinese ethnic groups in Central Asia. There are examples from the Persian, Sogdian, Turko-Uyghur onomasticon. This seems to show a common feature in the oriental naming culture. Collecting name examples of the basic type and under comparison with similar structure as Fode (got from Buddha) as well as Daode (Found on the Way), this essay aims to propose a first categorization and analysis.

Keywords: Onomastics; Maide; Maizi/Maibi; Mainu

現代藏語雙音複合詞的構造

——基於《漢藏對照詞典》A~C組詞的統計分析

周作明 吳 凡*

摘 要 本文以《漢藏對照詞典》A~C組藏語雙音節詞爲文本基礎，對其中的雙音複合詞進行分類統計，描寫其結構類型，分析其語義關係，探求現代藏語複合詞的構詞規律。研究表明，現代藏語中詞法和句法總體具有一致性，複合詞的構造類型與漢語相近，體現出語素單音化、組合層級性、語素意義緊密性等漢藏語的共同特點；與此同時，藏語派生詞較多，其他各類詞的成詞能力、結構和語義關係類型都有其自身特點，體現出符合其歷時發展和自身語言特點的鮮明個性。

關鍵詞： 現代藏語 《漢藏對照詞典》 複合詞 構詞法 語義關係

引 言

20世紀50年代以來現代語言學理論和研究方法的引入，極大地推動了藏語言研究，藏語複合詞的構詞方式及構詞能力等問題受到重視。並列結構較早且持續受到關注，胡坦討論了藏語並列結構的特徵①，才項措、王雙成對藏語並列結構的形式類型、形態句法特徵、語義類型特徵進行了論述②，戴慶廈則從漢藏語系的宏觀視角對並列複合詞詞素順序形成中的語音和語義因素進行了分析③；重疊現象引人注目，江荻從詞法和句法角度討論了藏語同形音節的重疊和重複現象。④ 附加式在藏語構詞中有重要地位，張濟川對

---

* 周作明，男，西南民族大學中國語言文學學院教授，博士生導師，主要研究方向爲漢語史及漢、藏語比較；吳凡，女，西南民族大學中國語言文學學院2019級碩士研究生，主要研究方向爲漢、藏語比較。

① 胡坦：《藏語並列式複合詞的一些特徵》，《民族語文》1986年第6期。
② 才項措、王雙成：《藏語的並列結構》，《中國藏學》2020年第2期。
③ 戴慶廈：《漢藏語並列複合詞韵律詞序的類型學特徵——兼論漢藏語語法類型學研究的一些認識問題》，《吉林大學社會科學學報》2015年第3期。
④ 江荻：《藏語的重疊》，《東方語言學》（第十八輯），上海教育出版社，2019。

藏語幾個後綴進行了分析①，徐世璇則從漢藏語系角度對附加式構詞做了比較分析。也有對藏語方言或詞彙構詞進行全面研究的②，結昂對藏語工布話中不同詞類的構詞方法與拉薩話進行了比較研究③；王用源試圖從構詞法角度爲漢藏同源關係提供參證，較爲系統全面地論述了藏語構詞法。④ 總體來看，藏語構詞研究儘管取得了不小進展，但總體仍須加強，不少微觀層面的分析尚待全面展開，而相關宏觀的討論亟須基於資料統計的支撐分析。

《漢藏對照詞典》以我國民族共同語漢語詞彙爲編譯基礎，兼收部分藏譯出版讀物的詞彙，詞彙背景具有相當廣泛的實踐性和通用性，共收詞八萬餘條。本文以《漢藏對照詞典》A～C組爲文本語料，以人工篩選、標記的方法逐條錄入文檔，建立藏語雙音節複合詞語料庫，並從結構和語義關係兩方面對其展開分析。本文嘗試討論並回答以下問題：（1）藏語的詞法和句法之間有何聯繫？（2）藏語複合詞詞素間的語義關係如何？

一 藏語雙音節複合詞的分類描寫

作爲藏語言中最小的音義結合體，單音節語素或單獨成詞，或相互組合，以滿足人們的表達需求。單音節語言走向雙音化是漢藏語系語言的共同規律，王力指出："大部分的詞以單音節的詞根爲基礎，這是漢藏語系被稱爲單音節語或詞根語的由來。這並不妨礙這些語言具有很多複音詞，並且還繼續向複音的道路上發展。"⑤ 藏語較早便體現出由單音向多音發展的趨勢。古藏語形態發達，作爲對其由綜合走向分析的補充，藏語在發展中產生的後綴使用頻繁，故派生式構詞在藏語構詞中具有重要作用，對偏正式、聯合式、支配式、補充式等構詞方式的形成和演進有推動作用。下面以派生式爲首，分八類對藏語雙音節複合詞的結構和語義關係進行論述。

① 張濟川：《對藏語幾個後綴的分析》，《中國藏學》1994 年第 1 期。
② 徐世璇：《漢藏語言的派生構詞方式分析》，《民族語文》1999 年第 4 期。
③ 結昂：《工布藏語構詞法》，《民族語文》1993 年第 4 期。
④ 王用源：《漢語和藏語複音詞構詞比較研究》，博士學位論文，南開大學，2010。
⑤ 王力：《漢語史稿》，中華書局，1980，第 27 頁。

（一）派生式複合詞的結構和語義關係

1. 派生式複合詞的結構

派生式是藏語的基本構詞方法，由詞根與詞綴複合而成。藏語詞綴較豐富，作用多樣。根據其附加成分性質，可將詞綴分爲構形詞綴、成詞詞綴和構詞詞綴。構形詞綴表現的是同一個詞不同的形式變化，屬於語法範疇，因此不納入構詞法考察的範圍。本文主要討論"成詞詞綴"和"構詞詞綴"。關於成詞詞綴，金鵬認爲，有些"名詞或形容詞所帶的附加成分，除了在一部分名詞裏有構詞的附加意義外，在大多數詞裏，既沒有構成新詞的作用，也沒有表示詞性的作用。但這些詞的詞根必須和附加成分結合在一起，才成爲一個完整的詞。"① 常見的藏語成詞詞綴有 pa、po、ma、mo、ba 等。而構詞詞綴，其出現位置固定，形式與意義之間聯繫明確，且使用具有一定程度的規則性和周遍性，能夠構成新詞。常見的藏語構詞詞綴有 pa、po、ba、ma、mo、cha、mkhan、can 等。

表1 藏語雙音節派生式複合詞的構成

單位：個，%

數量	類型	占比	數量
803	成詞詞綴	90.41	726
	構詞詞綴	9.59	77

藏語派生構詞中的前綴較少，主要以後綴爲主。派生而成的詞，有名詞性、動詞性或形容詞性的。如表1所示，成詞詞綴占90.41%，構詞詞綴占9.59%。雖然成詞詞綴在數量上占優，但這些詞綴一般已與詞根凝結爲固定的詞，在現代藏語中能産性已降低；而構詞詞綴數量雖較少，但詞綴的類推構詞功能强，能表達一定程度、較爲抽象概括的詞彙意義。卞成林認爲，構詞數量占優勢的詞結構模式是靜態的，而具有相當的數量分布，同時能産性較强的結構方式是動態的，靜態的構詞能力和動態的生成能力並不總是重合。② 董秀芳進一步指出，造成這種構詞能力强而生成能力差的現象或許與

---

① 金鵬主編《藏語簡志》，民族出版社，1983，第20頁。
② 卞成林：《漢語工程詞論》，山東大學出版社，2000。

派生結構進一步詞彙化所導致的詞綴功能的衰落及原有詞法模式能産性的喪失有關。① 雖然藏語 pa、po、ma、mo 在部分人稱名詞之後還有表示性的意義，例如 mga pa（女婿）、sgyug po（伯公）、sru mo（阿姨）、mnav ma（媳婦）等，但這些後綴表示的附加意義已不明顯，在與詞根結合的過程中，原有的詞法意義被削弱乃至消失。② 詞彙化的結果使得構詞理據變得模糊，由詞法模式生成的詞法詞進一步詞彙化而進入詞庫，原有的詞法模式就可能最終喪失能産性。此外，還有一些成詞詞綴，如《藏漢大詞典》認爲 cha 是"爲求讀來順口，所用詞的後綴之一"，ka 是强音後加字 ga、da、ba、sa 所引後綴之一，金鵬認爲一些詞綴是受詞根的後置字母影響後演變而來的。③這些非表意詞綴的産生，是否乃藏語在雙音化發展中爲滿足表達需求對語音形式提出的韻律要求，仍待進一步研究。

2. 派生式複合詞的語義關係

Beard 將派生構詞分爲功能性派生、換類派生、特徵值轉換派生、表達性派生四種類型。④ 功能性派生指改變詞的語義方面，如表施事、受事、地點等語法意義；換類派生指單純改變詞類屬性的派生，其意義的改變可以由新獲得的詞類屬性及原詞基所含有的語義特徵推出；特徵值轉換派生即改變一個詞的特徵值，如從陽性名詞變爲陰性名詞表達性派生反映説話者的主觀態度。藏語派生結構的類型主要以功能性派生與換類派生爲主。

"能所關係"是傳統藏文文法的重要内容，在藏語語法和詞法構造中具有重要作用。以及物動詞"能所關係"構成名詞和動詞的時制結構是藏語構詞和構形的主要手段之一。胡書津將這些表"能所"範疇的動詞歸入構詞後綴中。凡所造詞是及物動詞的施事主語和用以進行動作的方式工具，要用現在時詞根並相應地附加"能表者"的構詞後綴"po""byed"；凡所造的詞是該動詞的間接受事或動作的方位處所，要用未來時詞根並相應地附加表示"所表者"的構詞後綴"bya""yul"。隨着現代藏語動詞曲折形態表達方式簡化，構詞後綴"po、byed、yul、bya"也可轉化爲"mkhan、yas、sa、

---

① 董秀芳：《漢語的詞庫與詞法》，北京大學出版社，2004，第 40 頁。
② 金鵬主編《藏語簡志》，民族出版社，1983，第 20 頁。
③ 金鵬主編《藏語簡志》，民族出版社，1983，第 19 頁。
④ Beard，R.，*Lexeme-morpheme Base Morphology*，State University of New York Press，1995.

rgyu"①。例如：lta ba po（觀看者）、lta byed（用以觀看的工具）、blta bya（所觀看的）、blta yul（觀看地點）。這類詞的能産性較強，只要是及物動詞，都可以按照這一種方法派生新詞。藏文藻飾詞中也有不少利用"能表"和"所表"構詞方式。如 lhung byed（能落）"葉子"、vjug bya（所行）"路"。存在轉類關係的後綴還有 ma，ma 與動詞詞根結合，一般表示某種動作産生的結果或者與某項動作有關的事物的附加義，如 bris ma（抄本）、rko ma（鋤頭）。表達性派生的指小功能的詞綴在藏語中也較爲常見，如後綴 bu 是由實詞 bu（兒子）示"小"義虛化而來②，可構成 nor bu（寶貝）、sbrang bu（蒼蠅）；後綴 gu 也含有"小"的意義，如 lu gu（羊羔）myu gu（秧苗）等。

通過詞綴限定詞根的相關事物義也是藏語中常見的語義關係。後綴 pa、mkhan 與名詞詞根結合可表示與該名詞有關的"人"的附加含義，如 gru pa（船夫）、nya pa（漁夫）、yig mkhan（筆桿子）；後綴 cha 可與名詞詞根結合構成與詞根意義相關的名詞，如 ras cha（布匹）、lag cha（工具）等；後綴 po 可構成形容詞或名詞，如 g-yog po（從侍）、rgad po（老人）。

（二）偏正式複合詞的結構和語義關係

1. 偏正式複合詞的結構

藏語偏正複合詞形式爲"詞根＋詞根"。根據修飾語和中心語的關係，可分爲定中式與狀中式。從共時層面來看，定中式以前一語素限制、修飾後一語素爲主要形式，數量占絕大多數。就語素的詞性來説，中心成分往往是名詞，在前面作修飾、限制成分的既可以是名詞，也可以是動詞、形容詞或數詞，但以名詞居多。從表 2 中可知，"名＋名"在定中式中占比 57.17%，"形＋名"爲 9.06%，"動＋名"爲 15.83%，"數＋名"爲 0.12%。值得關注的是，修飾成分在後的構詞類型，如"名＋形""名＋數"的占比也有相當優勢，"名＋形"形式的占比甚至超出"形＋名"4.84 個百分點。資料表明，狀中式中也存在相當數量的逆序式類型：藏語狀中式一般爲修飾語在前，中心語在後，在 133 個狀中類型中，"形＋動""副＋動"分別占比 36.84%、45.86%；兩種類型皆存在

---

① 胡書津：《藏族語言研究文集》，四川民族出版社，1997，197～199 頁。
② 張濟川：《對藏語幾個後綴的分析》，《中國藏學》1994 年第 1 期。

相應的逆序式，其中"動＋形"是一類較爲能産的構詞，占比達到了11.28%
（見表2）。

表2　藏語雙音節偏正式複合詞的構成

單位：個，%

類型	數量	類型（二級）	占比	數量
定中式	1611	名＋名	57.17	921
		形＋名	9.06	146
		名＋形	13.90	224
		動＋名	15.83	255
		名＋動	3.66	59
		名＋數	0.25	4
		數＋名	0.12	2
狀中式	133	形＋動	36.84	49
		動＋形	11.28	15
		副＋動	45.86	61
		動＋副	2.26	3
		形＋副	3.76	5

　　藏語偏正式中修飾語與中心語的詞序問題並非任意，對於藏語偏正式的
語素順序，《藏語簡志》中已有論述，總體可分爲兩種類型。一類是前偏後
正型，以"名＋名""動＋名"爲主，二者皆可通過删除格標記或非核心語
素而緊縮成詞。現代藏語中這類構詞仍占大多數，如 sku mgron gyi khang pa
（賓客－gyi－房子）緊縮爲 mgron khang（賓館），vgro bavi kha phyogs（行
走－vi－方向）緊縮爲 vgro phyogs（潮流）。一類是後偏前正型，以"名＋
形""名＋數"爲主。例如 shugs chen bo（力量－大的）删除詞尾成爲複合
詞 shugs chen "大力"，smin bdun（星－七）表"北斗七星"，等等。

　　藏語偏正式複合詞大部分由短語緊縮而成，詞素順序在很大程度上受到句
法單位次序的影響。由於藏語依靠格標記來表達成分之間的各種語法、語義關
係，因此在順序排列上較語義型語言略顯寬鬆，如動詞詞素與形容詞詞素、形
容詞詞素與名詞詞素的修飾關係，逆序排列均占有一定比例。同一語素在其構
成的不同詞語中位置前後不居，如形容詞性成分 chung（小的）作修飾成分，
其既可以構成前正後偏式的 don chung（事情－小的）"薄物"，也可以構成

後偏前正式的 chung ma（地位低的 - 女性）"側室"；dmav（低的）既可以在後構成 gong dmav（低價），也可以在前構成 dmav rim（低級）；等等。王用源指出逆序式的增長可能與藏語格標記磨損有關，語序的改變是一種補償手段。正序式與逆序式在共時層面的並存，還可能與受漢語影響有關。① 戴慶廈即認爲原始藏語祇有"名 + 形"一種語序，而"形 + 名"是後來才出現的。② 表 2 中"形 + 名"結構占比不小，表明現代藏語不再嚴格受限於句法結構而構造新詞，而反復進行的相似的詞彙化可能轉變爲一種能産的詞法模式，"形 + 名"可能已經成爲藏語的詞法規則和構詞模式。

2. 偏正式複合詞的語義關係

藏語"名 + 名"結構的偏正式，説明中心名詞的材料、時間、地點、内容、類別等的定語一般位置在前。表材質的如 spra me（艾草 - 火）"艾灸"，表時間的有 lo chang（年 - 酒）"陳酒"，表地點的有 yul srol（地方 - 習俗）"塵俗"。rgya cog（漢 - 桌）"八仙桌"，rgya khyi（漢 - 狗）"巴兒狗"中的"rgya"表示"漢族、漢地的類屬之物"。一些作定語的名詞語素具有區分事物的分類作用，如 rang khongs（本 - 範圍）"本部"、mjug yig（後 - 文字）"跋文"、mdun so（前 - 齒）"板牙"等。另外還有一類特殊的附注式構詞，是用"大名冠小名"的方式來組合的，如 bya glag（鳥 - 岩雕）"蒼鷹"。

動詞性語素修飾名詞性語素的偏正結構，語義關係可分爲三類："動作 + 受事"，如 gces blon（珍愛 - 大臣）"寵臣"、skur yig（寄 - 文）"尺牘"；"動作 + 施事"，如 myu dkag（偵查 - 兵）"斥候"；"動作 + 非論元成分"占大多數，如 nyar khang（保存 - 房子）"倉庫"、bkyig thag（綁 - 繩子）"綁帶"等。

名詞性語素修飾動詞性語素的結構，名詞語素在詞中表方式或程度義，如 mug zos（蛀蟲 - 吃）"蠶食"，mug 作狀語，表示"像蛀蟲一樣"；再如 lkog tu gsod（暗 - tu - 殺），該短語取消句法結構中的位元格標記 tu 而緊縮成"暗殺"。這類格助詞隨着複音化而磨損消失，其内部形式變得模糊，從而被收録於詞庫，並逐漸形成具有能産性的詞法模式。

"形 + 動"搭配時，形容詞表示狀態或方式義，如 bde sdod（安康 - 居

---

① 王用源：《漢語和藏語複音詞構詞比較研究》，博士學位論文，南開大學，2010。
② 戴慶廈：《藏緬語的"名 + 形（修飾）"語序》，《藏緬語族語言研究》（二），雲南民族出版社，1998，第 71 頁。

住）“安居”；“動＋形”搭配，表示動作發生時伴隨的狀態或過程，如 ngu shum（哭泣－顫抖）“抽泣”。

（三）聯合式複合詞的結構和語義關係

1. 聯合式複合詞的結構

聯合複合詞由兩個處於平等地位的實語素組合而成。聯合式複合詞古已有之，胡坦即指出，在早期藏文文獻，尤其是宗教典籍和宗教用語中可以找到不少例證，如：rgyu vbras（因－果）“因果”、sdig nyes（罪－孽）“罪孽”、lha vdre（神－鬼）“神鬼”等都由兩個意義相同、相近或相反的詞素聯合而成。現代語料中，如 dkar gtsang（白－淨）“白淨”、srab mthug（薄－厚）“薄厚”、ring thung（長－短）“長短”。[①] 胡坦通過共時和歷時分析認爲：“現代藏語裏，複合詞的數目已遠遠超過單純詞。構成複合詞的方式多種多樣，並列式是其中比較能産的一種。”在語料中，藏語的聯合式構詞數量約占 13.26%，依語素性質可分列爲“名＋名”“動＋動”“形＋形”三類（見表 3）。

表 3　藏語雙音節聯合式複合詞的構成

單位：個，%

數量	類型	占比	數量
461	名＋名	37.74	174
	動＋動	47.07	217
	形＋形	15.18	70

“名＋名”是藏語聯合式中較爲能産的一種構詞方式，占比 37.74%；“動＋動”結構占比 47.07%；“形＋形”占比 15.18%。三種結構中皆可通過刪除格標記 dang 和相關名詞、動詞、形容詞的詞綴而凝固成詞。這類詞在凝固之後，易發生轉類，意義相同、相近或相反的形容詞性或動詞性語素可組合爲複合名詞。藏語聯合式複合詞之所以較爲能産，大約與其分析性程度和韻律的强弱有關。分析性强的語言，容易滋生韻律，要靠韻律來增强語言的表達能力。該問題，尚須深入探討。

---

① 胡坦：《藏語並列式複合詞的一些特徵》，《民族語文》1986 年第 6 期。

2. 聯合式複合詞的語義關係

根據詞素的結合關係來看，聯合式詞根往往通過同義、近義或反義複合成詞，在組構機制上，可通過簡約機制縮略短語、聯想機制聚合詞義、概念詞彙化直接固化成詞。"名＋名"聯合，如 sha tshal（肉－菜），肉與菜皆爲概括抽象的語詞，聯合並列後產生抽象的詞義，表達"菜肴"之義；"形＋形"中兩個形容詞正反複合而成名詞，如 mang nyung（多少）、chen chung（大小）等；"動＋動"聯合，如 tshem drub（繡－縫），兩個動詞性語素聯合實現轉類，表示"刺繡"這一工藝手段。"動＋動"聯合中還有一類較爲特殊，兩個語義相關的動詞語素，前後有承接關係，前一個詞根的行爲在時間上先於第二個詞根發生，如 vdzin gsod（持有－殺）"捕殺"、vthen brje（抽出－更換）"抽換"。

一些學者指出，由於兩個語素在並列結構中地位相當，因此語素順序常不固定，但次序排列往往反映出不同民族對列舉物件的情感態度。藏漢在並舉兩種事物或現象時，皆習慣依據列舉物件的好壞、慣用程度以及重要性來排列。藏語的聯合式雙音節詞語素次序大多不可更改，且詞義的民族性體現得很明顯。如藏族尚白，因而藏語慣用"白黑"引申表達"善惡"的概念。

（四）支配式複合詞的結構和語義關係

1. 支配式複合詞的結構

支配式複合詞是指兩個詞根處於支配與被支配的地位。藏語支配式複合詞是由支配短語凝固後詞彙化而來。藏語爲 SOV 型語言，表支配關係時多將行爲涉及的物件置前，因此支配式複合詞中，表被支配物件的詞根在前，表支配動作的詞根在後，類型可分爲"名＋動""動＋動""動＋名"三類（見表4）。

表4　藏語雙音節支配式複合詞的構成

單位：個，%

數量	類型	占比	數量
361	名＋動	98.06	354
	動＋名	1.10	4
	動＋動	0.83	3

表4中可見"名+動"形式占絕對優勢，爲98.06%；"動+名"占比1.10%；"動+動"占比0.83%。從形式上看，"名+動"可分爲有標記和無標記兩類。無標記的支配式緊縮則相對簡單，直接删除格標記緊縮，如mthav la scrod（邊緣－la－趕）緊縮爲mthav scrod "驅趕"，這類無標記支配式複合詞數量占大多數，類似的還有shing gcod（木－砍）"伐木"、drin gzo（恩情－報答）"報恩"等；而業格助詞"la"標記轉移或其變體"ra"後附於無輔音名詞賓語成分後表動詞行爲關涉物件，則視該形式爲標記支配式，如mthar phyin（邊緣－r－去）"徹底"，phyir vzen（外－r－拉）"撤離"。"動+名"數量極少，且不見有標記的支配式複合詞，由此看來，藏語的支配式複合詞與句法結構緊縮有密切關係。

2. 支配式複合詞的語義關係

藏語句法上主要靠格助詞標明各成分間的語法關係，詞序和語義關係相對次要。然而，經過句法緊縮形成的複合詞，雖然詞序没有改變，但格標記的磨損消失，使得藏語語義關係的作用日漸凸顯。藏語支配式的名詞性語素和動詞性語素之間的語義關係可分爲以下幾類：有受事和動作的關係，如tsha g-yol（熱－躲避）"避暑"、sri gnon（魔鬼－壓制）"辟邪"；有處所和動作，如gnas skor（場所－游走）"朝山"、khyim vdzin（家－執持）"持家"；有物件與静態動詞所表達的狀態，如tshon ldan（色彩－有）"彩色"、phan med（利益－無）"不利"。分析上述支配式複合詞的語義特點，可知賓語的具體性低、動詞的動作性弱，且動詞成分對賓語成分的影響度小，與漢語支配式複合詞的語義特點有相通之處。且現代藏語的語素可直接通過"賓+動"的構詞模式構詞，如theg brgal（載重量－超過）"超荷"、glog sgyur（電－變）"變電"，從側面反映了藏語由形態型語言向分析型語言轉變的趨勢。

（五）補充式複合詞的結構和語義關係

1. 補充式複合詞的結構

藏語動補結構在成詞上受其句法影響，先從結果出發，由後一動詞詞根説明結果產生的原因，故相關詞語多由帶格標記的短語詞彙化而來。補充式的短語如legs su bcos（好－su－改），緊縮之後删除格標記拼合爲legs bcos "改良"。隨着語言發展，藏語詞内的格標記作用逐漸減弱乃至消失，但仍有一些格標記殘留在表補語的詞素後，例如cher skyed（大－r－放）等。

補充式複合詞可分爲兩類，一類是“形 + 動”，前一形容性詞素補充説明動詞語素的性質、狀態，占比 66.67%；還有一類是及物動詞後接不及物動詞，占比 33.33%。藏語中補語這一成分是否存在曾有争議，車謙做了詳細論述，確認藏語中存在補語，並在句法上將藏語補語分爲結果補語、趨向補語、可能補語和性狀補語。① 但各種結構演變成詞的能力各不相同。例如，在句法層面上，藏語的趨向補語與漢語相似，由於動詞和趨向動詞間没有格標記而直接相鄰，在理論上爲其詞彙化創造了條件，但藏語中相關詞彙似仍很有限。總體來看，同漢語一樣，藏語中動補結構成詞較難，所占比例較小（見表5）。

表5　藏語雙音節補充式複合詞的構成

單位：個，%

補充式	數量	類型	占比	數量
	9	形 + 動	66. 67	6
		及動 + 不及動	33. 33	3

2. 補充式複合詞的語義關係

充當補充式複合詞中補語的一般爲形容詞或不及物動詞。從語料中的補語來看，補充式複合詞詞素間的語義關係可分爲兩類：一類是補語表示程度的，如 gsal cgod（清晰 – 標記）“標明”、gsal zhu（清楚 – 稟報）“稟明”；一類是補語表示結果的，如 dga bcos（正確 – 改）“筆削”、gtsang sel（乾淨 – 清除）“剷除”、vdzings rmas（搏鬥 – 受傷）“刺傷”。在動補複合詞中，表動詞與結果的關係無疑是最爲典型的結構。其中，“形容詞 + 動詞”這種模式已經或正在完成詞彙化，有由詞法詞變爲詞庫詞的趨勢。而漢語中“及物動詞 + 不及物動詞”（壓垮、推翻）在藏語中多用短語表達，相關詞彙數量有限。

（六）陳述式複合詞的結構和語義關係

1. 陳述式複合詞的結構

藏語陳述式複合詞，前一語素充當被陳述物件，後一語素表陳述狀態。從數量上看，陳述式複合詞相對較少。一方面，藏語陳述短語主體和述語間

---

① 車謙：《藏語裏有補語嗎》，《西南民族學院學報》（哲學社會科學版）1999 年增刊。

一般存在句法標記，這些標記是陳述結構緊縮的一大屏障；另一方面，陳述式短語的兩個成分分屬不同層面，也阻礙了陳述結構的詞彙化。根據詞性，我們可將述語分爲兩類。一類是動詞，不及物動詞無須添接格助詞，例如 blo vgyod（心－後悔）"懊悔"、vkhugs rud（冰－崩塌）"冰崩"；及物動詞需要添接格助詞，如 blos gtong（心－s－放）"犧牲"、blos vkhel（心－s－信賴）"信任"、khas len（口－s－取）"承諾"。一類是形容詞，例如 stobs zhan（力量－弱）"孱弱"、yid skyo（心－悲）"悲愴"。

如表 6 所示，陳述式複合詞數量共有 87 個。其中述語爲動詞的占 79.31%，且多數爲不及物動詞；述語爲形容詞占 20.69%。

表 6　藏語雙音節陳述式複合詞的構成

單位：個，%

數量	類型	占比	數量
87	名＋動	79.31	69
	名＋形	20.69	18

2. 陳述式複合詞的語義關係

藏語陳述式的主語成分除了表示無生命性的事物或現象名詞，還有一類較爲常見，即由"我、心"等帶有第一人稱稱說性質的語素來充當。這些主語成分皆爲當事，具有無指性，且謂語成分的語義特徵爲非可控，如 rlu zad（風－侵蝕）"吹蝕"和 yid gdung（心－悲）"悲戚"，rlu "風"和 yid "心"皆爲主語成分，但對於謂語成分所表示的動作行爲或者心理動態不能有意識地加以控制。董秀芳認爲主謂短語變爲主謂雙音詞，一個必要的過程就是使主語和謂語之間的句法界限模糊以至消失，使本來分立的兩個成分融合爲一個單位。[1] 從認知心理上說，名詞的顯著度低、可及性低，那麼其獨立性也就較弱，整個主謂結構就有可能作爲一個單元貯存在大腦中而詞彙化。如 yid vjags（心－銘記）"關注"，可以與其他成分組合參與造句：de don yid vjags yod ba vtshal（該事情予以關注）。nya rgyal（我－制勝）"驕傲"在詞彙化之後可作爲形容詞修飾名詞成分：nya rgyal sgang la yon tan chu mi chags（驕傲的高地，留不住知識的流水）。

---

① 董秀芳：《詞彙化：漢語雙音詞的衍生和發展》（修訂本），商務印書館，2011，第 209 頁。

（七）重疊式複合詞的結構和語義關係

1. 重疊式複合詞的結構

藏語能夠運用重疊來進行構詞，在重疊時帶有詞尾的一般需要去掉詞尾後再進行重疊。重疊的語素可以是名詞性、形容詞性或副詞性的。例如 spo spo（爺－爺）"祖父"、kyong kyong（凹－凹）"凹陷"、yang yang（又－又）"反復"。

藏語的重疊式複合詞中，還存在"動＋動""代＋代"式的組合。表7中沒有涵蓋相關資料，一是由於語料量較小，無法從藏語詞彙系統中整體把握；二是由於這兩類重疊數量本就有限。但不可否認，這些重疊式構詞的存在有其獨有作用。從表7中可見，藏語形容詞性、名詞性語素在重疊式中較占優勢，其中"形＋形"重疊占54.54%，"名＋名"重疊占36.36%，"副＋副"重疊占比9.09%。

表7　藏語雙音節重疊式複合詞的構成

單位：個，%

數量	類型	占比	數量
11	名＋名	36.36	4
	形＋形	54.54	6
	副＋副	9.09	1

2. 重疊式複合詞的語義關係

藏語的親屬稱謂中多以？（零聲母）字頭爲主或添加 po、mo 詞尾而成，重疊較少。除親屬稱謂以外，名詞與名詞、形容詞與形容詞可通過重疊形式來強化詞義，産生新詞，如 cha cha（雙－雙）表示"成對"、khra khra（斑駁－斑駁）表示"衆色混雜"、vjong vjong（橢圓的－橢圓的）表示"長圓形"。關於動詞與代詞的重疊，王用源指出，與漢語相比，藏語由單音動詞性語素重疊構成的複音詞較多，且藏語中動詞的重疊是爲了強調某一動作的持續不斷、動作狀態和進行的程度，但與語法重疊不同，大多已轉爲詞彙單位。如 ldur ldur（爛熟－爛熟）"爛熟潰散狀"、mkhyen mkhyen（知道－知道）"明鑒"。此外，"藏語代詞在單獨使用時，一般指向單個事物，而重疊之後，能夠轉化泛指某類事物"。如 rang rang（本人－本人）表示"各自"、

gang gang（什麼－什麼）表示"凡諸"等。①

（八）其他結構

孫豔認爲，藏語系語言的複音詞、複合詞中有相當一部分是源於歷史狀態的詞彙化過程。② 除上述類型，藏語詞彙中還存在一些特殊的組合方式。這些詞的內部形式模糊，且所成詞的詞性多爲虛詞，如 rgyun du（常常－格助詞）"比比"、skog tu（背地－格助詞）"背地"、thol gyis（忽然－格助詞）"勃然"等。這些詞的共同特徵是格助詞充當構詞成分。本文認爲，格助詞入詞是藏語中一種較爲特殊的詞彙化，這些詞的生成也許是因形式在表層相鄰但分屬不同句法層次的跨層結構在歷時發展中凝固沉澱的結果。目前學界對於藏語詞彙的跨層研究仍未深入，相關結構的構詞規律有待於進一步揭示。

二　基於語料的討論分析

（一）現代藏語複合詞的基本特徵

《漢藏對照詞典》共收詞 85620 條。根據 A～C 組詞彙的收錄情況，我們對占總數 13.1% 的 11231 條藏語詞彙進行人工篩查、錄入與切分，最終得出雙音節複合詞條共 3476 條。從語庫總量上看，A～C 組中的藏語雙音節詞占相當優勢，複合構詞法占據重要地位。表 8 按照語素之間的結合關係將現代藏語的雙音節詞分爲七類，通過總結各類別的占比情況，以期對藏語雙音節詞構詞有較爲全面的認識。

表 8　藏語雙音節複合詞各構詞方式數量總表

單位：個，%

雙音節複合詞構詞方式	派生	偏正	聯合	支配	補充	陳述	重疊
數量	803	1744	461	361	9	87	11
占比	23.10	50.17	13.26	10.39	0.26	2.50	0.32

① 參見王用源《漢語和藏語複音詞構詞比較研究》，博士學位論文，南開大學，2010，第 69、73 頁。
② 孫豔：《漢藏語四音格詞研究》，民族出版社，2005，第 220 頁。

據表 8 統計，在 A ~ C 組藏語 3476 條雙音複合詞中，派生式 803 個，占比 23.10%；偏正式 1744 個，其中定中式 1611 個，占 46.35%，狀中式 133 個，占 3.83%；聯合式 461 個，占 13.26%；支配式 361 個，占 10.39%；補充式 9 個，占 0.26%；陳述式 87 個，占 2.50%；重疊式 11 個，占 0.32%。由短語結構可見，上述中的複合詞構詞方式，基本能與句法結構一一對應，其中偏正、聯合處於同一句法成分平面，更容易詞彙化，詞彙數量多。王用源指出，藏語的複合詞構詞規則，最早可能源自語法結構單位的凝固或緊縮。① 從個案分析以及資料呈現的結果來看，這種推測是合理的。那麽，爲何複合構詞法能成爲現代藏語的一種重要的構詞手段？與短語相比，藏語複合詞體現出何種特徵？我們試做分析。

1. 單音節性的語素

構詞法的發展與構詞成分的性質與特點有密切關係。瞿靄堂和勁松對藏語進行了歷史分期，並對各時期的語言特徵做出描述。② 在 7 世紀以前，藏語的單純詞和派生詞在詞彙中占較大比重；而到了 8 世紀，複合詞在詞彙中的比重遠遠超過了單純詞和派生詞。從構詞成分的特徵來看，藏語雖然屬於拼音文字，但與記錄音素的印歐語言不同，其語素的感知單位是音節，且能夠聲、韵二分。王用源指出，上古藏語以單音節語素爲主要特點，能夠通過語義引申來承擔詞義，但隨着社會發展，藏族先民們發現交際中單音節詞無法滿足詞義清晰、準確的需求，於是複合式的構詞法逐漸應需而生。③ 藏語詞彙呈雙音化趨勢已獲學界普遍認同。根據董秀芳等學者所闡述的詞彙化規律與機制，我們有理由認爲這種語言演變是在語言使用者意識控制之外的自主選擇，與民族的認知能力和認知方式有着密切聯繫。如今，單音節雖不再爲藏語的主要構詞特徵，但"複音詞構詞方式的產生和發展仍是以語素單音節性爲條件並受其制約"。

2. 複合詞的衍生方式

藏語的詞法和句法關係緊密，不少詞乃由短語降格而來。藏語格助詞數目雖不多，但使用率極高。在緊縮成詞後，這些表達語法意義的助詞有的已

---

① 王用源：《漢語和藏語複音詞構詞比較研究》，博士學位論文，南開大學，2010，第 140 頁。
② 瞿靄堂、勁松：《漢藏語言研究的理論和方法》，中國藏學出版社，2000，第 35 頁。
③ 王用源：《漢語和藏語複音詞構詞比較研究》，博士學位論文，南開大學，2010，第 139 頁。

磨損消失，從而爲藏語複合詞的産生創造條件。由短語到詞的變化體現出連續統的變化過程，詞和短語的界限有時還比較模糊，需要仔細辨識。

藏語的複合詞，並非兩個詞素意義簡單相加，這些語素複合之後，形式與意義之間的關係由直接變得迂回。董秀芳認爲，漢語複合詞在語義上要有一定改造：如部分語義弱化或脱落，語義發生了隱喻或轉喻引申，由轉類而引起語義轉變。通過上述具體案例分析，我們認爲，這些特點在藏語複合詞中同樣存在，複合之後雙音詞的詞義不能由語素直接推導出來，詞素邊界消失，内部形式變得模糊，語義走向整體化。

此外，藏語中也存在一些跨層結構變過來的詞語。這些詞的兩個成分原來分屬不同句法層次，由於線性上相鄰且有較高使用率，從而固化成詞。相關詞語的來源與演變，有待展開歷時追溯。

（二）藏語和漢語複合詞的比較

1. 藏語和漢語複合詞的共性

周薦對《現代漢語詞典》所收 32346 個詞根複合雙音詞做了窮盡性統計分析，下設九個一級類別，分別占比爲：定中式 43.00%，狀中式 7.72%，聯合式 25.70%，支配式 15.60%，遞續式 1.70%，補充式 0.93%，陳述式 1.17%，重疊式 0.80%，其他類型 3.40%。[①] 對比表 8 中資料可見，各結構類型在漢藏語言中均存在，在成詞能力上，偏正式和支配式總體相差不大。處於同一句法層面的偏正、聯合結構在兩種語言中皆較爲能産，偏正式在漢藏構詞中的能産性均最强。這種能産性可從兩方面來解答。首先從語素特徵上看："單音節是漢藏語關係的基石。"[②] 在古代，漢語和藏語以單音節語素爲主，往往通過詞根内部語音交替來實現構詞。隨着社會發展，有限的單音節詞無法滿足交際需求，於是兩種語言逐漸走上複音化的道路。相較"一個詞，多個音節，一個概念"的印歐語基本單位，漢藏語中語素與單音節語音形式對應的特徵，可能源於漢語和藏語的某些深層共性。其次，從層級特徵上看：漢語多音節詞多由短語的臨時性組合發展而來。由於漢語不依賴嚴格意義的形態變化，主要借助於語序和虛詞來表達語法關係，因此語素合成充

[①] 周薦：《詞彙學詞典學研究》，商務印書館，2004，第 66 頁。
[②] 王志敬：《藏漢語法比對》，民族出版社，2002，第 8 頁。

當構詞成分或句法成分，在形式上没有什麼區別，可有效凝固。藏語雖有相對較多的形態變化，但在參與構詞時，有詞尾的一般省去詞尾，能夠按照已有句法結構對詞根語素進行重組。格助詞的磨損或轉移，是詞彙化的過程和結果，也爲相關詞語的詞彙化創造了條件。

2. 藏語和漢語複合詞的個性

雖然漢藏系語言的詞、片語和句子具有結構的一致性，但漢、藏語分化已久，兩種語言複合詞的構成方式、内部結構、語義關係存在着巨大差異。與現代漢語雙音複合詞不同，藏語的雙音複合構詞有其自身特點。首先，藏語派生式構詞占 23.10%，僅次於偏正式，超過聯合式、支配式等詞根複合法，顯示了派生法在藏語構詞系統中的重要地位。江荻即認爲，藏語是一種複合和詞綴派生顯赫的語言。① 周薦在研究中没統計附加式構詞的比例，但據苑春法、黄昌寧對現代漢語中名詞、動詞、形容詞三類共計 40958 個雙字詞所做的統計分析，其中派生詞 1060 個，僅占 2.59%，遠遠低於藏語。② 可以認爲，藏語派生構詞方式的突出地位，擠壓了其他各類詞根複合法在構詞中所占的比例，致使藏語中的詞根複合法所占比例均較漢語要低；藏語聯合式雖能產性强，但相較漢語聯合式來説仍差距較大；藏語陳述式所占比例明顯高於漢語陳述式；此外，藏語中未見典型遞續式。藏語複合詞構詞方式共時層面上的呈現，是語言在歷時發展中沉澱的結果。意西微薩·阿錯認爲："古代藏語是一種形態相當發達的語言，擁有動詞的時態和名詞的格等大量屈折或黏着的形態現象。"③ 派生式中成詞詞綴的生成能力弱化表明，藏語詞内的格標記作用減弱，藏語能動地發揮自身語義表達功能，通過與其他語素複合，逐漸向分析型語言靠攏。正如王志敬所述，"SOV、格標記、句尾標記是現代藏語語法體系的支柱，藏語大量而重要的句法現象往往與它們相關"④。藏語表偏正、陳述、支配和補充關係的句法結構，都有相應的格助詞做標記；緊縮成詞時，藏語複合詞仍較爲完整地保持自身句法特徵，在詞序上明顯區別於漢語複合詞。從二級分類比較可見，漢語表支配關係時，習慣

---

① 江荻：《現代藏語派生名詞的構詞方法》，何大安等主編《山高水長：丁邦新先生七秩壽慶論文集》，"中研院" 語言學研究所，2006，第 395~418 頁。

② 苑春法、黄昌寧：《基於語素數據庫的漢語語素及構詞研究》，《世界漢語教學》1998 年第 2 期。

③ 意西微薩·阿錯：《藏語重音問題討論》，《韵律語法研究》（第六輯），北京語言大學出版社，2020，第 52 頁。

④ 王志敬：《現代藏語語法研究》，中國藏學出版社，2019，第 7 頁。

將行爲動作置前，"名＋動"式的表達僅占支配式的0.30%①，而藏語"名＋動"式占98.06%；表補充關係時，藏語從事態結果出發，"補語＋動作"占比66.67%，漢語則是由動作引出結果，"動作＋補語"占比100.00%。這些結構類型反映了兩種語言詞法與句法之間的深層聯繫。此外，偏正結構雖爲強勢構詞方式，但在漢語和藏語的內部結構中差異明顯。漢語中，定中式和狀中式的逆序式分別僅占本結構的2.10%和2.50%。這是由於漢語依賴語序手段表達語義關係，因此對於詞序的要求較爲嚴格，不易更改。而藏語依靠格助詞來指明詞語在句中充當何種成分。凝固成詞後，格標記磨損乃至消失，語序作爲一種補償手段回饋到語言當中，藏語偏正結構中逆序詞數量較多即爲其體現。

結語

文章對部分藏語雙音節詞構詞情況進行構詞研究，分別對八種複合類型詞根與詞根間的語義關係進行描寫。整體來看，藏語的詞法和句法具有一致性。在複合詞的衍生機制上，詞素通過隱喻或轉喻引申，降低詞素義凸顯度，使得雙音詞的內部形式變得模糊，成爲特異性（idiosyncrasy）的詞彙單位。與漢語複合詞相比，共性上，語素的單音節性、組合的層級性、語素意義的緊密性是漢藏雙語區別於印歐語言的顯著特徵；個性上，由於語言類型不同，因此在虛詞標記、詞序先後問題上，漢藏呈現出不一樣的發展趨勢。

囿於學識和精力，本文所處理的詞彙量相對有限，相信隨着樣本量的擴大，各類詞的占比情況會略有變化，也會推動我們對藏語的詞語構造取得更深刻的認識。當然，藏語詞彙共時層面的理解與闡釋，有賴於歷時研究的展開，這也是今後努力的方向。

附注

1. 轉寫藏文的拉丁字母依藏文字母表的順序爲 k kh g ng c ch j ny t th d n p ph b m ts tsh dz w zh z v y r l sh s h ?，母音符號爲 a i u e o。

2. gy 表帶下加字 y 的 g，g-y 表帶前加字 g 的 y。

---

① 周薦：《詞彙學詞典學研究》，商務印書館，2004，第66頁。

A Study on the Word-Formation of Disyllabic Compounds in Modern Tibetan

—Take the A-C Group Words in the *Chinese-Tibetan Dictionary* as an Example

Zhou Zuoming   Wu Fan

Abstract： Based on the textual basis of the Tibetan disyllabic words in Groups A-C of the *Chinese-Tibetan Dictionary*, the thesis makes a micro description and a macro summary about the modern Tibetan disyllabic compounds. The research explores the semantic relations of morphemes and the hierarchical characteristics of lexical and syntactic in Tibetan word-formation, the purpose is to summarize the basic characteristics of the word-formation of modern Tibetan compound words. On the basis of that, the author committed to compare the common and individual characters of compound words in Chinese and Tibetan.

Keywords： Modern Tibetan； *Chinese-Tibetan Dictionary*； Compound Words； Word-Formation； Semantic Relation

道孚語的音系概況[*]

根呷翁姆^{**}

摘　要　道孚語又稱道孚話，是藏緬語族中語音結構非常復雜的一種語言。在語音、辭彙和語法結構方面較多地保留了原始藏緬語、古藏語時期的古老面貌特徵，是研究構擬原始藏緬語珍貴的"活化石"。因此，本文選取道孚語作爲研究對象，分別從道孚語的輔音音位和聲母、元音音位和韵母，以及音節結構類型等方面入手，對道孚語的音位系統進行了系統的描寫和分析。

關鍵詞　藏緬語族　道孚語　音系

一　輔音音位和聲母^①

道孚語共有輔音音位 51 個，由這些音位構成的聲母共 430 個。聲母中單輔音聲母 52 個，複輔音聲母 378 個。

（一）輔音音位及單聲母

1. 輔音音位

（1）道孚語 51 個輔音音位如表 1 所示。

表 1　輔音音位表

發音方法			發音部位								
			雙唇	唇齒音	舌尖前	舌尖中	舌尖後	舌面前	舌面中	舌面後	小舌音	喉
塞音	清	不送氣	p			t				k	q	ʔ
		送氣	ph			th				kh	qh	

---

*　本文爲 2020 年西南民族大學中央高校基本科研業務費專項資金資助項目"藏語康方言調查研究"（項目編號：2020SYBPY03）的階段性成果。

**　根呷翁姆（1975～），女（藏族），四川道孚人，博士，西南民族大學副教授，主要研究方向爲藏語及藏緬語族語言調查、藏傳佛教與藏族文化。

①　根呷翁姆：《四川道孚爾龔語》，商務印書館，2019。

發音方法			發音部位									
			雙唇	唇齒音	舌尖前	舌尖中	舌尖後	舌面前	舌面中	舌面後	小舌音	喉
塞音	濁	不送氣	b			d				g	G	
塞擦音	清	不送氣			ts		tʂ	tɕ	cç			
		送氣			tsh		tʂh	tɕh	cçh			
	濁	不送氣			dz		dʐ	dʑ	ɟj			
鼻音	濁		m			n		ɲ̥		ŋ		
邊擦音	清	不送氣				ɬ						
		送氣				ɬh						
	濁					ɮ						
邊音	濁					l						
顫音	濁					r						
擦音	清	不送氣			s		ʂ	ç		x	χ	h
		送氣			sh			çh				
	濁			v	z		ʐ	ʑ		ɣ	ʁ	ɦ
半元音			w					j				

（2）輔音音位説明：

①G 只在複輔音聲母中出現。

②v 在複輔音中往往讀作摩擦較輕的 ʋ。

③l 作前置輔音時，其後多帶 ə，如 lvi 斧頭，實爲 ləvi。

④r 在送氣清塞音後念 r̥。

⑤ɬ、ɮ 爲舌尖前邊擦音。

⑥h、ɦ 爲喉壁音，發音部位略靠前。

⑦p 尾常變讀爲 - v 尾，v 後接音節的聲母爲清輔音時常被同化爲 - f。

（3）輔音音位例詞：

p	pə sn̩i	今天	pə vi	今年
ph	phər me	乞丐	phro	拴~牛
b	ba bə	蟲	bɛ mu	霜
t	kə ta	狗	ntə ta	剁~磚茶

th	thɛ pɛ	取出	thi	喝~水
d	də va	香煙	də	有~書
k	kə ta	狗	kvo	年兩~
kh	khrə	抓住	kha va	雪
g	gə zə	晚上	ga çha	早晨
q	qo	犁頭	qɑp	叫雞~
qh	qhɑ sɫu	高興	qhɑr	燕子
ɢ	nɢvɛ	五	N ɢu lu	鍋
ʔ	ʔa rɑ	酒	ʔa tçhə	什麼
ts	tsə lə	貓	tsə	腐爛食物~
tsh	tshɛ	山羊	tshoŋ pa	商人
dz	dzo	橋	dzu	坐
tʂ	tʂa ka	房檐	zgre tʂɿ	紡車
tʂh	tʂhə dzə	尺子	tʂha	聰明~的小孩
dʐ	dʐə ma	氣味	dʐə gə	前晚
tç	tça lɑ	工具	do tçə	掐~人
tçh	tçha	上面	tçhu	宗教
dʑ	dʑi də	文字	dʑa	茶
cç	cçə	拃__	si cçu	口哨吹~
cçh	cçhi	騎~馬	zb cçha	打~人
ɟʝ	ɟʝi	在有人~家	ɟʝoŋ	牆~腳
m	mə qhi	雨	a mə	媽媽
n	nə	休息	no no	臭~氣
ɳ	ɳɛ khri	床	ɳə	耳朵
ŋ	ŋo	痛肚子~	ŋə vɑ	壇子
l	lɛ ji	媳婦	loŋ ba	山谷

ɬ	ɬa skə	佛像	ɬa sa	拉薩
ɬh	ɬho	放牛	ɬho ɬho	松放~
ʐ	ʐe	小麥	ʐa	手
r	ri mə	圖畫	ra	寫~字
v	və	下面，做	vu za	蒼蠅
s	sa tɕha	地方	rdə sa	墳墓
sh	sə she	熟悉	she di	後天
z	za mɑ	飯	a ŋa ze	嬰兒
ʂ	ʂuei ni	水泥	ʂə guei	滾子
ʐ	ʐə sɳi	道孚城關	ʐo	雞眼腳上長了~
ç	çə	牙齒	çu	後面
çh	çhə	蟣子	çha re	鐮刀
ʑ	ʑə	告狀	χɛ ʑi	多少
x	xa	出來	xi	有他心裏~你
ɣ	a ɣe	一個	phəl ɣe	渾水
χ	χɛ ʑi	多少	χo we	才~來
ʁ	ʁa	門	ʁar	針
h	ha vdu	現在	ha joŋ	鉛
ɦ	ɦur rdo	石簧	ɦidʐɛm ɦidʐɛm	柔軟
w	wu	再	ra wu	山洞
j	jo	房子	ja	嘴巴

2. 單聲母

道孚語有單聲母 52 個，其中 51 個是輔音音位直接構成的，另一個是唇齒音 f。這個 f 聲母只出現在漢語借詞中。例如：

fən thiɑu　　　　粉條

tə fu　　　　　豆腐

（二）複輔音聲母

複輔音聲母共 378 個，可分爲二合、三合、四合、五合複輔音 4 種類型。

1. 二合複輔音

二合複輔音極其豐富，有 291 個，組合形式可分兩類。

（1）前置輔音 + 基輔音

這類複輔音有 264 個。具體情況如表 2 所示。

表 2 "前置輔音 + 基輔音"二合複輔音聲母表

輔音	複輔音
r	rp rph rb rd rk rg rts rtsh rdz rtɕh rdʑ rɟj rm r̥m̥ rŋ rl rv rs rz rt rɣ rʁ rj rʐ rG
f	ft fth fk fkh fq fqh fts ftsh ftɕ ftɕh fs fsh fɕ fɬɬh fcç fcçh fx
v	vd vg vq vdz vdʑ vdʑ vr vl vjj vz vʐ vʐ vʁ vɣ
s	sp sph sb st sth sd sts sk skh sg sq sqh scç scçh sm sn sn̥ sŋ sl sv sx sw sj sɬ sɬh sχ sr
sh	shv
z	zb zd zg zdʑ zm zn zn̥ zŋ zl zv zɣ zʁ zw zj zʐ zjj zdz zʐ zth
ʂ	ʂp ʂph ʂt ʂk ʂkh ʂg ʂɳ ʂɳh ʂts ʂtsh ʂtʂ ʂtʂh ʂtɕ ʂtɕh ʂl ʂ scç scçh ʂɬ ʂɬh
ʐ	ʐk ʐdʑ ʐdʑ ʐŋ ʐz
x	xp xph xt xth xts xtshxdz xtʂ xtɕ xtɕh xl xs xsh xç xɬ xcç xcçhxj
ɣ	ɣk ɣg ɣphɣb ɣd ɣdʑ ɣjj ɣm ɣn ɣŋ ɣr ɣl ɣv ɣz ɣç ɣʐ ɣj ɣdz ɣdʑ ɣɬ ɣʐcç ɣcçh ɣsh
χ	χp χphχth χd χs χsh χç χj χtɕ χtɕh
ʁ	ʁbʁd ʁg ʁj ʁm ʁn ʁɳ ʁl ʁz ʁʐ ʁcçh ʁjj ʁdz ʁw ʁʐ ʁq
m	mk mg mphmb mt mth md mkh mq mqh mts mtsh mdz mdʑ mtɕ mtɕh mdʑmtʂh mjj mr ml ms mn̥ mn mɬ mɬh mj
n	nkh ngnph nb nt nth nd nts ntsh ndz ndʑ ntɕ ntɕh ndʑ nɬ nɬh nʐ ntʂh ncç ncçh njj nq nqh nGnj
l	lph lb lt ld lv ldz lm ln ln̥ lj lg lŋ lʁlχ lχh

① 以 r 爲前置輔音構成的複輔音有 25 個。例如：

| rp | kə rpa | 木板 | rtsh | ʂko rtshu | 腳腕 |

rph	rphiɛ	舉起	rdz	rdzo	松香
rb	rbi	鼓	rtɕh	va rtɕhaɤ	扛在肩上
rd	rdə rda	垃圾	rdʐ	rdo rdʑi	金剛
rk	ja rka	枝幹	rɟj	rɟja	漢族
rg	rgɑ	愛	rm	rma pja	孔雀
rts	rtsi ncçhə	算命	rn̥	rn̥i lam	夢做~
rŋ	rŋi	借~筆	rɤ	rɤi	馬
rl	rlu	挖~土豆	rʁ	rʁe	洗~衣服
rv	rve qe	兔子	rj	ɤə rja	污垢
rs	jo rsuŋ	守房子	rʐ	a rʐi	一背篼
rz	rzi	露水	rɢ	la rɢɑ	額頭凸起者
rt	rta χsrjuɤ	賽馬			

② 以 f 爲前置輔音構成的複輔音有 18 個。例如：

ft	nə ftəl si	降服	ftɕh	tha ftɕha	馬虎
fth	fthən	施咒	fs	fsi	磨~刀
fk	fka	命令	fsh	fshi	認識
fkh	fkho	給~東西	fç	fçɛ	説~話
fq	fqe	打~槍	fɬ	fɬe fɬɛ	灰塵
fqh	fqhɛ	凶這人~	fɬh	fɬhə sphro	撒種
fts	ftsuk	攪渾，挑撥	fcç	fcçə	老鼠
ftsh	ɬe ftshə	閃電	fcçh	fcçhe	空閒
ftɕ	ftɕe	騙~豬	fx	fxi	穿~鞋

③ 以 v 爲前置輔音構成的複輔音有 14 個。例如：

vd	vdu	看見	vl	vla	魂魄
vg	vge	越過	vɟj	vɟjə	口水

vq	vqe	投擲 ~ 石頭	vz	vzu	拿 ~ 書包
vdz	vdzi	人	vʐ	vʐo	剃 ~ 頭
vdʐ	vdʐa	裁剪	vʑ	vʑe	削 ~ 果皮
vdʑ	vdʑə	夥伴	vʝ	vʝe	脖子
vr	vrə	注入	vɣ	tɕhə vɣi	壁虎

④ 以 s 爲前置輔音構成的複輔音有 27 個。例如：

sp	kha spə	鬍子	scç	scça lə	雷打~
sph	sphu	遮蓋	scçh	scçhɛl ʁu	鴿子
sb	sta rbu sboŋ	蜂王	sm	sme	女子
st	sta	老虎	sn	sni	鼻子
sth	sthi	堵 ~ 窟隆	sȵ	sȵi	天 ~ ~ 中午
sd	bau sdi	吻 ~ 小孩兒	sŋ	sŋa	咒語
sts	stsɑ ba	牛虻	sl	slə	月份
sk	tʂʅ ska	商量 ~ 事情	sv	svo swu	亮光
skh	skhə re	喊 ~ 叫	sx	sxo sxɛ	搖動
sg	sgor dzo	鍋莊 ~ 建築	sw	svo swu	亮光
sq	sqə de	敲打	sj	rə sje	直立
sqh	sqhe lmo	松茸	sɬ	qha sɬu	高興
sɬh	sɬhə	梯子	sχ	sχɛ sχɛ	空蕩蕩
sr	sruŋ ma	護法神			

⑤ 以 sh 爲前置輔音構成的複輔音有 1 個。例如：

shv	shvo	燈光

⑥ 以 z 爲前置輔音構成的複輔音有 19 個。例如：

zb	zbə bə	催促	zɣ	zɣu	雇用
zd	zdə	灌 ~ 水	zʁ	zʁe	煮 ~ 飯

zg	zgo	埋葬	zw	zwu	酒糟
zdʐ	zdʐər	改變	zj	zjo	柏樹
zm	zmo	羊毛	zȵ	zȵeʐ	獐子
zn	zni	指~路	zɻ	zɻjer	轉讓使動
zȵ	zȵo	夾~菜	zdz	zdza ɬak	閏月
zŋ	zŋo	掛~銅瓢	zʐ	zʐə	賣
zl	zlə rji	攪動	zth	qə zthe	敲響~鑼鼓
zv	zvu la	袖子			

⑦ 以 ʂ 爲前置輔音構成的複輔音有20個。例如：

ʂp	ʂper	把一~米	lʂ	eʂ	熄滅
ʂph	ʂphɐʐ	吐嘔~	ʂqh	ʂqheʐ	核兒
ʂt	ʂta	記號	ʂs	ʂseʐ	鹿
ʂk	ʂko	腳	ʂtsh	ʂtshi ʂtsha	脂肪
ʂkh	ʂkhu	冷	ʂtʂ	st ʂɐ pa	法術
lʂ	ʂgu ɣjji	窗戶	ʂtʂh	lʐ ʂhel	賦稅
ʂtɕ	ʂtɕa fko	廁所	ʂtɕ	ʂtɕeʐ	高利貸
ʂtɕh	jit də ʂtɕhe	傷透了心	ʂtɕh	ʂtɕhe	咬~人
ʂl	eʂl	麵粉	ʂɬ	ʂɬu pa	睾丸
ʂʐ	ʂʐəm	水獺	ʂɬh	eʂh gə ʂɬhe	射中~箭靶

⑧ 以 ʐ 爲前置輔音構成的複輔音有5個。例如：

ʐk	grə ʐkoŋ	睡覺	ʐȵ	va eʐ	使詐他對別人~
ʐdʐ	ʐdʐən	想起	ʐʐ	də ʐzi	撿到他~一支筆
ʐdʐ	ʐdʐe sɬu	失火			

⑨ 以 x 爲前置輔音構成的複輔音有18個。例如：

xp	xpɛ	膽量	xdz	xdzə	陰莖

xph	xphe le	補丁	xtʂ	xtʂ lu	屬猴
xt	xtɛ	騾子	xtɕ	xtɕər la	擰緊
xth	xtho lo	地上	xtɕh	xtɕhə	刺兒
xts	xtsɛ	暖和	xl	dzɛ mɛ pə xle	溫水
xtsh	xtxhə	泥土	xs	xser	金子
xsh	xshav	償還	xcɕ	xcɕəl thap	灶
xɕ	xɕi	汗水	xcɕh	xcɕhi	戳穿
xɬ	xɬə mtɕho	敬龍王	xj	xjo si	地震

⑩ 以 ɣ 爲前置輔音構成的複輔音有 24 個。例如：

ɣk	ɣkə je	街	ɣv	ʁjə ɣvu lu	魚鰾
ɣg	ɣge çi	格西地名	ɣz	ɣzə	麻雀
ɣph	ɣphə	臀部	ɣʑ	ɣʑə	結~果子
ɣb	ɣbi	尿	ɣʐ	ɣʐə	剝~大蒜
ɣd	ɣde ɣde	平整的	ɣj	ɣjo	欄杆
ɣdʐ	ɣdʐu	磨~面	ɣdz	ɣdzə va	老頭兒
ɣɟj	ɣɟji	孔，洞	ɣdʑ	ɣdʑoŋ	彙集
ɣm	ɣmə	火	ɣɬ	ɣɬe	趕上，超過
ɣn	ɣne	二	ɣʐ	ɣʐə	四
ɣɳ	ɣɳɛ mtshɛn	鄙視	ɣcɕ	ɣcɕel sɬu	失火
ɣr	ɣrə	水	ɣcɕh	ɣcɕhɛ	噎着
ɣl	ɣlə	皮子	ɣsh	phru ɣshu	初三

⑪ 以 χ 爲前置輔音構成的複輔音有 10 個。例如：

χp	χpɛl	豪猪	χsh	χshu	肛門
χph	χphək	價錢	χɕ	χɕə	肥料
χth	χthə	屁股	χj	χjo	筲箕

χd	χdə	頂用角~	χtɕ	χtɕər	夾~腋下
χs	χsu	養~豬	χtɕh	χtɕhu ste	打結

⑫以 ʁ 爲前置輔音構成的複輔音有 16 個。例如：

ʁb	ʁbo	槌子	ʁz	ʁzə	九眼珠
ʁd	ʁdu ʂa	檁	ʁʐ	ʁʐə	竹子
ʁg	ʁga tɕi	嘎機①	ʁcçh	ʁcçhə	右邊
ʁj	ʁɟə	魚	ʁɟj	ʁɟi ʁɟa	渣滓
ʁm	ʁma mɑ	清油	ʁdz	ʁdzə bə	麻風病人
ʁn	ʁna	從前	ʁw	ʁwə	燕麥
ʁŋ	ʁŋɛ	牛糞	ʁʑ	gə ʁʑi	拿到手東西~
ʁl	ʁlə	歌曲	ʁq	phɛ mbɛ ʁqɛ	收禮

⑬以 m 爲前置輔音構成的複輔音有 27 個。例如：

mk	mkər va	旋轉	mtɕ	ȵə mtɕu va	窮人
mg	ɣnam mgoŋ	除夕	mtɕh	mtɕho	敬~神
mph	ɣrə mphə	蜻蜓	mdʐ	mdʐan mdʐan	光滑
mb	phɛ mbɛ	禮物	mtʂh	ta mt ʂhu	綢子
mt	çhan mto	砍刀	mɟj	mɟjo	快
mth	mthav	邊角桌子的~	mȵ	mȵə	會，懂得
md	kha mda	韁繩	mr	mru	關把雞~進圈
mkh	mkhə	煙子滿屋子的~	ml	mlo	存放
mq	mqo	天~上的雲	ms	mə msi	百姓
mqh	lɛ ji mqhə	娶媳婦	mn	mnə kha	春天
mts	mtsɛ	蘸~墨水	mɬ	mɬe	土猪子
mtsh	mtshu	海大~	mɬh	mɬhe	編織

---

① 道孚地區未婚女子的髮型。

mdz	mdzo	午飯	mj	mja	不是
mdz̝	mdz̝a mdz̝a	一樣			

⑭以 n 爲前置輔音構成的複輔音有 25 個。例如：

nkh	nkhvo mɛ	鑰匙	ndʐ	ndʐi	學~手藝
ng	ngə	九	nɬ	nɬi	拔掉~牙齒
nph	npha sɬhe	翻轉	nɬh	pqo nɬhə	跳躍
nb	nbər	浸泡~衣物	nȶ	rɛ nȶə	墊子
nt	ntə ta	捶打~骨頭	ntʂh	ntʂhoŋ tɕha	武器
nth	nthɑ	織~毛衣	ncç	ncço	流放
nd	ndə ʐcçe	腰帶	ncçh	ncçhə	打~人
nts	ntsɑ dzə	偷看悄悄~	nɟj	nɟje bu	矮子
ntsh	ntshə sxi	想，思考~問題	nq	nqɛ	收回
ndz	ndzɛr	釘子	nqh	nqha	蒸~饅頭
ndz̝	ndz̝ɛ mɛ	木頭	nɢ	nɢə lu	鍋
ntɕ	ntɕə	宰殺	nj	njan gau	年糕
ntɕh	ntɕhɛm	跳舞			

⑮以 l 爲前置輔音構成的複輔音有 15 個。例如：

lph	lphe le	補丁	lm	lmo	蘑菇
lb	lbi	尿	ln	lne	揉~面
lt	ltep	折疊	lɲ	lɲi	遺體
ld	lda	釘~釘子	lj	lji lji	短的
lv	lvi	斧頭	lg	lgo va	結巴
ldz	nɛ ldzə	指甲	lŋ	lŋe	倒掉
lʁ	lʁu	啞巴	lχh	lχha	撩起把簾子~來
lχ	də lχa	掉出來			

（2）基輔音＋後置輔音

充任基輔音的塞音，充任後置輔音的是有塞音、顫音、擦音、塞擦音、邊音、半元音等。這類複輔音有27個，如表3所示。

表3 "基輔音＋後置輔音"二合復聲母

輔音	複輔音
p	pr phr pj phj pq ptɕ
b	br bd bj bq bʐ
d	dv dj
k	kr kv
kh	khr khʂ khv khj
g	gr gʐ gv
cç	cçj
q	qr qv qhv qhr

① 以 p 爲前置輔音構成的複輔音有6個。例如：

| pr | prɛ | 斷_{自動,繩子~} | phj | phji | 逃跑 |

pr   prɛ   斷_{自動,繩子~}   phj   phji   逃跑

phr   phru phru 白色   pq   pqo nɬhə   跳躍

pj   pja pja   扁的   ptɕ   rdza va ptɕə pa 十月

② 以 b 爲前置輔音構成的複輔音有5個。例如：

br   tɕhə lə bra lə   無味_{無鹽~}

bd   bdər bjɛ   進_{~出}

bj   bjoŋ noŋ   肉_{牛~}

bq   bqo   舔_{~糌粑}

bʐ   bʐə lu   屬蛇

③ 以 d 爲前置輔音構成的複輔音有2個。例如：

dv   dva   腦髓

dj   djev   睡着

④ 以 k 爲前置輔音構成的複輔音有 2 個。例如：

kr   krɑm tshɑ   篩子

kv   re kve   馬駒

⑤ 以 kh 爲前置輔音構成的複輔音有 4 個。例如：

khr   khrə   萬

kh ʂ   kh ʂɛn ba   裝 ~ 傻

khv   khvɛ   割 ~ 草

khj   khja   卡住

⑥ 以 g 爲前置輔音構成的複輔音有 3 個。例如：

gr   grə grə   稀的

gʐ   də gʐɛn   散 ~ 會

gv   gvɛ   脱落 牙齒 ~

⑦ 以 cç 爲前置輔音構成的複輔音有 1 個。例如：

cçj   vopcçjɛ   肚臍

⑧ 以 q 爲前置輔音構成的複輔音有 4 個。例如：

qr   qrə mbə   角

qv   qvɑ   喉嚨

qhv   qhvɑ   皮口袋

qhr   qhra qhra   粗 ~ 麵粉

2. 三合複輔音：前置輔音 + 基輔音 + 後置輔音

共 73 個，可分 12 組，如下。

（1）fkhr fkhj fscç fskh fkhv

（2）spʐ spr sphr sphʐ sbj   skr   skhr skhʐ skhv sql   sqhl spj sbr   sthv skhj sthj szm   sgr

（3）zbr zgr zbj zbl   zɢr zpj

（4）ʂkhr   ʂpr ʂfv ʂɋhv

（5）mbr mkhz̞ mgr mphr mphj mbj mbl mqhr

（6）nthv nthj ndv nkhv nkhr ngr ngj nbr nscç nskh nɢv nlv nlp ndj

（7）ŋql ŋqhl ŋzʁ ŋrp ŋkhr ŋgr ŋʁb

（8）ʁrn ʁbr ʁgr

（9）χsm χsn xsp

（10）ɣrts ɣrj

（11）grw lbj rmj

例詞：

fkhr	fkhrə	捉住	sqhl	də sqhlo	吞
fkhj	fkhji	晾曬	spj	spjoŋ kə	狼
fscç	fscçer	害怕 使動	sbr	ʁə sbrɑ	頭髮
fskh	fskhə	遲到 使動	sthv	sthvɑ	按 ~壓
fkhv	fkhvɛ	砍	skhj	skhja	喜鵲
spz̞	spz̞u thoŋ	脾氣壞 他的~	sthj	sthjua	壓 第三人稱
spr	spru	驚醒	szm	szmi	姓
sphr	sphro	撒 ~種子	sgr	sgrə ma	度母
sphz̞	sphz̞ər	驚動	zbr	mbu zbroŋ	蜂蜜
sbj	sbjɛ	使用	zgr	zgra	敵人
skr	skrə	膽	zbj	zbjər ma	棉衣
skhr	skhru	螞蟻	zbl	zblav	水蒸氣
skhz̞	skhz̞i skhra	清洗	zɢr	zʁə zɢrɑ	掃帚
skhv	skhvɛ skhvɛ	鋒利	zpj	ʐa zpja	拍手
sql	sqlu	咽 ~口水	ʂkhr	ʂkhru	洗漱
ʂpr	ʂpro lə	笛子	nlv	nlvaɣ	抱 ~孩子
ʂɽv	ʂɽvɑ	破舊 房子~	nlp	nlpəɣ va	背 ~小孩
ʂɽhv	ʂɽhvo la	可惜	ndj	ndji ndji	紅色

mbr	mbre	米	ŋql	ŋqlə	凋謝花~了
mkhʐ	mkhʐə	凝視	ŋqhl	ŋqhlə	接送第三人稱
mgr	ʂkoŋ mgrə	長劍	ŋzʁ	ŋzʁe	張開嘴
mphr	mphruk	耷耷	ŋrp	ŋrpi	曬得很乾
mphj	mphjar ji	披~衣服	ŋkhr	ŋkhroŋ	誕生
mbj	mbjo	窩螞蟻~	ŋgr	ŋgre lek	歌莊跳~弦子
mbl	mblan mblan	光滑	ŋɤb	ŋɤbe	脹
mqhr	mqhro	樹疙瘩	ʁrn	ʁrnam çi	靈魂
nthv	nthva	踩	ʁbr	ʁbro	胃
nthj	nthjua	踩第三人稱	ʁgr	ʁgrə	長矛
ndv	ndvɛ ndvɛ	脆香~	χsm	χsmɑ	劃傷
nkhv	nkhvo	鎖	χsn	χsni	發焉
nkhr	nkhra tça	發抖	xsp	ɲi xspon	證人
ngr	ngrel	解釋	ɣrts	ɣrtsoŋ ʑiɛ	勞改
ngj	ngjav	打瞌睡	ɣrj	dər ɣrje	掃地
nbr	nbre	大米藏借	grw	grwa pa	紮巴僧人
nscç	nscçi	轉讓	lbj	ʁɳa lbja	牛糞餅
nskh	nskhə	洗涮使動	rmj	ntçhu rmje	酥油燈
nɢv	nɢvɛ	五			

3. 四合複輔音：前置輔音$_1$ + 前置輔音$_2$ + 基輔音 + 後置輔音

四合複輔音共 13 個：nsql nsqhl nsphr nsthj ŋvsth ŋvsl ŋvsr ŋʁrkh ŋmphr χsrj χfsth ɣmbj ʁvgr。

例詞：

nsql	nsqlu	吞，咽使動	ŋʁrkh	ŋʁrkha	凝固血液~
nsqhl	nsqhlu	吞，咽使動	ŋmphr	ŋmphrɛ	關係好他倆~
nsphr	nsphre	撒~種子,使動	χsrj	rta χsrjuɣ	賽馬

nsthj	nsthjua	壓第三人稱,使動	χfsth	χfsthə	堵住~漏洞
ŋvsth	ŋvsthu	獸夾	ɤmbj	ɤmbjəm	飛
ŋvsl	ŋvslaɤ	訓練,念~書	ʁvgr	ʁvgrə tɕhə	清泉神山的~
ŋvsr	ŋvsruŋ	守衛			

4. 五合複輔音

五合複輔音只有 1 個，即 ŋvzgr。例詞：

ŋvzgr	ŋvzgra	浪蕩

5. 複輔音説明

（1）三合複輔音 mbr 常自由變讀爲 mbdʐ 或 mdʐ。

（2）除含鼻音、邊音、顫音的複輔音聲母外，其他複輔音音素的配合基本是清配清、濁配濁。

（3）作前置輔音的都是延續音（鼻音、邊音、顫音、擦音），作後置輔音的有 - m、- n、- ŋ、- r、- f、- v、- s、- p、- l、- k、- t、- ɤ、- z 等。

二　元音音位和韵母

道孚語共有 8 個元音音位，由此構成的韵母有 90 個。90 個韵母可分爲三類：9 個單元音韵母（含鼻化音 õ），12 個復元音韵母，69 個輔音韵尾韵母。

（一）單元音韵母

（1）道孚語的單元音音位有 8 個，即：i、e、ɛ、a、ɑ、o、u、ə。這八個元音音位不僅可直接構成單韵母，其中的 o 還可以鼻化構成鼻化韵母 õ。

（2）元音音位説明：

①u、o 在雙唇、舌根、小舌等輔音之外的輔音之後，舌位靠中，相當於 [ʉ]、[ɵ]。

②鼻化元音 õ 主要出現在藏語康方言借詞中。

③i 在舌尖前和舌尖後輔音後面分別讀作 ɿ、ʅ。

（3）元音音位例詞：

i	sni ʁə	筆	o	zjo ra	哭
e	ge de	小孩	u	ʁbu	陽光
ɛ	bɛ mu	霜	ə	skrə	膽
a	ndʐa	虹	õ	tɕhõ	米酒
ɑ	la ʁɑ	綿羊			

（二）復元音韵母

道孚語的復元音韵母共 12 個。分二合元音和三合元音兩類。

1. 二合元音

（1）前響的復元音分別有 ei、ɛi、əu、au 4 個。例詞如下：

ei	ʁʐər ʐei	鵝卵石	əu	χuɑŋ təu	黃豆
ɛi	gə zdɛi	淹被水～沒	au	si t ʂau	耙～田用的工具

（2）後響的復元音有 iɛ、uo、ua、uɑ 等 4 個。例詞如下：

iɛ	jiɛ jiɛ	容易	uɑ	kuɑ kuɑ	瓜
uo	xuo re	銼子			
ua	ʁrə dʐua	游泳			

2. 三合元音

主要是 iau、uɛi、uei、iou 4 個中響的復元音。例詞如下：

iau	çaŋ tɕiau	香蕉	uei	ʑuei ni	水泥
uɛi	suɛi suɛi	酥脆～的食物	iou	tɕiou tshɛ	韭菜

（三）輔音韵尾韵母

1. 道孚語中的 m、n、ŋ、r、f、v、s、p、l、k、t、ʁ、z 等十三輔音都能作韵尾，它們與元音按一定的結合規律，可以構成 69 個輔音韵尾韵母。具體如表 4 所示。

表 4　輔音韵尾韵母

辅音	韵母
m	im　em　əm　ɛm　am　ɑm　om
n	ən　en　in　un　an　ɛn　on　uən　uan
ŋ	aŋ　ɑŋ　oŋ　əŋ　uŋ　uaŋ
r	er　ar　ɑr　ɛr　ər　ur　or
f	ef　ɛf　əf
v	ev　ɔv　av　ɑv　ɛv
s	ɛs
p	ap　ip　ep　ɑp　əp　ɛp　op　up　uɑp
l	al　el　ɛl　ol　əl　il　ul
k	uk　ak　ok　ək
t	at　ot　ut　it
ɤ	aɤ　ɑɤ　ɪn ɤ　əɤ　ɛɤ
z	iz　əz

2. 例詞

（1）帶 m 的韵尾有 7 個，如下：

im	cçhim tsho	家庭	am	rɡam	箱子
em	zɛ ndzem	忌～口	am	krɑm tsha	篩子
əm	dəm	熊	om	bor zdom	共計
ɛm	ntɕhɛm	跳舞			

（2）帶 n 的韵尾有 9 個，如下：

ən	sn̩ə xcçən	中午	ɛn	smɛn	藥
en	bə len	債務	on	n̠i xspon	證人
in	n̠in	嘗～～	uən	ŋuən	是第二人稱
un	tshoŋ xpun	商人	uan	dʐuan	游泳第二人稱
an	n̠an ba lɛ	牢記～在心中			

（3）帶 ŋ 的韵尾有 6 個，如下：

| aŋ | staŋ gu | 角落院子的～ | əŋ | həŋ | 哼 |

| ɑŋ | çə çɑŋ | 出發 | uŋ | ŋkhuŋ | 裝~東西 |
| oŋ | ʁloŋ bə tçhe | 大象 | uɑŋ | χuɑŋ təu | 黃豆 |

（4）帶 r 的韵尾有 7 個，如下：

er	xser ŋa	金魚	ər	mtshər	奇怪
ar	zjar	心	ur	ʁur	枕頭
ɑr	ʁɑr ʁɑr	圓的	or	çhor	骰子
ɛr	khe dɛr	哈達			

（5）帶 f 的韵尾有 3 個，如下：

ef	çef	楔子
ɛf	ntshɛf	代替
əf	ntsəf	吸~奶

（6）帶 v 的韵尾有 5 個，如下：

ev	khev	舀~水	əv	rdəv	毀塌房子~
av	xtsav	鑿子	ɛv	ɣdʐɛv	火災
ɑv	ɬtçhɑv	泡沫			

（7）帶 s 的韵尾有 1 個，如下：

| ɛs | də vlɛs | 釋放 |

（8）帶 p 的韵尾有 9 個，如下：

ap	gə bap	淋濕被水~	ɛp	ʁe çhɛp	門栓
ip	zip zip	細小的	op	ɬop tʂa	學校
ep	sta khep	馬鞍罩子	up	skhrup	螞蟻
ɑp	rzɑp	辣火鍋有點~	uɑp	nthjuɑp	踩第一人稱
əp	nəp	西~邊			

（9）帶 l 的韵尾有 7 個，如下：

| al | zgral | 排站成兩~ | əl | rŋəl | 銀子 |

el	ndʐel va	關係	il	rɲil	齒齦
ɛl	khɛl ma	牛	ul	zul	反芻_{牛~}
ol	dol dɛl	收拾_{~東西}			

（10）帶 k 的韵尾有 4 個，如下：

| uk | ɣzuk pu | 身體 | ok | mtshok | 集會 |
| ak | ɣjak | 公犛牛 | ək | ndʐək rten | 世間 |

（11）帶 t 的韵尾有 4 個，如下：

| at | sat | 殺_{~死} | ut | vdut ba | 意願 |
| ot | stot pa | 誇耀 | it | jit mə tɕhe | 不相信 |

（12）帶 ɣ 的韵尾有 5 個，如下：

aɣ	nlvaɣ	抱_{~孩子}
ɑɣ	va rtɕhɑɣ	扛在肩上
uɣ	rta χsrjuɣ	跑馬
əɣ	a vəɣ	啊
ɛɣ	a vɛɣ	喂

（13）帶 z 的韵尾有 2 個，如下：

| iz | biz la | 破舊的_{~衣物} |
| əz | məz bra | 捨不得 |

三　聲調

從音位角度來看，道孚語屬於無聲調語言，這是道孚語最顯著的特點之一。其語言特徵與古藏語和現代藏語的西部方言拉達克話、巴爾蒂話非常接近，因此，如果從道孚語的語言特徵和語言人文歷史文化背景兩方面分析來看，道孚語是與古代藏語接近而又與現代藏語方言有所差異的一種獨特的藏語方言。同時，道孚語中之所以沒有產生具有區別音位價值的聲調系統，也與道孚語中的複輔音復雜程度密切相關。

四　音節結構

與藏緬語中其他無聲調語言一樣，道孚語的音節結構也分爲聲母和韵母兩部分。聲母最少由 1 個輔音構成，最多由 5 個輔音構成。韵母最少由 1 個元音構成，最多由 3 個元音構成。一個音節最少包含 2 個音素，最多由 6 個音素組成。按音素組合的方式可分 15 種音節類型。像 a ma "媽媽"、a pa "爸爸" 等詞的第一音節的聲母 -ʔ 省略未標，在類型上實屬 CV 型（C 代表輔音，V 代表元音）。

15 種音節類型分別舉例如下。

CV	sa tɕha	地方	CVV	ziɛ ȵi	錫
CVC	dəm	熊	CCV	ndʐa	彩虹
CCVV	ʁɟjau cçi	狡猾	CCVC	zɟjər	變ᵤₑ使動
CCCV	skrə	膽	CVVC	phauv	釀~酒
CVVV	ʂ xuei	石灰	CCVVV	sthei sthuɛi	壓置~事情
CCCVC	ŋkhroŋ	誕生	CCCVV	nthjua	踩第三人稱,完成體
CCCCV	nsphre	撒使動	CCCCVC	ŋvsruŋ	保衛
CCCCCV	ŋvzgra	浪蕩			

五　結語

道孚語作爲川西部分藏族使用的一種語言，至今保存着古老的語音面貌，是藏緬語族中保留複輔音最多的語言之一。藏緬語族中多數語言都有複輔音，但是，復雜程度差別甚大，發展變化也極不平衡。從反映 7 世紀左右的藏語基本面貌的藏文文獻來看，古藏語複輔音是十分豐富的，有二合、三合乃至四合的情況。現代藏語諸方言則普遍簡化，從國內的藏語情況看，衹有安多方言保留了較多的複輔音。根據格桑居冕等的研究①，安多方言中，

① 格桑居冕、格桑央金：《藏語方言概論》，民族出版社，2002。

保留複輔音最多的有 100 來個，如阿力克保留有 101 個。衛藏方言保留了 6 個輔音韵尾和 1 個弱化形成的？尾，少數地方還保留部分帶鼻冠音的聲母（mp、ŋk 等），康方言大部分地區的輔音韵尾基本脱落，只剩下一個由 b、d、g 弱化形成的？尾，少數地方也保留了少數由同部位鼻冠音和基本輔音構成的聲母（mb、nd、ŋg、ndz、ndẓ、ndʐ 等）。在同語族的現代語言中，有一些語言的複輔音也很豐富。比如，嘉戎語就有 201 個二合複輔音、32 個三合複輔音。這樣看來，道孚語應該是目前我們所能見到的複輔音最爲豐富的語言，在一定程度上反映了藏緬語族較早時期的語音面貌，是研究原始藏緬語複輔音的極爲珍貴的"活化石"，對於研究藏緬語族語言的語音演變史具有重要的學術價值。

參考文獻

根呷翁姆：《四川道孚爾龔語》，商務印書館，2019。

根呷翁姆：《道孚語調查（上）》，《四川民族學院學報》2010 年第 3 期。

根呷翁姆：《道孚語調查（下）》，《四川民族學院學報》2010 年第 4 期。

根呷翁姆：《道孚語在藏緬語族語言研究中的地位和價值》，《中央民族大學學報》（哲學社會科學版）2013 年第 5 期。

The Phonology of Daofu Dialect

Gen Ga Weng Mu

Abstract：Daofu dialect is a kind of language with very complex phonetic structure in Tibeto-Burman languages. In terms of phonetics, vocabulary and grammar, it retains more of the ancient features of the original Tibetan-Burman and ancient Tibetan language periods, and is a precious "living fossil" in the study and construction of the original Tibetan-Burman language. Therefore, this paper takes the Daofu dialect as the research object, from the aspects of the consonant phonemes and initials, vowel phonemes and finals, as well as the syllable structure

types of the Daofu dialect, the phoneme system of the Daofu has been systematically
described and analyzed.

Keywords：Tibeto-Burman Languages；Daofu Dialect；Phonology

試論漢語國際傳播的歷史、現狀、發展趨勢與對策

鄧文彬[*]

摘　要　本文簡述了漢語國際傳播的歷史，分析了漢語國際傳播的現狀，總結了漢語國際傳播目前取得的十大成就，歸納了漢語國際傳播目前存在的九大問題，指出了漢語國際傳播未來發展的九大趨勢，在此基礎上提出了漢語國際傳播未來發展的九大對策：1. 加強漢語國際推廣與傳播體系的頂層設計和相應的法律制度建設，爲漢語國際推廣與傳播提供法律保障；2. 加強漢語國際推廣與傳播學科體系的建設和理論研究，爲漢語國際推廣與傳播提供理論指導；3. 加強漢語國際推廣與傳播的發展戰略和長遠規劃的研究，爲漢語國際推廣與傳播提供科學規劃；4. 大量建立專門從事漢語國際推廣和傳播的專業機構，爲漢語國際推廣與傳播提供組織保障；5. 大量培養專門從事漢語國際推廣和傳播的專業人員和教師，爲漢語國際推廣與傳播提供人才保障；6. 儘快制定和完善與國際接軌的漢語國際推廣與傳播標準，爲漢語國際推廣與傳播提供工作規範；7. 儘快組織開發和編寫符合國際需要的漢語國際推廣與傳播教材，爲漢語國際推廣與傳播提供足夠的教材；8. 儘快研究構建符合國際慣例的漢語教學法體系，爲漢語國際推廣與傳播提供合適的方法；9. 儘快研究建立國內對外漢語專業教師與國外漢語教學市場對接的機制，打通國內對外漢語專業教師與國外漢語教學市場對接的渠道，讓大量國內的對外漢語專業教師到國外漢語教學市場中發揮作用。

關鍵詞：漢語國際推廣　漢語國際傳播歷史　漢語國際傳播現狀　漢語國際傳播趨勢　漢語國際傳播對策

一　漢語國際傳播簡史

漢語國際傳播的歷史非常悠久，自從與外族開展交往以來就開始了漢語

---

* 鄧文彬（1963～），男，西南民族大學中國語言文學學院教授，兼任四川省語言學會副會長、中國語文現代化學會常務理事，主要研究方向爲對外漢語、第二語言教學理論、現代漢語、語言學史。

的對外傳播，但由於歷史文獻的局限，早期的傳播情況現在已無資料可考。根據現有文獻考查，最早的記載是在商朝末年西周初年。

周武王滅掉殷商以後，箕子率領五千商朝遺民逃到朝鮮，受當地土著居民擁戴，建立了"箕氏侯國"，史稱"箕子朝鮮"，並得到了周朝的承認。關於箕子到朝鮮一事的記載最早見於西漢，如《尚書大傳》《史記》《易林》等都有相關的記載。箕子等五千人初到朝鮮，與當地居民語言不通，通過翻譯與當地居民溝通，並逐步讓當地居民接受了漢語，這是漢語自有記載以來的第一次對外傳播。

漢代自從張騫出使西域開通"絲綢之路"以後，西域各國、遠至波斯的商人紛紛來到中國開展貿易活動。隨後佛教開始傳入，來自西域和古印度的僧侶把大量的佛經翻譯成漢語傳到中國。這些國外商人在中國經商和外國僧侶在中國宣傳佛教首先要過的就是語言關，他們勢必要先學會漢語，然後才能進行各自的活動。他們學習漢語的過程，實際上就是當時漢語對外傳播的過程。

到了唐朝，中國與域外的交往日益增多，唐代空前繁榮、絢麗的文化吸引衆多的外國人紛紛到來。周邊的越南、日本、高麗、新羅、百濟等國家紛紛派遣學問僧和留學生入唐學習中國語言和文化，波斯等國的商人子弟中也有不少人熱衷於學習中國語言和文化。

明清兩代，進入中國經商和傳教成爲許多雄心勃勃的西方人的事業，他們來到中國，首先要過的也是語言關，他們學習漢語的過程，自然也是漢語對外傳播的過程。

1949 年中華人民共和國成立之後，特別是從 1978 年改革開放之後，隨着中國在經濟上的崛起和國際地位的提高，漢語國際傳播走上了欣欣向榮、蓬勃發展的道路，在國際上掀起了一股"漢語熱"。

二　漢語國際傳播現狀：目前所取得的成就

漢語國際傳播取得了可喜的成就，主要表現在以下幾個方面。

1. 國家成立了專門的機構來領導和管理漢語國際傳播事業

我國早在 1987 年 7 月就成立了國家對外漢語教學領導小組，下設國家對外漢語教學領導小組辦公室（簡稱"國家漢辦"）作爲常設機構，專門開展全國對外漢語教學工作的領導管理和協調工作。2006 年，國家對外漢語教學領導小組更名爲國家漢語國際推廣領導小組，下設的常設機構也自然改名爲國家漢語國際推廣領導小組辦公室，但仍然簡稱"國家漢辦"。機構名稱的改變表明工作重心由過去的"請進來"變成了"請進來"和"走出去"，而且更加注重"走出去"。國家漢辦作爲我國漢語國際推廣的專設機構，做了大量的工作，大大推進了我國的漢語國際推廣與傳播事業。

漢語國際推廣已成爲國家戰略，已成爲國家和民族的事業，有很大的空間需要我們去拓展。

2020年7月5日，孔子學院總部/國家漢辦網站上發布了《中外語言交流合作中心設立公告》，該公告説：

爲適應國際中文教育事業發展需求，教育部設立中外語言交流合作中心，簡稱語言合作中心。

語言合作中心爲中國教育部直屬事業單位，是發展國際中文教育事業的專業公益教育機構，致力於爲世界各國民衆學習中文、瞭解中國提供優質的服務，爲中外語言交流合作、世界多元文化互學互鑒搭建友好協作的平臺。

語言合作中心具體負責統籌建設國際中文教育資源體系，參與制定國際中文教育相關標準並組織實施；支持國際中文教師、教材、學科等建設和學術研究；組織實施國際中文教師考試、外國人中文水平系列考試，開展相關評估認定；運行國際中文教育相關品牌項目；組織開展中外語言交流合作等。中心網站將於近期上線運行，歡迎訪問。

孔子學院品牌將由中國國際中文教育基金會全面負責運行。該基金會是由多家高校、企業等發起成立的民間公益組織，將會同孔子學院中外方合作夥伴，繼續支持全球孔子學院發展。有關孔子學院相關事宜可通過電子郵箱 info@ cief. org. cn 與其聯繫。①

從該公告中可以看出，教育部中外語言交流合作中心已經取代了國家漢辦的部分職能。該中心的設立，預示着我國漢語國際推廣和傳播的體制機制

---

① 詳見孔子學院總部/國家漢辦網站，http://www. hanban. org/article/2020－07/05/content_810091. htm，最後訪問日期：2020年11月25日。

和組織機構會發生一定的變化，但將來如何變化才更有利於漢語在國際上的推廣和傳播，還需要我國政府和業界做出深入的研究。

2. 建立了專門的學科和專業，初步構建了學科的理論體系和專業體系

儘管漢語國際推廣有非常悠久的歷史，但作爲一個學科的建立卻是最近四十來年的事情。1978 年，北京語言學院（北京語言大學前身）的呂必松在北京語言學發展規劃會上提出要把對外國人的漢語教學建設成爲一個專門的學科，設立相應的專業，成立專門的研究機構。呂先生的呼籲得到了學術界的回應，1983 年 6 月成立了中國教育學會對外漢語教學研究會（1986 年改屬新成立的中國高等教育學會，名稱改爲"中國高等教育學會對外漢語教學研究會"，1988 年獨立出來改名爲"中國對外漢語教學學會"），該學術團體的成立標志着對外漢語教學作爲一個學科的建立。

1987 年 8 月 14 日，在北京成立了世界漢語教學學會（International Society for Chinese Language Teaching，ISCLT）。世界漢語教學學會是由世界各地從事漢語教學、研究和推廣工作的人士及相關機構組成的非營利性國際民間學術團體。世界漢語教學學會登記管理機關是中華人民共和國民政部，業務主管單位是中華人民共和國教育部，具體接受國家漢辦/孔子學院總部業務指導，會址在中國北京。2011 年 10 月與聯合國教科文組織建立合作關係。

1983 年，北京語言學院也率先設立了對外漢語本科專業，專門培養對外漢語教師。隨着漢語國際推廣與傳播形勢的發展，2007 年，國家設立了漢語國際教育專業。2012 年，國家把並行了幾年的對外漢語專業和漢語國際教育專業合併爲一個專業——漢語國際教育專業。

該學科建立以來，學術界爲該學科理論體系的建設做出了巨大努力，取得了顯著成就，初步構建了比較完整的對外漢語教學學科理論體系。進入 21 世紀以後，隨着漢語國際推廣與傳播形勢的發展，把原來主要面對外國人來華學習漢語的對外漢語教學學科提升成了面對外國人來華學習漢語和在國外學習漢語兩個漢語教學市場的漢語國際教育學科。漢語國際教育學科剛建立不久，它面對的對象和涉及的領域比過去的對外漢語教學更廣更寬，情況更複雜，涉及的問題更多，它的理論體系比對外漢語教學學科內容更豐富，結構更複雜，體系更龐大，它的理論體系的構建工作目前才剛剛起步，還任重而道遠。

3. 教學體制不斷完善，教學規模不斷擴大

面對外國人的漢語教學已經形成了短期、中期、長期的教學模式，短中期的教學主要是非學歷教育，長期的教學一般是學歷教育。學歷教育又形成了本科、碩士、博士的完整體系。

面對外國人的漢語教學規模也在不斷擴大，近年來，到中國來學習漢語的人數劇增。據教育部統計，2017 年共有來自 204 個國家和地區的 48.92 萬名外國留學生在全國 31 個省、自治區、直轄市的 935 所高等院校學習，其中碩士和博士研究生共計約 7.58 萬人，比 2016 年增加 18.62%。①

2018 年共有來自 196 個國家和地區的 492185 名各類外國留學人員在全國 31 個省（區、市）的 1004 所高等院校學習，比 2017 年增加了 3013 人，增長比例爲 0.62%（以上資料均不含港、澳、臺地區）。②

2019 年共有來自 202 個國家和地區的 397635 名各類外國留學人員在 31 個省、自治區、直轄市的 811 所高等學校、科研院所和其他教學機構中學習。其中，亞洲、歐洲、非洲、大洋洲來華留學生總人數分別爲 240154 名、66746 名、49792 名、34934 名、6009 名。北京、上海、浙江位列吸引來華留學生人數省市前三位。③

最近兩年，隨着中美經濟貿易和外交關係的緊張，國外來華留學的人員有所減少。特別是 2020 年，全球新冠肺炎疫情突襲而至，全球人員來往限於停頓，來華留學人員急劇減少。但這祇是暫時現象，等到全球疫情結束之後，國際交往又會恢復，來華留學人員也會再度增加。

在國外學習漢語的人數增長得更快。在亞洲國家，掌握漢語已經成爲不少人發展事業的必備條件，韓國和日本有越來越多的大學生將漢語選作第二外語，東南亞各國更是出現了把漢語當作該地區第一通用商用外語的趨勢。而在歐美國家，學習漢語的人數近年來增幅更是保持在每年 40% 左右。據中外語言交流合作中心網站介紹，在 2020 年中國國際服務貿易交易會國際教育服務貿易論壇上，教育部中外語言交流合作中心發布了"中文聯盟"雲服務、"漢語橋"俱樂部 App、"網絡中文課堂"項目、"中文學習測試中心"項目等四個中文學習平臺，爲從事國際中文教育的學校、機構和師生提供線

---

① 詳見《2017 來華留學生近 49 萬　中國成亞洲最大留學目的國》，小站教育留學網站，2018 年 4 月 10 日，http://liuxue.zhan.com/asia70667.html。

② 詳見《2018 年來華留學統計》，教育部網站，2019 年 4 月 12 日，http://www.moe.gov.cn/jyb_xwfb/gzdt_gzdt/s5987/201904/t20190412_377692.html。

③ 詳見《教育數據：2019 年全國來華留學生數據發布》，山東教育網，2020 年 2 月 28 日，http://www.jxdx.org.cn/gnjy/14176.html。

上教學輔助。在當日論壇上，教育部國際合作與交流司司長劉錦介紹，我國致力於推廣國際中文教育，目前 70 多個國家將中文納入國民教育體系，全球 4000 多所大學、3 萬多所中小學、4.5 萬多所華文學校和培訓機構開設了中文課程，中國以外累計學習和使用中文的人數達 2 億。①

4. 孔子學院得到了快速發展

爲了滿足國外日益增長的學習漢語的需求，國家漢辦 2004 年開始在國外設立孔子學院，以加强漢語在國外推廣和傳播的力量，進一步擴大漢語在國外的影響。2004 年 11 月 21 日，全球第一家孔子學院在韓國首爾建成。爲了便於全球孔子學院的管理和協調，國家漢辦 2007 年 4 月 9 日在北京成立了孔子學院總部。

孔子學院在全球的發展速度很快，據國家漢辦網站統計，截至 2020 年 11 月 14 日，全球已有 162 個國家（地區）設立了 541 所孔子學院和 1170 個孔子課堂。其中，亞洲 39 國（地區），孔子學院 135 所，孔子課堂 115 個；非洲 46 國，孔子學院 61 所，孔子課堂 48 個；歐洲 43 國（地區），孔子學院 187 所，孔子課堂 346 個；美洲 27 國，孔子學院 138 所，孔子課堂 560 個；大洋洲 7 國，孔子學院 20 所，孔子課堂 101 個。②

5. 在全球推廣漢語水平考試

漢語水平考試簡稱 HSK，考查母語不是漢語的考生在各種語言交際環境中運用漢語進行交流和溝通的能力。HSK 從 1984 年開始研製，1990 年在國内定期組織實施，1991 年正式推向海外。

據國家漢辦網站介紹，爲適應世界各地漢語學習者對漢語考試的需求，孔子學院總部/國家漢辦自 1990 年起，先後研發並實施了漢語水平考試（HSK）、漢語水平口語考試（HSKK）、中小學生漢語考試（YCT）、商務漢語考試（BCT）和孔子學院/課堂測試（HSKE）等多種漢語考試，爲漢語學習者測試學習成績、來中國留學、申請來華留學獎學金、學校開展教學評估以及用人單位員工招聘和晋升等提供客觀有效的測試標準。截至 2017 年底，在全球 130 個國家（地區）設立 1100 個考點（其中，中國大陸 358 個，海

① 詳見《中國以外累計學習中文人數達 2 億 "中文聯盟"等國際中文綫上教育平臺發布》，中外語言交流合作中心網站，2020 年 9 月 7 日，http://www.chinese.cn/page/#/pcpage/article? id = 352&page = 1。
② 詳見漢辦網站，http://www.hanban.edu.cn/confuciousinstitutes/node_10961.htm，最後訪問日期：2020 年 11 月 25 日。

外 742 個）。全年各類漢語考試考生人數達 650 萬人。[①]

6. "漢語橋" 中文國際比賽影響越來越大

"漢語橋" 中文國際比賽是 2002 年以來由國家漢辦/孔子學院總部主辦的大型國際漢語比賽項目，在全球舉行，預賽在舉辦國當地舉行，復賽和決賽在中國舉行，共分爲 "漢語橋" 世界大學生中文比賽、"漢語橋" 世界中學生中文比賽和 "漢語橋" 全球外國人漢語大會三項比賽。每年一屆，由 "漢語橋" 比賽組委會進行項目的具體組織和實施。近年來，"漢語橋" 中文比賽項目采取與地方政府合作的方式，並結合電視臺進行呈現，取得了較好的效果。截至 2021 年，大學生比賽已舉辦十九屆，來自世界 110 餘個國家的 3000 多名大學生先後來華參加了復賽、決賽；中學生比賽已舉辦十三屆，100 多個國家的近 2700 名中學生受邀來到中國分享自己學習漢語的成果和快樂；全球外國人漢語大會（原在華留學生比賽）由孔子學院總部/國家漢辦與中央電視臺國際頻道聯合主辦，已連續舉辦十屆，吸引了 100 多個國家的在華留學生同場競技，爭當 "漢語高手"。參與三項比賽預賽的總人數已超過百萬人。[②]

7. 師資隊伍建設進一步加强

爲了滿足外國人學習漢語對專業教師的需求，我國從 1983 年開始招收對外漢語專業本科生，從 1986 年開始招收對外漢語專業碩士研究生，從 1997 年開始招收對外漢語專業博士研究生，2007 年又開始招收漢語國際教育專業碩士研究生，形成了從學士到碩士再到博士的完整的人才培養體系，爲漢語國際教育培養了大量的專業人才，師資隊伍建設取得了顯著的成就。

8. 教材開發有了新的突破

教材編寫和開發是漢語國際傳播的重要環節，由於我們早期面對的主要是來華學習漢語的外國留學生，再加上當時從事對外漢語教學的人手和經驗有限，我們早期編寫的對外漢語教材主要是通用性的，沒怎麼考慮學生千差萬別的實際情況，因而缺乏針對性。後來隨着漢語國際傳播的範圍越來越廣，學習漢語的外國學生的差異越來越大，我們加强了教材針對性的研究，注重編寫有針對性的教材。特別是 2000 年以來，隨着 "漢語熱" 的升溫，

---

① 詳見漢辦網站，http://www.hanban.edu.cn/chinesebridge/node_7489.htm，最後訪問日期：2020 年 11 月 25 日。

② 詳見漢辦網站，http://www.hanban.edu.cn/confuciousinstitutes/node_10961.htm，最後訪問日期：2020 年 11 月 25 日。

我們的學術界編寫出版了一批針對不同國別、不同年齡、不同需求以及各種學習水平的教材。

9. 加强了教學法的研究

教學方法的優劣決定了教學效果的好壞，而教學效果的好壞又直接決定了漢語國際傳播的成敗，因而我們的學術界一直非常重視教學法的研究。我們在堅持從漢語的特點出發研究漢語作爲第二語言教學規律的同時，注意吸取國外第二語言教學理論和第二語言教學法各種流派的長處，逐漸形成了我們自己的對外漢語教學法體系，如我們在 20 世紀五六十年代構建的以 "結構" 爲綱兼顧傳統的教學法體系，七八十年代構建的以結構爲主、結構和功能相結合的教學法體系，90 年代構建的 "結構、功能、文化" 三結合的教學法體系。進入 21 世紀以來，又開始研究引進國際上流行的任務型教學模式和其他教學模式。

10. 已經形成了國内和國外兩個面向外國人的漢語教學市場

隨着 "漢語熱" 在全球的升溫，漢語國際傳播已經形成了國内和國外兩個面向外國人的漢語教學市場。

國内對外漢語教學市場的發展速度很快，由新中國成立初期的 "清華大學東歐交换生中國語文專修班" 的 33 個留學生發展到僅 2018 年共有來自 196 個國家和地區的 492185 名各類外國留學人員在全國 31 個省（區、市）的 1004 所高等院校學習，無論是留學生人數還是接收機構的數量都有了很大的發展。

國外漢語教學市場的發展速度更快，據中外語言交流合作中心網站介紹，在 2020 年中國國際服務貿易交易會國際教育服務貿易論壇上，教育部國際合作與交流司司長劉錦披露，目前有 70 多個國家將中文納入國民教育體系，全球有 4000 多所大學、3 萬多所中小學、4.5 萬多所華文學校和培訓機構開設了中文課程，中國以外累計學習和使用中文的人數達 2 億。① 在國外學習漢語的人數遠遠超過了來華學習漢語的人數，這個市場的容量和空間更大。

過去我們推廣漢語的重心是把外國留學生請到國内來學習漢語，這種 "請進來" 的做法已經不能滿足全球日益升溫的 "漢語熱" 對漢語學習的需

① 詳見《中國以外累計學習中文人數達 2 億　 "中文聯盟" 等國際中文綫上教育平台發布》，中外語言交流合作中心網站，2020 年 9 月 7 日，http://www.chinese.cn/page/#/pcpage/article? id=352&page=1。

求，因而我們國家從 21 世紀以來采取了"請進來"和"走出去"兩條腿走路的策略，把漢語國際推廣和傳播的重心轉向了國外。

相比較而言，國外漢語教學市場的發展空間和容量比國內對外漢語教學市場要大得多，因而我們今後要加強國外漢語教學市場的調查和研究，尋求符合國外漢語教學市場的推廣策略和措施。

三　漢語國際傳播現狀：目前存在的問題

漢語國際傳播雖然取得了很大的成就，但也存在很多問題。目前存在的問題主要有以下幾個。

1. 缺乏科學的漢語國際推廣與傳播體系的頂層設計和相應的法律制度建設

儘管我國已經把漢語國際推廣和傳播提升到了國家戰略的層面，已經把它當作了國家和民族的事業，已經把它作爲提升國家軟實力的一個重要手段，也建立了專門的國家領導機構來推動這一工作，但它卻缺乏科學的頂層設計和相應的法律制度建設。比如在我國相應的法律體系裏並沒有對漢語國際推廣和傳播做明確的表述和規定，導致我們的漢語國際推廣和傳播實際運作起來缺乏法律依據，因而需要重新做科學的頂層設計並儘快建立相應的法律制度給予明確的規定。

例如漢語國際推廣和傳播作爲一項國家戰略，它在整個國家戰略體系裏邊占有什麼樣的地位？它與其他國家戰略（如文化戰略、外交戰略、經濟戰略、軍事戰略、政治戰略等）之間是什麼關係？從事漢語國際推廣和傳播的機構（國家漢語國際推廣領導小組辦公室或者教育部中外語言交流合作中心）與實施國家其他戰略的機構（如外交、文化、教育、僑務、新聞出版等部門）之間是什麼關係？這些機構之間如何協調配合？這些問題都需要科學的頂層設計。在現有的國家機構體系裏，目前設立的國家漢語國際推廣領導小組祇是一個由多個部門組成的臨時協調機構，歸屬於教育部管理，它的常設機構國家漢語國際推廣領導小組辦公室（簡稱"國家漢辦"）或者教育部中外語言交流合作中心祇是一個司局級的事業單位，相當於教育部下邊的司局級部門，由這樣一個司局級事業單位來實施漢語國際推廣與傳播的國家戰略是否合適，它能否很好地完成任務，還需要好好研究，需要重新做出科學的頂層設計並用法律制度給予明確的規定。

再比如漢語國際推廣和傳播應該遵循什麼樣的路徑和戰略？應該構建什麼樣的體系？應該設立什麼樣的機構？漢語國際推廣和傳播有什麼工作內容和工作規範？漢語國際推廣和傳播的目標和發展步驟怎麼確定？漢語國際推廣和傳播機構需要多少從業人員？從業人員需要什麼條件和資格？從業人員如何培訓、選拔和使用？漢語國際推廣和傳播機構需要多少經費？經費從哪裏來？怎麼用？這些問題在我國目前的法律制度體系中也沒有明確的規定，我們也應該儘快研究建立相應的法律制度給予明確的規範。

2. 在基礎理論研究上還有很大欠缺，還須全面構建漢語國際推廣和傳播的理論體系

雖然我們曾經做過很多關於對外漢語教學的理論研究，也初步構建了對外漢語教學的理論體系，但那主要是針對外國人來華學習漢語情況的研究。隨着全球"漢語熱"的升溫，現在的形勢已經發生了很大的變化，我們漢語國際推廣的重心已經從"請進來"轉向了"走出去"，我們面對的學習漢語的外國人群體不僅僅是"請進來"的外國人，更多的是"走出去"在國外面對的學習漢語的外國人，他們在當地學習漢語的環境跟在中國學習漢語有很大的不同，他們自身的情況也有很大差異，我們不能簡單地套用現有的對外漢語教學理論體系和對外漢語教學方法，我們必須重新構建能夠涵蓋國內對外漢語教學和國外漢語教學的漢語國際教育理論體系。

雖然漢語國際推廣與傳播的中心和重點是漢語國際教育，但漢語國際推廣與傳播比漢語國際教育的範圍更廣，內容更豐富，涉及面更大，渠道更多，因而我們必須針對漢語國際推廣與傳播的實際情況展開研究，重新構建漢語國際推廣和傳播的理論體系。

3. 缺乏全面系統科學的漢語國際推廣與傳播的戰略研究和長遠規劃

雖然我們的學術界也做過一些漢語國際推廣與傳播的戰略研究，但到目前為止，我們對漢語國際推廣與傳播的發展戰略問題仍然沒有全面而清晰的認識，比如對漢語國際推廣與傳播的戰略重點、途徑、關鍵領域、發展目標和步驟、方式和手段都還沒有研究清楚，更沒有形成清晰的戰略體系。

雖然國家漢辦也在搞漢語國際推廣與傳播的五年或者十年、二十年的發展規劃，但那個規劃祇是一個短期規劃或者中期規劃，還不是系統的全面的長遠規劃，我們必須儘快研究制定系統的全面的五十年和百年長遠規劃。

4. 缺乏足夠的漢語國際推廣和傳播的專業機構

雖然我們已經在國外建立了不少孔子學院或孔子課堂，國外的大學也有不少開設了中文或者漢語專業，國外的中小學也開設了漢語選修課程，國外的華僑華人也設立了一些中文學校或漢語培訓機構，但和日益增長的漢語學習需求比起來，專門從事漢語國際推廣和傳播的機構數量仍然嚴重不足，國外的漢語教學除了正規大學創辦的漢語專業或者中文系和正規中小學創辦的漢語課程之外，大多是由非專業人士或者非專業機構創辦的非專業漢語教學機構，亟須建立大量的專門從事漢語國際教學、國際推廣和傳播的專業機構。

目前在國外建立的孔子學院或孔子課堂是非營利性的公益性機構，缺乏自我持續經營發展的體制和機制，再加上人員不固定，如果沒有政府和相關經營單位在經費上的持續投入，就難以持續經營下去。我們應制定相應的政策和法律鼓勵漢語國際教育的專業人員與有興趣開發漢語國際教育市場的企業或機構到國外合辦專門從事漢語國際教育和傳播的學校或者機構，一方面滿足國際上對漢語國際教育的市場需求，同時也促進漢語國際教育機構的持續經營和自我發展。

5. 嚴重缺乏在國外推廣和傳播漢語的專業人員和教師

就是在現有的漢語國際推廣和傳播的機構中，專門從事漢語國際推廣和傳播的合格的專業人員和教師也嚴重缺乏。在國外從事漢語教學的除了少數人是經過專業培訓的之外，大多數並沒有經過專業的培訓，他們往往只會說漢語，對漢語並沒有全面的系統的專業瞭解，也不懂如何教漢語，更不懂如何教外國人漢語，可想而知他們的教學效果肯定有限，這也是造成很多外國人認為漢語難學的原因之一。現在國外不僅嚴重缺乏合格的專業漢語教師，還非常缺乏合格的專門從事漢語國際推廣和傳播的其他類型專業人員，如漢語國際推廣和傳播的經營管理人員、市場開發和營銷人員、教材開發與編寫人員等。

6. 缺乏與國際接軌的漢語國際推廣和傳播標準

我們的學術界也搞過對外漢語教學的標準，中國對外漢語教學學會 1988年公布了我國第一部對外漢語教學標準——《漢語水平等級標準和等級大綱〔試行〕》，國家漢辦 1995 年組織人馬在修訂原來標準的基礎上制定了新的對外漢語教學標準——《漢語水平等級標準與語法等級大綱》。這個標準在我國的對外漢語教學中也發揮了一定的作用，但這個標準主要是基於語言結構形式或者語言要素來制定的，本質上屬於結構標準，與現在國際上通行的基於語言交際能力而制定的語言教學標準不吻合，而且這個標準不太適合國外的漢語教學。我們既然是向國際推廣和傳播漢語，如果不采用國際通行的語言能力教學標準，我們在國外的實際漢語教學當中就會遇到很多不必要的麻煩和阻礙，因而國家漢辦又組織人馬研究基於語言能力的漢語國際教育標準，並於 2007 年制訂了《國際漢語能力標準》。這個標準可以算作漢語國際教育的初步標準，但其中還有很多不合理的地方引起了學術界的質疑，還有很多地方需要進一步的研究和修訂。漢語國際推廣與傳播的內容和範圍比漢語國際教育還要廣得多，我們還要進一步研究制定全面系統的與國際接軌的漢語國際推廣和傳播標準。

7. 缺乏符合國際需要的漢語國際推廣與傳播教材

儘管我們的學術界也編了很多對外漢語教材，也注意了教材的針對性，但由於國外的情況差異太大，不同國家、不同民族的文化和風俗習慣千差萬別，不同母語、不同年齡、不同水平的外國漢語學習者對漢語教材的需求和口味也很不一樣，在目前學科歷史本來就不長、人手又很有限的情況下編出來的教材自然很難滿足國際上各個具體漢語學習人群的需要，我們今後還要加強教材編寫和開發的科學性，盡可能多地編寫出符合國際需要的、有針對性的漢語國際推廣與傳播教材。

8. 缺乏符合國際慣例的漢語教學法

儘管我們的學術界對對外漢語教學法做了很多研究，但我們的教學法主要是在國內教外國人學習漢語的環境中運用的，與國外的漢語學習環境有很大的不同，因而我們還缺乏符合國際慣例的、適合外國人口味的漢語教學法，今後要加強這方面的研究。

9. 缺乏國內漢語專業教師與國外漢語教學市場對接的機制和渠道

一方面，在國外有大量的外國人想學習漢語而沒有足夠的合格的漢語專業教師；另一方面國內培養出來的大量對外漢語（漢語國際教育）專業人才卻找不到對口的工作。造成這種局面的原因就是缺乏國內漢語專業教師與國外漢語教學市場對接的機制和渠道，今後要加強這方面的研究，建立國內漢語專業教師與國外漢語教學市場對接的機制，打通國內漢語專業教師走向國外漢語教學市場的渠道。

四　漢語國際傳播未來的發展趨勢

隨着中國經濟的繼續發展和國際地位的進一步提高，"漢語熱"在全球還會進一步地升溫，漢語國際推廣和傳播未來的空間還會更廣，範圍還會更大，漢語在國際上的地位和影響也會越來越大。未來的漢語國際推廣和傳播會出現以下幾個發展趨勢。

1. 在國內對外漢語教學穩步發展的同時，國外的漢語國際教育會有一個較大的飛躍發展，國內的對外漢語教學和國外的漢語國際教育會形成聯動的發展局面。

2. 漢語國際推廣與傳播的發展戰略和長遠規劃的研究會得到加强。

3. 漢語在亞洲及周邊漢文化圈國家重點推廣和傳播的同時會逐步向歐美發達國家推廣和傳播，祇有漢語在歐洲、美洲也同樣像在東南亞一樣成爲通用商用語言的時候，漢語國際推廣和傳播才算真正取得了成功。

4. 漢語國際推廣和傳播的戰略重點是國外的華人華裔，再由他們帶動身邊的外國人學習漢語，再逐步把漢語向對中國經濟文化感興趣的所有外國人推廣。國外的華人華裔雖然已經没有中國國籍，有些人也不會説漢語，但他們與中國和漢語文化有着先天的血脈聯繫，他們很願意接受中國文化和學習漢語，再由他們去帶動身邊對中國感興趣的外國人學習漢語，這樣推廣起來才會事半功倍。

5. 由於國外學習漢語的外國人大都是受了中國經濟發展的影響，想通過學習並掌握漢語之後與中國人做生意或者與中國發生經濟上的往來，因而漢語國際推廣和傳播的路徑應抓住經濟領域這個關鍵，用市場經濟的手段在國際上推廣和傳播漢語。

6. 由於漢語國際推廣和傳播的關鍵路徑是經濟領域，因而漢語國際推廣和傳播的目標和發展步驟是：第一步，先將漢語推廣成局部地區（如東南亞、東亞、北美、西歐、東歐等）的通用商用語言；第二步，將漢語推廣成較大地區（如亞洲地區、歐美地區、澳洲地區、非洲地區）的通用商用語言；第三步，將漢語推廣成全球通用的商用語言；第四步，將漢語推廣成全球各階層通用的與英語平分秋色的語言。

7. 漢語國際推廣和傳播在抓住漢語國際教育這個中心渠道之外，還會逐步拓展其他渠道，比如國際互聯網、報刊電視廣播等大眾傳媒、影視文學、外交和經濟文化合作等。

8. 漢語國際推廣和傳播機構會大量湧現，不僅孔子學院會得到迅速發展，國外正規的大學也會廣泛設立漢語專業，國外的中小學更會廣泛開設漢語課程，國外民間建立的中文學校或漢語培訓機構也會大量湧現，漢語國際教育在國外會成爲一個很有前途的產業。

9. 漢語國際推廣和傳播的學科建設和理論研究會得到更大的發展，漢語國際推廣和傳播會成爲一個很受歡迎也很有前途的學科，漢語國際推廣和傳播事業會得到很大的繁榮和發展，漢語國際推廣和傳播會爲中國軟實力的提升做出重大的貢獻。

五　漢語國際傳播未來的發展對策

爲了搞好漢語國際推廣和傳播，我們今後要采取以下對策。

1. 加強漢語國際推廣與傳播體系的頂層設計和相應的法律制度建設，爲漢語國際推廣與傳播提供法律保障；

2. 加強漢語國際推廣與傳播學科體系的建設和理論研究，爲漢語國際推廣與傳播提供理論指導；

3. 加強漢語國際推廣與傳播的發展戰略和長遠規劃的研究，爲漢語國際推廣與傳播提供科學規劃；

4. 大量建立專門從事漢語國際推廣和傳播的專業機構，爲漢語國際推廣與傳播提供組織保障；

5. 大量培養專門從事漢語國際推廣和傳播的專業人員和教師，爲漢語國際推廣與傳播提供人才保障；

6. 儘快制定和完善與國際接軌的漢語國際推廣與傳播標準，爲漢語國際推廣與傳播提供工作規範；

7. 儘快組織開發和編寫符合國際需要的漢語國際推廣與傳播教材，爲漢語國際推廣與傳播提供足夠的教材；

8. 儘快研究構建符合國際慣例的漢語教學法體系，爲漢語國際推廣與傳播提供合適的方法；

9. 儘快研究建立國內對外漢語專業教師與國外漢語教學市場對接的機

制，打通國內對外漢語專業教師與國外漢語教學市場對接的渠道，讓大量國內的對外漢語專業教師到國外漢語教學市場發揮作用。

六　結語

在國內廣泛推廣通用語言文字和全球學習漢語的大背景下，學術界應該加強對漢語國際推廣和傳播的研究。本文從宏觀的角度對漢語國際傳播的歷史、現狀、發展趨勢和對策做了比較全面而簡要的論述，但由於篇幅的限制，只對漢語國際傳播的現狀從目前取得的成就和存在的問題兩個角度做了比較詳細的論述，而對其他方面的論述都比較簡略，尤其是對漢語國際傳播的發展趨勢和對策論述得更簡略，往往祇是提出了觀點而沒有展開闡述，只好待以後再專文論述了。

International Spreading of Chinese Language: The History, Present Situation, Development Trend, and Countermeasures

Deng Wenbin

Abstract: As for international spread of Chinese language, this paper describes its history, analyzes its current situation, summarizes ten major achievements in this field, sums up nine big problems it faces, points out nine big trends for its future development. Based on the above, nine countermeasures are put forward for its better future. 1. Strengthen the top-level design for the system of international promotion and spread of Chinese language, and construct corresponding legal system to provide legal guarantee for this work; 2. strengthen the discipline construction and theoretical research for international promotion and spread of Chinese language; 3. strengthen the research on the development strategy and long-term plan of international promotion and spread of Chinese language; 4. establish an appropriate number of professional organizations specializing in international promotion and spread of Chinese language; 5. train a large number of professionals and teachers specializing in and needed for the international promotion and spread of Chinese language; 6. formulate and improve the standards for international promotion and spread of Chinese language in line with international standards as soon as possible, and provide working norms for this profession; 7. organize the development of teaching materials for international promotion and spread of Chinese language as soon as possible to provide good teaching materials; 8. study and build a Chinese-teaching pedagogical system in line with international practice as soon as possible, and provide appropriate methods for international promotion and spread of Chinese language; 9. study and establish a mechanism for the connection between domestic TCSL teachers and foreign Chinese-teaching market, open up the channel for the connection between them, so that a large number of Chinese teachers inside China can play a role in foreign Chinese-teaching market.

Keywords: International Promotion of Chinese Language; History of International Spread of Chinese Language; Current Situation of International Spread of Chinese Language; Trend of International Spread of Chinese Language; Countermeasure for International Spread of Chinese Language

新型城鎮化進程中城市民族互嵌式社區的語言生態建設

——以昆明市順城社區爲例*

石　琳　馬瑞祾**

摘　要　在新型城鎮化建設的背景下，各民族在城市中已形成“大雜居、小聚居、交錯混居”的互嵌式居住格局和社區環境，並呈現出語言資源豐富、語言生活復雜、語言兼用現象突出等特點。本文通過考察昆明市順城社區內回族群衆的語言能力、語言使用和語言態度等個體語言情況，及其在公共場合、私人場合的語碼選擇和多語兼用等社區語言生態樣貌，分析年齡性別、出生地域、居住結構等社會變量對居民個人的語言學習與使用、家庭語言格局的形成與轉變、社區語言生態的構建與完善所形成的影響，並針對城市民族互嵌式社區的語言公共服務和語言整體規劃提出積極建議。

關鍵詞　新型城鎮化　城市民族互嵌式社區　語言生態　語言規劃　語言服務

一　新型城鎮化進程中的語言生態建設

城鎮化是現代化的必由之路。黨的十八大以來，新型城鎮化成爲我國現代化建設的歷史新任務。習近平總書記在中央城鎮化工作會議上强調，要穩步推進以人爲核心的城鎮化健康發展。[①] 2019 年底，我國常住人口城鎮化率首次突破 60% 大關，[②] 提前實現了國務院公布的《國家新型城鎮化規劃

＊　本文爲國家語委科研項目“中國共産黨少數民族語言文字政策的百年探索與發展路向”（項目編號：校 2021083）、西南民族大學中央高校基本科研業務費專項資金項目“少數民族青年語言能力與語言服務路徑研究”（項目編號：2020SQN06）的階段性成果。

＊＊　石琳，西南民族大學中國語言文學學院講師，文學博士，主要研究方向爲社會語言學；馬瑞祾，西南民族大學中國語言文學學院 2019 級研究生，主要研究方向爲社會語言學。

① 《中央城鎮化工作會議舉行 習近平、李克强作重要講話》，中國政府網，2013 年 12 月 14 日，http://www.gov.cn/ldhd/2013 - 12/14/content_2547880.htm。

② 《李克强：去年常住人口城鎮化率首次超過 60%》，人民網，2020 年 5 月 22 日，http://lianghui.people.com.cn/2020npc/nl/2020/0522/c431623 - 31719227.html。

（2014—2020 年）》所制定的全國城鎮化工作的總體目標。同時，生態文明理念也已全面融入城鎮化的實施過程，"十四五" 期間我國將進入高質量城鎮化發展的新階段。

隨着我國城鎮化進程的加快，少數民族人口流動呈現出規模大、增速快的特徵。目前，"全國範圍内少數民族流動人口已超 2000 萬"①。他們多來自欠發達的農村地區，因務工經商、工作調動或隨嫁搬遷等離開鄉土而流入經濟發達城市以及少數民族聚居區周邊城市。② 由此，各民族在城市中形成了"大雜居、小聚居、交錯混居" 的互嵌式居住格局和社區環境，隨之也產生了具有内部同一性並區別於其他群體的言語社區。語言學家普遍認爲，這類言語社區在很大程度上與社會學意義上的社區重合，③ 故城市互嵌式民族社區在語言使用方面往往也是一個具有社區特性的組織單位，展現出多樣性和層級性並存的語言生態樣貌，即語言資源豐富、語言生活復雜、語言兼用現象突出等特點。

城鎮化必然會改變城市語言生態圈的内部環境和外部環境，並導致包括雙言雙語、語碼轉換、語言轉用、多語兼用等諸多語言現象的產生。戴慶廈、鄧佑玲在《城市化：中國少數民族語言使用功能的變化》一文中指出，城鎮化程度和開放程度的提升帶來了語言使用功能與周邊語言關係的雙重變化，而城市人口分布的重組以及社會經濟文化背景的變遷也催生了語言借用、語言混合、語言保持、語言瀕危等一系列語言使用特點。④ 語言與人有着共生關係，語言與社會存在共變關係，"語言的生態面貌反映社會的生態面貌，語言的生態文明對社會的生態文明具有一定的影響作用"⑤。因此，語言生態是城市生態文明建設的題中之義，在 "以人爲本" 這一科學發展語境下，應充分重視城市語言生態環境的多維度創建，促成新型城鎮化建設與城市語言生態構建之間的良性互動，積極營造健康、和諧、開放、共享的城市

① 郝時遠：《讓少數民族群衆更好融入城市》，《中國民族》2016 年第 8 期。
② 冀慧珍：《獲得感：少數民族流動人口城市融入的標尺》，《西南民族大學學報》（人文社會科學版）2021 年第 2 期。
③ 徐大明：《言語社區理論》，《中國社會語言學》2004 年第 1 期。
④ 戴慶廈、鄧佑玲：《城市化：中國少數民族語言使用功能的變化》，《陝西師範大學學報》（哲學社會科學版）2001 年第 1 期。
⑤ 馮廣藝：《生態文明建設中的語言生態問題》，《貴州社會科學》2008 年第 4 期。

語言生態格局。[1]

二　語言生態建設研究的理論基礎與現狀分析

近年來，語言生態成爲國内外語言學研究關注的熱點。語言生態（Language Ecology）是由美國斯坦福大學學者艾納爾·豪根（Einar Haugen）於20世紀70年代提出的語言觀，他將自然生態與人文生態進行隱喻類比，認爲語言與生物二者的産生、發展和演化具備相似的内在機制，處於不同"生態位"的語言在生態圈中存在相互補益、相互制約的辯證關係，主張將語言資源視爲蘊藏人類文化和文明的寶庫，倡導語言的多樣性和瀕危語言的保護等。[2]

伴隨着城鎮化給語言生活所帶來的深遠影響，城市語言生態的調查成爲中國社會語言學研究的新方向。[3] 有學者由宏觀層面分別從組成部分、重要因素、有效途徑三個方面，闡釋語言生態在新型城鎮化生態建設中的突出地位和重要作用。[4] 同時，也有學者由中觀層面考察城市中各領域、各群體的語言生態狀況，如研究表明城市言語社區與非城市言語社區由於地域、人口、互動、認同和設施的構成要素具有顯著差異，故局部會帶有不同的語言系統特徵，但大體上都會呈現出以國家通用語爲主體、方言及少數民族語言等多元語碼並存的語言格局。[5] 此外，還有學者由微觀層面分析城鎮化進程中少數民族母語的生態保持，通過對某一調研點的田野調查提出個體母語生態、家庭母語生態以及社區母語生態保持平衡的關鍵在於確立少數民族語言規劃政策。[6]

具體而言，對少數民族這一群體進入城市後形成的民族互嵌式社區開展語言調查發現，城市少數民族面臨着語碼選擇、語言態度及家庭語言規劃等問題，探討該群體由語言適應到實現與城市生活的文化、交互、心理、身份等

---

① 張先亮等：《城鎮語言生態現狀研究》，中國社會科學出版社，2017。
② Haugen E. , *The Language of Ecology*, Stanford：Stanford University Press，1972.
③ 徐大明：《城市語言研究——中國社會語言學的新發展》，《華夏文化論壇》2018年第2期。
④ 王倩、張先亮：《語言生態在新型城鎮化生態建設中的地位和作用》，《語言文字應用》2015年第3期。
⑤ 劉慧、黎順苗：《粤東地區居民語言使用情況調查分析》，《語言文字應用》2020年第3期。
⑥ 趙靜：《少數民族地區語言生態與語言生態倫理研究》，《湖南師範大學社會科學學報》2020年第5期。

多方面融合的有效路徑具有鮮明的時代特徵與現實意義。① 由此，學者進一步指出過去主要着力於少數民族聚居地區語言（非城市少數民族語言）的研究，而如今隨着城鎮化的持續推進“必須加強城市少數民族語言的研究”。②

目前，已有研究者通過對城市社區的語言調查分析少數民族語言的接觸與適應、轉換與演變等現象。如自 2005 年以來，丁石慶及其團隊對北京市少數民族的世居社區、散居社區、流動社區開展了專項語言調查，針對滿、蒙、回、藏等多個民族的典型社區和家庭的語言格局進行了深入摸底，並綜合運用社會學、民族學、語言學、文化學等跨學科知識，從語碼選擇、多語兼用、語言保持等多個角度考察了北京市少數民族多語社區的語言生活面貌。③ 而就城市中某一特定民族社區語言使用狀況的個案調研也在逐步展開：如通過考察張掖市回民街回族和東鄉族居民的語言使用情況，分析該社區居民在不同場域的語碼選擇及語言能力；④ 又如從語言接觸和變異的角度對蘇州回民聚居社區的語言狀況進行調查，探討社會因素對城市民族互嵌式社區居民語言態度和文化認同的影響。⑤

綜上，城市語言使用的變化不僅關涉到該民族語言功能的轉變，同時也與語言使用群體的語用習慣、思維方式、文化觀念以及情感認同等諸多方面的變遷密不可分。因此，城市民族互嵌式社區的語言生態問題將會越來越多地擺在語言學者面前。基於此，本文以昆明市順城社區爲調研點，采用問卷法與訪談法相結合的方式，考察該社區內回族群衆的語言能力、語言使用和語言態度等個體語言情況，及其在公共場合、私人場合的語碼選擇和多語兼用等社區語言生態樣貌，並針對城市民族互嵌式社區的語言公共服務和語言整體規劃提出積極建議，以期爲新型城鎮化進程中構建“多元一體”格局下健康和諧的城市語言生態賦能增效。

---

① 王國旭、李騫：《城市化進程中的少數民族母語生態層次特徵淺析——以玉龍縣拉市鄉南堯村納西族母語使用調查爲例》，《昭通學院學報》2016 年第 2 期。

② 戴慶廈、鄧佑玲：《城市化：中國少數民族語言使用功能的變化》，《陝西師範大學學報》（哲學社會科學版）2001 年第 1 期。

③ 丁石慶主編《社區語言與家庭語言及相關分析——北京少數民族社區及家庭語言調查研究之二》，民族出版社，2012。

④ 楊帆：《言語社區語言使用情況調查——以張掖市回民街爲例》，《吉林廣播電視大學學報》2018 年第 12 期。

⑤ 陳建偉：《城市化進程中少數民族居民的語言選擇和文化認同——以蘇州回族爲例》，《中州大學學報》2011 年第 6 期。

三　城市民族互嵌式社區語言生態的現狀調查分析

（一）研究入口

言語社區的語言生態是一個與空間、人口、經濟、文化等因素密切關聯的復合型概念，具體指特定社區中各種語言及其變體在不同領域、場合、人群中的生存狀態，主要包括不同語言的功能負荷、使用者的語言能力及態度等，並集中體現在社區成員的語言能力、語言行爲與語言態度上。[①] 同時，言語社區語言生態的構建又是一個漫長而曲折的動態過程，由内部因素（如個體的語言使用情況、家庭的語言使用格局）與外部因素（如社區的語言生活樣態）等不同語言層次共同參與。因此，本研究對城市互嵌式社區的語言生態調查主要從社區成員個體的語言能力、語言使用和語言態度，家庭的語言使用格局與語言規劃，社區多語兼用等語言生活樣態這三個維度展開。

回族作爲我國城市化水平較高的一個少數民族呈現出都市社群性聚居的特點。本研究以昆明市主城區内唯一一個回族聚居社區順城社區爲調研點，對其中的個體、家庭和社區的語言生態開展調查，以掌握包容嵌套式的言語社區内部各種語言的生存狀態及其致因，重點瞭解年齡性別、出生地域、居住結構等社會變量對社區成員語言能力、語言行爲和語言態度的影響，以及新型城鎮化給言語社區成員所帶來的語言需求和語言服務等内容。

（二）研究對象

昆明市五華區順城街是主城區内僅存的少數民族雜居的百年老街，轄區面積約 0.25 平方公里，常住人口 10597 人，少數民族人口 2990 人（含回、彝、白、苗、壯等 16 個民族），占總人口的 28.2%（其中回族人口 1276 人，占少數民族人口的 42.7%）。轄區流動外來務工人員 3154 人（含 16 個少數民族，共 694 人）。轄區内設有 1 所中學、1 所小學和 1 座清真寺。[②]

---

① 李現樂、劉逸凡、張瀝文：《鄉村振興背景下的語言生態建設與語言服務研究——基於蘇中三市的鄉村語言調查》，《語言文字應用》2020 年第 1 期。
② 以上數據均由昆明市五華區順城社區居民委員會提供，數據截至 2020 年 9 月。

　　目前，順城社區已成爲昆明市的一個典型城市民族互嵌式社區。社區内的回族居民大多是來自雲南省各地州、縣鄉的務工人員。受觀念和習俗的影響，社區内回漢通婚現象不多，以"回娶漢"爲主，"漢娶回"則很少，婚後習俗均爲"漢隨回"。此外，儘管該社區城市化水平較高，但民族習俗保留較好，回族居民日常身着回族服飾，男性基本佩戴回族帽，女子佩戴蓋頭。回族家庭中祖父輩尚有經名，子孫輩部分擁有經名。社區内建有清真寺，也設有特色商業街，經營回族餐飲、手工藝品、民族服飾等。本次調查的對象均爲生活在該社區的回族居民，共計 240 名，基本情況見圖 1。

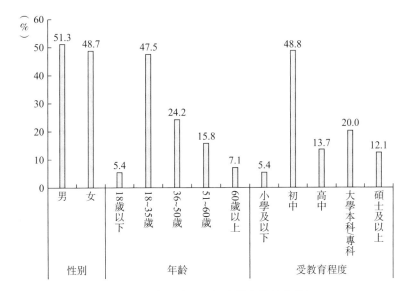

圖 1　昆明市順城社區調查對象的基本情況

　　由圖 1 可知，調查對象的基本特徵如下：在性別分布上，男女比例基本相當（男性占總人數的 51.3%，女性占總人數的 48.7%）；在年齡結構上，18～35 歲者約占一半，36～50 歲者約占四分之一，50 歲以上者超過五分之一；[①] 在受教育程度上，小學及以下、初中、高中三者合併約占 67.9%，大學本專科、碩士及以上者約占 32.1%。總之，調查對象呈現出性別比例平衡、以中青年群體爲主、中等及以下受教育程度者比例占優的特徵。

---

　　① 本次調查發現，60 歲以上者回族用語保持程度較好，較之其他年齡段呈現出顯著差異，故將其單列。

同時，我們也就調查對象的婚姻家庭情況進行了調查，基本情況見圖2。

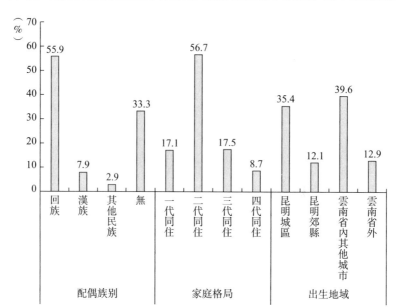

圖2　昆明市順城社區調查對象的婚姻家庭情況

由圖2可知，調查對象的婚姻家庭情況如下：在配偶族別上，超半數的調查對象配偶爲回族，配偶爲漢族及其他民族者超過一成，未婚者約占三成；在家庭格局上，二代同住的情況最多，一代居住、三代同住的情況相當，四代同住的情況最少；在出生地域上，雲南省內其他地區者約占四成，其他情況排列依次爲昆明城區 > 雲南省外 > 昆明郊縣。總之，調查對象在配偶族別、家庭格局以及出生地域這三項特徵上與該社區居民的基本面貌相吻合。

（三）研究方法

2020年7月31日～8月2日，研究者采用問卷調查和個別訪談的方式在社區中開展了實地調查。派發問卷共計240份，實際回收有效問卷240份。全部問卷均導入SPSS進行線上描述性統計分析，測量獲得克隆巴赫係數爲0.833，表明統計數據具有較高信度。

第一，考察調查對象個人的語言使用情況，包括三個方面：語言能力

（包括普通話、當地方言、回族用語①和外語的應用水平），語言行爲（包括語碼選擇、語言使用和語言學習），語言態度（包括語言評價、語言期望和語言需求）。

第二，參考勞倫斯·格林菲爾德（Lawrence Greenfield）對語言使用場所的劃分，② 考察家庭和社區的語言生態狀況，包括調查對象在公共場合（包括工作域、教育域、生活域、宗教域）、私人場合（包括家庭域、朋友域）的語碼選擇及使用情況。

（四）研究結果

1. 昆明市順城社區調查對象的語言能力

第一，針對普通話、當地方言、回族用語和外語的技能水平，調查問卷分聽説、讀寫兩項技能設計了"很不熟練、不太熟練、一般、比較熟練、很熟練"五個等級，統計出調查對象的語言能力，詳見表1。

表1　昆明市順城社區調查對象的語言能力情況

熟練度 語碼和技能		很不熟練	不太熟練	一般	比較熟練	很熟練	合計
普通話	聽説能力	1.3%	6.2%	21.3%	35.4%	35.8%	100%
	讀寫能力	2.1%	5.8%	17.1%	36.2%	38.8%	100%
	網絡語用能力	4.2%	15.8%	24.2%	27.1%	28.7%	100%
當地方言	聽説能力	0.0%	0.0%	3.7%	42.1%	54.2%	100%
回族用語	識別和使用能力	9.6%	15.0%	31.2%	27.1%	17.1%	100%
外語	聽説能力	32.1%	27.1%	20.4%	17.1%	3.3%	100%
	讀寫能力	34.2%	24.6%	18.7%	17.9%	4.6%	100%

① 嚴格地説，回族語言就是回族使用的漢語，其特殊性表現在地域性和民族性上，並伴有語音、辭彙和語法上的區別性特徵。基於已有相關研究，"回族用語"通常指回族人際中使用的獨具民族特色的詞、短語、俗語等，如"知感"（知恩感謝）、"伊瑪尼"（信仰）等。作爲回族內部通行的言語表達形式，它是回族社會文化、宗教習俗等的重要載體。學界對"回族用語"亦有其他標稱，如劉丹青《南京方言詞典》以"回民用詞"標示所收録的回族詞語，另有"回族漢語""回族漢語嵌入詞"等。參見劉丹青編纂《南京方言詞典》，江蘇教育出版社，1995。

② Lawrence Greenfield 在調查紐約波多黎各雙語社團語碼選擇及使用時劃分出五個場域：家庭域、朋友域、宗教域、教育域、工作域。參見 Fasold, R., *The Sociolinguistics of Society*, Oxford：Blackwell，1984。此外，本研究在此基礎上結合實際情況增加了生活域。

由表 1 可知，調查對象對不同語碼的掌握情況如下：在普通話的聽說、讀寫方面，比較熟練和很熟練者合計均超過 70%，表明國家通用語言文字的普及在該社區成效顯著；在網絡語用能力方面，由於互聯網和智能手機等新型語言技術的應用尚未得到大面積推廣，比較熟練和很熟練者合計約占 55%，表明調查對象所掌握的語言信息化手段有待更新；在當地方言的聽說能力方面，比較熟練和很熟練者合計約占 96%，表明他們具備較高的雙言（雙語）能力；在回族用語的識別和使用能力方面，比較熟練和很熟練者合計約占 45%，而很不熟練和不太熟練者合計約占 25%，表明部分受訪者的回族用語使用率和熟悉度並不高；在外語的聽說、讀寫方面，比較熟練和很熟練者合計都僅占 21% 上下，表明其外語水平總體不高。總之，從語言技能的熟練程度來看，當地方言的聽說能力好於普通話，回族用語的識別及使用能力趨弱，外語的應用水平最低，而運用現代語言技術進行語言交際的能力尚待加強。進一步分析發現，四代同住的家庭格局會給回族用語的代際傳承帶來積極影響，同時家庭成員中若父親的回族用語保持良好，則子女更有可能獲得民族語言能力。

第二，考察了調查對象多種語言（包括普通話、當地方言和回族用語）的學習途徑，詳見表 2。

表 2　昆明市順城社區調查對象的語言學習情況

途徑	長輩教導	學校學習	向身邊人學習	廣播電視節目	參加社區活動	經學院或清真寺學習	並未專門學習
普通話	3 人（15.5%）	184 人（76.7%）	66 人（27.5%）	179 人（74.6%）	20 人（8.3%）	/	12 人（5%）
當地方言	207 人（86.3%）	15 人（6.3%）	185 人（77.1%）	29 人（12.1%）	43 人（17.9%）	/	61 人（25.4%）
回族用語	186 人（77.5%）	/	175 人（72.9%）	11 人（4.6%）	115 人（47.9%）	120 人（50%）	39 人（16.3%）

由表 2 可知，調查對象不同語言的學習途徑如下：普通話主要通過學校教育、廣播電視節目學習；當地方言主要通過長輩教導或向身邊人學習；回族用語則主要通過長輩教導、向身邊人學習以及參加社區活動、在經學院或清真寺學習。可見，不同的語言場合在各種語言的學習中產生了差異化的

影響。

第三，考察了調查對象的多種語言需求（包括語種需求、語言技能需求和語言知識需求），詳見表 3。

表 3　昆明市順城社區調查對象的語言需求情況

語種需求	占比（%）	語言技能需求	占比（%）	語言知識需求	占比（%）
學習普通話	99.6	基本聽説能力	97.1	語言教育理念咨詢	90
保持使用當地方言	90.0	書面閱讀能力	94.6	語言教育方法咨詢	72.9
保持使用回族用語	79.6	溝通表達能力	87.1	其他	4.2
學習阿拉伯語	42.1	網絡語用能力	43.8		
學習英語	85.4				

由表 3 可知，在語種需求方面，調查對象對普通話的需求度最高，其他依次爲當地方言 > 英語 > 回族用語 > 阿拉伯語；① 在語言技能需求方面，對基本聽説能力的需求度最高，其他依次爲書面閱讀能力 > 溝通表達能力 > 網絡語用能力；在語言知識需求方面，對語言教育理念的需求度最高，而對語言教育方法咨詢的需求度次之。總之，作爲社會生活中使用頻率高、應用範圍廣的交際工具，國家通用語言文字具有較高的取向度和需求度；英語因在個人職業發展中所發揮的增值力，而廣受城市居民的青睞；聽説能力和書面閱讀能力獲得調查對象的普遍關注；隨着人們日益重視自身尤其是子女的語言教育問題，與之相關的教育理念和教育方法成爲城市居民迫切想要獲取的語言咨詢服務項目。

2. 昆明市順城社區調查對象的語言使用

第一，針對不同場域的語言使用情況進行了調查，受訪對象描述了他們在公共場合（包括工作域、教育域、生活域、宗教域）以及私人場合（包括家庭域、朋友域）的語碼選擇及使用情況，詳見表 4。②

---

① 回族信仰伊斯蘭教，穆斯林的宗教語言是阿拉伯語。故回族日常交際用語中有一定比例的阿拉伯語等外來詞彙。同時，部分回族人出於宗教情感和民族情結也有意願學習阿拉伯語。
② 該表格中，將普通話簡稱爲"普"，當地方言簡稱爲"方"，回族用語簡稱爲"回"，外語簡稱爲"外"。

表 4　昆明市順城社區調查對象在不同場域的語言使用情況

場域			語言使用比例排序
公共場合	工作域	在政府、醫院或銀行	全普（49.6%）＞普＋方（41.7%）＞全方（5.4%）＞普＋方＋外（2.1%）＞普＋外（1.2%）＞方＋外（0.0%）
	教育域	在學校	普＋方（54.6%）＞全普（30.8%）＞全方（9.2%）＞普＋外（3.3%）＞普＋方＋外（2.1%）＞方＋外（0.0%）
	生活域	和陌生人交談	普＋方（62.9%）＞全普（25.0%）＞全方（10.0%）＞普＋方＋外（1.3%）＞普＋外（0.8%）＞方＋外（0.0%）
		在集市或飯館	普＋方（60.4%）＞全方（24.6%）＞全普（13.8%）＞普＋方＋外（1.2%）＞普＋外（0.0%）＝方＋外（0.0%）
	宗教域	民族節日或活動	方（91.7%）＞回（71.3%）＞普（24.6%）＞阿拉伯語（8.3%）＞英語（1.3%）＞其他（1.2%）①
私人場合	家庭域	與長輩	全方（84.2%）＞普＋方（10.4%）＞全普（5.0%）＞普＋方＋外（0.4%）＞普＋外（0.0%）＝方＋外（0.0%）
		與同輩	全方（75.4%）＞普＋方（15.9%）＞全普（5.4%）＞普＋方＋外（3.3%）＞普＋外（0.0%）＝方＋外（0.0%）
		與晚輩	全方（57.1%）＞普＋方（32.1%）＞全普（7.5%）＞普＋方＋外（3.3%）＞普＋外（0.0%）＞方＋外（0.0%）
	朋友域	與朋友、鄰居	全方（47.5%）＞普＋方（44.2%）＞全普（5.4%）＞普＋方＋外（2.5%）＞普＋外（0.4%）＞方＋外（0.0%）

　　由表 4 可知，調查對象在公共場合的語言使用特徵如下：普通話在工作域（政府、醫院或銀行）使用比例最高，"普通話＋方言"模式在生活域（和陌生人交談、在集市或飯館）的使用比例較高，方言和回族用語在宗教域（民族節日或活動）的使用占絕對優勢。調查對象在私人場合的語言使用特徵如下：在家庭域的多種語言場景下（與長輩、與同輩、與晚輩交談），語言使用率依次排列爲全用方言＞普通話＋方言＞全用普通話，且談話對象

---

① 宗教域中的語言使用情況相較於其他場域更具復雜性，故本調查將宗教域語言使用情況設計爲多項選擇，且外語類別具體爲英語、阿拉伯語。

年齡越大，全部使用方言的概率越高；在朋友域（與朋友、鄰居交談）全用方言的情況明顯少於家庭域，"普通話＋方言"模式更多，且說話人年齡越小、交際範圍越廣，其應用率越高。此外，"普通話＋方言＋外語""普通話＋外語""方言＋外語"模式的使用場合及頻率都較低，表明受訪者的外語能力普遍不高。進一步分析發現，語碼選擇是非任意性的，會受到角色關係、語境、話題等因素的制約，同時說話人的年齡階段、出生地域、文化程度等因素也會對其產生影響。如青年人由於語言接受力較好、受教育程度偏高，在公共場合和私人場合選擇普通話作爲交際語言的概率明顯高於年長者，而年長者對本民族用語的識別能力及使用率則明顯高於青年人。又如出生於昆明城區以外的社區成員爲了能夠更好地融入當地的生活，在公共場合學習、選擇和使用普通話和當地方言的意願會明顯高於土生土長的本地人。

　　第二，着重對調查對象在家庭內部語言使用頻率的趨勢進行了比較，詳見圖3。

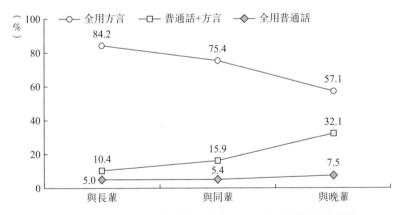

圖3　昆明市順城社區調查對象家庭內部的語言使用頻率趨勢

　　由圖3可知，在家庭成員內部的交際中，全用方言的情況會隨着談話對象年齡、輩分的遞減而減少，與長輩和與晚輩交談時，完全使用方言的比例相差較大；"普通話＋方言"模式則與之相反，與晚輩交談更多地采用這種方式；全用普通話的情況，在不同年齡、輩分間的受衆中差別並不明顯。這表明在家庭內部，方言仍是高頻使用的交流工具。

　　第三，着重對調查對象在言語社區內部語碼選擇及使用的情況進行了比較，詳見圖4。

　　由圖4可知，在言語社區內部的交際中，普通話和方言的選用率大致相

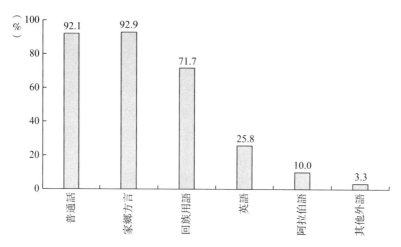

圖 4　昆明市順城社區調查對象社區內部的語碼選擇及使用情況

當；由於社區內舉行民族傳統節慶活動或涉及日常風俗習慣（如宗教信仰、飲食禁忌、婚喪事理等）均廣泛使用回族用語，故其在特定場合的選用率較高，以充分顯示使用者的身份認同與民族認同；對英語的選用主要是基於提升自身語言能力和個人發展潛力的考量；對阿拉伯語的學習和使用主要集中在清真寺或經學院等宗教場所，體現了言語社區中的宗教認同會在很大程度上作用於使用者的語言行為。

3. 昆明市順城社區調查對象的語言態度

第一，為反映受訪者對普通話、當地方言、回族用語的直接評價，調查問卷設計了"親切或友好的程度、能找到好工作的程度、用途廣泛的程度、顯示地位或修養/有民族認同感的程度"等四個變量，運用李克特五分量表法對選項進行賦值，並采用標準差反映數據的離散程度，詳見表5。

表 5　昆明市順城社區調查對象的語言態度情況

變量	普通話			當地方言			回族用語		
	均值	N	標準差	均值	N	標準差	均值	N	標準差
親切或友好的程度	3.49	240	0.808	4.33	240	0.637	4.25	240	0.812
能找到好工作的程度	4.11	240	0.760	3.03	240	0.855	2.78	240	1.004
用途廣泛的程度	4.42	240	0.680	3.92	240	0.829	2.72	240	0.929
顯示地位或修養/ 有民族認同感的程度	3.71	240	0.941	2.92	240	0.927	4.38	240	0.819

由表5可知，受訪者對不同語言的功能、地位、情感的評價存在較大差異：從用途廣泛的程度來看，對普通話的評價最高，且調查對象觀點的一致程度較高；從情感評價方面來看，對當地方言和回族用語的認同度明顯高於普通話，且對當地方言取向度的一致性高於回族用語；從社會地位、文化修養以及民族認同等象徵意義方面來看，對回族用語的評價遠遠高於普通話和當地方言。總之，該言語社區成員已形成一種復合性的語言認同，即基於"有用度"等工具性因素，更傾向於普通話；基於"親切度"等情感性因素，更傾向於當地方言；而基於"認同感"等觀念性因素，則更傾向於回族用語。尤其是，儘管意識到回族用語在實用功能上的局限性和狹窄面，但社區成員依然對其難以割捨，顯示出強烈的語言認同。

第二，爲反映受訪者對其子女未來學習和使用普通話、當地方言、回族用語、外語的期待和願望，調查問卷劃分"要求一定會、希望會、無所謂、不太希望、不希望"等五個等級進行賦值並計算標準差，詳見表6。

表6　昆明市順城社區調查對象的語言期望情況

	希望孩子學習普通話的程度	希望孩子學習當地方言的程度	希望孩子學習回族用語的程度	希望孩子學習外語的程度
均值	4.89	4.49	4.14	4.61
N	240	240	240	240
標準差	0.325	0.726	0.729	0.546

由表6可知，受訪者對其子女學習和使用普通話、當地方言、回族用語、外語的期待程度均處於"希望會"與"要求一定會"這一區間，表明他們對不同語言的期望值都較高。其中，普通話的均值和觀點一致度最高，其次是外語，而當地方言和回族用語的均值偏低。一般而言，對某種語言學習和使用的期望程度與其語言價值觀之間呈正相關，故語言期望也能從側面反映語言態度，此次調查所得的語言期望與前述語言態度較爲一致，即從功能和價值、情感和認同兩個維度，形成對普通話和外語、當地方言和回族用語的差異化評價。值得注意的是，受訪者在對回族用語學習和使用的預期上存在較大分歧，持"無所謂"及消極態度者的比例較高，這將對維護言語社區的語言生態多樣性產生不利影響。

（五）研究結論

上述調查呈現了昆明市順城社區語言生態的基本樣貌。總體而言，城市民族互嵌式社區展現出語言生活復雜化、語言行爲多元化、語言認同復合性、語言需求多樣性的特點。第一，在個人語言生態方面，交際語言格局以雙語碼爲主，受訪者對普通話和移居城市方言的掌握程度較高，對回族用語和外語的掌握程度偏弱，語碼選擇則隨説話場合、交際對象而變化。在公共場合傾向於工具性認同，首選普通話；在家庭內部傾向於社會性認同，首選方言；而在關涉本民族習俗和宗教活動的言語交際中，首選民族用語。第二，在家庭語言生態方面，儘管普通話的使用率呈明顯的上升趨勢，但方言仍保持較爲旺盛的生存態勢，代際斷裂的趨勢並不明顯，家庭依然是傳承和保持方言的"堡壘"；另隨着人們對語言能力作用於個人發展的認識不斷提升，對自身及其子女語言學習和使用的期望也呈現出分化，即實用工具性與身份認同感始終是決定語言取向的兩顆"砝碼"。第三，在社區語言生態方面，城鎮化和人口流動帶來了各種語言之間的接觸和碰撞，它們之間因使用場合的語用差異而產生了不同的功能區分，由此形成了包容嵌套式的言語社區格局，即以普通話爲主體，方言、民族用語及外語等多元語碼並存的語言生態圈，彼此之間互相補益、和諧共生且發揮各自獨特的語言功能。

四　城市民族互嵌式社區語言生態的建設與規劃

"十四五"期間，我國城鎮化建設將邁上新征程。現階段各民族互嵌融合的居住新格局也催生了包容嵌套式的多元言語社區。構建規範性、多樣性和統一性並存的城市語言生態，能夠爲推進以人爲核心的新型城鎮化提供適宜的"軟環境"。因此，應該深入調查城市民族互嵌式社區的語言生態樣貌，掌握不同語言及其變體的生存狀態及其緣由，分析社區居民的語言使用狀況，從而爲社區語言生態的建設與規劃貢獻"語言之力"。

（一）努力提高符合社會發展需求的個人語言能力

作爲國家軟實力的重要標志之一，國民語言能力的提升已被納入《國家中長期語言文字事業改革和發展規劃綱要（2012—2020 年）》。[①] 在人口市民化的過程中，也須實現素質市民化。多語多言能力是新型城鎮化進程中少數民族遷移人口素質的重要體現，有助於這一群體增強文化知識素養、提升職業適應能力、樹立市民角色意識、培養文明生活方式等。目前，大多數社區成員已對提升語言能力以增強人力資本達成共識，他們普遍對自身及下一代的語言能力（包括普通話、方言、民族語和外語）有較高的期望值。因此，應積極對其語言教育理念和方法進行科學引導，並提供高質量的教育資源以促進個人語言能力的綜合建構。

（二）持續提升國家通用語言文字的推廣力度和质量

隨着各民族交往交流交融的程度不斷加深，使用民族共同語言、構築共同語言環境，已成爲各民族群眾的共同語言需求。然而，"少數民族群眾在語言交流中的障礙已成爲城鎮化進程中語言問題的焦點"[②]。相較於偏遠民族地區，城市民族互嵌式社區居民對國家通用語言文字的掌握程度要高很多，且具有積極的語言態度和較高的認同感。現階段，需要通過學校教育、電視廣播等渠道進一步提升普通話的普及質量，使得聽説與讀寫技能並重，同時穩步提高溝通表達能力，增強包括微信操作、移動支付、信息檢索等在內的新型語言技能，適應智能化、數字化、信息化背景下語言生活發展的新趨勢。

（三）積極構築健康和諧的家庭及社區多語生態環境

社會語言學研究表明，各種語碼形式有着不同的功能負荷，在使用價值和功能作用方面顯示出差異性：共同語是對個人國家身份的認同，方言是對地域身份的認同，民族語言是對民族身份的認同，三者形成有機的統一體。學校可以系統教授國家通用語言文字，家庭和社區可以傳承習得地域方言和民族語言。因此，在進行家庭語言規劃時，不僅要着眼於家庭內部，還要關注所在言語社區的區域語情。一般而言，城市民族互嵌式社區居民都對民族

[①] 劉延東：《促進語言能力共同提升推動人類發展和社會進步——在世界語言大會開幕式上的致辭》，《中國語言文字政策研究發展報告（2015）》，商務印書館，2015。

[②] 石琳：《新時代內地城市民族互嵌式社區的語言公共服務應用研究——以成都市漿洗街洗面橋社區爲例》，《民族學刊》2020 年第 1 期。

語言懷有深厚的感情和較高的認同感，在家庭內部呈現出"長輩願意教導，晚輩願意學習"的良好承襲氛圍，故應利用家庭這一語言保持的"搖籃"，做好民族語言的代際傳承。

（四）有效提供與語言需求對接的城市語言公共服務

新型城鎮化意味着城市生態、城市功能的進一步完善，未來需要以城市民族互嵌式社區居民的語言需求爲導向，提供個性化、規範化和社會化的語言服務。在發展電子政務的背景下，信息技術的介入可以爲多種語言服務提供更多樣、更有效的形式，滿足使用不同民族語言和具有不同語言文字應用能力的服務對象的語言需求。今後，以國家通用語言文字爲核心的多民族語言信息資源跨語種共用體系的建設將助力構建多語種信息輔助交流空間和動態協作服務體系，從而利用信息化手段提高少數民族語言公共服務水平，同時通過實現語言互通互聯，使社區成員融入城市生活，形成"共居、共學、共事、共樂"的社區生活新格局。

The Language Ecological Construction of Urban Ethnic Mosaic Type Communities in the Process of New-type Urbanization

—Take Shuncheng Community in Kunming City as an Example

Shi Lin   Ma Ruiling

Abstract: In the context of the construction of new-type urbanization, various ethnic groups have formed an mosaic living pattern and community environment of "big mixed inhabitation, small settlement and intermingling living" in the city, which has some characteristics such as abundant language resources, complex language life, and the phenomenon of using both languages is obvious. This study examines the individual language situation of the Hui people in the Shuncheng community of Kunming, such as the language competence, language use, and language attitude, as well as the language code selection and multilingual use of community in public and private places, and analyzes the ecological features of the community. The article also analyses the impact of social variables such as age, gender, place of birth, and residential structure on individual language learning and use, the formation and transformation of family language patterns and the construction and improvement of community language ecology. Finally, we put forward some positive suggestions for the language public service and language overall planning of urban ethnic mosaic communities.

Keywords: New-Type Urbanization; Urban Mosaic Communities; Language Ecology; Language Planning; Language Services

圖書在版編目（CIP）數據

中國語言學研究. 第一輯 / 王啟濤主編. -- 北京：
社會科學文獻出版社，2022.1
ISBN 978 - 7 - 5201 - 9652 - 9

Ⅰ.①中…　Ⅱ.①王…　Ⅲ.①漢語－語言學－文集
Ⅳ.①H1 - 53

中國版本圖書館 CIP 數據核字（2022）第 012944 號

中國語言學研究（第一輯）

主　　　編 / 王啟濤

出 版 人 / 王利民
責任編輯 / 羅衛平
責任印製 / 王京美

出　　　版 / 社會科學文獻出版社·人文分社（010）59367215
　　　　　　　地址：北京市北三環中路甲 29 號院華龍大廈　郵編：100029
　　　　　　　網址：www. ssap. com. cn
發　　　行 / 社会科学文献出版社（010）59367028
印　　　裝 / 三河市尚藝印裝有限公司

規　　　格 / 開　本：787mm × 1092mm　1/16
　　　　　　　印　張：24.75　字　數：417 千字
版　　　次 / 2022 年 1 月第 1 版　2022 年 1 月第 1 次印刷
書　　　號 / ISBN 978 - 7 - 5201 - 9652 - 9
定　　　價 / 128.00 圓

读者服务电话：4008918866